赵长河 著

语用化
语文教学

长江出版传媒

长江文艺出版社

图书在版编目（ＣＩＰ）数据

语用化语文教学 / 赵长河著. -- 武汉 ： 长江文艺
出版社， 2020.11
　（大教育书系）
　ISBN 978-7-5702-1753-3

　Ⅰ. ①语… Ⅱ. ①赵… Ⅲ. ①中学语文课－教学研究
－高中 Ⅳ. ①G633.302

中国版本图书馆 CIP 数据核字(2020)第 171517 号

责任编辑：李婉莹　　　　　　　　　　责任校对：毛　娟
封面设计：天行云翼·宋晓亮　　　　　责任印制：邱　莉　杨　帆

出版：长江出版传媒 ｜ 长江文艺出版社
地址：武汉市雄楚大街 268 号　　　　邮编：430070
发行：长江文艺出版社
http://www.cjlap.com
印刷：武汉中科兴业印务有限公司

开本：720 毫米×1020 毫米　　　1/16　印张：25.75　　插页：2 页
版次：2020 年 11 月第 1 版　　　2020 年 11 月第 1 次印刷
字数：399 千字

定价：58.00 元

目 录　C O N T E N T S

2　阅读教学之语用实践篇 / 137

前　言
语用化教学：守护语文性的教学

　　语用，即"语言的建构与运用"。"语用性是语文课程的基本特点。"（曹明海）语用化语文教学，是指以写作和口语表达为主要的语文活动，来落实、强化听说读写能力的语文教学。如此表达，不是弱化"听说读写"中的"读"的能力，也并非罔顾"读"的独立的、特殊的能力要求，而是强调主要通过书面"写"的活动或口头"说"的活动，呈现、落实和强化"读"的获得。当然，也包括主要通过书面"写"的活动或口头"说"的活动，呈现、落实和强化"听"的获得。

　　这里作为"语用"含义的"语言建构与运用"，其实也已经成为一种以"写和说"的形式，来学习文本内外特定语境中阅读和写作的方式。

一

　　语用是言语内容和形式的综合体，是语文教学的形式，也是内容，内容和形式作为一体两面都是重要的。这样的理念，其来有自。这样的理念，首先有着深刻的哲学基础，"在某种意义上，言语活动决定了我们所有其他的活动。我们的直觉、直观和概念都是和我们母语的语词和言语形式结合在一起的"（卡西尔《人论》）。

　　这样的理念，更是一代代语文人语文教学思考和实践的提炼。"国文教学固然要重视精神训练，但尤其要重视技术训练，即重视了解文字和运用文字能力的训练"（叶圣陶《国文教学》），作为言语内容的精神训练固然重要，作为言语形式的了解和运用文字能力的训练尤其要重视，内容和形式一体而两面，都是重要的。"凡是学习语言文字如不着眼于形式方面，只在内容上去寻求结果是劳力多而收获少"（叶圣陶《关于〈国文百八课〉》），叶圣陶先生的这个告诫，也表明了要始终把言语内容和形式的教学交融在一起。

王尚文先生更是直接从教学内容的角度，把语文学科的言语内容和言语形式合二为一，"语文之外的其他学科所教所学的是教材的言语内容，而语文学科则以教材的言语形式为教学内容"（王尚文《人文·语感·对话》）。

二

语用是言语目的和手段的综合体，是语文教学的目的，也是手段。语文教学的目的，是提高学生理解和运用祖国语言文字的能力即语用的能力。这个目的，是需要通过设置合宜的语用活动来实现的。目的和手段作为一体两面都是重要的。

"学习国文，目的就在学得用文字来表现的方法，他们只着眼于别人所表现着的内容本身，不去留心表现的文字形式，结果当然是徒劳而无功的"，夏丏尊先生此处强调的是，要达到学得语用能力的目的，需要通过"留心表现的文字形式"即语用训练的方法实现。（夏丏尊《学习国文的着眼点》）

为了有效提高学生的言语理解和运用能力，章熊先生着力从程序性、策略性知识出发，编制了科学有序、富于启发性的语用训练的教材系统，对于语文教学，善莫大焉。

三

语用是"语言的建构和运用""思维的发展和提升""审美的鉴赏和创造""文化的理解和传承"四个方面的综合体，可以说语用是核心的核心。

"语言的建构和运用"，是"思维的发展和提升""审美的鉴赏和创造""文化的理解和传承"三者的基础。后三者，必须通过"语言的建构和运用"体现和落实。这样的认识，其实也是与语文教学工具性和人文性相统一的这个经典认识一脉相承的。核心素养中的"文化"和"审美"对应的是人文性，"语言"对应的是工具性，而"思维"是"语言"与"审美""文化"之间的联结。而工具性本身隐含的"运用"性质，也正是"语用性语文"的立论基础之一。情感也好，思想也好，必须通过言语教学加以落实。工具性也好，人文性也好，都得通过言语形式体现，"通过言语教学"强调的正是"语用教学"。

四

语用化教学，要通过阅读教学、作文教学和评价检测等语文教学的方方面面加以体现。

本书主要包含四个板块，依次是"语文教学之语用思考篇""阅读教学之语用实践篇""作文教学之语用实践篇""测试评价之语用视角篇"。

先是"语用思考篇"。2009 年，我借助主持全国中语会十一五重点课题子课题"以现代言语实践激活文言教学"研究的契机，开始就语文教学中文言文教学一隅，思考并实践语用教学。继而又对高中语文课程目标的五个方面即"积累与整合""感受与鉴赏""思考与领悟""应用与拓展""发现与创新"，进行语用层面的思考。直至当下，从语文学科核心素养的角度，以"指向核心素养培育的语用性语文"为题，对语用教学进行持续性思考。2019 年 9 月 4 日，还应《中国教育报》"课程周刊·教师成长"栏约稿，以"语文教学怎样踏上语用的正道"为题，反复申义语用教学的思考和实践。以上大略是一个思考的纵向时间节点。我还从语用的角度，横向突出思考了语文教学的一些重难点和热点问题，如作文教学、古诗文教学、群文阅读教学和整本书阅读教学；甚至对偏重语文的研学旅行课程设计如何体现语用的方向等等，都有一些思考和实践。

再说"阅读教学篇"。这个板块，呈现了不同类型文本的语用角度的教学设计。主要有散文教学的语用化设计，包括叙事、写景、抒情和议论等主要散文样式，也包括摄影散文等特殊散文样式；有语用化小说单元整体教学设计，有文言文语用化教学设计。还有群文阅读和整本书阅读等不同阅读方法的语用化教学设计。

第三个版块是"作文教学篇",主要的语用教学角度,有"怎么读、怎么练",有"写什么、怎么写、怎么改";也有影响语用发展水平的"生活感受篇、家庭环境篇"等因素的案例呈现。第四个版块是"测试评价篇",主要阐释在整本书阅读和作文教学中,如何开展基于语用的测试评价。

全书的内容,主要是我近十年来有关语用化教学的思考和实践,是在报刊公开发表文章的重新修改和整合,以便更加系统化地呈现从语用视角进行的有关读写教学和测试评价的思考实践。

这本书的书名最后简洁地定为"语用化语文教学",似乎有跟风"××语文"的嫌疑。置身语文教育界,那么多的"××语文",实在是南来北往风,东来西去气,吹得人眼花缭乱。但我时刻警醒自己的是,任尔东西南北风,咬定语用教学的青山不放松,才是自己语文教学一以贯之的追求和探索。如果这样的追求和探索,能够为守护语文课程的语用性这个基本属性,尽一点绵薄之力,则亦幸甚。

借本书出版之机,我要感谢一直以来给我学术和业务方面诸多帮助提点的师友。他们是曹明海教授,张彬福教授,洪宗礼先生,林道立教授,徐林祥教授,蔡伟教授,荣维东教授,李华平教授,吴欣歆教授,柳印生先生,朱芒芒先生,李震先生,蔡明先生,王学东先生,杨志芳先生,张克中先生,张春华先生,李仁甫先生,周仕龙先生,董旭午先生,张正耀先生,李卫东先生,刘宇新先生,袁志勇先生,刘德水先生,何郁先生,王俊鸣先生,李镗先生,余明忠先生,管然荣先生……张彬福教授还就本书的观点,与我平等地讨论,给我切实的指导。感谢鼓励支持我业务进修的北京教育学院丰台分院支梅书记,马红民副院长。

我要感谢我工作过的学校领导,感谢他们给我持续的接力一样的支持和鼓励。每一所学校的工作经历,都给我一份人生值得永远铭记、感恩的缘分和情谊。没有这样的缘分和情谊,我不可能有现在的专业成长。他们是江苏省兴化沙沟高中陶文健校长,江苏省姜堰励才实验学校夏天林校长、徐树旺校长、王俊鹏校长、姜近芳校长,江苏省兴化中学李如亮校长、邹祥龙校长、曹伯高校长、顾晓斌校长，江苏省锡山高中唐江澎校长、夏雷震书记，北京丰台二中王志江校长、焦素琴书记、何石明校长，中国教科院丰台实验学校丁进庄校长、肖春园书记、李晨辉校长。

我要感谢长江文艺出版社编辑李婉莹老师、施柳柳老师，因为她们的辛勤付出，本书得以顺利出版。感谢《中国教师报》编辑冯永亮老师，《中国教育报》编辑杜悦老师，本书的顺利出版，与他们的督促鼓励与专业建议分不开。

最后，我还要感谢我的家人。感谢我的妻子戴小鸽几十年如一日地料理烦琐的家庭生活，正因为她奉老教幼、井井有条的暖心细心打理，我才有更多精力阅读思考和写作。感谢我的儿子赵松爽，工作之余帮助我整理文稿，甚至从专业以外的角度对书稿提出中肯的建议。

这本不太成熟的小书，就作为一份献给所有关怀我、支持我、提点我的师友亲人的微薄之礼吧。

赵长河

2020 年 7 月 16 日

1

语文教学之
语用思考篇

指向核心素养培育的语用化语文

关于语用性语文，还是要先引用我认同并努力践行的语文人的相关阐释。曹明海先生认为"语用性是语文课程的基本特点"①。王元华先生简洁地阐释"语用教学就是师生在使用语言进行交际的动态过程中发展语言和自身的语文教学"②，这"发展自身"，我认为可以对应为高中语文新课标阐释的学生自身的"思维、审美和文化"方面的发展。

语文核心素养中的"语言的建构和运用"，是"思维的发展和提升""审美的鉴赏和创造""文化的理解和传承"三者的基础。后三者，必须通过"语言的建构和运用"体现和落实。而"语言的建构和运用"的重心还在于"运用"，即"语用"。语用才是语文课程的本质特征。我们应该扎扎实实地践行语用化语文教学。这样的认识，其实也是与语文教学工具性和人文性相统一这个经典认识一脉相承的。上述核心素养中的"审美"和"文化"对应的是人文性，"语言"对应的是工具性，"思维"是"语言"与"审美""文化"之间的联结。而工具性本身隐含的"运用"性质，也正是"语用性语文"的立论基础之一。"情感也好，思想也好，必须通过言语教学加以落实。工具性也好，人文性也好，都得通过言语形式体现"③，"通过言语教学"强调的正是"语用教学"。

语用化语文教学，是指以写作和口语表达为主要的语文活动，来落实、强化听说读写能力的语文教学。如此表达，不是弱化"听说读写"中的"读"的能力，也并非罔顾"读"的独立的、特殊的能力要求，而是强调主要通过书面

---

① 曹明海.语用性：语文课程的基本特点［J］.语文建设，2015（01）.
② 王元华.语用学视野下的语文教学［M］.北京：北京师范大学出版社，2012.
③ 赵长河.语文教学的根本内容是言语形式——以《我与地坛》教学为例［J］.语文知识，2015（04）.

"写"的活动或口头"说"的活动，呈现、落实和强化"读"的获得。当然，也包括主要通过书面"写"的活动或口头"说"的活动，呈现、落实和强化"听"的获得。

"根据美国的一项元分析实验研究，围绕文本的言说不仅能促进阅读理解，而且能促进有关文章内容方面的学习，甚至创造学术成果。"[1] 潘新和先生的"言语动力学"论认为：表达在语文教学中最重要，表达可以促进阅读任务的落实和阅读能力的提高，表达甚至是一种"生命动力"的存在。

一、"活"的语用情境促进语用之"动"

何为我的语文活动？我这样分别阐说"活"和"动"。"活"的功夫，主要展示的是教师设置体现语文性的语用情境的功夫。"动"的能力，主要展示的是学生的语文性语用学习能力。活动，活动，有了教师的"活"才能有学生的"动"。有了教师语文性的语用情境设置，才能保证学生的"动"是语用的动，而不是其他学科的动。教师的语用情境设置如果不活，也激发不了学生的动，激发不了学生的语用。

"活"是时时处处的语用情境设置，强调语用情境，是说我们设置的应该是具有语文性质的情境，而不是其他文史类乃至科学类的情境，这个情境带有语用特质。这个语用当然主要包含读的语用和写的语用，而且突出"写"对"读"的明晰、深刻作用。"写"的方式，最能使"读"的过程方法和思考成果，逐渐明晰地呈现，逐渐深刻地呈现。

时时处处的"活"的语用情境设置，首先当然体现在课堂上。课堂是"活"的语用情境设置的主场。这个主场当然要预设活的语用情境，但体现语用情境的活，主要还是靠语用情境的随堂生成。《记念刘和珍君》课上，因为学生的一句"老师，为什么鲁迅用这么多不同的称呼来称呼刘和珍等人"的课堂发问，便有了追问各种不同称呼含义的课堂语用情境的生成。

时时处处的"活"的语用情境，其次还体现在各种课前课后、课堂内外的分场。这个分场有诸多类型，可以存在于必修选修教材的课前预习和课后拓展

---

① 贡如云，李如密. 美国阅读教学模式的结构及启示 [J]. 高中语文教与学，2016（02）.

中，可以存在于各种语文性的综合实践活动、研学旅行中，可以存在于专题阅读、整本书阅读和时评写作中。这个语用情境的及时捕捉和恰当设置，需要借助于语文老师时时处处的语用职业敏感。日常生活、社会新闻，春花秋月、四时八节，流行文化、经典阅读，阅读命题、作文竞赛，研学旅行、综合实践，诸如此类，不一而足，举凡能触动言语实践的时地和人事，在"活"的语文人那里，都能催生合宜的"活"的语用情境。

　　课前预习，常让学生搜集整理关于课文和作者的相关资料；课后拓展，也常让学生阅读批注与课文内容主题相关、艺术形式相通的群文。这其实都是某一角度的专题阅读语用情境设置。

　　阅读命题，难道仅仅是让学生做题？它更是命题人对当下流行文化、时事热点精选把握后的语用情境设置，于是2019年各地模考命题时，珠港澳大桥、人工智能，传统文化、多元文化，成了命题热点。

　　下面再说说专题阅读、整本书阅读中的语用情境设置。按照新课标18个任务群的大的框架指引，教者可以结合学生的阅读兴趣和当下阅读热点，合理衍生出新的专题阅读，从而创设新的语用阅读情境。如我曾经因为学生阅读刘亮程《寒风吹彻》后对刘亮程作品的"乡村哲学"思想和内倾化自我言说的新鲜表达充满了进一步阅读的渴望，及时设置了"刘亮程专题阅读"情境。这个专题阅读主要是阅读刘亮程的《一个人的村庄》《风中的院门》等散文集。我把《一个人的村庄》分成了"牲篇、物篇、人篇、我篇、死篇和言篇"，引导学生探讨赏析刘亮程散文的特殊言说及其中的乡村哲学。这样的阅读情境设置，是学生心甘情愿完成的规定动作。这样的规定动作，激发了学生的阅读趣味，进而引发了学生的自选动作，学生进而阅读了同是新疆地域散文的李娟的《我的阿勒泰》。

　　而研学旅行和综合实践，主要指语文研究性学习和偏重语文的研学旅行。2001年宜兴研学旅行归来，当时正值"余秋雨热"，我自然设置了一个研学旅行的"活"的语用情境：采用文配画（照片）的形式，留下屐痕处处。最后汇编为《文化甘旅——宜兴旅行文配画集》。每逢佳节倍思语，但有活动自成文。

　　关于写作的"活"的语文情境设置，尤其要注意微写作和专题写作活的情境的设置。微写作情境化设置，引导学生用语文思考生活、提炼思想，是学生生活和思想的语用化呈现。我有若干坚持多年的微写作设置。如引导学生对重大时事发表一句话标题式时评，重庆万江公交车事件，"一个人误车一站，一车人赔命一生"，这是堪称典型的深刻的标题式时评微写作。如引导学生对整本书给出两百字推荐词，仿照的是《新京报》的新书推荐词栏目。关于专题写作，有两个情境设置需要申之再三：一是整本书阅读中的多角度小论文写作，这是用语用的方式深化阅读；二是时评写作中的多角度立论写作，这是用语用的方式提炼思想。

"动"是时时处处的语用实践，是言语动力学发生作用后的言语实践。举凡能与听说读写关联的学习和生活的时间和地点，都是"动"的时间和场域。

课堂导入言语是这样，语文的导入常常是体现语言智慧的，或绚丽诱人，或睿智启人，或质朴直入，或设问激疑。师生互动用语是这样，师生互动也应呈现一种言语实践的生成性的语文"动"态，这样的"动"，体现了师生互动时的言语品质。课堂的提炼概括是这样，仿照"感动中国人物颁奖词"的格式，给《记念刘和珍君》中的刘和珍，给《我与地坛》中的母亲，写作"感动中国女性颁奖词"；给《论语·侍坐章》中的夫子，给《念奴娇·赤壁怀古》中的东坡，写作"感动中国文化人物颁奖词"。这样的提炼概括，较之其他学科的提炼概括，更能体现语文学科"简明连贯得体"和"生动形象"的语用特征。

"动"有场域时间之分，也有大小之分。这个"动"，可小可大。小到一句绝妙广告语的欣赏和仿拟。"古井贡酒——英雄所饮略同"，是街头精彩广告语的捕捉欣赏。"司机一滴酒，家人一生泪"，是学生的即时公益广告语创作。

面对中学生"三怕"之一的文言文，如何帮助学生解困？也可用微写作的形式小"动"：仿照台湾中学文言的教学法，日常的应用短文如"假条"之类的，用浅易文言写作；引导学生给自己或同学取字和号，命书房名，如"张澈"同学，"张君澈，字澄之"。在我工作过的江苏省锡山高中，泛黄的校史材料中，有大量这样的浅易文言的同学小传。我以为，即使面对难以阅读以致让人兴味索然、望而生畏的文言文，也可用这样的小小的写的"动"，潜移默化中自然激发学生的阅读兴趣，在写的"动"中生动地落实浅易文言的读的任务。也可以大"动"：我及时印发、引导学生阅读用浅易文言表达的网络时文"新史记"，举凡近期的新闻人物和事件，都包括在内，可以让学生在这生动活泼的浅易文言表达中，感受到文言表达内容和形式的兼具之美。这样的大"动"，甚至激发起了学生尝试浅易文言表达的学习热情。试想，能够主动以浅易文言表达的学生，你还需要担心他的文言词句和章法的学习吗？

二、指向核心素养的语用之"动"

"动"有时间场域的讲求，有大小的安排，最重要的，是要有方向的正确。方向正确了，才能保证语文核心素养的建构。

往哪个方向动？我以为在"语言积累与建构"这个语用基础上，要往"思维、审美和文化"的方向动，这才能够促进新课标提出的高中语文核心素养的养成，也才能够促进真的人、善的人和美的人的培养。

首先是往"思维"方向动，这是追求"真的人"培养的境界。高中生的语用学习，尤其要注意往批判性思维的方向"动"。尽管批判性思维有诸如"苏格拉底的诘问模型""杜威的科学方法模型""弗里莱的辩论模型"等多种模型，但对中学阅读尤其是作文教学实用性较强的只有"图尔敏模型"。运用图尔敏模型实践语用，可以求得"真"，可以引导学生做"真的人"。

每届高一学生一入学，我就根据高中生重逻辑抽象思维训练的目标定位，发起"打金句"和"泡金句"的语用活动。此处的金句就是警句，警句作为思想文化中的"金枝玉叶"，人们似乎只有顶礼膜拜的份。我们历届学生"玩"得风生水起的"打金句"语用活动，恰恰打的就是蕴藏了思想文化的"金枝玉叶"。为什么？因为警句虽然是古今中外人类优秀思想和文化的结晶，但是警句的产生一定有上下文的语境限制，一定有特定的时空限制。离开了特定上下文和特定时空的限制，警句很可能就是谬误。培养高中生面对警句时的批判性思维，培养他们对蕴含在警句中的文化的理解能力，是"打金句"和"泡金句"的语用活动的出发点。《格言》杂志的扉页每期都有"格言反弹"的精短文字，堪称当下的"金句"，也常被我用来训练学生的批判性思维。让学生的思考与名家的思考PK，学生的积极性异常踊跃。略举一二，面对"知识就是力量"的金句，我们有哪几个角度的"打金句"？我们借用图尔敏模型中的"限定"和"例外"的思考方法，很快会发现"知识就是力量"这个警句的成立，是有限定条件的。什么样的知识？是发展的还是静止的？知识是用来干什么的？什么样的力量，是正能量还是负能量？再如"失败是成功之母"，又有哪几个角度的打金句？如何对待失败，决定了失败能否成为成功之母；面对失败，主观上不能反思和调整，失败还是失败之母。已然的失败，客观上可能造成对反败为胜极其不利的条件，从而导致失败还是失败之母。

与"打金句"的冷眼观照不同，"泡金句"是对一时难以深度理解的警句，通过扩句等语用活动方式反复亲近，在与金句的"耳鬓厮磨"中，真正地深入理解。用我们精心的拓展，化开内敛冷艳的金句，呈现金句隐藏不露的深刻美。如对法国狄德罗的金句进行"泡金句"练习，"知道事物是怎么样，说明你是聪明的人；知道事物实际上是什么样，说明你是有经验的人；知道怎样使事物变得更好，说明你是有才能的人"。这个可以用"泡金句"的方式展开扩句。在扩句中，学生对原句的结构、内涵理解得更加深刻。

学习了北岛的《回答》，我引导学生进行概念重组，句子重写，以创新思维的表达方式，建构对阅读的深度理解，对世道人心的深度思考，从而表达自己的情感价值观。具体命题如下：

> "卑鄙①是卑鄙者②的通行证③，高尚④是高尚者⑤的墓志铭⑥"是北岛的名句，此中有6个概念，请你凭借自己的阅读积累、生活感悟和对理想社会的构想，重新排序，组合出另有含义的若干句子，并选择其中三个句子，分别扩展成三则每篇200字左右的议论短文。

学生的答案精彩纷呈："卑鄙是卑鄙者的墓志铭，高尚是高尚者的通行证"，当然是社会理想；"卑鄙是高尚者的墓志铭，高尚是卑鄙者的通行证"，一度也表现了"文革"那样的黑白颠倒年代的丑恶；高尚是卑鄙者的墓志铭，古今中外有多少像康生这样隐藏极深的卑鄙野心家，死后一度备极哀荣；卑鄙是高尚者的通行证，不正之风肆虐的时期，个人品质高尚者为了能够达到为大众办实事、办好事的目的，有时竟然要被迫采用流行的"卑鄙"手段，迎合潜规则，打点主管者；而"高尚是高尚者的墓志铭"，这样的盖棺论定才是真实的历史书写。学生组合、重写出了主要的七个句子。

此处，通过概念重组、句子重写的新颖立意以及相应的论据搜集和论证展开等语用活动，核心素养中的"语言的建构与语用"，往批判性思维的方向深度地"动"了起来。

我曾经开发的"《论语》《孟子》疑义篇课程"，就专门选择这两部经典中前后表述不一甚至相反的章句组合成专题进行研讨。如"大人者，言不必信，行不必果，惟义所在"（《孟子·离娄下》），就很容易激发学生运用图尔敏模型等论证模型进行思考辩驳的学习热情。

往思维方向动的阅读教学，教师设置问题时，应有在学生表面看来"已懂处设疑"，"无疑处激疑"的意识和能力，使学生在"懂——不懂——懂"的螺旋上升的思维过程中，臻于深度阅读。在学生初读时貌似已经"懂"了的地方，教者凭借自己的文本深度解读能力，设置能引发学生向思维纵深处探究的问题，创设课内或课外的"活"的语用情境，进而使学生进入"不懂"的学习层级。在这个层级中，教师最主要的是要诱导出探究这个"不懂"的路径和方法。

遇见本身有疑的文本，教者当然可以直接激疑，如鲁迅作品中的矛盾句。其实最能体现教者语文思维教学功夫的还是那些初看没有疑问的文本。如《项链》中"她也是一个美丽动人的姑娘"一句中的"也"，学生初读时也许就轻轻放过了。但教者此时应该在无疑处设疑。"也"表明应该有一个同样"美丽"的比较对象，那么她是谁？"同样"美丽的两人间有什么"不同样"吗？进而引出佛来思节夫人。美丽"同样"，身份、穷富"不同样"。除了人物角度的同样与不同样的追问，社会环境角度的同样与不同样呢？继续追问，发现还有十九世纪后叶的法国社会贪慕虚荣、追求享乐的社会环境也是同样的，等等。这是平中见奇、轻中见重的词的角度的无疑处设疑。

还有句的角度的无疑处设疑：《记念刘和珍君》中的第一、二部分，出现了完全相同的句子"我也早觉得有写一点东西的必要了"。这两处的情感内涵显然不同，这正是可设疑问处。

还有篇的角度的无疑处设疑：有老师针对《六国论》中"六国破灭，非兵不利，战不善，弊在赂秦"的论点，针对《过秦论》中的"仁义不施而攻守之势异也"的论点，设疑出论据与论点之间逻辑关联不严密的问题。并恰当援引相关的史实论据，引导学生重新思考。

其次是往"文化"方向动，这是追求"善的人"培养的境界。这其中，我们尤其要着力于中外文化中共同的向"善"的部分，在中外文化经典的互文参证中，引导体悟真正的向善文化。

我开发的"人与自然"系列整本书阅读课程，主体部分包含四本书，分别是苇岸《大地上的事情》、刘亮程《一个人的村庄》、梭罗《瓦尔登湖》和史怀泽《敬畏生命》。苇岸是融入大地山河、关怀庄稼鸟兽的自然之子，刘亮程是感悟乡村物事、融入生存思考的乡村哲人，梭罗是走进自然湖山、背离工业文明的湖山隐者，史怀泽是敬畏自然万物、批判人类中心的伦理学者。在《一个人的村庄》之"动物篇"的群文阅读中，我组合了其中的《狗这一辈子》《两条狗》

《三只虫》三篇文章。设置的目标之一，有"通过品味作者对村庄中的特定意象'动物'的叙写，体悟'万物有灵''众生平等'等'刘亮程乡村哲学'"。文本的思想，包含了被称为"20世纪的梭罗"的美国生态学家奥尔多·利奥波德首创的"大地伦理学""大地道德"，"要把人类在共同体中以征服者的面目出现的角色，变成这个共同体中的平等的一员和公民。它暗含着对每个成员的尊敬，也包括对这个共同体本身的尊敬"。文本的思想，也是中国传统文化中"己所不欲勿施于人"的"善"的延伸，是"人所不欲，勿施于动物"的思想。

这个目标设置，是引导学生的语用向中外文化中的"善"的方向"动"。后续的课后研读建议有：1. 阅读的过程就是寻找自我生命镜像的过程，体悟这三篇文章叙及的动物各段生命历程，它给你哪些人生启迪，据此写一篇阅读心得；2. 课后阅读《一个人的村庄》中《逃跑的马》《与虫共鸣》《人畜共居的村庄》《共同的家》《最后一只猫》《两窝蚂蚁》《一个长梦》《剩下的事情》《那些鸟会认人》，任选一篇写一篇阅读心得，争取写一篇研究性论文。这样的课后研读建议，也是继续指向"善"文化的语用之"动"。

《巴黎圣母院》整本书阅读教学中，以德报怨的爱斯梅拉达给劫持她的卡西莫多喂水，卡西莫多最后把施过养育之恩的恶贯满盈的副主教克洛德推下钟楼。这样的情节，很适宜为刚完成《论语》整本书阅读的高二同学设置辩论活动。同学们在阅读原书和相关论述后，自行设置了一系列辩论题。较为精确的有：1. 爱斯梅拉达对卡西莫多是以德报怨，如果爱斯梅拉达有机会面对克洛德，她也会以德报怨吗？2. 卡西莫多为什么没有对副主教克洛德以德报怨，他把克洛德推下钟楼是以怨报怨还是以直报怨？3. 对任何人都要以德报怨才是"善"吗？4. 日常生活或重大事件中，如何适当运用以直报怨、以德报怨的为人处世原则？注意援引例证的时代性。

这样的促进深度之"读"的"说"，因为是辩论，关键需要有临场的、随机应变的"说"的能力。但这个"说"的能力，也需要建立在先行的"读写"提炼基础上。这样的语用活动，促进了对中外文化中共同的"向善"文化的理解，也是语用活动追求"善的人"培养的境界。核心素养中"文化的理解和传承"，也只有在这样自然生成的语用活动中，才能自然而不着痕迹地落实。

最后是往"审美"方向动，这是追求"美的人"培养的境界。不论是词句还是篇章的审美之动，都要体现汉语的特有之美。例说词句之美，学习了《高祖本纪》《项羽本纪》后，我引导学生以对联的形式品评刘邦和项羽两个人物，答案精彩纷呈：好酒好色更好天下，爱财爱士更爱众生（夏耀宗）；遥想江东，吴中子弟还怀之乎？不渡也罢！怅望垓下，冢内孤魂必念我也，自刎可为！（袁陈冬）这是典型的体现汉语特质的语用的审美之"动"。

就篇章而言，有几个方向的"审美"之"动"值得用力；一是常读常新的经典的美，这是奠定审美的根基；二是辨析吸纳时文的美，时时关注当下的文本，本就应该是语用之"动"的应有之意；三是符合个性喜好甚至有异类倾向的文本的美，这是为了尊重学生语用的个性化需求。

古典诗词，我们经常采用的语用活动有散文化的审美改写。作家李元洛、曾冬、楚楚、安意如等优秀的散文化改写，值得中学生作为范本学习。在此基础上，我们还可引领学生进入叶嘉莹深刻而又亲近的古诗词鉴赏文字中。我们创设的语用活动，还可包括"听"的，如康震的古诗词鉴赏的音频课，可以布置给学生利用空隙时间随时听。

"一篇《锦瑟》解人难"，我除了引入历代名家对《锦瑟》的解读，还引入王蒙对《锦瑟》进行的"七律、词、对联"等形式的改写，真真是激发了学生进行新颖解读甚至仿写的语用热情。这样的案例也提示我们：要真正达到语用往审美方向"动"之层级，需要教者及时吸纳并更新自己的审美知识，自觉强化自己的审美能力。

教学《祝福》不能总是小说三要素，从叙事视角和叙事速度等角度切入，也是一种经典常读常新的努力。

辨析吸纳时文的美，是引导学生的语用向时文之"美"的方向"动"。时时关注当下的文本，也是高中新课标18个任务群之一的"当代文化参与"的应有之意。科幻小说《三体》出现后，在高中生群体中，掀起了一股科幻小说阅读的热潮。继而又有《北京折叠》，直至今天又有《流浪地球》。这为我们开发时新的科幻小说阅读课程提供了资源。

对于符合学生个性喜好的甚至带有异类倾向的文本美，我们要有语用角度的阅读课程开发意识，这是为了尊重学生语用的个性化需求，是教者满足学生个性化课程定制的努力。我所带历届班级，学生都本着个性兴趣建立了专项阅读小组。如海子、洛夫的诗歌。如台湾王鼎钧、余光中，大陆余秋雨、潘向黎的散文。如论说，同是单词体，有培根的《论人生》，张中行的《顺生论》。同是武侠小说，有温瑞安的诗性语言表达，金庸的传统文化蕴含。刘亮程自言自语式表达的"乡村哲学"散文，周晓枫基于个人灵感的种种超验猜测式的动物散文，黄仁宇的大历史写作……这些带有强烈个人喜好的作家作品，都曾经是我们师生共同开发的美好的阅读课程。这样的书目选择，也许失之褊狭，但毕竟是我们师生曾经一起用心用力共读的。

三、语用化语文教学的三个层次

语用性语文教学，可以有三个层次：生活的，生命的，哲学的。

生活的层次，我借用陈日亮老师的"我即语文"说，把语用化语文教学的生活层次，理解成这样一个层次：这就是一个语文老师，应该有时时处处"我即语文"的职业敏感，应该使自己的生活语文化，时时处处以语用的视角，与文本对话，与生活对话。这样一种对话，其实主要是"语言建构与运用"层面的对话。

生命的层次，借用潘新和先生的《语文：表现与存在》中有关"言语生命动力学"的阐释，生命层次的语用化语文教学，"使学生觉悟到知识的、创造的人生必是言语人生，人生的最高境界是充满诗意的言语人生"。

进而，语用化语文教学，直指言说过程，让人更深刻地理解"语言是存在之家"。语言是人与生俱来就存在于其中的东西，生命就是言说即语用的过程。只是，无论生命的哲学的这些形而上多么美妙，一切还需要语文人从听说读写的具体语用出发，逐步探讨建设。

作为语用载体的语文活动的"活"和"动"，值得我们进一步深入细致地探究。我们需要进一步对上述的各种语文时空、各类语文资源中的"活"的语用情境，分门别类地加以系统梳理。在初步阐释了体现语文核心素养培养的语用之"动"的思维、文化和审美的方向后，语文人应该自我觉察到语用之"动"的三个方向，虽然在不同的语用情境中侧重点不同，但三个方向是交融一体而非彼此割裂的。

我们还需要进一步思考阐释，进而分门别类地系统梳理三个大方向指引下，语用与各类思维、文化和审美之"动"的不同内容和形式。思考阐释各类思维、文化和审美对语用的"反动"即对语言建构与运用的反作用。这种从思维、文化和审美到语言的内在机制的探讨，是语用化语文教学需要深入探究的难点。

语文能力培养的核心是言语能力培养

高中语文课程目标的主要内容是：1. 积累与整合；2. 感受与鉴赏；3. 思考与领悟；4. 应用与拓展；5. 发现与创新。高中语文学科能力的培养，也就是在这五个方面让学生得到发展，获得语文素养。而这五个方面的发展，我以为必须通过言语能力的培养才能得到落实。

"语文教学就是言语教学。"（李海林语）语文学科能力的核心就是言语能力，语文学科能力培养的核心也就是言语能力的培养。不论是语文的工具性还是人文性，都必得通过言语形式加以体现。那么如何通过学生言语能力的培养，落实高中语文课程总目标中五个方面的发展，进而提高学生的语文素养呢？我的做法是切实遵循三维目标设计，在语文活动中努力创设让学生进行言语实践的机会。成尚荣先生在《教学的再定义及其变革走向》一文中，根据美国当代教育学家爱莉诺·达克沃斯对教学的论述，定义教学为"教学是一种机会，教学给学生什么机会，学生就可能有什么样的精彩观念，有什么样的创新"①。创新性地给学生言语实践的机会，才能切实提高学生的语文学科能力。下面我就高中语文课程五个方面的目标的实施，具体阐释如何创新性地给学生言语实践的机会，从而提高学生的语文学科能力。

一、日造俊语一两段，不辞长作积累人——积累整合

语文学习，离不开积累，这应是人们的共识。问题是我们需要什么样的积累。"积累是一种过程和趋向，是指语文基础知识、语文思维能力、语文表达能

---

① 成尚荣. 教学的再定义及其变革走向 [J]. 人民教育，2012（18）.

力以及与语文学习相关的习惯方法、意志品质和情感态度等多方面经年累月的递增、进步和提高。"（刘真福语）由此看来，积累不是人们习惯思维中的静态的"语文基础知识"的积累，它是把"语文基础知识"与"语文学习相关"的"习惯方法、意志品质和情感态度"进行"整合"的"积累"。它是"语文基础知识"的积累，也是"情感态度"的积累，也是一种动态的过程积累。脱离过程和"情感态度"的积累，往往会滑向静态的"死记硬背"。死记硬背的积累，有的只是"记住"知识的结果，没有激发学习认同感的过程和方法。也由于缺少情感态度价值观的融入，必然引起学习者厌学。积累的知识也不能化为学生的语文素养。

知识"积累"的目标，必须"整合"成三维目标，才能有效实现，才能使静态的语文知识外化为学生鲜活的语文能力，内化为学生深厚的语文素养。回归《高中语文课程标准》，就是"通过对语文知识、能力、学习方法和情感、态度、价值观等方面要素的融汇整合，切实提高语文素养"。知识"积累"的目标，"整合"成三维目标，其实质就是给学生创造学习的机会，激发学生主动学习的意识。比如多音词识记积累，古诗词名句识记积累，古诗词识记积累，古诗词表现手法积累等等。要让这些"死"的陈述性知识，"'活'在探究中，'活'在体验中，'活'在研究问题、解决问题中"①，我们就要努力为学生创设体验和探究的学习机会。为给学生创造学习机会，每届学生我都引导他们每日运用这些静态的识记性知识，进行富有情趣和理趣的造句。在这样鲜活的语文的体验探究中，静态的陈述性知识得以外化为学生的能力，内化为学生的语文素养。"模（mó）特模（mú）样好，重在气质佳"，"王善保家的跟在王夫人后面挨（āi）个抄检大观园时，挨（ái）了探春一个嘴巴"。当学生能自觉用这样富有情趣理趣和阅读积累价值的词造句，掌握多音词知识时，就既有过程方法的体现，又隐含情感态度价值观的表达了。

我在引导学生识记古诗词表现手法时，就引导学生进行这样的"整合"：一种表现手法后面附一两句课本上的或常见的诗句作为例证。这就使"古诗表现手法"这个单纯的陈述性的知识识记上升为策略性的知识识记了。何谓"虚实相生法"？"君问归期未有期，巴山夜雨涨秋池。何当共剪西窗烛，却话巴山夜雨时"。何谓"渲染烘托法"？"风急天高猿啸哀，渚清沙白鸟飞回"。何谓"借物

---

① 成尚荣. 教学的再定义及其变革走向 [J]. 人民教育，2012（18）.

言志法"？"无意苦争春，一任群芳妒"。何谓"以景结情法"？"曾记否，到中流击水，浪遏飞舟"。何谓"乐景哀情法"？"昔我往矣，杨柳依依"。何谓"化动为静法"？"遥看瀑布挂前川"。何谓"化静为动法"？"山舞银蛇，原驰蜡象"。何谓"衬托法"？"蝉噪林愈静，鸟鸣山更幽"。这样的老师或同学的发问提示，这样的学习者的吟诵作答，当然能够避免死记硬背概念。每一种诗法都会引出学生的沉吟朗诵，每一次沉吟朗诵都指引学生想象鲜活形象的画面。

我引导学生识记古诗词名句时，引导学生将名句融入语段进行写作。如："行走人生旅途，怀有'会当凌绝顶，一览众山小'的志向固然重要，而坚信'山重水复疑无路，柳暗花明又一村'的心态其实更重要。因为人生之路常常充满艰辛，布满荆棘，'人生不如意事常八九'。此时拥有不气馁、长努力的人生心态的人，才会有勇气有能力呼喊出'长风破浪会有时，直挂云帆济沧海'的豪迈金句。"（王敏）

总之，"日造俊语一两段"的积累整合法，使静态的语言识记向动态的言语学习转化了，使研究语言向学习语言转化了。在这样融入情感、焕发兴趣的言语学习的"机会"中，学习者也自然"不辞长作积累人"。

二、风吹雨幻铁马声，感受鉴赏重想象——感受鉴赏

"阅读优秀作品，品味语言，感受其思想、艺术魅力，发展想象力和审美力。具有良好的现代汉语语感，努力提高对古诗文语言的感受力。"《高中语文课程标准》这段关于"感受与鉴赏"的表述中，突出了"发展想象力"和审美能力的目标核心，以"发展想象力"和审美能力来落实"感受鉴赏"的语文学科目标。

在阅读、作文和综合实践活动中，都可为学生创设"发展想象力"的言语实践机会，从而落实"感受鉴赏"的语文学科目标。

"发现言语形式，关注言语形式，深入言语形式，从而把握它的奥妙，熟悉它的门径，学习它的艺术，这就是语文教学最主要的任务。"（王尚文语）给学生充分发挥想象力的机会，是引导学生感受进而鉴赏言语形式的重要门径。

在阅读教学中，言语形式的"感受鉴赏"，从大小分，可以由词句到语段到篇章。从方向言，可以由言语形式（怎样说）到言语内容（说什么）到言语意图（为何这样说）。从给学生发挥想象力机会的门径说，有联想生活经验激发想

象，有互文阅读比较激发想象。从言语形式言，可以是精短的品评文字，可以是借以比较鉴赏的仿写文字。

古诗词教学中炼字的感受鉴赏，宜调动学生的生活经验，比较不同遣词造句的妙处所在。教者还应发挥自己的特长，提供尽可能多的互文阅读比较材料，激发学生的想象，给学生感悟鉴赏的机会。

语段的感悟鉴赏，这里不妨举繁笔的感受鉴赏为例。比如《林黛玉进贾府》中对王熙凤和贾宝玉的服饰描写，都采用了浓墨重彩的繁笔。我于此处创设了引导学生进行言语实践的机会，我做这样的发问：对王熙凤服饰作浓墨重彩的描摹是为了凸显她庸俗炫富的性格，为何对宝玉服饰也作这样浓墨重彩的描摹呢，难道宝玉也是这样一个俗物吗？又如《我与地坛》第二部分第八节，我做这样的发问：第八节连续用了大量的"母亲、她、我"，赵老师一连删去了12个，也通顺。能说说原文的好处吗？

我还仿照原文第八节，以我们同学的日常生活为背景加以想象，下水写了以下一段文字，请同学们通过比较来感悟鉴赏：

到今天，我与母亲为了考试成绩冷战，不，应该是我对她的冷暴力，已持续到了第七天。几天来，她多次试图用她的温情、隐忍与我和解，我却始终不理她甚至粗暴地拒绝她。我一进家门她就讨好似的为我把鞋子摆上鞋架，等她摆好以后，我总要孩子气地把她摆的鞋重新扔下地再摆上鞋架。她只得对我苦笑了一下，就又走进厨房为我盛饭，她为我盛上桌的饭碗我总是不动，又重新盛饭吃给她看。事后我眼角的余光总是瞅见她红肿的眼睛和强作的笑颜，而我总装作看不见她的样子。真的，我那时真有点同情她而暗骂我自己的过分倔强了。后来的几天，她轻敲我的房门轻唤我的时候，我没像前几天坚拒开门而把她拒之门外，开了门，看也不看她，只是又重新坐回到我的书桌旁，她默默地跟在后面，小心翼翼地把一杯热牛奶轻轻地放在我的桌旁，静静地坐了一会就又悄悄地起身，轻轻地带上门出去了。等她走以后，我的眼泪竟又不争气地流了下来，她送来的热牛奶我几乎是和着眼泪喝了下去。她第一次发现我喝完牛奶的那个下午，竟兴奋了好一阵，我看见她从我房间里拿出空奶杯时的兴奋劲儿，我的鼻子酸酸的。

我这是怎么了，不就是为着这次考试成绩不理想母亲对我说了几句气话吗，我犯得着跟她这样较劲儿吗，下岗了心情焦虑的她容易吗，"妈妈，原谅我"的话我竟是这样难开尊口吗?

"妈妈,原谅我",明天我一定走到她面前对她大声说出这句憋了几天的话。

篇章的感悟鉴赏,以古诗词的散文化改写为例。古诗词的散文化改写,现在已然成为一种流行的写作样式,以散文作家王开岭、楚楚、安意如和曾冬为代表。曾冬的《唐诗素描》《宋词素描》《古诗素描》,正成为北京丰台二中2012级高一学生的晨诵蓝本。

三、文章当下事,得失大家知——思考领悟

从阅读的角度说,"积累整合"阶段,主要是通过三维目标的积累整合学会阅读,是读懂的层次。而到了"感受鉴赏"和"思考领悟"阶段,则不仅要读懂,而且要读出"自己"。《高中语文课程标准》课程目标中有关"思考领悟"阶段,有一个核心表述是通过"与文本展开对话","养成独立思考、质疑探究的习惯,发展思维的严密性、深刻性和批判性。乐于进行交流和思想碰撞,在相互切磋中,加深领悟,共同提高"。我们经常提及的阅读的多侧面对话,在高中语文学习中其实还是处于一个口号层面。有效地落实师生对话、生生对话,前提是先由教师的师本对话带动生本对话。教师要创设课堂师生对话、生生对话的机会,从而通过提升学生言语能力实现思考领悟能力的提升,就必须通过先读实现师本对话,就必须自己先能深刻地进出文本。这是以教师的激情唤醒学生的激情,以教师的阅读激发学生的阅读。只有那些能够深度先读,文本解读能力强的教师,才能提出有深度的引领学生深度阅读的问题,才能给学生创设实现生本对话的机会,才能给学生创设提升言语能力和思考领悟能力的机会,也才能在课堂上真正地实现师生对话和生生对话。

朱永新先生倡导的"新教育"有个核心理念,就是"师生共读共写""亲子共读共写"。"师生共读共写"正是课堂师生对话的前提。北京丰台二中正在有效地落实着这个"新教育"的核心理念。我们的具体做法是创设时空交错、多方互动的阅读场。

从时空角度说,先是课前,一方面,教师在课前要就文本本身作深度先读,从而给学生提出有深度的阅读思考题;另一方面,教师在课前要选择提供能够与

文本形成互文阅读的相关文本或目录。再是课中，教师还得根据学情，智慧地引导生成课堂师生对话、生生对话。后是课后，教师还得根据课堂对话的内容，继续引导学生进行更有深度的心得写作，这是文本阅读基础上的言语实践。

从多方互动的角度说，教师与学生"共读共写"的言语实践，是实现"思考领悟"语文目标的有效学习手段。师生"共读共写"甚至能够向亲子"共读共写"辐射，亲子"共读共写"，是新教育建立学习型社区理念的体现。师生、亲子"共读共写"，易于融入情感态度，易于在读写活动中拉近师生、亲子距离，因此能够有效地促进师生等多重对话，进而培养阅读主体"思考感悟"的阅读习惯，促进能力的发展。

再从写作角度说，"共读共写"也是实现写作多重对话的有效举措。"共读共写"使得师生尤其是学生更加认真用心地写作，而不再像以前一样把写作仅仅当作老师布置的作业。"共读共写"建立的师生、生生甚至亲子交流机制，有利于学生建立写作的读者意识。"文章当下事，得失大家知"的读者意识、互动意识，能够促进学生"思考领悟"能力的发展。

⭐ 例1 苇岸《大地上的事情》的"共读共写"

【原文第六章】

穿越田野的时候，我看到一只鹞子。它静静地盘旋，长久浮在空中。它好像看到了什么，径直俯冲下来，但还未触及地面又迅疾飞起。我想象它看到一只野兔，因人类的扩张在平原上已近绝迹的野兔，梭罗在《瓦尔登湖》中预言过的野兔："要是没有兔子和鹧鸪，一个田野还成什么田野呢？它们是最简单的土生土长的动物，与大自然同色彩、同性质，和树叶，和土地是最亲密的联盟。看到兔子和鹧鸪跑掉的时候，你不觉得它们是禽兽，它们是大自然的一部分，仿佛飒飒的木叶一样。不管发生怎么样的革命，兔子和鹧鸪一定可以永存，像土生土长的人一样。不能维持一只兔子的生活的田野一定是贫瘠无比的。"

看到一只在田野上空徒劳盘旋的鹞子，我想起田野往昔的繁荣。

【共读批注1】

渐渐逝去的生机，渐渐远去的回忆，这个世界已变得不尽人意。那只徒劳的鹞子，发出无力的叹息，正如我们人类一样，除了叹息，什么都无法改变。面对逝去的美好家园，我们能做些什么呢？什么都做不了，因为这是我们一手制造并仍在制造的。

(北京丰台二中 2012 级高一（1）班　刘家桐)

【共读批注 2】

读到最后一句，我陷入了沉思。"我想起田野往昔的繁荣"，田野再没有往昔的"万类霜天竞自由"的繁荣了，而只有人工的高楼林立的繁荣了。不管是兔子，还是鹞子，它们赖以生存的田野，如今变得无以奔跑甚至立足了，这是比鹞子的天还大的灾难！"不能维持一只兔子的生活的田野一定是贫瘠无比的"，兔子、鹞子的田野"贫瘠"了。我们就好比是兔子、鹞子，生活在现在十分繁荣的"田野"上。有朝一日，当我们的"田野"也变得"贫瘠"时，我们也会像鹞子一样，只能在"田野"上空徒劳盘旋吗？

(北京丰台二中 2012 级高一（1）班　陈迪)

【共读批注 3】

想起茅盾《风景谈》里的名句，说是：没有人类活动的风景还是风景吗？可是现在的人类，竟制造出了反讽这名句的名句，现在应该是"有人类活动的风景还是风景吗？""要是没有兔子和鹞鸪，一个田野还成什么田野呢？"沿着梭罗的这个感叹，我们竟不由自主地走入想入非非的幻境：将来有一天，后人真的只能从图片上认识什么叫"兔子和鹞鸪"吗？这个可怜的幻觉，现在的鹞子已经先知先觉地有了："它静静地盘旋，长久浮在空中。它好像看到了什么，径直俯冲下来，但还未触及地面又迅疾飞起。我想象它看到一只野兔，因人类的扩张在平原上已近绝迹的野兔。"(赵长河)

⭐ 例2　"生活化《论语》的共读共写"

"无友不如己者"之辩

陈　川

最近上校本选修课，大家对书中的这句"无友不如己者"争议很大，认为课本中的翻译很片面，不能很好地反映出孔子的"己欲立而立人，己欲达而达人"的思想。于是就开始了下面的争辩。

版本一：有些书中认为这句话应该解释为不要同不如自己的人交朋友。我们大部分人不同意这种观点，因为它完全把朋友分为了三六九等。试想我们用这样的心态交朋友，筛筛拣拣，最后又会剩下几个如自己、超自己的真心朋友。我想每个人身上都有自己的闪光点，我们不应该完全以自己的标准去衡量、筛选别人，对别人做出片面的判断。这样的话被抹杀掉的人岂不是都没地方申冤去？

版本二：有些书中认为不要同道德不如自己的人交朋友。这种解释虽然比上一种解释说得好一些，但"水至清则无鱼，人至察则无徒"。一个人非要只和道德高于自己的人交朋友，还不如自己一人生活算了。恐怕最终的结果只能是"独善其身"了。

版本三：有些书中认为是不要同和我志向不同的人交朋友。孔子所在的春秋时期，虽然还未出现战国诸子百家争鸣的学术氛围，但各言其志也应是夫子本义。

版本四：不要亲近学习他人身上不如自己的品行和学问。"见贤思齐"，是一种境界。"见不贤而内自省"，不学习他人不如自己的地方是最基本的做人为学的要求。这是我们最认可的版本，既符合夫子本义，也有利于我们进德修业。

任何人的思想都无法独自进行，只有在交流碰撞中才能得到提高。很难相信一个"孤陋寡友"的人会在思想上有较大的进步，不去接触外界，不去与朋友交流，是不可能发现柳暗花明的道德之境的。我们要在交往中努力学习更多的朋友身上优秀的道德品质，从而把自己变为一个更优秀的人。

【老师对话】

能从诸多版本中做出自己的选择，且选择符合夫子的核心思想，这体现了陈川同学在"生活化《论语》"校本课程中一以贯之的精思深读的习惯。老师亦有一篇解读的短文，供陈川参考：

"无友不如己者"应理解成不亲近学习他人身上不如自己的品性和学问，但三人行必有我师，他人身上总有值得我们学习的地方，这些地方却是需要我们亲近学习的。俗世的人常常把这一句别有用心地解读成看上不看下的市侩交际术。他们对上低头哈腰、奴颜婢膝以便成为这些上人的朋友，即使有时遇到上人的呵斥也心甘情愿，一如鲁迅笔下的巴结者。他们对下则趾高气扬，不可一世。

或曰此"如"字当解成"似"，则"无友不如己者"可给出正面和负面的解说。正面解，则这种交友观可解成"道不同不相为谋"；负面解，则这种交友观可解成党同伐异的门户之见，这样所交之友其实是很容易同而不和的。

(对话老师：赵长河)

【后续对话提示】

可对其他版本提出自己的读解。

【同学对话】

多角度客观地分析会让真理越辩越明，这一点陈川呈现得很好。建议应该把自己的见解拿出来给大家分享，不要只陈述别人的观点。

【家长对话】

"三人行，必有我师。"希望孩子一方面善于发现别人的长处和优点，虚心学习，另一方面能广交益友，择善而从。

【作者回复】

谢谢老师和同学在写作上给予的指导，真是太中肯了！爸爸说的我也完全赞同，我会努力树立正确的择友观。

★ 例3 师生共写之过程互动式作文

擂响自己的战鼓（节选）

北京丰台二中2010级高二（6）班 马思琪

人的发展就像攀登一个金字塔，每一个人都在不断努力地向上爬，我们无时无刻不在与他人竞争，与自己竞争。在竞争的过程中，我们需要不断地用战鼓唤醒自己。在自己遇到困难的时候，激励自己；在自己快要坚持不住的时候，给自己精神上的支持；在即将到达终点的时候，给自己冲刺的动力。擂响自己的战鼓，统一好节奏，在关键时刻助自己一臂之力。

【老师对话】

思琪同学，你处理"唤醒自己"这个话题的构思技巧值得赞赏。"擂鼓"对"唤醒"，"登金字塔"对"走人生路"，比类恰当自然。三鼓的顺序安排也显示出了行文的逻辑顺序。

只是从"知自我"的角度看，还得有登不上塔顶的心智素养和心理准备。不要登不上塔顶就气得要跳顶，登不上高楼就气得要跳楼。人生也不是非要登上塔顶不可。事实上，真正能笑傲塔顶，"一览众山小"的，总是少数那么几个。力量不够以致疲乏欲睡时，却非要用"震天鼓"唤醒并强迫自己登塔，去沐浴人生的金光灿烂，有时反而只能落得黯淡的人生。人生最要紧的倒是尽力而为的心态。"尽吾志也而不能至者，可以无悔矣，其孰能讥之乎？"

（对话老师：赵长河）

可讨论"登顶"与"力量"的关系,"心志"与"心智"的关系。

山登绝顶我为峰,少年心事当拿云。(殷笑语)

我们的思琪尽力了,哪怕只到半山腰,也是塔顶。

"尽力而为的心态",我又何尝不想这样?可是……

★ 例4 单词微写作"共写"

把握

把握需要能力!

把握方向你需要很强的方向感,你熟知东西南北并明晰什么位置有什么,这样你就不会走错路、弯路。

把握机遇你需要很强的价值观,它会帮你在事情面前做出更好的选择,并帮你看清事物的本质和趋势,这样机会来临时,你才能紧紧抓住。

把握自己需要很强的自控力,深知自己心里的那一条底线,且永远不要越过它,这样你才能在自己的基础上升华和拓展。

把握,并不容易。

摆布

那是一颗被束缚已久的心,究竟在想着什么,无人知晓;那是一个被操纵万遍的木偶,左右摇摆,不知疲倦;那是一种悲哀的人,没有思想,没有主见,只会随波逐流,任人摆布。思想决定一个人的命运,那些盲目且听从他人的人,终将成不了大器。他们在别人眼中只是一枚棋子,他们终将平庸一生。更可悲的是,他们可能很富有,却被别人剥削;他们或许很有权,却被别人利用。我真希望上帝有一天去唤醒他们,唤醒他们那已经冻结的血液。

我默默地祈祷着。

(北京丰台二中2012级高一(1)班 刘家桐)

把握

词典义为：1.［hold］：用手握住；2.［grasp］：思想上掌握，理解；3.［seize；fix］：抓住。把握的基本义"用手握住"现在似乎成了热词，人们往往用它的英文"hold"表达。这一个很质感具体的热词，一方面表明了现代社会机会的难得，一方面表明了现代社会人们安全感的降低。它似乎还表明了现代社会民众对物质性支撑的安全感的追求。

摆布

摆布这个词，是最恶劣的词之一。即如教育而言，摆布一旦渗透其中，教育便丧失了它最宝贵的启发性。摆布一旦渗透其中，教育便成了制造木偶，锻造模具的恶行。

（赵长河）

四、横看成岭侧成峰，只缘出入此山中——发现创新

《高中语文课程标准》有关"发现创新"的目标，有以下表述："学习多角度多层次地阅读，对优秀作品能够常读常新，获得新的体验和发现。学习用历史眼光和现代观念审视古代作品的内容和思想倾向，提出自己的看法。"这主要针对阅读教学而言。

阅读教学中，教师如何智慧地创设学生言语实践的机会，从而提高学生在"发现创新"方面的能力呢？就课前、课中、课后三个时段分别而言，我以为课前重在主问题的设置，课中重在智慧的生成，课后重在高质量的延伸的落实。

关于课前，现在非常流行的所谓语文学案，实际上大都停留于一种资料堆积、浅层碎问甚至习题汇编的层面，很少有激发学生对文本整体"多角度多层次地阅读"的主问题设置。主问题应是能够激发学生整体把握文本、深入研读文本，能够设一问而带全篇的问题。课前主问题的设置为的是引领学生入乎文本。课上不良的教学状态，很大程度上就是因为课前没有设置高质量的主问题。这样的缺失，打击了学生语文思考的兴趣，剥夺了学生"发现创新"的机会。

关于课中，花里胡哨、令人眼花缭乱的课件使用，常常是语文课堂教学的常态。本来有助学生进入情境的课件，由于滥用，竟成了剥夺学生"发现创新"

机会的罪魁祸首。学生的思考成了被课件这根线牵引的牛鼻子，"多角度多层次地阅读"成了奢望。其实，课中最显示语文教师智慧的，是探讨课前主问题时的随机生成。这样随机生成的言语实践机会，或互动问答，或比较品评，或仿写感悟，既显现教师的教学智慧，又给予学生言语实践的机会以提升"发现创新"方面的能力。

关于课后，对学生"发现创新"方面的能力提升有促进的延伸，现实的情形是流产的多。这一方面归咎于教师本身设置的延伸课题质量低，另一方面归咎于频繁考试和作业滥多导致的课后跟进不及时。课后的延伸仍应是课前主问题的延伸，是引领学生出乎文本。是以最后的出乎文本的阅读，回应并深化开始的入乎文本的阅读。"横看成岭侧成峰"的"多角度多层次"阅读，在入乎文本和出乎文本的螺旋上升中完成了。

下面请看我《记念刘和珍君》的教学设计（节选）：

精警句领悟生成于不同称呼的追问中
——《记念刘和珍君》的阅读视角

目标：

1. 学习纪念文的创新写法，理解精警词句的含义；

2. 以讨论三类人的不同称呼引领对精警句含义的理解；

3. 感受为民族利益献身的情怀，深层理解民族命运。

【师】请同学读注（1），了解"三一八"惨案。与"三一八"惨案关联的有三类人：被杀者，杀人者，旁观者。我们用分别为他们作评传的方法来学习这篇课文。先来探讨被杀者是谁。

【生】"刘和珍"等烈士。（齐答）

【师】有关刘和珍的记叙描写有哪些？你能从这些记叙描写中说出刘和珍是怎样一个人吗？首先我们要迅速搜索确定偏重记叙描写的段落。老师先做一个提炼概括的示例，比如我们可称刘和珍是"进步者"，原文有"然而在这样的生活艰难中，毅然预定了《莽原》全年的就有她"。请同学们关注一（1、2节）、三、四、五中这些偏重记叙描写的文字。

【生】我从记叙描写的文字中，发现刘和珍是"为了中国而死的中国的青年"。是"反抗者"，原文有"能够不为势利所屈，反抗一广有羽翼的校长"。是

"温和者"，原文有"她却常常微笑着，态度很温和"。

【师】鲁迅强调她是"中国的青年"的内涵是什么？

【生】"中国的青年"是说刘和珍这样的人，是"担负天下兴亡"和民族命运的中国优秀青年的代表，是祖国的栋梁。

【师】记叙部分没有她是什么样的人的描述了吗？请拿话筒的那位同学补充。

【生】还有"泣下者"，原文有"我才见她虑及母校前途，黯然至于泣下"。"欣然请愿者"，原文有"她，刘和珍君，那时是欣然前往的"。还有"沉勇而友爱者"。

【师】这个同学又有新的发现。我再请问，你提炼出的"欣然请愿者"的下文，我们紧接着看到的却是这些"欣然请愿者"的"尸骸"。鲁迅此处称呼他们"欣然请愿者"，有什么内涵？

【生】"欣然请愿者"可以表现刘和珍的善良，她全心为民请命，为国请愿，她无心想及有屠杀正等着她。也可以反衬段政府的凶残，对手无寸铁的请愿者竟如此大开杀戒。

【师】回答有深度。刚才是从记叙角度对刘和珍是一个什么样的人作小结。请再从议论抒情的文字中提取提取，刘和珍是一个什么样的人，并请对这种称呼的内涵作解说。

【生】她是"真的猛士"，指能正视现实，敢于牺牲的人。

【生】她是"哀痛者"，指能认识社会黑暗却无力改变黑暗，消除灾难因而哀痛的人。

【生】她是"幸福者"，指以为民族前途、祖国命运献身为幸福的人。

【师】还有吗？六、七部分的称呼有哪些？内涵是？

【生】还有"有限的几个生命"，这是鲁迅的激愤之词。"生命"用"有限的几个"限制，一方面隐含了杀人者视人命为草芥，对屠杀毫不为意的凶残，"个个脸上有着血污""却居然昂起头来"；另一方面隐含了无恶意的闲人对一命也关天的生命的冷漠，有恶意的闲人对鲜活生命牺牲的评判之阴险。

【师】扣住文本，回答全面深刻。大家还能从鲁迅对烈士牺牲价值评判的角度，再提取出对刘和珍等的新的称呼吗？这种称呼的内涵又是什么？请再注意六、七两部分的阅读。

【生】有"徒手请愿者"，这里包含了鲁迅的沉痛思索，鲁迅认为应采取更有效的斗争方式与反动派斗争，以最小的代价争取更大的胜利，尽量避免不必要的牺牲。还有"永存旧影者",是说烈士会永远活在亲友的心中。

课前,我就让同学带着"鲁迅为什么用如此多的不同称呼称呼三类人(被杀者、杀人者、旁观者)"的预习主问题,进入文本,阅读思考。设一问而带全篇的主问题的设置,能有效地激发学生自觉进入文本的主动性。课堂围绕主问题展开的对话,有效地落实了精警句含义读解的教学目标。更主要的,14个不同的称呼有效地推动了对话,对话给了学生展示自我"发现创新"能力发展的机会。课后,循着"探究不同称呼含义"的主问题设置思路,学生集中阅读探究了几位当时名流对"三一八惨案"死难烈士的不同评价文章,写出了自己思考探究的读书报告。这其实又是促进学生自我提升"发现创新"能力的机会。学生专题研读的篇目,有周作人、朱自清、林语堂、许广平、陈西滢等人的作品。

《高中语文课程标准》又有主要针对写作教学的表述:"敢于探异求新,走进新的学习领域,尝试新的方法,追求思维的创新、表达的创新。"

"追求思维的创新、表达的创新"的前提是,写作者先得对陈旧思维和习惯表达有个入乎其中的理解。理解了旧的,才能破旧立新。对旧的先入乎其中,继而出乎其外,进入新的领域。

对旧的有个入乎其中的理解,才能做到韩愈所说的"惟陈言之务去",才能做到朱光潜所说的"避免套板反应"。在写作中为学生创设发展"发现创新"能力的机会,主要应着力于思维方式的创新,因为这是一切创新的根本。我曾经仿照《格言》杂志的扉页文章"格言新说",引领学生尝试对传统文化中的"俗语""格言""成语"等进行新说,尝试新的理解和表达。

五、课本得来终觉浅,深知此事要拓展——应用拓展

"语文学习的外延和生活的外延相等",这句话已然成为语文人的共识。叶圣陶先生也说:"理解是必要的,但是理解之后必须能够运用;知识是必要的,但是这种知识必须成为习惯。"

对于以上语文学习要"应用拓展"的共识,《高中语文课程标准》的具体表述是:"能在生活和其他学习领域中,正确、熟练、有效地运用祖国语言文字。在语文应用中开阔视野,初步认识自己学习语文的潜能和倾向,根据需要和可

能，在自己喜爱的领域有所发展。增强文化意识，重视人类文化遗产的传承，尊重和理解多元文化，关注当代文化生活，学习对文化现象的剖析，积极参与先进文化的传播和交流。注重跨领域学习，拓展语文学习的范围，通过广泛的实践，提高语文综合应用能力。"

细读以上的具体表述，我们可以提炼出以下几个有关"应用拓展"的方向，教者就应该在这几个方向上努力创设机会，促进学生在"应用拓展"方面的发展。

第一，"应用拓展"要追求语文化和生活化交融的境界。"能在生活和其他学习领域中，正确、熟练、有效地运用祖国语言文字"，这样的表述包含了"应用拓展"语文化和生活化交融的内涵。就此而言，中考语文的命题远远优秀于高考命题。中考命题中有大量"应用拓展"方面的优秀命题，这些命题达到了语文化和生活化交融的较高境界。再如国学教育的命题，大陆的国学竞赛试题，基本上停留于一种陈述性静态知识的浅层识记层面。这种徒有抢答热闹和死记硬背功夫的语文活动，不可能使学生的语文应用能力得到有效的发展。这样的语文活动，往往只是引领年轻一代成为新时代的两脚书橱。相反，台湾高考命题中有关国学教育的命题，真正做到了语文化和生活化的交融，学生能够在现实生活的情境中，理解并活用国学。欣赏他们鲜活的国学命题是一种愉悦和享受。

王荣生教授认为："语文活动中并不一定发生语文学习。人几乎天天都在经历听说读写的活动，但是如果在活动中并没有发生听说读写的态度和行为能力的变化，那么就只是语文活动，而非语文学习。学生在语文课程与教学中的听说读写的活动，并不意味着自然地就能学会听说读写。"① 以此来看，当前很热闹的大多的国学竞赛活动，其实并没有达到语文学习的境界。这样的国学竞赛活动，也就没有真正给学生创设提高语文素养的机会。

比较杭州市第二届中小学生国学竞赛题和台湾省高考题中涉及国学内容的题目，可以更具体地体会什么是国学的死记硬背，什么是国学"应用拓展"方向的语文化和生活化的交融。

第二，"应用拓展"要遵循自觉化和兴趣化交融的原则。"在语文应用中开阔视野，初步认识自己学习语文的潜能和倾向，根据需要和可能，在自己喜爱的

---

① 王荣生，李冲锋. 在"语文课程中"中进行"语文学习"——语文课程论撮要之一 [J]. 语文学习，2012（09）.

领域有所发展。""应用拓展"要在充分尊重学生语文兴趣的同时，引领学生认知自己的语文潜能，对自我的语文"潜能和倾向"能有客观的自觉。建立在兴趣基础上的对自己语文能力的自觉，可以引导学生正确把握自己语文"应用拓展"的方向。这样的方向，可以是偏重思辨能力的读写能力，可以是偏重想象能力的读写能力。甚至想象能力都可有细微的能力方向的自觉，有偏重诗歌的，有偏重小说的，等等。教师对每个学生的个性兴趣有准确了解，学生对自我的兴趣能力有准确自觉。如此，教师针对每个个体创设的往"应用拓展"方面发展的机会才有针对性。

第三，"应用拓展"应着重语文综合实践方向。"注重跨领域学习，拓展语文学习的范围，通过广泛的实践，提高语文综合应用能力。""语文综合实践"最易迷失方向的就是丧失语文性，语文综合实践，无论跨越多少学科领域，都要保证它的语文性。否则就会种了别人的田，荒了自家的地。要保证语文性，就要在语文综合性学习中始终抓住言语实践这个语文学习的根本属性。一切的语文活动，都要贯穿言语实践。

第四，"应用拓展"应培养学生关注当下文化建设的公民意识。"增强文化意识，重视人类文化遗产的传承，尊重和理解多元文化，关注当代文化生活，学习对文化现象的剖析，积极参与先进文化的传播和交流。"《高中语文课程标准》中这段有关"应用拓展"的表述，表明了高中语文"应用拓展"能力的发展，应指向培养学生关注当下文化建设的公民意识。教师应引领学生对当下的文化现象进行评价，为学生创设发展"应用拓展"能力的机会。其实，文化现象尤其是流行文化现象，正是高中生的关注点。在引导学生发展"应用拓展"能力方面，教师正可大有作为。我新近引导学生写作的"文化观察""天下时评"，涉及的常常是当今社会的各种文化热点。

第五，"应用拓展"应关注由课内向课外的辐射。充分利用课本资源，由课内向课外辐射的"应用拓展"，实际上更需要教师的课程开发意识和能力。这样的辐射往往就是研究性学习的拓展方向。就《氓》而言，可由《氓》出发拓展阅读《静女》《关雎》《桃夭》《木瓜》《子衿》《蒹葭》《将仲子》等篇目，形成以"《诗经》中的爱情诗"为题的研究性学习。可由《氓》出发拓展阅读中国古典诗歌中的弃妇诗，形成以"中国古典诗歌弃妇诗的主题变迁"为题的研究性学习。

以现代言语实践激活文言教学之理性思考篇

其实，目前的中学文言文教学仍然在两个极端间跳跃，要么"死于章句"，要么"废于清议"。"死抠章句""一味清议"也正是形成中学文言教学一直以来高耗低效态势的原因。

如何在"章句"和"清议"的两极中寻求平衡点进而改变文言教学高耗低效的态势，实在是我们走出文言教学困境思考和实践的着力点了。

我们认为，用现代言语实践激活文言教学，是走出文言教学困境的科学之路。"语文教学是言语教学，言语教学是关于语言运用的教学。"① 文言文教学属于语文教学，文言文教学的着力点也应是语言运用的教学。从语言运用的角度进入文言文的教学一定会引来诸多误解。也许有人会质疑，你所说的语言运用是把文言翻译成现代汉语吗？是把所学的文言中的名句插入现代文写作中吗？是用浅易文言完成现代写作任务吗？除此以外，还有文言教学语言运用层面的东西吗？紧接着他们也许会现实地提出反驳。第一种，学生厌烦，再说各种翻译的教辅书多如牛毛，学生也懒得自己去翻译，平时只是背背翻译应付考试罢了。第二种，学生写作时倒有一些"显示文化"的强行插入。第三种，对于大多数学生而言，是不切实际的，《赤兔之死》的个案出现后，各类专家都声明这没有普遍意义，不值得提倡。

上面的第一、二种质疑是对文言教学语言运用的浅层理解，第三种质疑倒是有所本的，《普通高中语文课程标准》对文言文教学的定位就只在阅读层面而根本没有涉及用浅近文言写作这个语言运用层面。

---

① 曾洁，余应源. "科学世界"语文教学科学化刍论［G］. 李海林，语文教育研究大系·理论卷，上海：上海教育出版社，2005：6.

我们文言教学中的语言运用即文言教学中的现代言语实践并非只指疏通文义的文言翻译，也并非只指在现代文写作中生硬地插入文言名句。我们主要指的是在文言词、句、篇的学习中，融入更为广泛的仍有实际应用价值的现代言语实践成分。"现代言语"绝不等同于现代汉语的运用，虽然带有文言典雅特质的、书面化更为突出的现代汉语的运用是最为普遍的现代言语状态。当今处于实际运用状态的现代言语，还包括现代汉语中平白浅近的口语听说，甚至还包括浅近文言的写作。"文言，它依然是一种活的语言，是一种还在继续使用的语言。"① 这种"继续使用"，绝大部分就体现在运用有文言典雅特质的现代汉语书面语的现代言语实践中，也小范围地体现在当今口语听说和浅近文言写作的现代言语实践中，这种"继续使用"是在现代言语实践中的继续使用。交融了文言中的鲜活要素和它本身时代活力的现代言语实践一定可以激活文言的有用性，也一定可以激活我们的中学文言教与学。

我们立论的第一个理由，是在现代汉语的言语实践中已然融入有生命力的、富于文言特质的词句的现状，表明现代言语实践可以激活文言教学。

首先，从理论上讲。"文言白话并非泾渭分明，古今汉语宛如一条河流的上游与下游。下游之水上游来，白话中'活'着文言。"② 我们的现代汉语写作很大程度上借用着有生命力的文言词句，这样的借用使我们的现代汉语写作散发着汉语特有的文化芬芳，这样的写作才是地道的汉语写作。虽然，我们不主张大面积用文言哪怕用浅近文言写作，但是至少在现代汉语的言语实践中融入有生命力的、有文言特质的词句确实体现了现代汉语言语实践的正道和地道。文言文教学的"意义不仅在于培养和提高学生阅读浅易文言文的能力，而且在于提高他们的现代汉语水平，成为他们运用现代汉语时的宏观语境"③。

其次，从成人言语实践的示范性看。成人的言语实践主要集中在科学言语和艺术言语的实践上。大凡优秀的科学言语尤其是艺术言语都融入了优秀文言语言的因子。我们看王充闾、伍立扬这些人文学者的散文，听杨叔子、杨振宁这些自然科学家的演讲，都可以领略到一种现代言语中融入文言语言因子带来的典雅精

① 陶永武. 转变两个观念，走出教学困境 [J]. 中学语文教与学，2002（10）：45-46.
② 陶永武. 转变两个观念，走出教学困境 [J]. 中学语文教与学，2002（10）：45-46.
③ 曾洁，余应源. "科学世界"语文教学科学化刍论 [G]. 李海林，语文教育研究大系·理论卷，上海：上海教育出版社，2005：6.

致的表达美。

贾平凹、楚楚的散文写作，也在遣词造句的文言特质中，表现出了汉语表达的典范地道性。"楚楚汲中国古典诗词之源，加现代诗之精华，以自己的少女情怀，培育出国色天香。语言在她的运转下那样精致，那样自如。"① 我们多让学生阅读、模仿这样的现代汉语表达，学生的文言学习的积极性和能力就会在潜移默化中得到提高。

最后，从学生言语实践的现状上看。我们也有必要引导学生进行这样的精炼汉语表达的言语实践。目前，充斥中小学生作文中的语言是大量的港台方言、网络语言。好像除了"哇噻"就没有表达情感的词了。"现代语文教育面临着精神贫困和语言低俗的双重威胁，所以我们更应致力于开发古人留下的精神和语言宝库。"② 大家在现代汉语写作中对文言语言因子的运用往往是不着痕迹的，是深层次的。对学生而言，即使能浅层地运用也能起到激活文言学习的功效。即如新课程中关于文言"背诵"的要求，如果仅仅使学生背诵成两脚书橱而"对其中的诗文名句，口头发言不能脱口而出，下笔作文不能旁征博引，即使他们能够读懂浅易文言，又有何用处？"③

我们立论的第二个理由是在文言词句篇的教学中融入现代汉语的言语实践将更能激活文言教学。其实，现代汉语言语实践和文言教学起着互相激活的作用。就文言教学本身而言，在文言词句篇的教学中融入现代汉语言语实践从而激活文言教学是更重要的层面。在文言文知识技能、情感、态度、价值观的教学中，我们要始终贯穿正确的过程和方法，这个过程和方法就是通过现代汉语的言语实践来掌握文言阅读的知识技能，建立起从文言阅读中获得的健康的情感态度和正确的价值观。

第一，文言的词汇掌握。文言实词的知识，文言活用、句式等知识，我们始终坚持要学生从成语中找例证，从现代汉语中找例证。

---

① 楚楚. 淡墨轻衫 [M]. 厦门：鹭江出版社，1998.

② 方智范. 我看古诗文教学 [J]. 语文教学通讯·高中刊，2004（05）：1.

③ 钱吕明. 文言文教学的独立思考 [J]. 语文教学之友，2003（11）：21.

	文言文学习	现代汉语言语实践
古今异义重要实词	非常之谋难于猝发	非常周末
	君子性非异也，善假于物也	狐假虎威
使动用法		万家乐，乐万家
		美尔姿羽绒服
		健胃消食片
		科技兴国
为动用法		服务人民，服务社会
名词作状语		船去
		车来
		蜿蜒蛇行
		欢呼雀跃
动词后省略介词		幸运观众做客中央电视台
省"于"和状语后置		优秀教师任教薄弱学校
宾语前置		自尊、自爱

这样的例证应具有广泛意义，因为古今汉语同源。这样的例证也是我们锻炼精炼汉语表达的范例。

这样从现代汉语言语实践角度教学文言知识，学生还会有"对学习文言的抗拒心理和厌倦情绪"[1] 吗？我看不，因为这样的教学，学生再也没有"学非所用"[2] 的感觉了，有的只是感到文言学习在现实生活中学有所用的快乐和兴趣。我们不能就文言教学文言，否则，学用脱节，势必会使学生罹患文言学习的疲劳综合征。在高中生面临像《史记选读》《唐宋八大家选读》《论语孟子选读》这样的文言文集中选修的学情下，我们尤其不能就文言教学文言。

第二，文言的写作借鉴。借鉴主要指从文言文的章法中学习现代汉语的写作方法。这也是从"用"的角度唤醒学生学习文言的热情。清人李扶九所编的《古文笔法百篇》中有丰赡的写作方法的示例，就中学文言名篇看，如"题字生情法"（柳宗元《愚溪诗序》中以"愚"生发抒情），如"一字立骨法"（刘禹

---

① 汪忠信. 21 世纪的中学生还要学习文言吗？[J]. 中学语文教与学，2002（10）：49.
② 汪忠信. 21 世纪的中学生还要学习文言吗？[J]. 中学语文教与学，2002（10）：49.

锡《陋室铭》以一"陋"字立下全篇主旨和结构)。此外,贾谊《过秦论》的"波澜纵横法",欧阳修《醉翁亭记》的"起笔不平法",范仲淹《岳阳楼记》的"以小见大法",陶渊明《桃花源记》的"无中生有法",王勃《滕王阁序》的"华丽法",等等,不一而足。我近年尝试的仿照文言片段论证方法进行论证的系列小作文训练就很有成效。这样的现代汉语言语实践既有激发学生深入研读文言文本的功效,又有促进学生写作水平有效长进的功效。

第三,文气再现翻译法。文气再现翻译在追求翻译"信达"的同时不拘泥于文言翻译的形似而追求神似,翻译出文言特有的味,翻译出文言特有的气。因此,文气再现翻译也就不同于单纯的文意疏通的翻译。文言文中丰富的语气助词,长短参差、骈散相间的句式,都是有味的,有气的,文气再现式翻译的现代汉语言语实践是可以帮助我们从文本中真切地感受气和味的。在这样的现代汉语言语实践中,学生也轻松地掌握了文言虚词用法、句式特点等知识。我在教学《阿房宫赋》时,引导学生对"明星荧荧,开妆镜也……"一段的翻译就是一种文气再现的翻译。如"渭流涨腻,弃脂水也"译成"(忽然间)渭河暴涨泛红腻,(原来)是美人泼了胭脂水!"译文中"忽然间""原来是"的加入就准确传达出了"也"这个语气助词的惊叹气味。

第四,以巧妙的现代言语实践实施文言文本内含的思想情感教育。"通过具体生动的言语形式对学生进行思想情感教育是语文教学的特征之所在,也是优势之所在。"① 我教学时对《阿房宫赋》中"使负栋之柱,多于……"一段进行改写,而后与原文进行比较,而后揭示此段文字含义的仿句练习,就是这样的现代汉语言语实践。改写如"使负栋之柱,多于南山之巨木",两相比较,原文"多于南亩之农夫"更能揭示"阿房宫的建立是以百姓亡命、人口减少为代价的"的深刻题旨。仿句练习是用"阿房宫的建立是以……为代价的(基础的)"的句式概括这个文段的含义。这样的现代言语实践既落实了文言和现代汉语双重言语形式的教学,又激发了学生对秦王朝统治者荒淫无度、荼毒生灵的痛恨,使学生深切地体会了荒淫奢侈败身亡国的人生教训,在不知不觉间受到了健康情感的熏陶和正确价值观的教育。

第五,借助现代方言口语激活文言实词的学习。现代方言口语有时保留着极

---

① 王尚文. 语言·言语·言语形式 [G]. 李海林,语文教育研究大系·理论卷,上海:上海教育出版社,2005:36.

典雅的文言词汇，大俗中包含大雅。陕西王婕老师曾巧妙地利用汉中方言口语进行文言实词的教学（《中学语文教学参考》2005 年第 5 期），举例如下：

汉中口语	文言相关词句	相通义
华清池浴池之一 "海棠汤"	媵人持汤沃灌 （《送东阳马生序》）	热水
操筷子（铁铲、木杆）	大王来何操 （《鸿门宴》）	拿
毕了	六王毕，四海一 （《阿房宫赋》）	完，结束
殁了	其身未殁，诸侯倍叛 （《史记·秦始皇本纪》）	死
嫽不嫽	佼人僚兮（亦作"嫽"） （《诗经·陈风·月出》）	好
你在这儿候着我	僮仆欢迎，稚子候门 （《归去来兮辞》）	等候
饥不饥	饥肠辘辘	饿

第六，引导学生对所学文言进行现代读解。对古典名著进行现代评析式的读解成为当今汉语读写的一道亮丽风景线。马瑞芳的"说聊斋"，易中天的"品三国"，刘心武的"说红楼"，甚至南怀瑾的《论语别裁》，在中学生中的影响之大出人意料。我们完全可以利用中学生对这种文言名著阅读方式的认同心理，进行以现代言语形式读解文言文的教学。学生在尝试以现代言语读解文言之前，对文言已自觉不自觉地进行了读解。更主要的，这样的教学也是对他们品评鉴赏能力的培养，是对他们情感、态度和价值观层面的高品位的教育。学生作业，有时是成篇的品评文章，如《说服人人都会，各个招数不同——中学文言文中的说服艺术》；有时是类似中国古典评点式读书的一两句评点，这样的评点或白话或文言，如我班学生对《阿房宫赋》开头四句和末节一句话评点的练习，就多有精彩之作。

2006 年暑期，我所教班级集中阅读了《聊斋志异》，这是热门文化；阅读了《郑板桥家书》，这是校本教材；阅读了清人张潮《幽梦影》，这是我的力荐之作。要求学生读后或段落眉批，或章回总评，或全书综评。我鼓励学生说，"二十四史"有"毛（泽东）批本"，现在你们对三本书有了自己独特的评点，也就有了"×氏评点本"了，虽暂时未达"藏之名山，传之后人"的水准，但日日精进，也会日臻佳境的。学生的积极性很高，开学初上交的评点本就有不少"善本"。

我们立论的第三个理由是让学生尝试浅近文言写作也有例有据了。

首先，作为一种文言阅读教学中的言语教学策略，浅近文言"写"的设计在激活文言阅读教学上确实是有趣、有效的。黄厚江老师讲《阿房宫赋》，就有这样的有趣有效的设计。概述文章内容，黄老师设计以下填空题：

（1）阿房之宫，其形可谓（雄）矣，其制可谓（大）矣，宫中之女可谓（众）矣，宫中之宝可谓（珍）矣，其费可谓（靡）矣，其奢可谓（极）矣。其亡亦可谓（速）矣！嗟乎！后人哀之而不鉴之，亦可（悲）矣。

（2）全文可浓缩为三个字：（奢）→（亡）→（鉴）。

为强化主旨理解，体味豹尾之妙，黄老师还自写了一个结尾，请学生与原文结尾进行比较：

观古今之成败，成，人也，非天也；败，亦人也，非天也。成败得失，皆由人也，非关天也。得失之故，归之于天，亦惑矣。

我平时的文言教学也自觉运用浅近文言写作这种现代言语实践激活文言教学的趣味性、有效性。学习《邹忌讽齐王纳谏》，我为了使学生趣味性地理解文言文中的宾语前置句，形容词的意动用法和表示比较的固定句式，特意设计了一道题目：把下列现代汉语句子转换成文言句子。1. 哥哥不欺我。2. 大伯认为他的帽子美。3. 狼与狗哪一个凶？答案分别是：1. 兄不吾欺。2. 大伯美其冠。3. 狼孰与犬凶？（或"狼与犬孰凶？"）学生主动探究的积极性非常高。

其次，浅近文言写作亦已成为日常作文教学、语文竞赛乃至招生考试中屡见不鲜的尝试形式。下面《桃花源记》的学习案例就是浅近文言写作在日常作文教学中的有益尝试。发挥想象，利用平时的生活经验和积累，以"林中一位头发花白的老人十分好奇地问渔人"为开头，对"问今是何世，乃不知有汉，无论魏晋"进行扩写。有同学有这样的戏剧台词：

【老人】敢问兄台，当今为何世？

【渔人】阁下可知汉否？

【老人】我等愚昧，不知汉。

【渔人】依此云，尔等更不知魏晋邪？

【老人】是也，请兄台赐教！

【渔人】自秦后，又经汉，人口达 5000 万。汉武帝时，抵抗匈奴，张骞两出西域，建丝绸之路，蔡伦造纸，佛教兴盛，实乃太平盛世，约四百年。后经魏蜀吴三国鼎立，烽烟又起，现为东晋孝武帝年间，距尔等避乱约有八百载矣！

【老人】憾矣！错过盛世！真乃"洞中才数日，世上已千年"。

　　这样的浅近文言写作确实也还是一种当今仍在中学生中实践着的言语形式，尽管这样的实践带有特殊性、另类性。但这种特殊、另类的现代言语实践却能激活我们的文言教与学。复旦附中黄玉峰老师、清华附中赵谦翔老师和他们的"弟子"一道尝试浅近古诗文写作的实验有全国性影响。2007 年 1 月 15 日《新民晚报》报道第五届上海市中学生古诗文阅读大赛时援引一位评委的话说："中学生不妨学点古文写作，对提高学生兴趣有好处。"2006 年北京大学自主招生语文试题中有一道题目就是让学生写一篇 50 字以内的文言文，要求用到"之"的三种用法。

　　再则，浅近文言写作甚至已成为台湾语文教学标准中的内容。台湾 1996 年高中语文教学标准中有"熟练写作古文公函"的内容，这已经是较有普遍意义的文言教学的现代言语实践了。确实，台湾的国学教育的力度远远超过大陆，即以 2007 年台湾高考而言，据央视 2007 年 7 月 4 日报道，台湾高考除语文试题中有 66% 的文言试题，甚至数学高考卷中亦有用文言命制的试题。剔除命题中的政治因素，我们至少从一个侧面看到文言的现代言语实践的合理存在性。

　　"目前在高考中出现的文言写作，其实是古白话作文，也就是我们寻常所说的浅近文言。"[1] "学生的文言写作，并没有离开现在的生活太远，他们只不过是稍微吸收了古代汉语的一些词汇、句式罢了。"[2] 作为一种高考另类写作方式，

---

[1]　尉天骄. 宽容对待文言写作 [J]. 写作·下半月，2003（11）：17-18.

[2]　尉天骄. 宽容对待文言写作 [J]. 写作·下半月，2003（11）：17-18.

我们"对文言写作宜宽容对待"①。我曾汇编印发了高考作文中的文言高分作文,让学生就近感受、玩味同龄人的成功尝试,消除他们对浅近文言写作这种现代言语实践的畏难心和陌生感,有效地激发了学生文言学习的兴趣。

最后,浅近文言写作是当今成人写作的一种方式,在某些场合下,这种浅近文言写作还是一种更为合理的写作方式。20世纪80年代,廖承志致蒋经国的信,冯玉祥之子冯洪志致蒋经国的信,都是用文言写的,在海内外颇受好评。东南大学百年校庆时的校歌,是由该校一位教授用浅近文言新写的,亦颇受海内外校友好评。

我在教学《阿房宫赋》后,专门印发了一组"巴蜀鬼才"魏明伦的准古赋体文章,让学生感受这位擅长写准古赋体文章的著名作家的文言写作风采。目前,我们师生正共同关注着近期在《光明日报》上连载的《百城赋》。学生兴趣盎然,文言学习热情高涨。有一个学生还把他任政协委员的爷爷的委员铜牌证书后的赋文抄送给我,做全班交流。不妨抄录:"权不在实,爱国则名。事不在多,解忧则灵。斯是委员,亦官亦民。协商是基础,监督无私情。参政有保证,呈净言于提案。寓视察,显忠诚。编千秋文史,转民意社情,此乃曰'政协精神'。"综上所述,浅近文言写作确实能激发学生文言学习的主动积极性,提高文言教学的有效性。如果我们设置好让学生尝试浅近文言写作的情境,把握好让学生尝试文言写作的限度,这种难度略超现代汉语书面语的浅近文言写作尝试就不仅有利于激发学生文言学习的趣味性、生动性,而且对锻炼学生语言表达的精练性,对锻炼学生现代汉语表达的典雅性也未尝不是一个很好的方式。

最后,我尝试对《普通高中语文课程标准》有关文言文教学的说明做以下调整,算是本文写作的一个小结:

> 能借助注释和工具书,能联系现代汉语中遗留的大量文言现象,理解浅易文言文中的词句含义,读懂文章内容。能从古代汉语和现代汉语角度了解、梳理常见的文言实词、文言虚词、文言句式的意义和用法,注重在浅易文言文和现代汉语的阅读甚至写作实践中举一反三。诵读古代诗词和文言文,背诵并能灵活运用一定数量的名篇。

---

① 尉天骄. 宽容对待文言写作 [J]. 写作·下半月,2003(11):17-18.

以现代言语实践激活文言教学之过程方法篇

　　文言词汇、文言知识的积累与整合，文言中所蕴含的情感、态度与价值观的熏陶，这些文言教学的任务的完成要借助于合适的过程和方法。这个方法是以现代言语实践激活文言的教学、运用。现代言语实践是指目前处于实际运用状态的言语实践，现代书面语言是其主要形式，现代口语实践和浅易文言写作实践是其次要形式。为什么要强调"运用"？没有用，学生就不会投入，在紧张地应对考试这个实际的中学教学环境中，"有用"是激发学生学习兴趣，促使学生投入时间的一个重要因素。虽然有老师说文言教学更主要的目的是在潜移默化中使学生接受汉语文化的熏陶，民族精神的濡染，从而能够陶冶情操，澡雪精神，也即新课标的情感、态度、价值观的教育，但是这归根结底仍是一种"有用"。尽管这样的"有用"较之于词汇、知识积累的"有用"显出一种隐性。事实上不论是应对高考立即有用的词汇、知识，还是对将来成长总归有用的情感、态度、价值观，都需要现代言语实践这个激活因子的激活。现代言语实践是学生的日常应用功课，只有处理好文言学习与此的结合，文言教学的有效、高效之途才可真正寻及。

课前预习

　　我们往往布置三个任务。第一是尽可能多地找出文言文本中与现代汉语勾连得上的重要词句，这样可以使文言词句的积累尽可能与对学生最有用的现代汉语的运用交融一体，尽量做到文言学习和现代汉语学习的同轨。文言学习和现代汉语学习的同轨还指利用现代汉语语法知识理解文言中的虚词含义、词的活用、特殊句式，等等。

如《谏太宗十思疏》：

文言文本	现代汉语	互联含义
盖在殷忧	殷切	深
董之以严刑	董事长	监督
谦冲	冲淡平和	谦虚
自牧	牧羊	养
黜恶	罢黜百家	排斥
宏兹九德	宏扬	发扬
信者效其忠	为国效力	献出

"求木之长者，必固其根本"中"之"是主谓间取消独立。因为"木之长"作为主谓短语充当动词"求"的宾语，即"求木之长者"。

"简能而任之，择善而从之"中"能""善"单独看一般可看作形容词"有才干的"和"好"，它们分别处于"简"和"择"这两个动词的宾语位置，据此可推断"能"和"善"是形容词活用为名词，意思分别为"有才干的人"和"好的意见"。

另外，利用汉语常有对举结构的特点，我们亦可推出和"择"对举的"简"的含义是"选择"。

这里要特别强调利用分析现代汉语语法的手法理解掌握文言文中的活用现象，如我在讲名词作状语的文言现象如何判别时，就给出了如下公式：

$$
\text{名词+动词} \begin{cases} \text{不通} \quad \text{名词作状语，如"箕畚运"} \\ \text{通} \begin{cases} \text{名词作状语，如"犬坐""蛇行"之类的比喻词} \\ \text{主谓短语，如"清风生""纤歌凝"} \end{cases} \end{cases}
$$

所谓"不通"是指该名词本身不能发出该动词所表示的动作，如"箕畚"本身不发出"运"的动作，是人用"箕畚"发出"运"的动作。只有这样的现代汉语言语实践式教学才能真正使学生理解式掌握文言现象，从而避免枯燥无味地死记硬背式的文言学习。

我们布置的第二个任务是学生的课前诵读。要求读准词句，读音正确不破句；读出基调，语气助词体味准；读进文本，精妙之处有感悟。要避免以"书读百遍，其义自现"的借口让学生有口无心地完成课后习题中的背诵任务。

我们布置的第三个任务是评点式阅读。或全篇，或局部，对自己感受最深的点作或长或短的评点。此前我们常常从内容主旨、艺术特色等方面设置一个能把握全篇的问题，这个问题往往也是切入文言文本的好的角度。

课堂教学

课堂教学基本上按照预设的三个设置完成教学任务。上课伊始，我们常常以竞赛的形式让学生列举预习中找出的与现代汉语言语实践仍有显性关联的重点实词。这个任务我们采用的完成方式常常有：1. 小组对阵法。对阵两组分居黑板南北两端，两组成员按座位顺序，或由前而后，或由后而前，逐个上黑板写，内容一是文言文本中的相关词句，一是现代汉语中的相关词句。竞赛法重在培养合作学习的意识和能力，重在全员参与，尤其要注意不能忽略、冷落后排的同学，其实从后排开始往往有很好的控场作用。2. 小组代表法。一个小组推荐一名同学于上课前一天集中浏览小组成员的字词预习笔记，整理汇总，正式上课时代表小组同学上台发言，发言同学的内容由该小组另一同学记录在黑板的相应位置，发言的同学感受到了"成员国"代表"说"的风光，记录的同学锻炼了"听"的能力。3. 小老师法。由老师选一位准备得充分的同学充当小老师上台重点提示讲解。这种方法尤其不能忽视语文基础薄弱、畏惧文言学习的学生。正式上台前，老师可以适当帮助指导。小老师法重在培养先进意识。4. 抢答法。老师投影文本中加点标出的重点词句，然后让同学在下面抢答出相关联的现代汉语言语实践中的词句。

词句简单的文本第一课时可以用 10 分钟实践文言文和现代汉语关联教学，词句较难、篇幅较长的文本也未尝不能以一课时甚至更长的时间教学文言词句。问题的关键有两点，一要以现代汉语言语实践激活文言词句教学，二要变换多种教学方式，带动每个个体参与。与之相反，有些老师的文言文教学之所以使学生恹恹欲睡就是因为缺失这两个关键点。他们或是就事论事，要学生死记硬背文言实词、文言虚词的含义，不懂得用"董事长"之"董"助记"董之以严刑"之"董"比之更实用、更鲜活；或是"摸黄鳝"，从鱼头一直摸到鱼尾，摸得文本滑溜溜，摸得听者软绵绵。

这之后就进入文本的理解、赏析、运用的教学过程了。我们有这样几个常用方法：

第一是诵读法。诵读不是为诵读而诵读，而是作为一种贯穿始终的教学法存在于文言教学的实践中，是以"听说读写"中"读"的方式体现的现代言语实践。但是当前的文言教学中的诵读有流于肤浅之弊，有些老师或是"干读"，只读不解，最多只是读准字音，他们不知道"解读解读，有解有读"的一体性，还常常以"书读百遍，其义自现"欺己欺生；或是"花读"，变换各种花样读，全班读、小组读、个人读、老师读，对读、朗读、默读，但他的课堂常常只是读而已。

黄厚江老师上《谏太宗十思疏》①，以学生的朗读引出老师读和录音读的比较，在读的比较中辨析"求木之长"中"长"的读音；在读的比较中辨析出了全文忠诚、恳切的基调；在读的比较中体味出了全文骈句为主的句式特点。这是读解一体化的读，是"解读"。

广东吴良高老师教读《季氏将伐颛臾》②，巧妙地以全文出现的六个"曰"前应加什么情感词的辨析引领学生诵读，这样的诵读读出了应有的语气。学生是含糊其词，老师是义正词严；学生是口是心非，老师是不依不饶；学生是自欺欺人，老师是一针见血。这种现代汉语四字词的推敲添加就是一种读中解，解中读。这样的诵读读出了人物的性格。子路二人遮遮掩掩、理屈词穷的形象，孔老夫子疾恶如仇、大义凛然的形象都在诵读中"读"之欲出。

第二是评点法。评点法应是最地道的文言教学方法，中国古代多有典范的评点，它们和原文珠联璧合。读"水浒"不读金圣叹评点，读"红楼"不读脂砚斋评点，真真会少了一层滋味的。我们也引导学生边读边评，积久而成，学生也评得像模像样，不但金圣叹的渲染式，脂砚斋的知音式，学生模仿得惟妙惟肖，学生的评语还运用鲜活的流行用语，散发着浓郁的时代气息。如学习《五人墓碑记》，我布置了一道引导诵读评点的预习思考题：文有文气，文有文势，《五人墓碑记》的文势像什么？什么样的表现手法造成了这样的文势？你受到了什么感染？学生的评点多有精彩之笔，如：1. 山巅落瀑之文势，江海漫岸之感情。

---

① 黄厚江.《谏太宗十思疏》教学实录 [J]. 语文培训手册，南京：江苏教育出版社，2005.

② 吴良高.《季氏将伐颛臾》课例 [J]. 中学语文教学，2006（01）.

2. 文势汹涌，起笔造文势，一声"五人者……"如山巅疾呼，如江源急浪。（高宝刚）3. 文势汹涌，文序造文势，倒装叙事是回流水，文末议论是冲天浪。（潘安辰）4. 文势汹涌，对比冲撞出浪峰之文势；文势汹涌，句式排比出倒海之文势。（陈浩）5. 读后有正义的感染，读后有人格的召唤。（李淑）

教学《陈情表》，我布置学生从打动说服的招数角度对原文加以评点。学生的评点如：1. "见背"、夺志是孤弱之苦；"告诉不许"是两难之苦，此是泪水招。（徐文宇）2. "孝治天下"，是治国大理；"不能废运"是微臣孝心，孝心合大理，此用大理招。（夏建飞）3. "亡国贱俘""本图宦达"，以自辱消除人主猜疑，此乃自辱招。（左洋）4. "尽节""日长""报养""日短"，实话实说，此为诚恳招。（周金鑫）这样的精致点评文字本身也是我们学习文言文要积累整合的有利于现代汉语表达的精粹语言。

第三是关键词句法。文言文教学的难点是如何使言（词、句）文（解读、鉴赏）交融，文（赏析）道（情感、态度、价值观）交融。古人特别讲求炼词炼句，文言文一般有能提领全文的重点词句。我教学《孔雀东南飞》时就从诗中反复出现的重点多义词"相"的理解出发，既使学生对"相"的"面相""偏指一方""互相"等含义有清晰地区分，又提炼出全文的情节线索、情感脉络。全文的情节线索是"合——分——合"，相关句有："相（互相）见常日稀""及时相（偏指'我'）遣归""儿已薄禄相（面相）""会不相（偏指'你'）从许""还必相（偏指'你'）迎娶""久久勿相（偏指'我'）忘""誓天不相（你）负""登即相（他）许和""蹑履相（他）逢迎""怅然遥相（他）望""黄泉下相（互相）见""枝枝相（互相）覆盖""叶叶相（互相）交通""仰头相（互相）向鸣"。浏览这一系列"相"字句，我们也能感知文中贯穿的情感脉络：互相理解——忠诚系念——无可奈何——毅然殉情——爱情永生。让学生用现代汉语的四字短语梳理出情感脉络之前已有对重点词句的辨析，做到了"文"和"言"教学的交融。

我教学《报任安书》，就要学生借助课本中的注释、翻译，弄通文意后，选出自己体味最深，能够勾勒史迁"发愤"之情的句子加以评点阐释。学生选出的句子和点评如下：1. "而世又不与能死节者比，特以为智穷罪极，……卒就死耳"（背负冤屈者无死之资格，否则，卑鄙就成了高尚者的墓志铭——江航）；2. "勇者不必死节"（勇者何必为名节立即去死，懦者常常借名节以死逃避——房广江）；3. "所以隐忍苟活，……恨私心有所不表"（隐忍苟活，"将以有为也"——袁刚）；4. "古者富贵而名摩灭，不可胜记，唯俶傥非常之人称焉"（史迁从古代圣贤中寻找自己不死而有为的同志者——孙有丽）；5. "人固有一死，或重于泰山，或轻于鸿毛"（人生自古谁无死，留取丹心重泰山——姚广强）；6. "然此可为智者道，难为俗人言也"（"隐忍苟活"，将以有为，茫茫人海，此心谁知？——陈木）；7. "负下未易居，下流多谤议"（落井常有下石之害，置火常有浇油之加，这就是倒霉者的现实处境——孙亚宇）；8. "居则忽忽若有所亡，出则不知所如往"（史迁真人也，不掩盖自己痛苦得魂不守舍状；史迁伟人也，痛苦得魂不守舍中硬是守住了挺立人生的魂魄——华霆）；9. "要之，死日然后是非乃定"（盖棺论定，史迁坚信时间会给他公正，即使不是当世之人，就是"来者"也会给他客观公正的评价的——朱林林）。抓关键句既把握了文本学习的重点——体悟司马迁在文中表现的生死观；也落实了文本学习的另外一个重点——重点词的积累，如"死节"中"死"的为动用法，"私心""非常""下流"的古今异义，等等，真正做到了文言交融，文道交融。

安徽师大附中严景东老师教学《烛之武退秦师》，以三个文言虚词"以""之""其"的辨析理解带动"文"的学习，引领学生欣赏外交词汇和人物形象。① 事实上，"以""之""其"也正是这篇课文的重点词。

其实，正如严景东老师所说："抓住若干关键的文言虚词（推而广之，根据具体情况，又完全可以是若干文言实词或句式较为特殊的句子）来将基础知识的教学和文本阅读的点拨教学融合起来，不失为省力高效、切实可行的着眼点。②"

第四是仿写法。仿写主要是借鉴文言文章法，练习现代汉语的文体写作。我经过实践，觉得文言文议论片段中的各种论证法很适合学生模仿、借鉴。因为这样的片段短小精悍，学生容易记也容易仿。并且在模仿、借鉴之前学生往往积极性很高地学习了文言片段中的重要词句，因为他们等着用。其他的章法如叙事笔法、抒情笔法，学生也可从文言文中合理地加以吸取。这样适度处理的读写结合既没有使阅读成为写作的附庸，也没有使写作成为阅读的附庸，有的只是以现代言语实践激活文言教学的功效。

此外，文气再现翻译法，文言经典现代读解法，浅近文言写作法都是有趣有效的现代言语实践法。

---

① 严景东. 三"言"四"拍"惊险精彩［J］. 语文教学研究，2006（09）.
② 严景东. 三"言"四"拍"惊险精彩［J］. 语文教学研究，2006（09）.

课后拓展

我们可以毫不夸张地说，当今时代是一个文言教学的最佳时期，几乎整个华语世界都在自觉不自觉地营造着一种以现代言语、现代音像、现代舞台实践激活文言教学的氛围。现代言语实践有王蒙、刘心武的"说红楼"，马瑞芳的"说聊斋"，南怀瑾的诸子别裁，于丹的论语心得，等等。现代音像实践有中央电视台对四大名著等中国古代经典的电视改编，有港台等地对中国传统剧目"大话西游"式的改编。现代舞台实践，像轰动一时的根据《史记·赵世家》改编的舞台剧《赵氏孤儿》。更有利的是对文言经典的解读已经呈现出一种现代言语实践和现代音像、舞台实践交融的大势。刘心武、易中天、马瑞芳、于丹对相应文言经典（《红楼梦》《三国演义》中有相对现代汉语而言较多的文言成分）既有现代言语实践的解读著作面世，又有中央电视台"百家讲坛"这样的电视节目亮相。这实在是现代言语、音像实践激活文言教学，激活经典重读的大势。这也是一个民族传统文化走向复兴、走向民间的大势。读经热潮正涨，古史今读正盛，中央电视台"百家讲坛"更是掀起了一股全社会的经史今读热潮，处于这样一个文言文教学大背景下的中学师生应该说躬逢其盛，幸甚至哉！

正是借助于这一股已然吹拂的文言教学东风，我在文言文教学的课后拓展环节引导学生对文言文本作了以下两个角度的研究性学习拓展：

一是拓展印证。拓展印证是搜寻与文言文本关联的古代作品以及以文言文本的内容主旨为蓝本的相应的现代作品，以此引导学生以现代视角重新审读文言经典。而以现代言语、音像、舞台形式呈现的与文言文本相关的作品，更容易激发起学生比较学习的兴趣。

学习了《史记选读》中《刺客列传·荆轲刺秦王》，我们首先引导学生辩证认识荆轲的所作所为，解读他的形象，而后提供历代论者对荆轲的评价之词。否定之词，如苏洵的"始速祸焉"，南宋鲍彪的"轲不足道也"，朱熹的"轲匹夫之勇，其事无足言"。肯定之词，如左思的"虽无壮士节，与世亦殊伦"，陶潜的"其人虽已没，千载有余情"，龚自珍的"江湖侠骨"。这已激发起学生探究的热情，趁热打铁，我们节选印发了当代名作家莫言的《我们的荆轲》（刊于《钟山》2004年第2期），带领学生看了电影《英雄》、电视剧《荆轲刺秦王》，学生此时真正是热情高涨，欲罢不能。我们还把这次课后的研究性学习成果汇编成《我们的荆轲》，全班交流。

学习了《史记·赵世家》，我们印发了据此创作的被王国维誉为"即列于世界大悲剧中，亦无愧色"的纪君祥的《赵氏孤儿》，发动学生比较史传作品《赵世家》和文学作品《赵氏孤儿》的异同，学生从中自能体悟文学、史学的不同。在此基础上，学生再读刊于《美文》2007年第1期的陈彦的《赵氏孤儿》，体悟会更切实、深刻。

学生学习《史记》中《高祖本纪》《项羽本纪》《淮阴侯列传》时积极性很高。因为此前我就渲染过，学好了以后，借助于网络、书籍的资料搜索，我们师生先写出自己的刘、项、韩述评，然后与如日中天、红得发紫的易中天的《品人录》中相关章节（《项羽》）进行"比高"，学生的表现真可谓生情激昂，跃跃欲试。

二是比较批判。流行历史影视、"百家讲坛"的今天正是引导学生读文言文本进而与影视、"讲坛"进行比较，对影视、"讲坛"进行评判的极佳时期。我们着眼于以下角度：

文言文本和电视改编的比较。电视台热播《宰相刘罗锅》《铁齿铜牙纪晓岚》时，我们选取了《清史稿》相关章节让学生了解历史真相，引导学生比较对同一历史人物、事件，史学的叙述和文学的改编（电视改编）的异同，进而评判电视改编的优劣。《聊斋志异》作为清代文言，很适合中学生由浅易处入手学习文言文。2005年暑假，我们利用有家电视台重播"聊斋"的契机，抓住学生爱看"聊斋"连续剧的心理，规定可以看"聊斋"电视剧，但要写出10篇以上文言小说原文和相应电视剧的比较谈的文章。学生也乐于进行这样的比较。

从电视改编、"百家讲坛"引发争论处入手，引导对文言原文的阅读。凡是引起争论的电视改编、"百家讲坛"，我们都及时发动学生阅读相关原文，就争论处尝试发表自己的意见。还记得当年热播《水浒传》时，就湖北大学张国光教授建议封杀《水浒传》电视剧，重拍新《水浒传》电视剧的言论，我们印发了一组相关文章，引导学生阅读古白话小说原文《水浒传》甚至《宋史》有关章节，而后也试着写作、交流自己的小论文。易中天的《品三国》引发了葛红兵的炮轰，我们也引导学生写出参与争论的小论文，班级、年级范围内交流。

从历代有争论的名篇的重新审读处入手，引导文言原文阅读，激发言语表达。"六国灭亡新论"的习作，必须在深入研读苏洵、苏辙、洪迈、李桢的相关原文的基础上才能写出新意。这样读写结合的文言教学方式既培养了学生浅易文言文的阅读能力，又锻炼了学生言语实践的表达能力。

总之，以现代言语实践激活文言学习，大有课外可为之处。

唤醒文言学习情境，巧设文言语用活动

如何解困中学生学习语文"三怕"之一的文言文学习，是语文教学由来已久的难点。我以为"唤醒文言学习情境，巧设文言语用活动"，是解决这个难点的有效策略。

语文学习包括文言学习的情境，一般有学科认知、个人体验和社会生活三个维度。这样的情境设置，配以适切的阅读鉴赏、梳理探究尤其是表达交流等语文活动，可以促进学生浅易文言文阅读能力的提高，有利于学生语文核心素养的养成。文言建构与运用，包括文言的积累与语感，文言的整合与语理，文言的交流与语境。这其中，文言建构与运用的重心，在于运用即文言的语用。文言的积累整合，借助于文言语境中的交流即文言语用活动，可以获得"动态发展而有用的"而非"静态停滞而无用的"语感语理。而文言的积累整合，借助于文言语境中的交流即文言语用活动加以落实，也才是有趣高效而非无趣低效的。文言语用，一方面指以有意味地渗透文言词法活用等文言现象的现代汉语句段进行微写作，来促进理解性的文言积累整合的达成；一方面即指浅易文言微写作，以浅易文言微写作，促进文言文语言建构、思维文化和审美素养的养成。

一、学科认知维度的文言学习情境及相应语用活动

唤醒学科认知情境，促进文言语用活动中文言积累和语感的形成，促进文言语用活动中文言整合和语理的形成。

120个实词、18个文言虚词以及常见的通假字、古今异义词和文言特殊句式等，类似英语中最基本的一级词汇。以往，我们老师常常通过不知多少轮的选择填空等形式反复训练，学生都掌握不好，遑论更大范围的文言词汇等知识的掌握

了。出现这种文言教学高耗低效的尴尬情况，主要是由于教者对这个问题的学科认知，长期处于静态的语言学知识认知而不能自省自改，自觉不自觉地成了高中新课标所批判的"违背学生自主学习的精神，生硬灌输一些语言学条文"的死教硬灌者。

解决这种长久困扰中学师生文言学习的难题的正确途径，就是充分发掘和创设合宜的学科认知角度的文言语用情境，创设以表达和交流为主的文言语用活动，引导学生趣味性和理解性地形成文言积累和语感，形成文言整合和语理。下述学科认知角度的文言语用情境，值得我们充分利用：

一是唤醒偏旁部首内涵的文言学习情境，构写趣味化的体现积累整合的语段。利用偏旁部首的含义，构造有意味的语段，在语用情境中掌握系列实词。如"斤"部字，与斧斤的砍斫有关。趣味语段可以有：斧斫树木，是为薪，薪即柴火；以斧破木，是为析，析木成柴；大家析木易成堆，众人拾柴火焰高。再如"韦"部字，熟皮，与熟皮的柔韧不易断有关。趣味语段可以有：学习要成功，不仅需要有自始至终的"韦编三绝"的勤奋，遭遇学习的困境时还需要有坚韧的毅力。在传统文化通俗化、趣味化和多媒介推广日益普遍的今天，趣味化、语用化推广传统文化，是一种普遍的方法，我们要主动吸纳这样的推广方法。可以借鉴吸纳的，体现上述推广方法的参考书也有很多，如唐汉的《图说汉字》，如张大春的《见字如来》，等等。

这个环节，教者常规性的文言趣味语用作业，就是仿照上面的举例，对中学文言学习中应知应会的偏旁部首进行语用性微写作。这种微写作，可以用一个偏旁带出对多个文言实词的理解性学习。

二是唤醒熟悉的文言课文情境，化用熟悉的课文，编写 120 个实词和 18 个虚词的文言小故事；或者自编基本词汇丰富的趣味文言故事，创设文言学习情境。如虚词"之"，有文言小故事如下：一僧欲之（动词，到、往）南海，询于唐僧，久之（助词，调节音节，用在时间词后，不译），唐僧不之（否定句中前置代词宾语，他）应。其独往，其待也与？（"其……其……"，相当于"是……还是……"，表选择）均之（指示代词，表近指，这）二策，僧以箪食瓢饮至南海，夸之（代词，可译为"这件事"）于唐僧："此何难之（助词，宾语前置标志，不译）有？"唐僧曰："汝之（助词，用在主谓之间，取消句子独立性，不译）百折不挠，实可钦佩。然汝之（结构助词，的）言亦过矣，君将骄而笑之（人称代词，表第一人称，我）乎？"

此段文言，糅合了课文《蜀之鄙有二僧》和《西游记》人物唐僧的故事，充分挖掘利用学生已有的学科认知，并转化成学生熟悉的、合宜的语用情境，从而在文言趣味读写中深入掌握文言虚词。熟悉的文言课文，学生因为耳熟能详而丧失新鲜感。教者这样重新编写，可以化熟悉为陌生，化陈旧为新鲜，在陌生而新鲜的语用中，文言的积累整合得到了主动运用性的高效落实。

著名语文特级教师、"大语文教育思想"的创始人张孝纯先生，曾仿古自编《乌有先生历险记》，包含了学生在中学阶段所要掌握的文言知识及能力训练之要点。把学生在中学阶段应知应会的文言知识巧妙地浓缩在一篇趣味古文中，就是文言语用情境和相应活动的趣味化创设。无独有偶，2008年北京大学自主招生语文试题也有类似的文言语用情境和活动的创设：用文言写一段话，字数50字以内。要求：至少出现三个"之"，每个之的意思和用法都不相同。

高一起始阶段，慢慢渗透这样的以120个实词和18个虚词为素材的浅易文言写作训练。随着文言虚实词词汇量的逐渐扩大，这样的浅易文言微写作逐渐增多，日积月累，进而形成在文言语用活动中理解并运用文言词汇的能力。

三是发掘现代汉语中还保留着文言特质的词语，编写文言活用记忆口诀。现代汉语是文言的继承和发展，其中有不少保留了大量的文言特质的词汇。但是这种文言特质的现代汉语词汇，因为日常使用而导致人们对词汇背后隐藏的文言词汇和语法现象习以为常而熟视无睹、耳熟不觉。引导学生发掘整理这种保留了文言特质的现代汉语词汇，并且尝试创造这样的词汇，不仅能使学生在语用中深刻理解背后的文言现象，而且能使学生的语用典雅化。如古汉语中大量的文言活用现象，以往通过现代汉语的语法知识帮助学生理解掌握，一线老师反映效果就是不好。原因是抽象的语法知识难以与现实的语用融合。现在调整思路，就用现代汉语中还在使用的常用词语尤其是成语帮助学生在使用中理解。如成语活用口诀：1. 任贤用能形作名（贤能，形容词活用为名词）；2. 安邦定国形使动（安定，形容词的使动用法）；3. 草菅人命名意动（草菅，名词的意动用法）；4. 不胫而走名作动（胫，名词活用为动词）；5. 蚕食鲸吞名作状（蚕鲸，名词作状语）；6. 汗牛充栋名使动（汗，名词的使动用法）；7. 流金铄石动使动（流铄，动词的使动用法）；8. 安贫乐道形意动（乐，形容词的意动用法）；9. 士死知己是为动（死，动词的为动用法）；等等。

布置这样的文言语用活动，既可以形成成语的积累，又可以使文言活用知识借助于成语的日常化使用，得到深刻地理解和自觉地运用。

这里，尤其要注意现代汉语作品中具有文言特质的词汇的积累和整合，这样的积累和整合，有助于学生形成地道的汉语言的语感。如现代汉语双音词中，有大量的名词作状语和形容词作状语的词语，如：蜗居内省名作状（内、蜗，名词作状语），富有富含形作状（富，形容词作状语）。如具体作品中的，朱自清先生《荷塘月色》中的"没有月亮的晚上，这路上阴森森的，有些怕人"中的"怕"是形容词的使动用法。鲁迅《药》里"老栓，就是运气了你"中"运气"是名词的使动用法。毛泽东在写于1917年的《体育之研究》一文有句"欲文明其精神，先自野蛮其体魄"，"文明"是名词的使动用法，"野蛮"是形容词的使动用法。

这个环节，适宜安排积累整合的语用活动，以此促进词汇角度的语感积累。日积月累，学生对文言活用语理的掌握，就能水到渠成。高一入学伊始，我就布置这种积累整合的语用活动，要求学生在阅读现代汉语文时，有意识地搜集整理体现文言活用现象的词句。一段时间后，将各人搜集整理的案例署名汇编成册，印刷交流，形成"班本化"文言学习资料。

最后要强调的，是课内文言学习情境及相应的文言语用活动的创设，这是最需要教者着力探求的。课内文言学习，人们已达成的共识，是要遵循"文言、文章、文学和文化"的交融即"四文交融"这个最重要的原则。黄厚江老师教学《阿房宫赋》，把"一日之内，一宫之间，而气候不齐"中的"气候"一词作为这节课的教学切入口。古今异义词"气候"的学习，涉及文章的内容、技法以及作者的情感态度。这就是典型的"四文交融"的文言学习。继而，他将原文压缩后，空下一些关键词，让学生阅读课文后根据课文内容填空：

> 阿房之宫，其形可谓（雄）矣，其制可谓（大）矣，宫中之女可谓（众）矣，宫中之宝可谓（多）矣，其费可谓（靡）矣，其奢可谓（极）矣。其亡亦可谓（速）矣！嗟乎！后人哀之而不鉴之，亦可（悲）矣！

最后，他用自写的浅易文言小结全文：

> 贯古今之成败，成，人也，非天也；败，亦人也，非天也。成败得失，皆由人也，非关天也。得失之故，归之于天，亦惑矣！

这样"四文交融"的学科认知维度的文言学习情境及相应的语用活动,使得感悟学习文本中思维、审美和文化的蕴含得到了自然无痕的具体落实,这才是文言教学的正道。

我教学《阿房宫赋》,也巧妙地发掘与这篇课文相关的古代和当代的学习情境,设置相关的语用活动,取得了激活学习热情、体现"四文交融"的良好成效。举例几个环节:

第一个环节,把判断句"明星荧荧,开妆镜也"改成"开妆镜,明星荧荧也",引导学生在比较中体悟原文在因果倒装句式中故设疑问的惊奇感叹之情。接着,引导学生添加词语,翻译出此句的惊叹之情:(忽然间)天际群星闪耀,(不是群星,而)是美人正开梳妆镜!

第二个环节,还是改写比较,在改写比较中掌握文言句式,掌握文言句式中隐含的批判之情。我改写的句子是:"使负栋之柱,多于阴山之巨木;使架梁之椽,多于华山之树苗;使钉头磷磷,多于黄河之沙数;使瓦缝参差,多于樊川之鱼鳞;使直栏横槛,多于咸阳之屋宇;使管弦呕哑,多于黄鸟之鸣唱"。改写句子所用山水等固有名词,本身也是一种隐含的文化词语。接着,设置仿句语用活动,进一步揭示原文对骄奢淫逸的批判之情。出示原句:阿房宫的建立是以百姓亡命、人口减少为代价的。学生的仿句:阿房宫的建立是以食不果腹、衣不蔽体为代价的;阿房宫的建立是以城池荒废、百姓忍声为代价的。

第三个环节是文言句式的仿写语用活动的设置。1. 仿照"使负栋之柱,多于南亩之农夫"的句式,写一个语段,批评或赞扬一种当今世界的现象。2. 仿照"明星荧荧,开妆镜也"的句式,写一段描写校园生活的文字。学生的精彩答案举例:1.(1)使一顿之费,多于农民一年之收入;一年之酒,多于边地一年之饮水。(冯俊)(2)使非法之小煤窑,多于夜行之老鼠;恐怖分子之捣蛋,多于夏夜之蚊虫;李洪志之造谣,多于垃圾堆之苍蝇;小泉纯一郎之拜鬼,多于阴湿地之蟑螂。(沈丽云)(3)使高速公路之发展,快于江海之奔流;生态公园之美丽,艳于鲜花之竞放。(费维维)2. 盆缸叮当水哗哗,晨起抢洗漱也;楼梯速速穿人群,早读免迟到也;咕咕肚唱空城计,上午第四课也;束束光柱隐宿舍,手电来夜读也;下山个个猛似虎,冲向体育场也;欢呼声声掀屋顶,马上放假是也;喧哗骚动忽停息,老班后门站也。(胡涛)

这样"四文交融"的文言学习,体现的是巧妙的文言学习情境和相应语用活动的设置智慧。

二、个人体验维度的文言学习情境及相应语用活动

中学生个人日常文化生活和交流中，其实含有大量的具有文言特质的表达，这是一种大可利用的个人体验角度的文言学习情境。可惜，我们的日常文言教学，没有很好地加以利用。具有文言特质的表达，包括学生喜爱的流行歌词，包括高考作文甚至日常练笔中高中生尝试的浅易文言文写作，等等。选择这些个人体验强烈的文字作品，发掘其中的文言现象，引导学生在积累整合中水到渠成地掌握文言现象，并形成符合汉语特质的语言表达能力，是充分尊重学生表达交流的个人体验的表现。

第一，流行歌词中的活用。歌曲《牵手》的歌词："因为爱着你的爱/因为梦着你的梦/所以悲伤着你的悲伤/幸福着你的幸福。因为路过你的路/因为苦过你的苦/所以快乐着你的快乐/追逐着你的追逐。""悲伤""幸福""快乐"等形容词转化成意动的活用，将生死相依、苦乐与共的氛围营造出来，令人悠然神往、感慨至深。

第二，高考浅易文言高分作文。这个环节，我经常安排的文言语用活动是阅读历年全国各地以浅易文言写作的高考高分作文，并且尝试浅易文言微写作。从2001年浅易文言高考满分作文《赤兔之死》开始，每年都有以浅易文言写作的高考高分作文出现。这些高考浅易文言高分作文，是应该利用的文言学习的情境。

有了当下生活中个人体验的文言学习语用情境的铺垫和预备，接下来就应该创设文言语用活动。这个语用活动的创设，要注意以下几点：

一是关联课内、准确地道。如姓名字号释义，凡是涉及的文言词汇，都要预先调动课内文言学习的积累，甚至通过查找工具书，准确把握文言词汇含义，使用文言句式要地道纯正。

二是关联生活，激发情趣。关联个人生活，才能激发学生的浅易文言写作兴趣。姓名字号内涵阐释，宿舍书房、学校建筑命名，校训班训释义，这些都是关联学生个人生活、反映学生个人体验的浅易文言写作的题材。如我曾经先以苏洵《名二子说》为例，引导学生对自己的名字进行微型的简要解说。

三是关联三观，表达积极。浅易文言微写作，不能沦为纯粹的文字游戏。在注意趣味表达的同时，要体现积极向上的价值观。

四是微型写作，篇幅短小。篇幅短小，学生才不至于因为畏难而却步。《世说新语》《舌华录》《菜根谭》《幽梦影》《宋琐语》，这些都是文言微写作的仿写范本。

五是制定标准，互相评价。文言微写作完成后，按照词汇句式的准确使用量、立意积极性和表达趣味性等标准，同学互相评价，老师参与评价，形成比学赶超的浅易文言写作氛围，促进文言积累整合和表达层面的文言建构与运用素养的达成。

略举我积累的历届学生的文言作品如下：

⭐ 例1 姓名释义1

姓名自解之查鑫华

江苏省兴化中学 2005 级高二（13）班　查鑫华

余初降时，承蒙天恩，赐稀姓查，所谓物以稀为贵，故余先得大贵之赋。且名吾鑫华，鑫乃三金合体，谓之富上加富，此大富，又加此前之大贵，此乃大富大贵也！虽然，余不私一身，"鑫华"谐音"兴华"，故自余降者，天乃委余"振兴中华"之大任。任愈重，体愈大，以负重担也。吾今日魁梧雄霸之身，名形相符，吾父先见也；名志相应，余之追求也。

⭐ 例2 姓名释义2

说名之一——唐余进

江苏省兴化中学 2005 级高二（13）班　冯仁远

"余"者，"剩"也。农之余，年丰；货之余，家富。富者余货，智者余慧。虽然，助事不可余力，赈济不应余财，处友不得余心。

陷纠纷，不得咄咄逼人，得寸进尺；见名利，不可急功近利，盲目进取。

要之，"余""进"皆喜字，吉字。唯吾用之有道，修德进业有成。

⭐ 例3 人物小传

范君文轩传

北京丰台二中 2012 级高一（1）班　孟熙元

范君文轩，字高章。身长五尺有奇，圆脸平头，性静耽思。君于作文，实文如其名。期中现场作文，君笔走龙蛇，一气呵成拔头筹。人皆目以作文高手。殊不知，曾几何时，君亦有考场搜肠刮肚竟不成篇之恨。何以人同行殊似霄壤？问之，则曰："竟不成篇者，无生活也；一气呵成者，有体验也。"要之，生活即作文，作文即生活也。

★ 例4　班级叙事

取字之争

北京丰台二中2012级高二（2）班　陈朝鹏

刘君家桐者，北京丰台二中人也。今课堂之上，师生共读《滕王阁序》，诵"非谢家之宝树，接孟氏之芳邻"，全堂兴发感动，吾师赵君长河怂恿鼓动。众生竞欲得其字号，大有欲罢不能之势。长河援例"家桐"之名，谓最是对应"谢家之宝树"意。众议纷纭，同学王君锐赐其字"玉兰"，同学胡君清之赐其字"金凤"，而长河者，欲谓其"宝树"。桐以为"宝树"者，俗不可耐也，"玉兰""金凤"者，有失君子形象也。又桐字之高贵，不可动。熟思之，决意不取字号，学生及老师欲与其交谈者，直呼其名即可。然同学诸君竟代庖，谓之"玉树"，谓之"临风"，风雅之附不可缺，众人之兴不可扫，二者必取其一。"玉树""临风"孰与"宝树"？竟取"临风"。众学友谓之"临风"即可！

★ 例5　校园景点记

景范桥记

江苏省兴化中学2005级高二（13）班　胡涛

水浒之摇篮，板桥之故里。昭阳故邑，白涂之滨，有桥翼然，一桥贯东西，长逾三百米，名曰景范桥，号曰校园第一桥。其岸绿树成荫，落英而缤纷；其水清冽至底，鱼丰而荷艳。其身也巨且高，登此桥则有小我之感。吁嗟！此诚新城之大观也！

此桥初名曰兴中大桥，盖以其居兴化中学之央而有此名也。然何以更其名也？盖兴化中学滥觞于文正书院，文正书院肇始于纪念范文正公也。范仲淹，古之圣贤也，曾知兴化令。想我兴化中学，乃文正书院之发祥地。文正公兴教之化

（改变风俗），其业之伟，非常人可致也。兴中实乃学者成其业，立其志之地也。景范桥东，为诸生宿舍。诸生日行斯桥，仰观此名，当日思范公之伟业，常念范公之懿德。然止景其业而不行其事，伟业何有于吾哉？

先生恐诸生心无大志，嬉于时尚，难就大业，故更桥名曰景范桥，以勉后之学者。令其敏于心，谨于行，勤于学，以终就大业也。

一桥之名，实关大体。乃先生希冀于诸生而盼诸生桥畔之有为也。先生用心之良苦可知矣，吾侪盍勤于学乎！

辛亥四月昭阳，胡涛记

三、社会生活维度的文言学习情境及相应语用活动

文言文，单音词为主，体简练之美；虚实词交融，整散句间杂，得音韵之美；或引用或用典，有蕴藉之美。而文言文如用于当下生活，不论记叙还是议论，不仅能体现文言文原本的简练、音韵和蕴藉之美，而且能产生一种陌生化的阅读效应，激发处于学习求知阶段的中学生用文言参与和思考当下生活的热情。从这个意义上说，教者要及时捕捉、充分放大当下生活中的文言学习情境，设置相应的语用活动。

首先是及时捕捉文言学习情境。捕捉当下社会生活角度的文言学习情境，包括及时捕捉公众人物言论中具有文言特质的言语，要有对文言表达的敏感。如2019年7月29日，外交部发言人华春莹主持例行记者会，借用"网红"用语反击美国：做人不能太美国。此处的"美国"，是典型的名词活用为动词。这样的活用，仿佛使人看到美国政客独断专行、"美国第一"的举止言语和自私嘴脸。

其次是充分放大文言学习情境。除了以即时捕捉当下生活中的文言学习情境来体现对文言表达的敏感，我在此更要提醒注意的，是当下几乎成为固定文化现象的文言表达活动。其中最典型的就是网络流行文言体，如一年一度的祭黄帝文、祭孔文，如及时述评热点时事的"新史记"，如大量民间文言爱好者撰写的文言作品，等等。这些都是值得放大利用的文言学习情境。下文，是作为文言爱好者的张献锋先生写作的《乡居铭》，文言词汇丰富，立意行文有《归去来兮辞》之韵：

乡居铭

张献锋

乡居野处，或曰鄙陋，或曰寂寥，其人必不知乡居之乐也。故作铭以诚之曰：春之日，梅芳桃绽，柳舒草生。鸟鸣翠枝，蜂穿花林。淑气绿野，樱蕊似锦，雨润百卉，蛙鼓遥闻。芷兰汀蕙，翠色宜人。风催叶出，俚歌传音。捋槐撷葚，剪韭酬邻。暇登丘山，矫首浮云。松下班草，咏哦佳文。良友三五，月旦古今。赏梅雪后，雨罢食笋。如此胜事，殚述难尽。

下面重点以"新史记"等为例，阐释一下如何选择利用当下社会生活维度的文言学习情境。新史记以浅易文言的表达形式，及时叙述议论当下发生的人事，或新闻人物，或热点事件。从表达形式角度而言，是浅易文言建构与运用值得开发的文本，是值得重视和利用的文言学习情境。但是，如何从形式和内容角度加以选择是需要教者用心筛选甄别的。下述两个选择角度值得重视：一是词汇句式丰富、篇章构思新颖等表达形式有可资借鉴处，有利于文言积累整合和表达能力的提高；二是从思维、文化和审美角度观照，有值得审视赏析处，有利于语文核心素养的提高。精选阅读后，引导学生从内容与形式角度加以点评，这也是文言阅读语用角度的活动设置。请参看下面的例文：

第一是从题材主旨角度选择，选择弘扬正能量、鞭挞假丑恶的作品。这是初级标准，也是底线标准。

傅园慧传（节选）

傅园慧，杭州女，体长大，性诙谐，善游者也，征战世锦，尝得志。丙申岁，巴西奥运，园慧桃李年华，与之。8月8，预赛，园慧居伯仲之后，历时58秒95。左史问曰："58秒95，如何？"

园慧蒙然，惊曰："吾以为59秒矣，居然胜于此，疾速若此乎！吾足矣。"言时不能自胜，以手捧怀，长啸，瞠目，摇首，大笑，若痴若狂。

左史问曰："汝尽力乎？"园慧曰："吾尽洪荒之力矣。"

……是日，洪荒说遍九州，刷屏。表情包盛行，虽巨星，亦效之。园慧为人，多滑稽，能解颐，若射雕之顽童，全无机心，又语多机智。……天下视吾泳儿，多鄙意，虽得百冠，不能去其辱，幸有园慧，以顽童心，以顽童态，视荣辱若无物，誉不加劝，非不加沮，快乎吾心，游乎逍遥，一时阴霾，大笑驱扫，一时沉疴，大笑愈之。此女以天真心挽大辱于既倒，其洪荒之力，伟哉。

……天下相率以伪，太史尝忧少年，薰于故老旧习，多生固执成见，言必曰：不负朝廷，不负大人。今日观之，则无是忧也，今日之中国，少年不失真性情，则中国不失真性情，则中国为少年之中国也。勉哉，勉哉。

【点评】叙傅园慧人事，传"洪荒之力"经典语，此文言叙写第一精彩处。"视荣辱若无物，誉不加劝，非不加沮，快乎吾心，游乎逍遥""不失真性情"，更是此文当反复涵泳处。全文深蕴中国文化的儒道精神。而多方对比的行文，又使此文得引人深思、豁人心胸之妙。

翟天临传（节选）

无何，有问之曰：翟学士闻知网乎？翟生懵然，曰：不知。

斯人乃笑曰：居然博士不知知网乎？……且陈生旧文，学士文也；翟生之文，硕士文也。举人而抄秀才文章乎？好事者曰：此文抄公也。此事乃不可止，好事者涌涌，无论燕赵之人，抑或秦楚之士，皆来观事食瓜。……

太史刘曰：天下事，或可轻取，或不可轻取。富贵或可轻取，名望或可轻取，佳人或可轻取，然学问不可轻取，若学问可轻取，则无读书人矣。勉哉，慎哉。

【点评】"举人而抄秀才文章乎？"幽默诙谐言。"若学问可轻取，则无读书人矣"，警人沉思语。

第二是从语文核心素养培养角度考量，选择蕴含批判思维、体现文化积淀和传达审美情趣的作品。这是高一级标准。因为新史记往往是网络即兴应时之作，其实很难达到这个标准。因此，也可选择便于从三个核心素养角度加以评判的文言作品。

马加爵传（节选）

太史公曰：鼓博浪之勇，秦皇变色；奋夺军之威，朱亥无光。一朝逞技而天下股栗者，马君之谓也。然其匿不能深，遁不能远，身无长物，竟不见容于氓丐。匹夫衔迹而颈系城门，身辱刑吏之手者，是其恃勇力而不能兼智忍也。

【点评】马加爵凶案之骇人以发，良有以也，所谓"恃勇力而不能兼智忍"也。虽然，首句化用秦皇、朱亥典故，表达对像晋鄢一样无辜受害者的同情；惜乎未能从马加爵舍友责任角度加以辩证，有失全面客观性。而造句"一朝逞技而天下股栗者"，又失之于夸大暴力，失之于造句欠当。

除了上述的简要点评形式的文言语用活动外，还可引导学生尝试以浅易文言叙写点评社会生活。立意积极、批判辩证，含趣有味、富蕴文化，尺幅千里、体现审美，这应该是用文言微写作反映表达生活应该追求的境界。

下列以浅易文言"翻译"网络流行语的文言语用活动，除了表现出齐整的形式美外，还有丰富的文化蕴涵：

（1）原文：每天都被自己帅到睡不着。翻译：玉树临风美少年，揽镜自顾夜不眠。（2）原文：有钱，任性！翻译：家有千金，行止由心。（3）原文：你这么牛，家里人知道吗？翻译：腰中雄剑长三尺，君家严慈知不知？（4）原文：人要是没有理想，和咸鱼有什么区别。翻译：涸辙遗鲋，旦暮成枯；人而无志，与彼何殊。（5）原文：别睡了起来嗨。翻译：昼短苦夜长，何不秉烛游。（6）原文：别嗨了我要睡。翻译：我醉欲眠卿且去，明朝有意抱琴来。（7）原文：主要看气质。翻译：请君莫羡解语花，腹有诗书气自华。（8）原文：也是醉了。翻译：行迈靡靡，中心如醉。（9）原文：我单方面宣布和××结婚。翻译：愿出一家之言，以结两姓之好。（10）原文：重要的事说三遍。翻译：一言难尽意，三令作五申。（11）原文：世界那么大，我想去看看。翻译：天高地阔，欲往观之。（12）原文：给跪了。翻译：膝行而前，以头抢地。（13）原文：屌丝终有逆袭日。翻译：王侯将相，宁有种乎？（14）原文：不作死就不会死，为什么不明白。翻译：幸无白刃驱向前，何用将身自弃捐。（15）原文：吓死宝宝了。翻译：堪惊小儿啼，能开长者颐。

（选自网络）

这样的趣味文言写作活动，使得文言微写作机智地与新课标中"当代文化参与"的学习任务群的学习融通了，也拉近了学生与文言的距离。

学科认知、个人体验和社会生活的文言学习情境及相应活动的创设，是文言学习课内与课外的融通，是高中新课标中"中华传统文化经典研习"学习任务群与"当代文化参与"学习任务群的交融。只有唤醒这样的文言学习情境，巧设相应的文言语用活动，才能有效地解除中学生学习语文"三怕"之一的文言文学习的困境。

名著阅读的夭殇与新生，都从语用活动设计来

先重温一份令中学语文界记忆犹新、记忆犹痛的调查结论：2008 年，上海师范大学教育学院"中学生阅读中国古典四大名著"调查结果显示，全读过的占 27.7%，其中阅读原著的只占 7.9%，读简缩版占 3.9%，读连环画的占2.2%，观看影视版的占 17.8%，也就是说，有超过七成的中学生未看全四大名著。① 我每逢高一学生入学所做的名著阅读例行调查也显示，这一现状是真实存在着，也是持续恶化着的。中学生名著阅读呈现出少读、浅读、听读的怪现状，作为提高中学生语文素养重要途径的名著阅读处于行将夭殇的状态。每一个语文人都有责任致力于拯救行将夭殇的名著阅读，为名著阅读的新生勇敢地担当，智慧地担当。

一、夭殇

名著阅读的夭殇，是因为名著阅读理解角度的语用环境的破坏，这种破坏，主要体现为"少读、浅读和听读"成了名著阅读理解角度的语用环境。

（一）少读，缘于时间的紧箍咒

有见识的语文老师想方设法调动起来的学生多读名著的兴趣和习惯，却常常被套上来自多方面的时间紧箍咒。一是来自家长的，家长把子女阅读课外书包括阅读名著视作"看闲书"，是由来已久、习以为常的了。因为"看闲书"可能

---

① 刘跃. 调查结果：逾 7 成中学生没有看全四大名著［N］. 中国青年报，2009-08-06（7）.

"浪费时间"，可能挤兑掉多做一道理科题的时间，家长便竭力干涉子女的课外阅读。二是来自班主任的，这其中包括有些短视的任职班主任的语文老师，他们的通常做法是没收。三是来自学校的课程建设，《高中语文课程标准》有必修阶段学生"课外自读文学名著（五部以上）及其他读物，总量不少于150万字"的规定，但学校大都没有课程意识，没有有效的课程建设保证落实"课外自读"，最直接的表现就是学生没有阅读的时间保证。课时安排中没有名著阅读指导课自不必说，就连在课表中做做样子，应付督导检查的自习课也异化成了习题讲评课，学生在此时间段无法亲近名著，阅读名著；大量的作业又占据了课外时间。结果，文学名著的"课外自读"沦为自流自失的状态。

（二）浅读，缘于高考的指挥棒

"考什么，就教什么；学什么，怎么考，就怎么教，怎么学。"这是中学实有的教情、学情，高考命题确实对中学教与学起着导向性作用。《普通高等学校招生全国统一考试 2010（江苏卷）说明》中关于名著名篇阅读的考查说明是"要求了解有关名著名篇的主要内容、艺术特色等"[1]。这样的考查不外乎内容概要、作者介绍、人物形象等，学生完全可以不读原作，只要看看名著简写本，甚至只要看看影视作品就可以得满分。浅层次的考查消解着名著的经典价值，也诱导着教学双方浅层次的名著阅读教与学。

（三）听读，缘于浮躁的读环境

这是一个"文学名著由经典走向'非典'"[2]的时代，是一个经典失落的时代，人们对经典只有"听"读耳食，没有"阅"读心惟。仅有的"阅"也只是阅名著卡通，阅名著大话版电视，阅名人名著电视讲座。这样的"阅"没有"思"的成分。当青少年坐立行走都戴着耳机成为一种时尚风景时，文学名著的阅读似乎也沦为一种抛却了"思"的休闲耳食，处于一种左耳听右耳出的浑然不知状态，一种谁说谁好一听即了的状态。这样一种名著听读状态的形成，缘于全社会浮躁的阅读环境。这种阅读的浮躁是社会转型期商品经济时代急功近利的体现。

---

① 江苏省教育考试院. 普通高等学校招生全国统一考试 2010（江苏卷）说明［M］. 南京：江苏教育出版社，2009.
② 蒋信伟. "后经典时代"的中学生文学阅读［N］. 中国教育报，2007-09-22（4）.

清理这种道听途闻的听读，我们发现以下几种听读需要加以引导和扬弃，分别是大话式解读、恶搞式解读、水煮三国式解读、百家讲坛式解读。

大话式解读以"大话西游"为代表，剧中臆想的孙悟空半路和牛魔王合谋杀害唐僧的"大话"，其实是一种无厘头的搞笑。这种无厘头搞笑的蔓延又终于滋生出一种恶搞式解读，当这种恶搞把贾宝玉定性为人妖时，名著经典终于被彻底撕毁成抛向空中的纷乱的碎纸片。

《水煮三国》以及同类文本《麻辣水浒》《诸葛亮日记》其实是现代职场人借名著之形表达现代职场的理念和策略，《水煮三国》讲人力管理、市场营销的策略，《麻辣水浒》类似于"替财行道"的财经小说，《诸葛亮日记》是个人成功学秘籍。如果说作为观众、听众的青少年学生，面对大话式、恶搞式地名著解读，尚能识得"白骨精"原型的话；那么，面对"水煮三国"式名著解读，他们就不仅难以识其真形，而且还会被这样有创新外衣的另类读解勾了魂去，牵了袖走。因为这样的文字既不似肉眼即识其妖形的大话、恶搞，又"恰恰迎合了中学生叛逆与张扬的心理诉求"①。可叹那名著被生生摄取了精魂，丢下了尸身，正中了那"水煮三国"另类读解的借尸还魂之计。

平心而论，相较于前述三种名著听读式，通过百家讲坛式听读，青少年学生尚能真正听取一些有关名著本身的精髓。百家讲坛的专家学者们把自己对名著个性化的解读，通过电视这个大众媒介呈现了出来，这对调动阅读经典名著的兴趣，对经典的通俗化，其正面作用是不言而喻的。但是，不读原著，缺失引导的百家讲坛式听读使青少年学生的名著阅读能力不知不觉地夭殇了。对于以视听取代阅读的青少年名著听读者而言，他们只是接受专家阅读的观点，只是耳食专家嚼碎名著后发酵而成的膨化食品。

二、新生

面对夭殇的名著阅读，我们不能只有痛心，我们必须全心、静心地催产，守护名著阅读的新生，真心养护好名著阅读的合宜土壤。

名著阅读的新生，需要着力于语用环境的营造和语用活动的设计。计划着

---

① 刘跃. 调查结果：逾7成中学生没有看全四大名著 [N]. 中国青年报，2009-08-06（7）.

读，是为名著阅读营造良好的语用环境；批判着读和运用着读，是名著阅读语用活动设计的有效角度。

（一）首先应计划着读

第一当然是课程设置计划。《高中语文课程标准》有必修阶段学生"课外自读文学名著"的要求，但由于是"课外自读"，学校的课程计划就没有安排名著阅读。其实，学校如果能每周拿出一节课安排"名著阅读指导课"，这对于纠正名著阅读"课外自读"等同于"课外自流"的偏颇，其积极意义是不言而喻的。第二是教师的教学计划。教师应在课堂、课外的名著阅读教学上做好切实有效的计划，从教学内容到教学方式都应有课堂备课，这样才能避免名著阅读课堂教学、课外指导中不作为的放羊式教学。第三是学生的阅读计划。学生应在教师的指导下，结合自己的实际情况，有序地安排自己的名著阅读计划。具体而言，教师应指导学生选择适合自己的阅读方式，安排科学的阅读时间。有的学生喜欢边读边眉批，有的学生喜欢读完一章再写读书笔记；同样是将阅读时间化整为零，各人的零碎时间安排不一。有序，一指平均每天读多少页的有序安排，一指阅读方式的由浅入深。第四是阅读计划的有效落实。有效落实名著阅读计划，需要教者将对学生阅读名著的基本要求和较高要求相结合，需要学生将阅读名著的规定动作和自选动作相结合。我对学生阅读名著的基本要求是每个章回，自拟标题写作一两个故事，这样读有助于学生熟悉情节梗概，培养概括能力。较高要求是点评地读，写书评，这样读有助于学生深刻读解文本，提升思维品质。提出基本要求，让一部分基础薄弱的学生在名著阅读的起步阶段不至于就望而生畏，畏惧不前；提出较高要求，让一部分基础较好的学生有名著阅读登堂入室的成就感。规定动作是落实基本要求，读完每个章回后，自拟标题写作一两个五十字左右的故事；而写眉批，写书评，批名家读解，写鉴赏文章则是自选动作，自选动作是落实名著阅读较高要求。

（二）其次是批判着读

面对夭殇的名著阅读，我认为有三种批判性的读法很有实效。一是还原法，还原名著，读出真相。我们阻止不了卡通版、大话版、恶搞版、水煮版等"非正版"的名著阅读趋势，因为这样的阅读迎合了中学生叛逆的心理特征，但我们可以因其势而利导之，利用中学生叛逆的个性特点，反过来对这些"非正版"的阅读说不并求异。我所带的江苏省兴化中学 2008 届高二（13）班利用班刊《舒啸》连续印发了 5 本名为"名著真相"的专辑，总字数 22 万多字，学校破天荒地把一个班的专题写作汇编印刷成册。全班学生按兴趣分成"大话真相组""恶搞真相组""水煮真相组"，把名著和它的"别传""后传"等非正版进行比较，分别从卡通、影视、书籍等中寻找歪曲原著真相之处，比较甄别，揭示真相。揭示真相分两个层级，第一是再现真相，第二是挖掘真相。再现真相着重对情节的真实把握，挖掘真相着重对内涵的深刻读解。文字表达的栏目设置，丰富多彩，有"独家视点"，着重个人独到的发现和读解；有"针锋相对"，着重互相的辩驳和问答；有"圆桌论坛"，就某一个多人感兴趣的话题，师生同篇发言，同学相互切磋。

这里，我们需要提及的是孙绍振先生提出并实践的历史"还原法"阅读，即把作品放到产生的时代背景中还原，也即我们通常所说的知人论世法。这种深入读解名著的活动，一学期不妨举行一两次。但教者要引导学生为这样的深入读解搜索相关的背景资料。我曾引导学生选择、印发了一组有关《红楼梦》《西游记》创作的作者和时代背景的文字资料，总题为"名著观照显微镜：作者和时代"。我还有计划地放映了刘心武有关《红楼梦》的百家讲坛影像资料，来帮助学生感知、理解这种历史还原法的名著读解。

批判性阅读的第二种方法是比较法，即把名著的相关情节和它所依附的史实进行比较，把名著和它的"别传""后传"进行比较，这样可以让学生更深刻地感知名著对生活深刻和高超的表现艺术。我曾以《三国演义》的阅读为例尝试实践这种比较法阅读。精选《三国演义》的情节，附上陈寿《三国志》相关史实，附上元代的《全相三国平话》相关情节，加以对照，寻找差异，这样的比较，有助于理解名著深刻的思想性和高超的艺术性。

批判性阅读的第三种方法是对播法。中央电视台"百家讲坛"主讲内容有一定的学术独创性，不容置疑，但"向我们提供视听阅读资源的媒介为相对少数的个人所操持和控制。商业动机会侵蚀到媒介讯息的内容"①，阅读媒介文本时，"读者应当具有自觉的批判思维、批判精神，否则就有可能成为媒介文本背后的商业动机或其他动机的俘虏"②。

---

① 王尚文. 语文教学必须重视媒介素养 [J]. 语文学习，2010（04）：07-10.
② 王尚文. 语文教学必须重视媒介素养 [J]. 语文学习，2010（04）：07-10.

百家讲坛的主讲们有时为了迎合低俗的听趣，也不得不稍稍背离一下审美的良知。表现在遣词造句时逸离甚至曲解原著，夸大而哗俗众取俗宠。此时，我们就要引导学生勇于对这些大牌主讲说不。浙江省春蕾中学开设的"小先生大讲堂"的讲座就是典型的名著解读对擂法：

> 易中天说曹操"他是真小人，不是伪君子"，说作为"真小人"的曹操，他是蛮可爱的，可爱之处就在于他不虚伪。坏人说真话也可爱？我觉得真是让人匪夷所思。……
>
> 以上这段向易中天"叫板之词"，是春蕾中学初三男生吕佳阳所说。……从上学期开始，春蕾中学就模仿中央电视台"百家讲坛"在校内创设了"小先生大讲堂"，学生可以选择一个自己感兴趣的话题，然后搜集资料写成文章，登台讲课。如今已经有六位"小先生"经过班级海选脱颖而出，成为"大讲堂"的"堂主"，学校把"堂主"们的照片贴在校内风采墙上，引得周围同学无数羡慕。……
>
> ……学校介绍说，搭建这个平台，是为了培养学生能用自己的眼睛去观察、用自己的头脑去思考，用自己的语言去表达。①

（三）最后是运用着读

学和用结合，读和写结合是"名著运用着读"的要义，遵循并实践这要义才能真正地激活学生名著阅读的内驱力。我倡导并实践的"名著运用着读"有三个境界，曰实用，口口用，口趣用。

1. 实用

我的名著实用阅读观最先来源于 2004 年福建省高考作文题："以下面人物和文学形象写一篇作文，不少于 800 字。孔子、苏轼、曾国藩、鲁迅、霍金；曹操、宋江、薛宝钗、冬妮亚、桑提亚哥。"这是一道极具积极导向性的好题，这样的好题才能真正促进名著阅读，提高语文素养，可惜，也只是昙花一现。继之而起，高考导向名著阅读的却是一些浅直而缺失智性含量的题目，如前所述，这

---

① 赵利平. 初三男生叫板易中天 [N]. 杭州日报，2007-10-23（5）.

样的浅直之题引导学生阅读的只能是名著梗概。

在名著阅读上，我们不能一提实用，一提考试就嗤之以应试教育而加以排斥。关键是命制什么样的题，像 2004 年福建省高考作文题导向的就是真正的名著阅读；关键是怎么样命题，我发动学生以阅读名著以及相应的名著解读过程中遭遇的困惑为触发点，提出问题，命制题目。我检测学生对名著是否阅读，是否深入阅读的一个重要参照就是命制了多少题目，命制了多少有质量的好题。对学生的命题择优选择，录入名著阅读题库，题库中的题目是一部名著阅读效果检测卷的来源，是名著阅读后写作研究性小论文的选题。这样的实用型名著阅读，遵循了从学生的学出发的原则，遵循了互动对话的原则。更主要的，这样的阅读遵循了吃透文本、落实文本的原则，避免了梗概速成式名著阅读的走马观花、浮光掠影。当然，名著阅读中遵循的学和用相结合原则中的"用"不仅在于能够回答问题，更主要地应体现在提出问题上。

实用型的名著阅读还应落实读和写的结合。前述研究性小论文写作就是一种读写结合。而把名著阅读与作文取材结合起来，则又是另一种实用型的读写结合。我曾集中选印了一批以名著作为素材的高考优秀作文，让学生着重从原著与作文题关系的处理上进行点评。

2. 日用

提出日用型的名著运用式阅读观，首先是着眼于语文学习习惯培养的层面。"理解是必要的，但是理解之后必须能够运用；知识是必要的，但是这种知识必须成为习惯。"[①] 我们把名著的阅读培养成一种日常习惯主要采用三种方式：一是日抄，我规定每天要抄录一段名著名段或抄录一句名著名句；二是日评，就日抄内容每天附上一两句点评；三是日诵，就日抄内容加以诵读涵泳。我曾以"《论语》金句日诵"为名目，布置学生日诵《论语》精句一两句。

提出日用型的名著运用式阅读观，还要着眼于三维目标中情感态度、价值观目标的渗透濡染。阅读是为青少年"打下一个精神的底子"（钱理群语）。而名著中蕴含的健康向上的情感态度和价值观正是这精神底子最厚实的底座。这底座不是一日筑成的，它是一个日积月累的工程。为此，教者应着力引导学生把名著的日读、日诵、日评培养成一种习惯。

---

① 叶圣陶. 叶圣陶语文教育论集［M］. 北京：教育科学出版社，1980.

3. 趣用

实用的名著阅读观着重于语文的知识积累和能力培养，日用的名著阅读观则着重于语文的意识和习惯培养，趣用的名著阅读观则着重于审美情趣的内在需求。

教者应在设置情境，激发情趣上给学生适度的引导。我常从以下两个层面作这样的引导。一是对不同性情的学生给予不同阅读情趣的引导。引导他们在通读原著的基础上作适合自己情趣的探究运用性深读。我曾向学生推介过中国纺织出版社2000年6月版的四大名著运用型解读丛书，分别是《读"三国"领悟人生》《读"红楼"洞达处世》《读"水浒"掌握方法》《读"西游"善待挫折》。这样不同的解读示例适合不同性情学生的阅读爱好和情趣。我也引导学生写作类似的解读短文，学生兴趣浓厚，写作的积极主动性很高。这样的趣读需注意的是掌握趣读的度，不能为了阅读者的一己情趣、一厢情愿，而对原著进行随意地"水煮"和"麻辣"烫，个性趣读必须在原著正读的基础上开展，否则很可能滑向无厘头的戏读。

名著阅读的起始阶段首先要正读、确读，这是将来情趣读、个性读的出发点和基础。那种以"水煮"版开始的"三国"阅读，是一种先后倒置、轻重倒置。有时，青少年学生名著阅读的失败，罪过倒不在"水煮"版图书本身，而是引导者将正读原著与另读原著的阅读顺序倒置了，倒置以后又不施以比较求疑的引导策略促使学生回到原著本身。每每见到学生迷恋另类三国而对三国原著不屑一顾的阅读姿态，我不由不痛心。

第二是结合日常的语文学习引导激发名著的趣读。我在教学苏教版选修教材《〈传记〉选读》时，就曾布置一项大大激发了学生阅读和写作兴趣的趣读名著作业：运用学习传记作品获得的知识能力，分别为四大名著中感兴趣的人物写传记。江苏省兴化中学2008级高二（26）班同学创作的"四大名著人物传"，被校刊《景范》（"景仰范仲淹"意，为纪念曾知兴化的范仲淹而于1834年创办的"文正书院"为兴化中学前身，兴化有始建于南宋的"景范堂"）作为专辑汇编，在市内外产生了一定的影响。

名著阅读，是关乎为青少年"打一个精神底子"的大事，是关乎中华文化传承和民族复兴的大事。名著阅读的科学引导也是新课改的应有之义，更是每个有责任感的语文人的应有担当。

整本书阅读指导语用角度的着力点

整体而言，语用，包括文本词句篇章各层级语言的理解建构，文本各类读写资源的梳理整合等层面。对整本书阅读指导语用角度的着力点，下面主要从读前、读中和读后三个层面加以阐释：

读前

读前的准备，着力点有三个，第一是老师的先读和师生的共读，第二是对学生阅读起点和需求的准确把握，第三是对必修选修习得的阅读策略和文本解读方法的渗透唤醒。

一、老师的先读和师生的共读

我主持的北京市"十二五"教育科学规划课题"基于学校文化的校本阅读课程开发与实施"，有一个系列阅读书目。分别是贯穿高中三年的"人与他人"系列（"仁为先"之"仁课程"），包含"四书"《曾国藩家书》；高一偏重的"人与自然"系列（"识自然"之"识课程"），包含苇岸《大地上的事情》、刘亮程《一个人的村庄》、梭罗《瓦尔登湖》、史怀泽《敬畏自然》；高二偏重的"人与自我"系列（"知自我"之"知课程"），包含史铁生系列、周国平系列、《庄子》《世说新语》《苏轼诗文选》《培根论人生》《蒙田散文选》；高三偏重的文化散文系列，包含余秋雨、梁衡、王鼎钧、李元洛、李泽厚、董桥等专题阅读。

我选择其中规定的课堂精读书目，先行素读批注。我先后阅读批注了《论语》20篇500章；全文批注了苇岸《大地上的事情》，批注文字超过原文，全文批注史铁生《病隙碎笔》，全文批注《阅微草堂笔记》；部分批注《孟子》《大学》《中庸》《诗经》《庄子》《一个人的村庄》《风中的院门》《美的历程》。除了以上这个校本阅读系列，我对北京市规定必读的十二部名著（主要是小说），也先行进行了素读批注。

教者辅导怎样批注后，和学生共读共批，而后共同交流，一则可以触动激发学生，二则可以养护学生原生态的"阅读感知能力"，再则从多人批注的不同点、关注点中可以找寻名著阅读指导课的"课眼"。

有些经典书籍，教者还得进行深广度的联读。比如《论语》，规定学生阅读的版本是繁体本（相较于简体本，繁体本书后附录了主题词句搜索）的杨伯峻《论语译注》，课程开发老师就应阅读钱穆、李泽厚、程树德、张祥龙、李零、钱宁等人关于《论语》的释译。只有教者先行深广阅读，才能保证整本书阅读课程开发的深广度。

接下来阅读相关的文本解读和批评文章，并做摘要。这个工作不能耗费学生大量时间，最好由老师以专业的眼光，阅读并选择重要文章和摘要重要论点，然后提供给已经阅读了经典原文并有了自己的素读批注的学生。这一点，"吴泓工作室"的做法值得借鉴。这类阅读，一定要有便于学生掌握运用的老师的整合工作，把整合的内容适时推荐给学生。

作为整本书阅读的指导老师，还要习惯于阅读当下相关专业报刊，如评论类，《名作欣赏》《读书》《随笔》《文学自由谈》《文学评论》《文艺理论研究》《新华文摘》"人大文摘社科系列"等；如创作类，《诗刊》《散文》《散文选刊》《小说选刊》《中篇小说选刊》《小小说选刊》《杂文选刊》等。这样的阅读，可以在整本书阅读中，打通经典与经典，经典与时文，起到互文阅读、互相启发的阅读效果。

最后，还要补充阅读相关的文本解读理论著作。这里，我推荐容易渗透给、转化成高中生有关文本和文体阅读素养的理论书籍。有申丹《叙事、文体与潜文本》、曹文轩《小说门》、毕飞宇《小说课》、孙绍振系列文本细读书籍、南开大学刘莉莉系列文本细读书籍；最近的，还有中国人民大学"创意写作书系"。同样，这类阅读，也一定要有便于学生掌握运用的老师的整合工作，把整合的内容适时推荐给学生。

整本书阅读如果要做到课程化，开发课程的老师还应该阅读关于校本课程开发的书籍。相关的书籍，可选读王斌华《校本课程论》和崔允漷《校本课程开发》。

这样的教师先读，其实也是教师层面核心素养自我修炼的不二途径。教师一定要有自己的文本解读等核心素养，才能培养学生的相关核心素养。

二、对学生阅读起点和需求的准确把握

先做学生个性化阅读现状调查登记。包括：1. 已阅读书目表格登记；2. 当下有关课外阅读的需求登记；3. 自荐的个性化书目登记；4. 课外阅读的主要障碍登记。这样的登记，有三方面作用：可以把握各人的不同阅读趣味和特长，从而进行针对性的扬长性质的书目推荐和阅读指导；可以在大部分学生的短缺处着力辅导，从而弥补阅读的整体褊狭；可以为规定动作内的精读和泛读书目的确定提供参考。

然后，师生商定书目和阅读要求。1. 确定书目，包括规定动作中精读和泛读的书目、个性化自荐书目。2. 泛读书目以及单位时间内的阅读量，要有"共同基础性"的底线。底线要求以上，不做统一要求。因为学生各自的阅读起始水平不一样，所以我们设置上中下三个层级的阅读量和具体的阅读要求。（我曾经工作过的江苏省锡山高中底线泛读量是每月 2 本，北京十一中学的底线泛读量是每周 1 本。）

按说，书目的问题，似乎很好回答，阅读经典呗，这当然是共识。但是，这个问题似乎又不好回答，经典那么多，不同的阅读目的决定了不同的经典取舍。即使阅读目的相同，古往今来不知多少大家开列过诸多有差异甚至对立的书目；不仅个人开列书目，群体比如研究机构也开列书目；在特定的时期，书目甚至以国家意志加以体现，如课标中列举的推荐参考书目。仅仅不同的阅读目的和不同的书目开列者，就决定了书目的复杂性。对于众说纷纭的书目，从中学时期整本书经典阅读的需要出发，选择书目要做到这样几个结合，才能走好阅读课程开发的第一步。第一，要遵循规定动作和自选动作相结合的原则。《语文课程标准》中推荐的书目，体现的是国家意志，是规定动作。规定动作中的书目体现的是共同基础性。学校层面也常常有自己的校本阅读课程建设思路和相应的书目，这又是第二种规定动作，比如，上述我在北京市"十二五"教育科学规划课题统领下开列的书目。这第二种规定动作，可以体现学校特有的文化，可以体现教者的整本书阅读理念。但无论是上述两种规定动作的哪一种，学生往往都有点抵触。这时，除了引导、激发学生参与完成规定动作，还要鼓励学生自选书目，充分满

足学生自己的个性趣味。第二，要遵循精读书目和泛读书目相结合的原则。精读书目，可以体现和落实课标"规定动作"和各个学校自己的阅读课程建设理念，需要占用相对较多的时间。泛读书目，作为精读书目的补充，可以是精读书目的延伸和互文书目，也可以是学生自己的个性化书目。第三，是经典阅读和时文阅读相结合的原则。这个时文，可以是对经典进行解读的时新文本，如当代名家对《红楼梦》的解读，诸如刘心武、王蒙、毕飞宇等对《红楼梦》的解读文本；可以是在内容或形式上与经典形成互文阅读效果的时新文本；可以是体现当代文化和科技发展的时新文本，如《三体》《北京折叠》等等。让经典活在当代，才能使经典常读常新。

三、阅读策略的唤醒

在学生进入整本书阅读前，要着重引导怎样素读。要有素读的策略，并把这样的策略作为"共同基础性"要求，辅导学生加以运用。如台湾地区提出的阅读策略，有"预测策略"（预想文章的内容），"画线策略"（感悟最深的地方或重点在哪里），"摘要策略"（摘取文章大意），"结构分析策略"（分析文本的框架），"推论策略"（当阅读小侦探），"自询策略"（自问自答），"补救策略"（看不懂的应对办法）。我们认为更加适合学生素读的基本策略，可以有"逐章概要法""圈画批注法""序言后记整体法"，包括前述台湾同仁推荐的"预测策略""推论策略"等等。有必要突出一下中国传统的批注法，可以对必修选修时习得的一些批注方法，作重点提示和唤醒。联想批注法，如对秋词相关诗句的联想。鉴赏批注法，由言语到内蕴的感受，如鉴赏《故乡》中写故乡景色的"横着几个萧索的村庄"中的"横"字。此外，比较批注法，质疑批注法，等等，不一而足。

四、文本解读方法的渗透唤醒

整本书阅读指导，首先要有对阅读不同文体和文本所需的合宜知识能力的精要提炼。作为整本书阅读指导者的教者的"我读"，有一部分就是对不同文体和文本阅读所需的合宜知识能力的阅读吸纳，如阅读专业期刊和专业理论著作。教者现在要面对"学生读"的课堂教学，顺利达成"我帮助学生读"的教学目标，关键之一在于把"我读"获得的有用的知识，精要合宜和适时地转化成学生

"我读"过程中必要的知识。① 这个知识是工具性的，引导学生掌握这样的解读工具，是一种使学生成为合格阅读者的终身受益的工作。

我们认为这种合宜的转化需要借助一些恰当的途径，选择合宜的时机。

第一个途径是唤醒在必修教学中习得的知识。比如我在必修二《氓》《孔雀东南飞》的教学中，利用课文改编的练习渗透了叙述视角知识。如《氓》，可以用"氓""兄弟"甚至假想的被抛弃女子的邻居王大妈的视角，重新叙述这个故事；也可以用反复出现的"淇水"意象，甚至假托"氓"当年赠送给被抛弃女子的爱情信物比如"镜子"作为反复出现的物象，重新以"淇水""镜子"的拟人化视角改编成小说。同样，《孔雀东南飞》也可以用焦仲卿和"小姑""焦母""刘母""刘兄""媒人""县令和太守"以及他们的儿子等视角，重新变换视角改编这个故事。在小说类整本书阅读指导中，这样一个重要的解读必备的叙述视角知识，就在对必修学习的温故中被唤醒了。

《外国小说欣赏》作为选修课程，几乎涵盖了现代小说尤其是现代派小说阅读所需要的全部理论知识。同样，《中国现当代诗歌和散文阅读》《外国戏剧欣赏》等等，也蕴含了该文体最前沿的理论知识。在整本书阅读中，唤醒选修教学中习得的知识储备和阅读体验，是第二种合宜的知识传授途径。

前述两种解读知识的来源，是被唤醒了的前知。

对于必修选修教学中缺失的前沿性文本解读知识，在指导学生整本书阅读前，教者通过"我读"获得后，要选择整合其精要，接着在整本书阅读中伺机渗透给学生，这也是一种合宜的整本书解读知识的传授途径。这一种解读知识的来源，是新知。

那么又如何把握传授这些知识合宜的时机呢？

第一个时机是课前。课前传授的条件是什么呢？这个条件就是，此时所读整本书的整体内容或形式特点和必修选修中习得的阅读知识和经验，正好相通。有了必修选修中习得的阅读知识作铺垫和引导，设置整本书阅读的核心问题就更能引导学生进入文本。比如，鉴赏《平凡的世界》中"扁平人物"孙玉亭的性格特点，就可以用《变色龙》中的"扁平人物"奥楚蔑诺夫来唤醒理解。有人担心，课前就传授这样的解读知识，是否会影响学生的第一感受，素读感受。其实，任何素读，都有此前经验和知识作铺垫和运用。学生的素读，我们当然更加

---

① 荣维东：语文文本解读实用教程［M］. 北京：北京大学出版社，2016.

强调言语表达、思想情感的整体感受，但也应充分唤醒他们必修选修中已经拥有的阅读经验和知识，用这种被唤醒的解读工具较为"专业"地进行解读鉴赏。

第二个时机是课中。课中传授的解读知识，主要是必修选修以外的范围更加宽广、知识更加前沿的文本解读知识。传授的条件，更主要的要遵循精要好懂、深化解读的原则。课中不能把教师通过"我读"获得的前沿解读知识，大篇幅地照本宣科，而应经过精要选择后，用老师的语言将之转换成利于学生理解的知识。比如《平凡的世界》中，教者引导学生解读高中时期的少平前后三次不同的拿黑馍时的心理和表现时，就可以适时精要地引出马斯洛"需求层次理论"，点醒和深化学生的理解。这样随堂相授学生感到陌生的解读知识和方法，应该说是高中整本书阅读指导的原则。

第三个时机是课后。课后传授的解读知识，除了有对课中刚接触的新颖解读知识的深化、细化，主要是与该文本解读相关的超出课前课中获得的解读知识范围的知识。这些经过教者专业眼光筛选的解读知识，主要服务于学生课后专题小论文的写作。有了体现新颖解读知识的解读范文的提炼和提供，学生的论文写作才会有新颖点。

<h1 style="text-align:center">读中</h1>

课中有三个着力点，一是主问题的设置和深入探讨，二是语文活动的设置，三是不同文本体式阅读模式的建构。

一、主问题的设置和深入探讨

在正式进入课堂环节前，必须要有主问题的课前设计，这个主问题是牵一发而动全身的问题。在学生课前逐章概括的基础上，可以进行适切文本的专题教学设计。比如我设计《平凡的世界》有关少平的专题阅读课程时，就在课前设计了一个主问题作为阅读的指向："从爱情婚姻层面考量，与少平相关的女子有六个，依次是郝红梅、侯玉英、田晓霞、曹书记家女儿、金秀、惠英嫂。如果我们把爱情婚姻的层次用生存、生活、生命三个层次加以提炼，你准备把与少平的爱情婚姻发生关联的几个女性归入哪一层呢？"

二、语文活动的设置

课堂中围绕主问题，可以设置一系列语文性质的活动。活动，当然可以激发研读的趣味。更重要的，是保证整本书阅读不偏离语文，不滑向哲学的、政治的、历史的或其他非语文的方向。有论者认为，整本书阅读指导课就应该超出日常语文课，就应该超出语文，即使主要采用"社会历史批评"法阅读也未尝不可。我以为，"整本书阅读"作为《高中语文课程标准》的第二个任务群，言语运用的语文性，应该是一个主要的着力点。至于"社会历史批评"等方法的运用，即使要实践，也应放在课后环节中，体现在少数学有余力的同学的课后论文写作中。《四世同堂》第一卷的阅读就有相关的语文活动如下：1."制作图表"，用图表图片展示对文章内容的梳理。2."品味细节"，品味重点细节中的人物性格。3."查阅资料"，查阅"八一三事变"资料，助解小羊圈胡同中众人日常"活着"的生存心理状态。4."推测情节"，第十八章开篇说"大家很不放心这点光"，请结合人物性格特点推测，这样的伏笔会引发后面什么样的情节？5."读写结合"，阅读第二十二章，就"爱国"的主题，给你心目中的爱国者写一个颁奖词。6."比较阅读"，都德《最后一课》中的韩麦尔先生和本文中的祁瑞宣都有最后一课的经历，试加以比较。①

三、不同文本体式阅读模式的建构

整本书阅读指导课堂教学设计，还应该针对不同的文本体式，尝试建立课堂模式，以引导学生按照这样的模式设计阅读汇报，进行阅读展示，逐渐达到学生自主阅读的目标。

建立课堂模式应主要考虑两个关键因素：首先当然是学情，所有的课堂设问，都要从学生的基础出发，从学生课前阅读后的提问中来；其次是文本体式，应根据不同文本体式，建立相应的不同的课堂阅读讨论模式，这其实才是教者最需要着力处。比如《论语》《孟子》这样的语录体，《大地上的事情》《病隙碎笔》这样精短的断章体，《一个人的村庄》这样的散文集，它们的课堂阅读讨论模式应有显著的区别。再如，长篇小说不仅要分古代章回体和现代小说体，还要分传统现实主义小说和现代派探索小说。不同的文本体式，决定了不同的课堂

---

① 吴欣歆，许燕. 书册阅读教学现场［M］. 北京：教育科学出版社，2016：156、157.

模式。

即以字数而论，章句警句体如《论语》，我指导学生采用的阅读方式有"前后勾连式"，即针对《论语》中反复出现的主题词如"仁义礼智信"的表达特点，引导学生把前后出现了同一个主题词的句子进行集中阅读，贯通解读；有"生活化解读式"，即在现代生活尤其是当下生活鲜活案例的情境下，解读《论语》章句的深刻内涵。

阅读《孟子》，我们主要针对《孟子》一书长于论辩的特点，设置"《孟子》疑义辨析"课程，从批判性思维角度引导解读。如"以善服人者，未有能服人者也；以善养人，然后能服天下。天下不心服而王者，未之有也"细读。设问如下：1."行善"与"服人"之间存在什么关系？（"手段"与"目的"的关系）2."服"，从受动者和施动者的角度审视，各有哪些情况？（"服"，从受动者角度追问，有口服、畏服、服输，有心服、佩服、信服、归服，有心服口服，有口服心不服，有心服口不服。）3."善"可从以下角度细分，真与伪、是与非、大与小、难与易、远与近、表与里、狭与广、名与实，特立独行与明哲保身……这诸多善哪些能真正地养人呢？

短章警句体如史铁生《病隙碎笔》，是史铁生深刻的生存、生活和生命体验式的独白体。高中生如能体味读懂其中的一半就是某种意义上的阅读成功。我借用冯友兰先生的"照着说、接着说"的读书法，引导学生阅读这类整本书。"照着说"，模仿史铁生沉思式独白语言，准确重述史铁生的意思。"接着说"，是在史铁生表意基础上的深化解说。我还引导学生，也可"反着说"，对史铁生的表意进行反弹琵琶式解读；"照着说"，要贴着史铁生当时的生存语境言说；"接着说""反着说"常常是在当下语境下的表达。

整本散文，如刘亮程《一个人的村庄》，我们采用专题阅读的方式，对全书进行内容重组，形成"主题词重构全书解读式"。分为《一个人的村庄》之"牲"篇，之"物"篇，之"人"篇，之"我"篇，之"死"篇，之"言"篇。在此基础上，再构造互文阅读。按新疆地域散文的视角，把李娟的《我的阿勒泰》与刘亮程《一个人的村庄》进行比较阅读。然后，我们的"人与自然"系列的"识自然"课程，形成了一个螺旋上升的整本书阅读系列，分别是融入大地山河、关怀庄稼鸟兽的自然之子的苇岸的《大地上的事情》；感悟乡村物事、融入生存思考的乡村哲人刘亮程的《一个人的村庄》；走进自然湖山、背离工业文明的湖山隐者梭罗的《瓦尔登湖》；提出自然伦理、批判人类中心的伦理学者史怀泽的《敬畏自然》。

长篇小说体，采用如"内容形式某一角度解读式"。经典小说《平凡的世界》，我们采用的阅读讨论视角就有一个专题，"以主要人、事串联全书的读法"。教学目标设定为：1. 用马斯洛需求层次理论和小说人物刻画中的情感包袱挣脱理论等，引导鉴赏爱情婚姻中少平的人物形象，从中吸取人物形象体现的正能量；2. 学会用细节鉴赏和视角转换改写的方式，细读少平与晓霞黄原分别的场景描写；3. 理解并能初步运用"主要人、事串联全书"的长篇小说读法。

读后

课后的三个着力点，一是精要指点研究方向和提供相关研读资料，二是精读成果的评价，三是泛读的管理。

一、资料

课后环节，老师要做的工作是精要指点研究方向和为学生提供相关研读资料。课后的整本书继续研读，是在课前课中基础上的深入。这个课后的深入研读，教者的着力点主要是凭借专业功夫指点继续阅读研究的方向，给学生提供他们因为知识和精力所限很难获取的资料。这里的指点和提供，范围要超出课前素读、课中研读环节中已经获得的。这里的指点和提供，其实也是一种"脚手架式教学"。搭建脚手架，最重要的应该是精要指点和为学生提供相关研读资料。第一种意图是使学生专注于目标并持续追求实现自己的学习目的，第二种意图是接管学生尚且没有能力执行的部分任务，从而在一定程度上为学生简化任务并减少认知负担。第一种的出发点是保持阅读兴趣并较好地完成作为"共同基础性"的阅读目标。第二种"精要指点和提供"可以呈现为老师亲自上阵"讲授"。表面看似乎变成了老师完成任务，其实是老师凭借较强的专业能力，对相关的整本书作出有一定创新性的个性化解读。这时，教者是用讲授法体现自己的"专业本领"。不要把"讲授法"视为洪水猛兽。在这样的高水平的讲授中，可以使用诸如"新批评细读法""符号学分析法""精神分析理论""女性主义批评理论"等方法和理论。这样新颖的讲授，也许就唤醒激发了学生当下继续阅读甚至将来继续深造的专业激情。课后精要指点和提供相关研读资料工作方面，广东吴泓老师的作为，就很见专业功夫。指点和提供学生相关研读资料的最佳契机，是在课后。课前提供，会有意无意地破坏学生素读自研的自觉性和自读力；课中提供，则常常会使学生的阅读因为资料的过于专业而陷入茫然或"入彀"的尴尬境地。

二、评价

受知识背景所限，也受学习目的制约，对高中生整本书阅读成效的评价，不能等同于对大学生或更高层次人才的学术评价。我以为着力点不是优良中差的等级划分，更不是考试分数的数据化分，而是用反馈的方式提出改进的具体想法和建议。

"并非所有的评价都着重于获得课程质量的资料或对学生在课程计划学习方面的成败作出判断。"我们不把评价的着力点，放在"目的在于对开发出的课程的质量作出全面判断"的总结性评价上。我们评价的着力点，在于形成性评价，即"在课程的开发过程中收集相关证据，以对如何修订课程计划作出决定"，"为课程开发者提供经常性的、翔实的、具体的资料以知道他们的工作"。①

学生"喜欢将反馈视为'向前看'，有助于解决'下一步去哪里?'"② 基于这种目的的反馈式评价，是能促进学生整本书阅读的水平的。

也因此，在整本书阅读课程的建设过程中，就应该适时伴以形成性评价，以对课程加以恰当调整。如在《论语》整本书阅读课程的起始阶段，我们就曾经按照"仁义礼智信，忠孝朋友悌"的主题词，贯通全书 20 篇 500 章进行联读。形成性评价过程中，发现效果不好，学生只是被动而茫然地听。形成性评价中，学生反映阅读起始就用主题词联读全书，虽然可以借助关键词搜索，便捷地把相关主题词的句段整合到一起，但要贯通理解有点难。记得当时学生常问：这些名词概念的含义到底是什么？为什么前后不统一甚至有截然相反的表述？经过课程研发组研讨，发现上来就对这些核心名词概念进行前后贯通的联读，是不合时宜的。学生只有了解了核心概念的最基本内涵，才能联读这些初看文字，前后甚至有点抵牾的核心名词概念的表述。为此，我们把《论语》整本书阅读优化为八个阶段。主要是增加了第一阶段，在对前两篇 40 章的逐章细读中，学生基本弄

---

① 艾伦·C. 奥恩斯坦，费朗西斯·P. 汉金斯. 课程：基础、原理和问题 [M]. 柯森，钟启泉，译. 南京：江苏教育出版社，2002：339，347，348.

② 约翰·哈蒂. 可见的学习 [M]. 彭正梅，邓莉，高原，方补课，译. 北京，教育科学出版社：147.

懂了《论语》中的核心名词概念，诸如"仁义礼智信"，这才能为第二阶段的核心词联读法建立必要的基础。

1. 第一阶段（2012年9月）：第一、二篇按章细读批注法。《论语》共20篇500章，在第一、二篇中，《论语》中的"核心词"几乎都出现了。此阶段不宜以核心词贯通全篇读解，需要逐章细读，重在激趣，重在入门。以阅读批注和阅读心得呈现细读成果。

2. 第二阶段（2012年11月）：核心词自主探究研读法。这个核心词研读法侧重自主探究学习。

《论语》核心词包括三方面：一是主题核心词，如"仁义礼智信，忠孝朋友悌，宽恭敬敏让，和同乐中庸，学习艺道德；君子小人和乡原，干禄富贵和天命"，研学这些主题核心词，是在生活中让这些主题核心词"活出来"；二是人物核心词，孔门著名弟子，如"颜渊""子路""子贡"等，研学这些人物核心词，是研学者寻找自我的生命镜像；三是自提核心词，从《论语》中，自提出有强烈现代生活意义的主题词，如"孔子观人法"中的"目的与手段"篇（子曰："视其所以，观其所由，察其所安，人焉廋哉？人焉廋哉？"——为政篇第十），如"孔子观人法"中的"众好与众恶"篇（子贡问曰："乡人皆好之，何如？"子曰："未可也。""乡人皆恶之，何如？"子曰："未可也。不如乡人之善者好之，其不善者恶之。"——子路篇第十三）。

另一方面，"评价是一种合作性活动"，"在学校的评价工作中，教师、管理者、评价者，甚至是学生和家长都需要相互合作，以决定对课程的哪些方面作出判断"，"学生们不仅评价自己的作品，还要相互合作来评价同伴的学习情况"。[①]

为此，我们的评价小组由三方组成，即自己、同伴和老师，我们规定三方对阅读成果的评价设问要有不一样的着力点。对自己而言，主要的评价是"对于这项研读，我的结论和困惑点分别是什么"。能否提出有质量的困惑点，是阅读成效的加分项。对同伴而言，主要的评价是"对于这项研读，我的疑问点和阅读研

---

① 艾伦·C. 奥恩斯坦，费朗西斯·P. 汉金斯. 课程：基础、原理和问题［M］. 柯森，钟启泉，译. 南京：江苏教育出版社，2002：339，347，348.

究的设想分别是什么"。同伴必须回答的问题是"如果我来做这一项，我会怎么做"。对老师而言，主要是提出完善结论的建议，提供研读资料的搜索方向。虽然三方的着力点不一，但方向都是促进学生的进一步研读，增加自己的课程获得。

评价牵涉成果的呈现方式。通常的做法，各个文本体式如小说诗歌散文戏剧包括学术论著在内的实用文体的阅读成果，都可以呈现为一场论文报告答辩会。除了通常的做法，也可以根据不同的文本体式，做一些灵活创新的成果呈现。《雷雨》读后，可以呈现一出话剧。《诗经》读后，可以呈现一台竞技的配乐配画的"朗读者"活动。小说阅读成果，可以呈现为小说的话剧改编或者小说的续写。

评价的纸质媒介也可多样化。可以呈现为校报刊载，省级或以上级别刊物发表；可以呈现为各类作品集如"个人读书笔记集""师生共读作品集""亲子共读作品集""小组共读作品集"，自我装印和展览。

三、管理

泛读的成败在于管理。常听有些学生和家长甚至语文老师感叹，学生喜欢读书，读得也不少甚至很多，但就是收效甚微甚至没效果。究其原因其实是缺乏管理。前述兴趣说固然没错，但仅仅停留在兴趣层面，而没有相应的管理，则失之于放羊式阅读。那么泛读管理主要的着力点有哪几方面呢？

第一是数量管理。数量的底线应是课标规定的数量，比如义务教育阶段应达到 400 万字，高中阶段课外自读文字量不少于 450 万字。这样的阅读量体现的是"共同的基础性"。这个底线数量包含了精读和泛读书目的数量。

第二是书目管理。相对于精读书目偏重于课标建议的、校本阅读课程确定的书，泛读书目更应侧重于课标建议、校本阅读课程以外的学生自选书。精读是规定动作，泛读是自选动作。自选应体现"多样选择性"的学生个体趣味。诗歌散文，小说戏剧，中外古今，经典时文，各有所爱。作为阅读指导者的教师要充分尊重学生的"各有所爱"，不能以自己的趣味代替学生的趣味。

除此以外，泛读书目的选择更应与精读书目形成互文效应。比如，课堂精读了《大地上的事情》《一个人的村庄》，课后可以选择泛读李娟的《我的阿勒泰》；课堂精读了《病隙碎笔》，课后可以选择泛读"周国平系列"。

第三是读法管理。泛读的读法管理，应该有别于前述主要在课堂落实的精读的读法管理。我们主要有以下四种泛读方法的引导与管理：随时随地圈画法，前言后记目录法，选择重点跳读法，推荐精彩汇报法。随时随地圈画法，主要用于逐页浏览时捕捉兴发感动处。前言后记目录法、选择重点跳读法，主要用于跳读选读，观其大略。推荐精彩汇报法，是在前述三种方法基础上的个性化的沉潜精读。

随时随地圈画法，是一种适应泛读随时随地特点的方法，这种方法是一种阅读习惯的培养，更是阅读留痕的举措。我们规定学生泛读时要有自己的圈画标记。有了这样的与"眼到"同时进行的"手到"，才能有效地强化阅读的"心到"。当然，必要时，也可辅以涵泳吟诵的"口到"。我们教以如何捕捉选择重点进行圈画，甚至教以在不同读书环境中如何保证圈画的进行。欧阳修所谓"马上枕上厕上"，是不同读书环境中勤读的习惯；李贺的锦囊法，是阅读和思考的留痕举措。"勤读习惯"和"留痕举措"相结合，才是我们所强调的"随时随地圈画法"。床头有笔成习惯，睡前随读好圈画。书中常夹珠笔芯，出行读画助内化。这是我们渗透"随时随地圈画法"的顺口溜。

不同于精读的"少而精"的细嚼慢咽，讲求"多而广"的泛读的重点在于广泛吸收。精读是主食和主菜，泛读是小食和水果。小食和水果，讲求的就是多而广，这样的吸纳才是口味丰富、营养全面的。但拿小食水果当主食，整天都细嚼慢咽，也不可行。同样，采用前言后记目录法、选择重点跳读法，正是为了达到泛读"多而广"的阅读目的。我们教会学生利用前言后记和目录，先是"观其大略，不求甚解"，然后从自己的兴趣和研读重点出发，选择重点章节细读。

精读与泛读，其实应该是有机交融、互为补充的。"随时随地圈画法、前言后记目录法、选择重点跳读法"这三种是偏重泛读的读书法。在此基础上，便有了偏重精读的"推荐精彩汇报法"的读书法。推荐精彩汇报法，其实也是一种泛读成效的形成性评价。我进行北京市十二五规划课题"基于学校文化的校本阅读课程开发"研究时，规定实验班每位同学每学期都要向全班同学推介自己有感触和心得的整本书，每个人有 3 次汇报机会，每次可以推介 3 本或 3 本以上的整本书。我们还引导同学仿照"《新京报》书评周刊"，为推介的书写作 200 字以内的"推荐语"。一个三年的实验周期，全班同学共推介 708 本书，文字量近 15 万字。

总体来说，整本书阅读指导，课前课中课后不同的着力方向有无力量，关键在于教师能否通过教育哲学、学科本体和课程理论相关的阅读吸取专业知识；能否使上述阅读获得，转化为课前课后引导激发的智慧，转化为课堂教学对话的智慧。

语用化环境设计，让古代诗歌教学平视学生

我们必须面对中学古代诗歌教学的现状了：一方面新教材以加大古代诗歌教学权重来体现重视，另一方面，古代诗歌教学仍是就书教书限于书本；一方面大众文化蓬勃发展，经典教育出现"麦当劳"化趋势，另一方面古代诗歌的课堂教学仍处于高头讲章的解经状态；一方面古代诗歌的考试由客观选择转为主观表达，要求越来越高，另一方面，中学生连古代诗歌的读懂入门关都没过。总之，当前的古代诗歌教学呈现一种曲高和寡、俯视众生的尴尬状态。古代诗歌教学到了必须平视学生的时候了，在教学实践中，我们着力于以下几方面，竭力使我们的古代诗歌教学能够平视学生，使教与学处于一种平视对话的状态。

整体而言，语用，包括文本词句篇章各层级语言的理解建构，包括文本各类读写资源的梳理整合，包括语用设置和静态的环境氛围创设。这里主要从语用设置和静态的环境氛围创设角度，探讨如何优化语用化环境设计，从而让古代诗歌教学平视学生，增加古代诗歌的学习成效。

一、创设静态古代诗歌氛围

静态氛围的创设，就是创设古代诗歌学习的情境，让学生在具体情境中受到一种耳濡目染潜移默化的熏陶，久而久之，学生自会有一种诗心词情。一是在校园文化布置上，我们以古代诗歌为主题，从教室里的横幅条幅到宿舍区花墙的标语，从食堂到宿舍，从草坪插牌到校园景点的命名、楹联，都注意引导学生自创古代诗歌情境。教室后墙横幅，激发成功的有李白的"天生我材必有用"；一条笔直的校园大道，学生命之曰"舒啸岭"（陶渊明"登东皋以舒啸"）；校园内小红木桥，学生命之曰"行吟桥"（屈原"行吟泽畔"）；等等。日知园阅报橱

窗处，我们定期编辑古代诗歌欣赏专栏，这些欣赏文章是从语文报刊上剪辑下来的，适合学生阅读。二是用音乐激活学生欣赏古代诗歌的细胞。讲解古代诗歌时配以相应的古典名曲，如《送元二使安西》与《阳关三叠》，《春江花月夜》与同名琵琶曲，以"长亭外，古道边"的深情演唱导入对李叔同《送别》的赏析；课余时间有系统地播放配乐古诗朗诵，我们努力的目标就是使校园有一种诗苑词庭的氛围。我们认为，诗心词情是熏陶出来的，这种熏陶的方法就是林语堂先生津津乐道的"冒烟教学法"。

二、开展动态古代诗歌欣赏活动

通过开展丰富多彩的语文实践活动，让学生在轻松愉快的氛围中进入古代诗歌欣赏的情境，是古代诗歌教学平视学生的又一举措。事实上，全社会现在都涌动着一股"诵读"经典、感受经典的热潮。早在 1999 年，在人民大会堂就举行了唐宋名篇音乐朗诵会。南京有少儿读经班（《扬子晚报》2002-5-13），北京有北师大二附中编印《诵读诗文选》，开展全校性的诗文诵读活动（《中国教育报》2002-6-20）。甚至唐宋诗词已成为当今旅游开发的亮点，继浙江天台开发了"唐诗之旅"旅游线路后，江苏盱眙又开发了"宋词之旅"（《新华周末》2002-6-29）。就学样而言，营造一种轻松愉快的诗词学习氛围，实施趣味式、娱乐式教学是古代诗歌教学应追求的境界。

湖北宜都红花套中心小学开展的古诗诵读活动就值得借鉴。他们建古诗园（古诗数字园，古诗动物园、植物园、颜色园、四季园），办赛诗会，过古诗节（如据古诗意境写曲，勾勒画面，唱卡拉 OK）。

上述各家激活诗心词情的方式给了我们有益的启示，也使我们反思以前在古代诗歌教学方面的一些缺失。我们也要求学生背古诗，默名句，但只停留于应试的层面，"即使有一些诗词名句学生背得很熟"，但对整首诗词依然"茫茫然"，这种为了"应付高考而背的名句'用处不大'"。[①] 其实为应付中高考临时急背的名句只是催肥的激素，如何使学生优化古代诗歌记忆积累的方式，我们有这样一些做法：1. 使古代诗歌记忆和流行歌曲演唱联合，流行歌曲是学生所好，古

---

① 周士琦. 我看中学生语文水平——从大学角度谈中学生的阅读与写作 [J]. 中国教育报，2002-6-11.

代诗词是我们所教，以我所教投其所好。不经意间深情地演唱《还珠格格》主题曲时，乐府民歌《上邪》的记诵就是自然而然了。此外，《涛声依旧》与《枫桥夜泊》，《在水一方》与《蒹葭》，等等，都是古典诗词与流行歌曲自然契合的典范。我们还曾以"冬日是思归的季节"为题，要求学生写一篇文章，文中可应用以下古代诗词和流行歌曲：《诗经·小雅·采薇》《岁暮到家》《逢雪宿芙蓉山主人》《流浪歌》《大约在冬季》等等。2. 编辑《古诗新韵》，古诗新诗联合。相对而言，学生比较喜欢现代诗，我们就编辑一些以现代诗的形式抒写古典情趣的诗歌，使古典的情趣在易于接受的形式中慢积久定。如《箫·词》（《星星》2001. 2）中"风箫声动"："今夜/一队箫逼近心灵/一个叫婉约的女子/远远走在前头""鹧鸪天　声声慢/水调歌头　梦醒时分/我该怎样怀念/千疮百孔的箫用洞天的胸膛/为一阕词深深地呼吸。"3. 设立校园诗歌节（端午节），定期举办形式多样的诗歌朗诵会。

经过一段时间的熏陶后，学生渐渐有了古代诗歌学习的自觉意识，练硬笔书法，他们有意选择以唐诗宋词为内容的字帖；旅游采风，他们自觉抄写楹联碑文。

三、助解词句，使学生能登鉴赏之堂

静态氛围的创设，动态活动的开展只是激发学生的诗心词情，使他们能向鉴赏之路主动迈步，而当他们主动叩击鉴赏之门时，还需要教者进行必要的词句助解，解决他们登鉴赏之堂的问题，或者说解决他们"懂"的问题。我们从以下几方面解决"懂"：

（一）从文本阅读注释中懂

文本阅读自不必说，对注释的阅读也不可忽视，它往往是难词典故的注解，尤其是有关作者身世、写作背景的介绍。

（二）从语法上懂

词类活用可利用古文基础。特殊语序是为了平仄押韵等的需要。尤其是省略、跳跃等所造成的那种超语法、超分析的造句谋篇现象，往往呈现出一种"言语道断，思维路绝"（叶燮），"语不接而意接"（清·方东树）的古诗之象，需要教者点拨，以引领学生一并涵泳其中，体悟其中，历久成语，历久而有诗感。

（三）从课本阅读中懂

高考诗歌鉴赏题，所选材料常是课本名篇的有机迁移，2002 年出现的"折柳"亦是常见典故。新的考试说明更直接要求考生掌握已经学过的典故，注意一些用典较多的怀古诗歌。因此，读透课本中的古代诗歌是我们懂诗的基础。

（四）从常识中懂

掌握作家的思想、身世，这种知人论世的解读法首为重要，此外，豪放婉约的风格特征，山水田园、边塞闺怨的题材特点，学生应有了解，甚至高远、古朴、平淡、飘逸这些诗品定位语，唐诗重情、宋诗主理的时代文学特征，宋词中以爱情词之象行爱国情之实的特点也可略加介绍。而文化常识、生活常识、常见典故的掌握也有助于读懂古代诗歌。

（五）从意象词介绍和专题阅读中懂

我们可以把一些含义固定的经典意象词介绍给学生，使学生像识成语一样认识它们，在解读中领悟它们，积淀日久，不但有助于他们跨越古代诗歌的阅读栅栏，而且还会培养起他们一种悟诗解诗的敏感。垂钓、弄舟、渔樵、采菊、长亭、折柳、灞桥、阳关、望月、闻笛、登高、望远、挑灯看剑、击楫中流、烟云、黍离、浮云、蝴蝶、清角、落花、浮萍、秋扇、斜阳、芳草、对床夜雨、断桥、鹊桥、斜倚银屏、泪沾红袖、残、半、斜、拍栏杆、看吴钩，等等，是古代诗歌中经常出现的意象词，我们在向学生介绍这些经典意象词时，又编排了一些专题诗词阅读，如"别离诗""怀乡诗""田园诗""山水诗""边塞诗""怀古诗"，甚至"宫廷诗"。这种介绍和专题阅读可以取得反复叩击而开赏诗心门的效果。

（六）从整体把握上懂

整体把握对于任何种类的阅读都是首为重要的。就古代诗歌而言，引导学生从整体上把握诗歌的思想主旨、艺术风格、情感基调，是解读古代诗歌的钥匙之柄。

（七）从诗法上懂

情感双向，设身处地（杜甫《月夜》，王维《九月九日忆山东兄弟》），名词意象，蒙太奇法（马致远《天净沙·秋思》），一句一景（1999 年高考题），乐景写哀（杜甫《蜀相》），哀景写乐。此外，对比象征，渲染映衬，虚实相生，动静相衬，景情相融，赋比兴法，托物言志，借古抒情，小中见大，联想想象，诗眼传神，名句立篇，等等，这些诗法，以典型诗篇印证消化，必然有助于解诗素养的培植。

（八）用诗法于写，从运用中懂

把一些诗法有意运用于写作实践中，不但能使学生解除对古代诗歌高深莫测的畏难情绪，而且能使学生感知古代诗歌学习的实践性、应用性。我们就曾利用唐诗指导学生的习作构思。如"遥知兄弟登高处，遍插茱萸少一人"是接近联想；"妆罢低首问夫婿，画眉深浅入时无"是神似联想。此外，对比联想、因果联想等构思辅导都可以用古诗来引发。

（九）用专题学习促进懂

内容或形式上纵横勾连的专题性学习，可以促进学生对诗歌的深入的"懂"。下面是我曾经组织学生进行的专题学习项目：

1. 《诗经》中弃妇诗的比较研读。研读《邶风·谷风》《卫风·氓》《王风·中谷有蓷》《郑风·遵大路》，从遗弃因素和被弃后的态度比较的角度研读，写出研究性小论文。

2. 《氓》中的"淇水"意象出现了几次？每次的作用都相同吗？从中体悟环境描写的作用。"淇水"意象唤起的是"物是人非事事休，欲语泪先流"的情感吗？

3. 对古今中外弃妇诗进行比较赏析，或横向比较赏析，或纵向梳理发展脉络，写出研究性小论文。文本提供，见互文阅读材料：（1）汉乐府《有所思》；（2）曹植《七哀》；（3）卓文君给司马相如的回信；（4）白居易《井底引银瓶》；（5）李白《怨情》《白头吟》《妾薄命》；（6）李益《江南曲》；（7）杜甫《佳人》；（8）辛弃疾《摸鱼儿》；（9）白朴《墙头马上》；（10）欧里庇得斯《美狄亚》。

4. 弃妇文学与逐臣文学的比较研读。阅读相关论文。

四、引导体悟意境，使学生能入鉴赏之室

"懂"了，仅仅是登上了诗歌鉴赏之堂，还未入其室；仅仅是触及诗歌之外形，还未把握诗歌之神韵。诗歌的神韵是什么？是意境。我们在以往的教学中也大呼特呼要体悟诗歌的意境，要体味诗人描写之"境"与诗人表达之"情"是如何融合的。但是，在如何浅近其进，深入其悟地帮助学生感受意境上做得还很不够。结果，所谓意境的体悟也还流于一种高头讲章的夫子自道状态。我们从以下几方面帮助学生感受意境：

（一）画面看意境

"诗中有画，画中有诗"。进行课堂讲解，我们尽量借助画面帮助学生理解意境，或简笔勾勒，或张挂插图，这种"题诗画"堪与"题画诗"相媲美；指导课外阅读，建议学生买一些有意境写意图的诗词选本。当学生自画出"东临碣石图"后，那种"雄伟豪迈"的意境不就可以看出来了吗？

（二）音乐听意境

抽象的意境也可以通过音乐具体地表现出来。体会《春江花月夜》那"空旷澄明"的意境，还有什么方式比听《春江花月夜》的古筝演奏更能深刻感受呢？此所谓诗中有乐，乐中有诗。

（三）朗诵味意境

"读书切忌在慌忙，涵泳工夫兴味长。"（朱熹《论读书诗》）我们现在似乎没有兴味事实上也似乎没有时间引导学生进入这种涵泳境界了，那种"手之舞之，足之蹈之"的吟诵情态，那种如"汉书下酒"式的投入涵泳在应试匆匆的今天似乎有点不合时宜了。老师们，请带领学生进入那种坐诵行吟，如痴如醉的涵泳状态吧。因为只有那样，才能够体味出诗词的意境！

（四）MTV 演意境

意境可以放映，MTV 的制作使看意境和听意境合二为一。通过青年学生喜

闻乐见的现代传媒，古典的意境自然地沉潜其心。也正因此，中央电视台制作了20集文化纪录片《唐之韵——唐诗》。

（五）想象入意境

想象是进入意境之门的密码，用三言两语甚或无言的情态之语引领学生进入想象的欣赏状态，有时胜似洋洋洒洒地分析讲解。何永康教授回忆唐圭璋先生讲授宋词名篇："只见他老人家端坐在黑板前，一遍又一遍地将名篇诵读：'对潇潇暮雨洒江天，对潇潇暮雨洒江天，对潇潇暮洒雨江天，……'这抑扬顿挫的吟诵声，把我们渐渐地、静静地带入了美好的诗境。然后，'柳永啊，他想啊，想啊，想啊……'想什么呢？唐老未做一字解释，只让我们全班同学由着性子自己去想象，去补充……一个个青年学子都跟着唐老做了'美好的心灵的远游'（调公先生语）。"

五、引导表达，使学生徜徉诗庭词苑

用自己的语言把读诗悟诗的感受和体味表达出来，这才是真正的赏析。2002年新的高考说明也要求以主观表达的形式解答古代诗歌鉴赏题。以主观表达代替选择题的考试形式变化，确有助于检查学生自身的感悟能力。不过，我们认为选择题的设置在鉴赏的初步阶段自有其优点，这种择其精粹的点评式选项实是学生进入诗词的拐杖。经过一段时间的点化，再去引导学生丢掉拐杖，在诗庭词苑里自我表达，自我徜徉就自然而然了。我们的方式是：

（一）赏析式表达

诗词的"绝妙"之处在哪里，我们要学生以选择题为角度切入赏析。同时，我们把语文报刊上短小的赏析文章作为范例印发给他们。

（二）评判式表达

让学生参与评判，可锻炼其体察幽微、敏锐鉴别的赏诗悟性。如1999年保送生试题，出题"王籍有句曰：蝉噪林愈静，鸟鸣山更幽。罢相以后的王安石抬杠曰：一鸟不鸣山更幽。你的看法呢？试申其意。"评判式表达可以有：

1. 一诗多问的纵深探究

一诗多问的纵深探究，可以得出合理的多种解读，有助于学生思维品质的提高。如王安石的《明妃曲》，《古典文学知识》2013 年第 1 期刊出的《清代女性作家咏昭君诗探析》（张海燕、赵望秦），就列出了以下多角度的吟咏，体现了古诗词阅读评判式表达的多解方向：

徐昭华《明妃怨》："燕山万里黄云暗，唯有明妃墓草青。"

陶安生《昭君》："不及文姬能返国，空留冢上草青青。"

李国梅《明妃怨》："异日空留青冢恨，从来薄命是蛾眉。"

徐德音《明妃》："莫为丹青杀画师，君王原不识蛾眉。"

沈持玉《咏王昭君呈心斋先生》："最是多情毛画史，不叫倾国老深宫。"

江淑则《昭君》："不然老死深宫里，只与鸿毛一例论。"

黄幼藻《明妃曲》："早知身被丹青误，但嫁巫山百姓家。"

尹初荣《昭君怨》："龙城飞将今何在，忍见琵琶出塞愁。"

陈蕴莲《昭君》："寄言汉代麒麟阁，莫画将军画美人。"

林炊琼《明君》："青史留名非薄命，琵琶何用怨东风。"

2. 一诗多联的横向探究

如我设置的白居易《琵琶行》音乐描写横向拓展学习课例，横向拓展的篇目有李欣《听董大弹胡笳兼寄语弄房之事》，李贺《李凭箜篌引》，刘鹗《老残游记》第二回。横向比较赏析如下：

写乐当属香山！

健笔直指："大弦""急雨"，"小弦""私语"；"珠""落玉盘"，清脆圆润；"间关莺语"，"幽咽泉流"；"银瓶乍破水浆迸，铁骑突出刀枪鸣"，及至四弦遽息，声如裂帛，皆以声说声。李欣说极胡笳声美，惜乎笔力不逮，己呼不够，便拉"秋叶""百鸟""浮云""川""鸟"，至于"野鹿""妖精"为之响应。长吉呼朋唤友非是神仙，即是沾仙得道之物："湘娥""素女""紫皇""神姬""吴质""寒兔""老鱼""瘦蛟""昆山之玉""女娲之石"，此数者蜂拥，皆因之箜篌，曲之高，和之神乎？读此文字，直觉鬼灵之气扑面而来，令人心旌摇荡。

《老残游记》第二回，听白妞之唱，舒了身子，饱了眼福，耳却无真音之听。且白妞之唱使人体爽官舒而无情动，琵琶之音于声情并茂之中才更使人情动心颤，禁泪不住。

青衫有幸，承泪最多。

李欣、长吉，或誉之烘托，然烘托亦常失之烘好。二李、香山皆以物显声，则二李之物，烘好而已；香山之物，物显其声也。王静安《人间词话》有"隔"与"不隔"之说，其亦二李、香山之谓乎？

至如香山之情乐交融，则更令人情动于中，唏嘘而叹。

（三）散文化表达

散文化表达是入乎其内的古代诗歌赏析，是以己心印诗意，它贯注了欣赏者自己的生命体验，我们向学生推荐的有李元洛的《唐诗之旅》，曾冬《唐诗之旅》《宋词之旅》《古诗之旅》，楚楚散文。楚楚是一个有着古典的诗心词性的作家，她的《淡墨轻衫》，尤其是其中的"楚楚在唐宋古代诗歌新读系列"散文，学生易于入迷，易于沉浸。

例如人教版高中必修三杜甫《咏怀古迹》意境再现式改写。这里以2003年第三届江苏省高中生现场作文大赛一等奖第四名获奖作文《遥远的琵琶语》为例。

遥远的琵琶语

江苏省兴化中学　陆蕴

转弦拨轴，抚琴萧歌，幽怨在弦间颤然，岁月从指间滑落，绵绵的乡音如流水般静静地蔓延、回响……

千载琵琶作胡语

月华如练，一轮相思独悬在藏蓝色的夜空，洒下万般愁绪。你身着一袭水绿色的长裙独坐在清冷的光辉下，娟影萧疏，纤纤素手弹奏着剪不断、理还乱的万般离愁，空灵而又落寞。茫茫苍穹，凝眸仰望，那广寒宫里的嫦娥独自守着孤寂的岁月，一年又一年，一守就是一千年。

你低头无语，指间的音符挟着缕缕哀怨轻轻流淌，将月色浸得柔美而又凄凉。你是否也将会守着异域的土地直到岁月销蚀了容颜，最终留下一丘青冢独向着黄昏？

抚琴萧歌梦回乡

恍然间，一切忽然变得那么熟悉，这不是你朝思暮想的中原故土吗？这不是你离开时告别陛下的皇宫吗？那坐在正堂的不是让后宫三千佳丽企盼的陛下吗？你一袭银红色的华丽衣裳，铅华妆成，美得如烟雾缭绕的深潭，深不可测。你看见陛下朝你微笑，深情地呼唤着你的名字。你从陛下深邃的眸子里看到自己的流光溢彩。

管乐合奏，女乐齐鸣。你舒展纤细的肢体，拨响了琴弦，如流水般的琴声像初绽的水荷，空灵的音符伴随着你高贵的光华轻轻飞扬。燕啭莺啼，中原的故土上弥漫着缕缕清音。

弦断有谁听

戛然而止，一下子变得那么寂静，只有月光仍在静静地流淌、流淌……

你恍然从梦中醒来，指间依旧回响着袅袅的余音，静如烟水的月色凝固了你眼角落下的一滴哀怨的乡愁。你美丽的脸庞黯然消去了光华，断开的琴弦断开了遥远的思念，也许中原的故土只能是梦里的绝唱。黄土风尘，乱世苍莽，千载的琵琶千载的幽怨，在香消玉殒的时候弹奏出最后的绝响。

虽然只是一场梦，但你依旧愿意沉醉在梦中，沉醉在这琵琶的细语中，光华闪烁……

琵琶声起，一曲幽怨，任凭浸透乡音的音符撒满梦里的故乡……

【点评】请看文章的三个小标题："千载琵琶作胡语""抚琴萧歌梦回乡""弦断有谁听"。第一个直接用杜诗原句，第二个是杜诗"环佩空归月夜魂"的另一种表达，第三个则是杜诗"分明怨恨曲中论"的深化。文中作者紧扣"琵琶"运思，"作胡语""梦回乡""断琴弦"三幅画面在读者面前有序流动，传递了囿于异域，琵琶传声，梦里故乡，听不得乡音的遥远的思念。

（大赛评委语）

复兴中华民族，必先要强健我们的文化根基，文化根基的强健，古代诗歌的教学堪为关键之一。所以从复兴中华民族的大义出发，如何使古代诗歌教学能够真正深入人心，陶冶学生性情，就是一个不得不让我们深思的问题了。

如何达成自主的作文学习

作文教学的低效乃至无效至今仍是我们的教学现状。就"教"而言，目前仍没有一套有序合理，便于一线操作的教材。老师在黑板上即兴命题，在本子上写套话评语仍是由来已久的教的现状。就"学"而言，更没有一个有效的学法指导，学生被迫接受命题指令，凑满字数也是由来已久的学的现状。作文的教与学都在一个无效、低效的虚假状态中运行。本文试图从引导高中生进行自主的作文学习的方式改革上，探讨作文教学的有效性和高效性，努力追求"自能作文，不待老师改"的作文教学境界。

所谓自主学习应该是这样一种学习：在教师的引导下，学前能确定目标，制订计划；学时能自我监控、调节学习进程和方法；学后能总结、评价、补救学习结果。自主的作文学习，需要教师的引导，而且教师的引导贯穿整个作文过程的始终。教师需要在如下几方面着力引导学生的自主作文学习。

一、作文规划中的自主学习

二十世纪八九十年代，主要出现了重视"模仿""思维""过程""兴趣"等旨在探讨作文教学序列化的成果。① 时至今日，作文教学的序列性探讨却进入了一个失语期，由于依然缺失统一的作文教材，作文教学序列也还是各持己见，各自作为。列举两种有代表性的作文三年规划：有人教版教材式，按能力点序列，从"写触动心灵的人和事"开始三年作文教学的；有按"文学类、论述类、实用类"新课标阅读文体序列，详细分解，交叉三种不同文体的能力训练要点，

---

① 蒋江森. 一个紧迫的问题：重建作文教学系列 [J]. 中学语文教与学，2009（10）.

对三种文体进行三年交叉作文教学的。① 我认为，上述两类作文规划都失之偏颇。人教版教材中，作文教学仍作为阅读教学的附庸出现，教授的大多也还是静态陈述性写作知识，多维互动的程序性、策略性写作知识几近阙如。周晓天的规划，没有突出高中阶段作文训练重点，三年规划作文训练点共 36 个，其中文学类训练点就达 23 个。其实，上述两类具有代表性的作文教学序列，更主要的问题，在于只是着眼于教师一厢情愿地教作文，而没有或者说很少着力于学生真实地学作文。

作文教学的三年规划，首先要有课堂教学的三年规划。

就作文能力训练点而言，我认为，高中阶段应以记叙类、议论类和说明类文章的写作训练为主，文学类（诗歌、散文、小说、戏剧）和实用类（计划、总结、调查报告、求职演讲）写作为辅。虽然，做这样的分类，有交叉分类和不同类分类的尴尬；因为所谓记叙、议论和说明是偏重作文能力点的分类，所谓文学类和实用类是体裁的分类。但是，做这样的分类，又是基于目前作文课堂教学中传统内容和变革内容并存的教学现状。目前作文课堂教学的传统内容，仍是因袭记叙类文章和议论说明类文章的"老三篇"。目前作文课堂教学的变革内容，已在关注文学类和实用类写作的教学了。事实上，记叙类、议论类文章写作是文学类、实用类文章写作的基础；记叙类、议论类文章的写作应体现新课程的共同基础性。而文学类和实用类文章的写作应体现新课程的多样选择性。

我由来已久也是由来有自的做法，是在学生高一入学时，就以表格形式下发作文教学能力点的三年规划。高一偏重记叙类文章写作，高二偏重议论类文章写作，高三综合提炼，着重从高考考点进行训练。这是课堂教学重点，是课堂作文自主学前的规划引导。课堂作文以外的周末和长假练笔，可以穿插进行文学类、实用类文体的合作性、探究性写作训练。

除了课堂教学的三年规划，还要有课外学习的三年规划。我在尊重学生多样选择的自主性时，做以下引导：

---

① 周晓天. 高中作文教学序列化设计初探［J］. 中学语文教学参考，2009（05）：55-56.

（一）名著阅读内化写作能力

我从切身的作文教学体会出发，高度认同"多读比多写更有利于作文水平的提高"① 的论断。高一入学时，即以表格登记全班同学包括新课标规定的十部名著在内的文学类文本阅读情况，表格中要求登记的有书目、拟读完的时限等，读完以后，至少要写一篇读书心得。但除规定的十部名著外，读什么，学生各人有不同的审美趣味，应充分尊重他们选择的自主性。诗歌散文，各有所爱。我规定学生每天要做美文摘抄，深有感触时还可附上一两句点评。每两周，我检查一次。这一部分体现了学生自选动作和老师规定动作相结合。

（二）文学讲座激发写作热情

每月举办一次文学写作指导讲座，或请作家，或文学社老师亲自上阵。择优打印下发同学的文学创作作品。这一部分偏重学生的自选动作。

（三）素材积累驱动激扬文字

自主的素材积累既为课堂作文教学服务，也为周末、长假自由练笔服务。教者可以引导素材积累的大方向，如按"人与自然""人与自我""人与社会"的大方向积累素材。我任教于江苏省兴化中学和江苏省锡山高级中学时，每日在黑板报左侧张贴《扬子晚报》的"扬子时评"和《泰州晚报》的"每日时评"。学生还可通过每日的新闻联播和每周一次的阅览室浏览获取素材。每日有"每日百字简评"，实在时间不够，要有"每日一句话新闻"；每周末有"一周千字观察"。至于素材来源，就应体现各人积累、整合的自主性了。

这样的作文三年规划，体现了几个结合：阅读和写作相结合，作文课堂教学和周末长假练笔相结合，大小作文相结合，记叙、议论类作文和文学、实用类文章写作相结合。高一一开学就"公示"这样的规划，学生自主的作文学习有方向，习惯就容易养成。

---

① 荣维东. 多读比多写更利于提高写作能力 [J]. 语文学习, 2009 (06): 20-23.

二、作文过程的自主学习

作文过程包括命制题目；搜集素材；拟定提纲，写作成文；修改润饰，定稿成篇；评价反馈。过程中的每个环节都应在教者的引导下，充分发挥学生的自主学习能力。

(一) 命制题目

二十世纪九十年代，王栋生老师主编了一套南师附中"反作文"系列丛书，其中有个环节给我启迪良多。就是王老师发动学生命制并精选出了 1000 多道好题目。确定题目是画点文章的眼睛，一个好的题目往往能体现作者独特的构思。每届学生，我先发动他们浏览搜集报刊、书籍里夺人眼球的好题目。具体到作文课堂教学和周末、长假练笔时，有时我命制题目；有时我仅仅提供题域，而后学生自主命题。不论是我命制题目还是学生自主命制题目，都要求一个"新"字，俗套的题域往往因亮丽的命题而先成功一半。

(二) 搜集素材

这一步，我往往从多个渠道激发学生自主的作文学习意识。一是借助网络，确定题域、题目后，我要求学生借助网络搜索筛选相关素材。二是借助自我整理的资料，前述的"每日一句话新闻""每日百字简评""一周千字观察"这时就派上用场了。三是借助报刊，我所带班，常备的报刊有《语文教学通讯》的"作文素材快线"，有重庆出版集团的《作文素材》，有解放日报出版集团的《报刊文摘》，有《扬子晚报》"扬子时评"和《泰州晚报》"每日时评"，等等。

(三) 拟定提纲，写作成文

我所带班级，高一学年，都明确要求学生课后完成作文，这里面有个先写构思提纲请老师、同学提出参考意见的过程。包括写作成文过程中写不下去了，都可以在这个过程中参考别人的意见，自主地加以解决。强制学生当堂交稿，有时会出现赶鸭子上架，涂鸦交差的情形，学生写作的自主性就得不到充分发挥。高二时，题目仍和高一一样，也是提前布置，但写作成文原则上要求在规定的两节课内完成。完成不了的要写书面申请，写明理由，如构思偏离，行文卡壳。此时，教者应宽容学生的迟交，他既有勇气提交迟交的申请，你就应相信他在精益求精，这精益求精的过程不就是充分发挥作文自主性的过程吗？高三的所有作文都是当堂布置题目或题域，学生必须在两节课内完成，但写正文前要先有写作的构思提纲，这既是考试的需要，也是前两年作文学习自主性培养养成的习惯。

(四) 修改润饰，定稿成篇

"写作就是重写和修改。"[①] 这是我反复向学生宣讲和现身说法的道理，我也是一个业余写作爱好者，我常常把自己作品的初稿和定稿（常常是发表稿）对举着印发给学生，这样的现身说法能有效地激发学生自主地修改作文。其次，我规定每学期每人至少有 1 篇能发表在班刊（每学期两期）上的"成品"。"成品"意识也是我在学生一入学就激发他们养成的作文意识，即不追求作文数量的多，而要有反复修改形成"成品"的自主作文过程。"成品"的最低标准就是要能在班刊上发表。事实上，我所带班学生在省级以上报刊公开发表的作文，绝大部分都先发表于班刊。

(五) 评价反馈

评价反馈的过程是一个互动对话的过程。能否自觉地与各个读者群互动对话，体现的是作文学习的自主性。教者要设置恰当的互动对话情境，以激发学生作文学习评价反馈的自主性。

互动对话的读者群包括老师和同学甚至家长，这是第一层级的读者群。在学生用心完成的习作后，我们都附有"老师互动对话""同学互动对话""家长互动对话"等栏目。在"老师互动对话"后还有"后续对话提示"，这是老师为引导各个读者群和同学互动对话所做的提示。这样的提示既体现此次训练能力点的基础性，又体现这篇习作的个案性和特殊性。在所有对话后还有"作者反馈"栏，这是为保证对话的持续而设置的栏目，更是为强化作文学习评价反馈自主性而设置的栏目。当习作达到前述"成品"标准后，可能还会出现第二层级的读者群——报刊编辑等。习作者树立写作的读者意识，是习作互动对话的前提，也是作文学习评价反馈自主性的体现。

---

① 李军. 中学作文课程与教材的反思和重建 [J]. 湖南教育（语文教师），2008（07）.

合作的作文学习

合作学习的主要优点在于，基于共同的目标和责任，学习者之间在经常性的沟通和交流中，可以形成互动、互助的关系，个体和集体都能够得到增长知识和提高能力的发展。作文中的合作学习的成功实施，将使作文能力的提高不再局限于少数的作文精英，作文能力的大面积提高有望实现。美国"国家写作工程"（NMP）委员会的量化统计研究表明："当学生们合作写作并互相帮助时，可以有效地提高写作质量。"[①] 那么如何实施合作的作文教学呢？关键是要抓住六个字的合作学习的精髓：互动、互助、共进。我在实施作文有效教学时，牢牢抓住这六字真言，以创设作文合作学习的情境为切入点，引导学生进行作文合作学习，从而促进学生在作文学习中的互动、互助和共同提高。我从以下几方面创设作文合作学习的情境：

一、在合理分组中创设作文合作学习情境

根据学生自主学习过程中，学生以表格登记的文学类文本阅读情况，把学生分成若干"业余文学兴趣小组"，诗歌组、散文组、小小说组、戏剧组都有若干成员。作文自主学习过程中，有"每日一句话新闻""每日百字简评""一周千字观察"等作文自主学习项目，这些自主学习内容中，常常包含一些观点相左的学生评论，我适时选择其中有相同取材的同学，两两构建系列辩论赛。

---

① 荣维东. 美国的写作策略教学及其启示［J］. 语文学习，2009（11）：4.

二、在作文实践活动中创设作文合作学习情境

这里着重介绍我多次实践过的作文活动。我每学期计划举办一些以作文的形式加以呈现的实践活动，既有利于调动学生参与实践活动的积极性，又有利于提高学生的作文水平。

（一）故事接龙写作

针对学生喜欢故事的特点，每届学生高一入学，我都要发起故事接龙的作文合作学习活动，学生的积极性几乎无一例外地高涨，这有效地落实了我们"高一先激发学生写起来"的作文教学理念。

（二）笔留屐痕，抒写旅感

我们常有或集体或个体的踏青、旅游活动，每届学生，我都要在班刊《舒啸》上辟"屐痕处处"栏，引导他们交流旅途观感。学生其实是很乐意交流各有所得，各得不同的旅途观感的，他们常常两人甚至多人合作完成"诗配画""文配画"，甚至电视散文的创作，"画"或"影视"的来源就是他们的相机和摄像机。2012级学生宜兴旅游归来，班刊汇编出作文专辑，题为《文化甘旅——宜兴之旅作品集》，这次作品集最让人眼前一亮的是出现了多篇合作作文，学生合作作文的热情甚至调动了一位在电视台工作的家长的热情，主动为他们的电视散文提供技术支持。

（三）人物品评

这也是每届学生高一一入学我就做的工作，我事先印发《世说新语》中一些精彩的人物品评短文，而后引导学生为全班师生包括他本人写作不少于百字的人物素描品评，这样，每个对象就会有五六十则素描品评，学生按各个角度评出最传神、最深刻之作。如"形象描摹"之最，"气质勾勒"之最，"评价准确"之最，"一句一词准确"之最。

（四）调查报告

每学期我都要围绕热点（社会的、学校的）问题，布置学生以小组采访的

形式写一篇调查报告，报告可以几人各写一部分，由一人统稿，最后集体修改上交，修改审核后的所有调查报告都打印成册，用硬质纸做封面，看起来像模像样。更像模像样的，我还发动学生送递给学校甚至邮递至相关政府部门。这样的合作作文学习，使学生感受到原来写作文既可以放飞心灵，享受趣味，还可以参与社会，体会意义。能够创设出作文合作情境的作文实践活动，当然远不止我列举的这些。关键在于教者能否在不同的时空环境中，敏锐捕捉并努力创设作文合作学习的情境。

三、在作文过程中创设作文合作学习情境

确定题域，命制题目；搜集素材，拟定提纲；写作成文，修改润饰；互动评价，定稿成篇，这些作文过程中的每一个环节都值得教者揣摩，并创设相应的合作作文学习的情境。遵循合作学习"互动、互助、共进"的六字精髓，我常在作文过程的每一个环节积极创设合作学习的情境。

(一)确定题域，命制题目

1. 自行命题

话题作文流行时期，我经常发动学生先就同一则话题材料，自行命题；然后各自发到班级网页上，利用网络平台互动；最后从各个侧面进行题目质量量级评估，评估时要有一两句星级评估的评语。一段时间下来，原先视命题为"跨不过的坎"的同学自然过坎，甚至在接下来的合作命题学习中跃跃欲试。这是合作作文学习互动互助进而能够互进的效果。

2. 各选好题

班刊《舒啸》编辑部在班上有专门的好题登记本，同学可以将阅读中看到的好题登记于上，注明来源。《舒啸》编辑部甚至还以给家长写公开信的方式，发动家长提供好题（可附原文），每个家长原则上至少每月提供一个好题。90后学生的家长绝大多数有高中及以上文化层次，他们具备这样的能力。各选好题，既是同学间的合作学习，也是读写互动、亲子互动。

（二）搜集素材，拟定提纲

这一个环节我创设的作文合作学习的空间主要是教室、网络、家庭，合作学习的伙伴主要有老师、同学、家长、网络。

1. 教室空间

教者每次在预交上来的提纲（提纲中已包含素材的筛选了）中，按学号选择十篇打印，在课堂中印发讨论，各人（包括教者）就打印稿写上自己的修改意见，由教者装订成册，让十个同学传阅参考。这个环节体现的是师生、生生互动互助的合作学习。

2. 网络空间

利用班级网页在周六、周日开通的时机，按题域搜索选取自己所需的素材。因为自主学习阶段各人搜集的素材已按要求发到班级网页上。

3. 家庭空间

我们要求学生在这一个写作环节中征询家长的意见，尤其是搜集素材方面，家长的人生经历、阅读积累都是子女习作可以借鉴的宝贵材料，亲子间的互动要反馈给教者。

（三）写作成文，修改润饰

写作成文的环节，尤其要注意学生中途写不下去的情形，此时最需要师生间的互动对话。老师的点拨、指点，要能重新激发写作者的写作激情，重新开启写作者的写作思路。修改润饰的过程，对于教者而言，只重点地强调每次训练的重点，也就是修改润饰的主要方向即可。同学间的互改，要求和老师批改学生作文时一样，不直接改动原文，只在原文值得商榷处和值得赞赏处圈画不同符号。家长也是只对子女作文提出值得赞赏处和值得商榷处。合作学习的目的还是习作者的自主学习意识的强化和能力的提高。

（四）互动评价，定稿成篇

互动评价的环节，我主要在师生、生生、亲子间设置以下合作学习的情境。

1. 师生间的互动评价

每次作文，按照习作的重点，选择一篇有代表性的同学习作，老师详加点评，有旁批，有总评，该同学要有相应的互动。互动一是对批，对批主要针对旁批，或肯定老师的旁批，或否定老师的旁批。互动二是写作写作感言，着重叙述此次作文的全过程，命题、素材、提纲、成文、修改等等，如涉及自己对作文的认识就更好了。

2. 同学间的互动评价

我们充分利用班刊《舒啸》的平台，实施作文合作学习中的互动评价。具体程序：学生将充分修改后的作文投稿给《舒啸》，所投稿后必须附三名以上同学的点评，编辑阅读后要写出题为"小编建议"的审稿意见。全班每个同学每学期至少向《舒啸》投稿一次。这些措施保证了生生间的作文合作学习。

3. 亲子间的互动评价

"很多国家都非常重视家长在作文评价中的作用。学校常常与家长联系，了解来自家长方面的评价信息，如日本在'学习指导要领'中认为'从文化和地方人士处了解他们对学生国语能力的观察结果和见解，也是很有意义的'。"①

我在给这些 90 后家长的倡议书中提出了两个方面的作文互动建议。一是生活的真实性。父母、祖父母的人生阅历可以帮助学生提升把握生活真实性的能力，减轻、消除学生脑中生活空间的狭隘感，生活观察的虚浮感。二是思维的辩证性。成人思维应有的全面性、辩证性，可以帮助子女避免议论说理、看待问题时的偏激乖张，有助于子女树立对社会生活的正确认知，有助于亲子之间的深层次交流。

有效设置师生、生生、亲子间的互动评价情境，可以有效地促进作文合作学习。

---

① 徐源. 作文教学多元评价策略［J］. 语文教学通讯，2008（03）A：46.

探究的作文学习

　　"探究学习是学习者通过亲身经历的探求、追寻和发现的活动，培养质疑和独立思考习惯，形成研究和思考问题方法的学习。"① 作文学习中的探究学习有助于攻克中学生作文中虚假的痼疾，促使他们成为真正的思考者和写作者，使他们在日后的工作、生活中终身受益。我主要从三方面引导学生作文学习中的探究性学习。

一、在探究性读写结合中创设作文探究学习情境

　　探究性的阅读成果以作文的形式呈现出来，就形成了探究性写作。探究性写作也促使探究性阅读得以开展、深化、结果。我通常在两方面创设探究性读写结合的情境，一是在课本的学习中，一是在课外阅读（经典名著和时文阅读）中。

（一）必修课和选修课的学习中的探究性写作

　　探究性写作更适合于选修课的学习，突出学生有选择地学习的选修课与探究学习重选择的学习方式更匹配。凡是阅读教学中形成的探究点，诸如人物品评，警句品评，语体转换等等，都可用写作的方式展示。学习了《〈史记〉选读》中的《高祖本纪》《项羽本纪》后，我示范引导学生以对联的形式品评刘邦和项羽两个人物，要完成这样的探究性写作，学生必经两道探究性关口，一是对人物深入阅读理解的探究，二是对对联写作的探究。由于示范、引导适当，学生的探究性写作表现出了强烈的自主性，答案精彩纷呈。略列举：1. 好酒好色更好天下，

---

　　① 李志厚等. 学习论与新课程学习理念研究［M］. 广州：广东教育出版社，2004.

爱财爱士更爱众生（夏耀宗）；2. 勿持一钱，给万钱，刘季真牛；未取一金，许千金，吕公不驴（王璐）；3. 乌江之畔，横刀一刎惊天地；东城之外，操戈一战泣鬼神（吴玄东）；4. 遥想江东，吴中子弟还怀之乎？不渡也罢！怅望垓下，冢内孤魂必念我也，自刎可为！（袁陈冬）5. 吕公堂上，刘季狎侮诸客，沛县亭长真鄙陋；未央宫中，高祖戏弄其父，竖子小儿实粗俗（王雷）；6. 击筑而歌，帝王孤怀何者知？泣泪而舞，游子思情谁人晓？（王倩）7. 八方雄师，意气东向，九州宏图，已似鼓鼓囊中物，手中握；四面楚歌，仓皇北顾，天下大势，尽如滚滚乌江水，身前逝（李亚平）；8. 烽烟起，角号狂，英雄挥剑斩飙狂，向天啸，动山摇，垓下一战，问鼎中原代始皇；云飞扬，歌四方，帝王纵泪忆斜阳，思过往，叹霸王，乌江一别，孰与寡人举觚觞？（葛曾瑢）9. 末路英雄强作颜，悲失天下；穷途霸王宁献首，耻渡江东（金春胜）；10. 外表纨绔，拒事小生产；内心豪迈，要做大丈夫（邵文妍）；11. 破釜沉舟，一个策略，原是莽汉示勇谋；泣泪别姬，八尺男儿，本是武夫显柔情（唐梓星）；12. 鸿门宴会，霸王行妇人之仁，让刘三八方通路；楚汉争雄，高祖弃匹夫之勇，送项羽四面楚歌（王湘）；13. 给礼骗饮，将来必为小人；礼贤纳士，他日可成大业（徐舒婷）。这些对联，是学生辩证评价古代人物思维品质的体现。

学习了《报任安书》，我引导学生选择其中的警句进行品评。列举如下：1. "勇者不必死节，怯夫慕义，何处不勉焉"，同学品评为"真正的勇者不一定要立即为名节去死；相反，不敢正视淋漓的鲜血者，却常常借着义的名义，把懦弱的头颈伸向绳圈，说是就义，实是逃避"（许静）。2. "负下未易居，下流多谤议"，同学品评为"这是自古如此的中国世相。中国人总喜欢戴有色眼镜看待'罪人'，不管这个罪人是罪有应得还是背负不白。'负下者'的生存之路常被堵死。身份低贱的人也更易受到诽谤、非难，原因当然是'上流'者的嘴大"（祭雨竹）。

学习了《逍遥游》，我提炼出了"恃"和"恐"二字，继而引导学生道："庄子不恃外在的名利，所以无恐失去绝对的精神自由。那么以'恃'和'恐'反观现实生活，我们能提炼出多少种观照生活的恃恐关系呢？有恃无恐，无恃无恐，有恃有恐，无恃有恐等等，不一而足，请你就其中的一种，联系现实，写一篇800字以上的议论文。"学习了《我与地坛》，我引导学生体味史铁生在母亲去世后写的一段回忆忏悔的文字，在品味了这种回环反复有哽咽效果的文字后，联系现实生活进行仿写。

语言品评也好，主题探讨也好，拓展仿写也好，我以为探究性读写结合应抓住言语教学是语文教学的精髓这个关键，引导学生细品深读语言形式，在探究性阅读的基础上，写出探究性的品评文章。我不认可那种在教材的阅读教学中，动辄布置学生上溯文学史，浮浅摘抄资料的所谓探究。

（二）经典名著和时文阅读中的探究性写作

对于教育部规定的名著阅读的探究性写作，遵循点评——选题——书目——示范——写作的过程指导。学生初读时要有会意处的点评，读完要从自己最有心得处，提炼对该名著进行探究性写作的选题上交，教师根据各人不同的选题开列不同的书目，教师选印下发相关研究文章或教师自己写的相关文章做示范，学生完成探究性写作。对于时文阅读的探究性写作，遵循讲座——示范——写作的过程指导。小小说、散文、诗歌等赏析文章的写法，教者都有相应的系列讲座，而后印发教者自己发表于报刊上的赏析文章作示范，最后由学生完成探究性写作。展示这两类作品的探究性写作成果，我们都有定期的读书报告会和优秀作品选辑，以落实互动性评价的环节。

带有文艺鉴赏特质的读写结合的探究性写作，有一定的探究难度，有一定的探究价值。早在 1999 年全国统一命题的保送生试卷中，已有对杜牧《江南春绝句》品评的探究性写作命题。

二、在综合实践活动中创设作文探究学习情境

综合实践活动本身要求参与活动者遵循自主、合作、探究的学习方法。没有自主学习的意识而只是被动参与，则丧失活动的积极主动性；没有合作学习的意识，则不能分享、借鉴他人成果从而推动活动的开展；没有探究学习的意识，则不能使活动深入开展。为了在综合实践活动中有效地培养学生的作文探究学习能力，我常于活动之前与学生达成如下共识：1. 搜集整合每次活动的材料，并从活动主题角度点评每则材料的价值；2. 分析、取舍、提炼材料，完成阶段性实践报告；3. 完成总结性报告，展示具体印证的文字材料。以上的活动步骤，已用写作形式体现了探究性学习的特点。搜集整合材料的过程，就是亲身经历的探求追寻和发现的过程。分析取舍、提炼总结的过程，体现了质疑思考的习惯和研

究问题的方法。下面以我指导学生完成的两则典型的综合实践报告为案例进行说明：

第一个案例是江苏省兴化中学 2005 届高三（1）班完成的"农村麦秸秆处理现状及改进策略"的综合实践报告。活动小组利用假期回家乡的时间，进行实地观察、调查，了解了就地焚烧、推入河道、充作柴火等农村处理麦秸秆的现行方法，并测算出了具体百分比，这个过程，有摄像照相，有采访录音，但我们更看重的是相应的分析取舍、整合小结的文字材料。活动小组在用翔实的文字材料论证的基础上，提出了沼气池吸纳、造纸厂吸纳等麦秸秆处理的改进方法。在这份综合实践报告写作过程中，活动小组得到了化学老师、语文老师等相关学科老师的具体指导。这份报告还被我校一位担任市政协委员的老师，改造成提案提交市政协。

第二个案例是江苏省兴化中学 2008 届高三（13）班完成的"水乡美食文化调查报告"。这个综合实践活动是在"第四届中国·兴化郑板桥艺术节"前夕展开的，届时"水乡美食文化"要作为"水乡文化"的一个部分呈现展示的。市委宣传部、文化局、教育局、市文联、《兴化日报》联合在全市范围内举办征文活动。这是一个引导学生进行探究性写作的良好契机。在这个综合实践活动中，活动小组亲身经历的探求、追寻、发现的活动，主要有专题阅读、查阅方志、搜集传说、实地察访、操作尝试等环节。

专题阅读。故乡作家或邻乡作家对家乡美味有诸多回忆描述的文章，如兴化籍作家毕飞宇、朱辉、王干、费振钟、顾坚等，如兴化邻乡高邮籍作家汪曾祺。故乡作家笔下的焦屑、炒末、苋菜馅、虎头鲨等水乡美味，激发了活动组成员融入水乡，热爱故土的情感，激发了他们进一步探究的热情。

查阅方志。在这个环节中，活动组成员获悉了一系列水乡美味信息：享有国际美誉的水乡美味"中庄醉蟹"（1895 年在南洋物赛会上获一等奖，1915 年"童德大牌"醉蟹获巴拿马国际博览会食品类金奖），曾被《江苏美食》杂志推介的沙沟鱼圆、安丰三腊菜等等。学生进入市图书馆后那种安静神圣、虔诚热切的表情，正是探究激情被激发的表现。

搜集传说。有关"中庄醉蟹"，有关沙沟鱼圆、安丰三腊菜的美丽的水乡传说，同学们在搜集整理的基础上，对之进行了散文化改写。

以上三个环节，同学们阅读整理出的文献材料就超过了 50 万字。

作为这次综合实践活动的成果展示，学校汇编铅印出了《梦水乡美味——水乡美食文化习作集》（"梦水乡"是由谭晶演唱的歌咏兴化水乡的歌曲名），并作为板桥艺术节礼品之一发放给来宾。

三、在文学创作等高层级习作活动中创设作文探究学习情境

高中生在课本的学习中，对诗歌、小说、散文和戏剧这四种文学样式的语言形式，已有一定的阅读积淀。这是文学样式转换写作成为可能的内部条件。文学样式的转换写作，在现时代亦有十分有利的外部氛围。我们不能回避经典走下堂奥、登上百家讲坛的现时代的文学阅读状况，我们甚至不能回避"安意如式"的文学样式转换写作的现时代热潮。这样的外部氛围，如果利用得当，可以激发出学生文学样式转换写作的主动探究性。

高中生正处于诗性的年龄阶段。"文学类写作"作为与"论述类写作"和"实用类写作"并列的习作样式，更易于激发学生的探究热情。我在创设文学类写作探究性学习情境时，主要着力于以下两方面：

一是以课本为依托，在各种文学样式的转换写作中，体悟熟悉各种文学样式的写作。学习了《鸿门宴》《荆轲刺秦王》，引导学生把它改写成话剧。学习了《边城》，引导学生把它转换成诗歌。学习了苏轼的《江城子·十年生死两茫茫》，引导学生把它转换成散文。这样的转换，对于文学写作初期阶段的学生，是一种"有本可依"的学习。

"有本可依"，首先是这样的转换已建立在对原文本深入研习的基础上。其次是这样的转换常常已有他人的转换创作作为参照，学生在转换创作后，即有蓝本可作比照借鉴。在学生对《荆轲刺秦王》进行话剧转换创作后，我即提供莫言的话剧《我们的荆轲》，以供学生揣摩。这样"有本可依"的习作揣摩，对于文学习作起步阶段的高中生，借鉴意义不言而喻。现阶段是一个"百家讲坛"式的古典文化普及时代，是一个"安意如式"的古典文学转换写作时代，我们必须正视和引导高中生对"安意如式"的古典文学转换写作的热情和痴迷。作为教者，有责任和义务对这样的古典文学转换写作作出选择，向学生推荐最优秀的转换写作作品。学生把苏轼的《江城子·十年生死两茫茫》转换成散文后，我适时推荐《散文天地》主编、作家楚楚的《小轩窗，正梳妆——"楚楚在唐宋"古诗词新读系列散文之二》。我还向学生推荐了山东淄博教研室王玉强老师的专著《诗化语文——课本诗》，让学生具体感受并模仿文本转换写作中的诗歌

写作。

再次是这样的转换写作，还是一种文学习作重要的品质——想象能力和思想深刻度的训练。将原文本和转换写作后的文本进行比照，文学习作者在揣摩研习中，会逐渐窥见并进入文学写作的堂奥。鲁迅的《故事新编》就是这种转换写作的最佳蓝本。

最后，在这样的转换写作中，不仅可以整体体悟并掌握各种文学样式，而且可以细部体悟各种文学样式的写作，逐步掌握各种文学样式写作的能力点。学习了《装在套中的人》，我引导学生采用华连卡和她弟弟的视角，重新叙述故事。学习了《祝福》，我引导学生放慢叙述速度，合理想象，详细描写祥林嫂捐门槛的情节。在这样的转换写作中，学生对小说叙述的视角和速度这些新的小说写作理论，有了切近的体悟。

二是以时事为素材，引导学生从中进行义学题材和体裁的营构。从写作的题材和内容角度而言，我们当然应该重视引导学生健康抒写内心的向内写作，但更应该强化引导高中生正确认知社会的向外写作。强化对高中生正确认知社会的向外写作的正确引导，基于以下四个原因：第一，高中生正处于认知社会最关键的年龄阶段，引导他们对鲜活现实生活进行文学性提炼的探究写作，有助于他们养成正确认知社会的能力；第二，"文章合为时而著，歌诗合为事而作"是由来已久的文学创作传统；第三，引导他们正确地对鲜活现实生活进行文学性提炼的探究写作，也是对高中生走出神灵怪异类小说阅读和写作的引导；第四，"学会多角度地观察生活，丰富生活经历和情感体验，对自然、社会和人生有自己的感受和思考，多方面地积累和运用写作素材"，是《普通高中语文课程标准》的应有之义。历年来，我一直尝试以时事素材创设作文探究学习的情境，引导学生从中进行文学题材和体裁的营构。如下列探究性作文的拟题：

> 阅读下列有关"字条男孩"的报道，以此为素材写一篇小小说或时评。欢迎家长朋友参与。

"字条男孩"被热议的意义何在

李星文

虽然单一的个案不应该过度阐释，但这件事至少说明：在年轻一代中，道德的种子仍在生根发芽，诚信的力量仍在感化心灵，勇于承担责任而非懦弱地逃避责任仍然是可见可感的行为方式。

　　近日，江苏扬州扬大附中的一名中学生在骑车上学途中不慎剐蹭到一辆路边的轿车。他在原地等了半小时没等到车主，就留了一张字条说明情况并留下联系方式。留字条的男孩叫徐砺寒。他说"做错了事就要承担责任，这是很自然的"。此事被发到微博后引起网友热议。

对字条男孩为什么迟到和剐车后的心理活动的合理想象，事件发生后的网络反响，这些都是这则素材成为小小说创作的触发点。教者引导同学们就叙述的顺序、视角、速度，进行小小说的构思。

作文教学，应引导激发出学生科学高效的作文学习。自主合作探究的作文学习，正是一种科学高效的作文学习。作文教学，只有着力于自主合作探究的作文学习情境的创设，才能走出作文教学低效无效的困境。

有效的作文训练从微写作开始

总体来说，针对 2014 年北京语文高考新出现的微写作进行备考，可以提炼为：分点突破，立体训练。分点突破，就是对考试说明中"叙事、描写、议论和抒情"微写作的考点，进行扎实地分点突破。每个点的训练，不在多，而在精要。精要选择、设置典型训练题，练一当十。立体训练，体现的是综合训练思想，具体指以下几个综合：阅读训练和微写作的综合，基础训练和微写作的综合，日常生活和微写作的综合，大作文和微写作的综合，等等。

一、微写作的《考试说明》简释

《2014 年北京市高考语文科说明》关于新增考点"微写作"，有如下表述："能用精练的语言描述事物、表达观点、抒发情感。""精练的语言"，体现的是"微写作"之"微"，具体指字数控制在 200 字左右。"描述事物、表达观点、抒发情感"，偏重于"叙事、描写、议论和抒情"等课标要求的高中生应具备的基本写作能力。微写作考查的能力点，和大作文相同，但在着眼全局的谋篇构思能力上，要求比大作文低。

二、微写作的检测评价价值

应该说，微写作不是一个新生事物。全国统一高考命题时，一度出现的"小作文"就是一种微写作。分省命题后，有些省份，仍保留了具有微写作意义的"小作文"，如 2011 年江西命题中的小作文：

参照下面鲁迅先生的画像，结合你对鲁迅的了解，刻画你心目中鲁迅的形象。要求：（1）使用第二人称，侧重肖像描写。（2）运用比喻、排比两种修辞手法。（3）结构相对完整，语言简明、连贯、得体。（4）不少于200字。

微写作具有良好的检测评价价值。受评卷老师素质和阅卷时间等主客观因素的制约，作文评分的效度、信度与区分度，长期以来得不到有效的提高。增加微写作，因为分解了作文分的权重，对于有效提高作文测评的质量（效度、信度与区分度），无疑有积极的作用。微写作可以更精准地检测考生"描述事物、表达观点、抒发情感"这些最基本的作文能力。大作文承担着考查考生综合写作能力的任务，而微作文作为综合能力考查的必要补充，可以更精微地测试出考生某一方面的写作能力。

三、微写作的教学导向价值

我们的日常作文和高考作文常常呈现假大空的应试体症状。在一篇完整的大作文中，我们看到的所谓作文是"假大空"的文字，是被人讽刺为无用的"屠龙体"的文章。"抒发情感"是虚情假意和无病呻吟，"表达观点"是缺失论证的大而无当和人云亦云，"描述事物"是缺失条理和干枯空洞。这样的高考体作文的流行，归根结底，在于老师作文教学的高考体化。我们的高中作文教学，甚至从高一开始，就进入到高考体的训练中。从立意到选材，从谋篇到用语，老师们常常提供一种作文的万能公式。这样一种并非个例的高中作文教学现象，在业内其实是公开的秘密。这样的作文教学，训练的是套板反应，失去的是教作文与写作文的激情和动力，失去的更是作文基本能力的针对性训练。结果是学生厌写，老师厌教。

微写作，可以成为解决上述矛盾的一个有效的日常作文教学举措。首先，微写作短平快，费时少，易于激发写作者动手的热情；写作者不至于像面对长篇大作文时那样望而生畏。其实，目前流行的微博写作，就是一种微写作。高一学生一入学，我就设置形式多样的微博体作文，让学生及时发表在班级博客上。"每日一句话新闻""每日百字时评""每日百字班级叙事"，这是微写作的生活化。我坚持引导每届学生写作的"单词微写作"，又体现了微写作的情趣性和智慧性。具体做法是以《现代汉语词典》音序为序，在每个音序下选择自己有感觉的单词，进行百字以内的阐释演绎。我引导的"单词微写作"，是"单词体+微博体"的写作。"单词体"，像《培根随笔选》，像张中行的《顺生论》，都是我引导学生阅读批注的名作。"微博体"，古今中外都有范本。古代微写作，《世说新语》《菜根谭》《幽梦影》《舌华录》《宋琐语》都是范本。这些古代微博体的经典文字，每则其实都可提炼为一个单词。这些古代微博体，或叙事，或描写，或议论，或抒情，是言语能力的体现，是情趣智慧的展示。当今微写作，国内的，各种报刊中的"新闻点评"，《微型小说选刊》《小小说选刊》《杂文选刊》等，曾有过的"百字小小说"栏目设置或竞赛；域外的，美国作家安布罗斯·比尔斯《魔鬼词典》等，也是我引导学生阅读的范本。

其次，微写作也使写作的基本能力点得到具体而微的训练。因为这是一种"规模小，容量少，主题单纯，目标清晰，针对性强，有操作性的微型写作课程"①。文字量少，没有长篇写作的负担，因而训练可以日常化乃至习惯化。"主题单纯，目标清晰，针对性强"，因而有实效性，易于解除写作教学因大而无当而很少作为的尴尬。"有操作性"，易于解除由来已久的写作训练无从下手的尴尬。此前作文教学中经常训练的写作手法、谋篇布局等能力，可以得到微型化训练。甚至，此前作文教学中常常停留于别字病句零碎层面的写作修改，也经由设置适切的微型化训练而跃升至写作手法、谋篇布局整体层面的写作修改。

具体操作而言，我以为高一、高二学年的微写作，以兴趣激发为主，以能力点落实为辅。主要目的是让学生愉快地写起来。高三的微作文训练，应该以全体学生作文能力点的规范训练为主，兼及兴趣激发和保持。即以我坚持实施的"单词微写作"为例，高一、高二学年，是围绕一个单词，或"描述事物"，或"表达观点"，或"抒发情感"，不限表达方式。高三学年，就要围绕一个单词，分解训练"描述、议论、抒情"的各个能力点了。

四、微写作的复习迎考举措

(一) 把握高考改革方向，研究"说明"和模考走向

北京教育考试院《2014—2016 高考高招改革框架》有如下强调："形成现实

---

① 邓彤、王荣生. 微型化：写作课程范式的转型 [J]. 课程·教材·教法，2013 (09).

生活与优秀传统文化的互动"，"注重考查内容与社会生活、生产实际的联系"。作为试卷的有机组成部分，微写作的命题体现了上述改革的趋势。

《2014年北京市高考语文科说明》中微写作的样题有如下命题：

> 吴起，战国军事家、政治家，与孙武齐名。《吴子》一书含《图国》《料敌》《制兵》《论将》等六篇，反映了他的军事思想。书中道，简募良才，以备不虞；还曰，夫总文武者，军之将也，兼刚柔者，兵之事也；又云，是以数胜得天下者稀，以亡者众。在这寥寥数语里，他指出在军事中人才的重要作用；讲求将领带军需要文武兼备、刚柔相济；强调"慎战"，反对穷兵黩武。这些思想观点都是很宝贵的，于现代仍有思考价值。
>
> 读后，就吴起某一个最有辩证哲理的观点，写一小段文字，谈谈你的认识领悟，200字左右。

这样综合阅读和写作的微写作命题，提示我们要真正地建立和落实读写一体化的语文日常教学。即使在高三复习迎考时，读写一体化的教学都不能弱化。

研究最近北京的模考走向，更是对北京语文高考改革和备考的有效的近距离审视。北京各区的期末联考卷中的微写作是最好的近距离审视对象。

丰台区是拟一份文学社"招新"启事。朝阳区是"叙述和描写，有一定的评价"地写出老师办公室"安静"或"热闹"的特点。西城区是针对"真诚""温暖""振奋""好玩"中任意一个词，给春晚冯导写一段话，为正在筹备的这台晚会献计献策并力求其能采纳。海淀区是从给定的2013年热点词中，选择并阐明你选择这个汉语年度词语的理由。石景山区是大小作文结合，微写作是"根据以上材料，请以孩子的口吻给妈妈写一封信"。东城区是阅读写作结合，微写作是借鉴阅读中的表现手法，"有描写和抒情"地"写一段表达你自己某一种情感的文字"。

应该说，各区的期末联考微写作命题，都较好地体现了《2014—2016高考高招改革框架》中"现实生活""传统文化"等关键词，体现了中国语文的特点，体现了写作的现实"应用能力"。考查内容也体现了考试说明中"描述事物、表达观点、抒发情感"的能力要求。

（二）分解训练描述议论抒情能力点，掌握各类应用文体格式

描述、议论、抒情的各种表现方法，应该从现在开始，化解落实在每天的微写作练习中；不应心存侥幸地猜题押宝。对各种表现方法的训练，还应从"改写、扩写、缩写、续写和看图说话"等各种形式角度进行训练。各类应用文体，应要求掌握基本格式；同时着重从"简明、连贯、得体"的角度，训练应用文体的表达。应该掌握的应用文体主要有六个大类：条据类，书信类，通知、通告，启事，说明书，新闻。

（三）利用现成的微写作命题训练，改造大作文为微写作

利用现成的微写作命题训练，主要是指利用近年分省命题后保留小作文命题省份的微写作模考题进行训练。这里，我强烈建议仔细研究台湾地区"国文科"命题中的微写作命题，从中吸取有益的经验。台湾地区的微写作，在体现传统文化上，在体现生活应用性上，应该说很值得我们借鉴。

如台湾地区 2008 年学科能力测验"国文科"试题中，具有微写作特质（试卷标为"应用写作"）的命题是："试以楚国、齐国或第三国记者的身份"，"择一立场报道"晏子使楚的事件。经典文化在这样的命题中鲜活了起来。这样的命题，既有显性的"描述"角度的考查，也有隐性的"表达观点"的考查。

历年高考和模考的作文题，有些题目的命题角度很好，但写全文不论时间还是精力都是不允许的。我们可以巧妙地把它分解成符合微写作训练的各个点，进行训练。这就是"改造大作文为微写作"的思路之一。

如 2013 年课标卷 I 作文题的内涵实质，是"经验技术与勇气"的关系。命题材料体现的，是作为主要矛盾的"勇气"与作为次要矛盾的"经验技术"的关系。据此，我们就可以把这个大作文题改造成微写作：就成功的原因而言，此则材料涉及的"经验技术"与"勇气"之间是什么关系，体现了什么样的辩证原理？试以不少于 200 字左右的篇幅加以论述。我示例如下：

此时此刻，勇气显然成了决定的因素，成了超过经验和技术的决定因素。这其实并不是忽略了经验和技术，而是说，在经验和技术相差无几，甚至略微逊色的情况下，勇气往往成了成功的决定因素。如日不然，何以经验和技术远超年轻切割师的那些人，望而却步呢？此时的勇气也绝不是莽夫之

勇，此时的勇气中含有老师傅精心设计的方案，含有年轻切割师习得的技术，尤其含有坦然面对成败荣辱的淡然。平匀轻轻地呼吸着这个含有经验、技术和淡然成分的勇气，年轻的切割师一切而成功！

"狭路相逢勇者胜"，狭路相逢的双方，也许在战斗的"经验"和装备的水平上难分伯仲。此时决定成败的因素，就是勇气了。这其实并不是说战斗经验和装备不重要，而是说，此时的勇气成了决定成功的主要矛盾。

（四）从生活化的角度落实微写作训练

我引导高一、高二学生进行的微写作训练，如"每日一句话新闻""每日百字时评""每日百字班级叙事"，其实体现的是"生活即写作，写作即生活"的写作理念。而"生活即写作，写作即生活"的理念，也能在传统与现实的结合中得到体现。上述《2014年北京市高考语文科说明》的样题和台湾地区的微写作例题，都是这种写作理念的体现。

"生活即写作，写作即生活"的写作理念，当然也可以贯穿到高三的复习中。只有引导学生养成生活化的微写作思考和实践习惯，高三的微写作复习才能在快乐学习中得到高效地落实。

（五）建立立体复习策略，在基础复习和阅读复习中渗透微写作训练

基础复习中，能否渗透微写作训练？通常的观点是不能。其实，语文学习本就是一个立体化的学习，这是学科特点决定的。但我们少有立体的日常语文学习。于是，基础复习中，单纯地背记错别字，枯燥地背成语名句，成了学生学习语文的痛苦。如果我们换一个思路，把语文的基础积累和微写作结合起来，就可以很好地化解这种痛苦。仍以我的一贯做法为例，错别字学习，我曾经布置学生对出现频率高的错别字，在200左右的篇幅中，以虚构叙事的形式说清区别。这样的汉字例话，是字形辨认和微写作训练一举两得的好事。成语学习，我引导学生阅读《格言》杂志的扉页"格言反弹"的简短文字，揣摩模仿，也写出成语另解或反弹的短文。经过这样的微写作训练，学生对成语原意和正确用法印象深刻了，又训练了自己的创新思维。名句默写，我们从来都是在情境中运用，或者用名句之形，在语段中嵌入式运用名句；或者用名句之神，在语段中进行散文化改写。

在阅读复习中渗透微写作的训练，本就是呼应阅读理解的考查方向之一。这样的微写作，大体有两个方向，一是阐释及延伸阅读文本的思想和表达形式，一是运用阅读文本体现的思想和表达形式。前者，在北京高考阅读延伸题中体现较多。又如 2013 年台湾地区高考"国文"考题中，类似微写作的考题，是写一段 150 字以内的"以个人的想法"评论林语堂《读书的艺术》节选语段的观点的微作文。后者，如前述北京东城区期末联考卷中的微写作命题。

当然，在阅读复习中渗透微写作的训练，首先得过阅读理解关。这一关，其实也要通过阐释型的微写作加以强化。阅读理解和微写作本就应该形成互动和促进的关系。

作文教学的出路在于过程和互动

——一次有关"有意思与有意义"的作文教学的作后互动

作后互动

先请看一次有关"有意思与有意义"的作文教学的作后互动。

★ 第一稿

成长

北京丰台二中 2012 级高一（1）班　杜京鹏

　　八天的军训，由于生病的原因，我只训了三天。但是这三天我觉得很苦，每天都要听着教官的哨声起床集合。最后几天，我每天跟别的班训练，这就像好不容易熟悉了一班同学后，又把我放到了另一个陌生的地方。在那里我既要学会训练的内容，也要在这种陌生的环境下交友，有点苦啊！

　　不过军训生活苦中有乐，比如每天晚上，有时是训练，有时就会搞一些精彩的活动，就像唱"钢枪"之类的歌曲。

　　在军营里最令我难忘的除了训练，就是在宿舍的时光，总有人时不时地引发笑料。宿舍是我们唯一消愁的地方，那里也是虫子的王国。如果有什么伤心事，可以拿虫子来消消气。有时候我们会为一只虫子睡不着觉，搞得全宿舍都参与到杀虫行动中去。(此节就可单独成就一篇妙文)

　　训练十分艰苦，全天合计练七八个小时。训练内容也比较枯燥，就是站军姿，走正步，喊口号等。每天都要练得满头大汗，身上也是汗。训练一结束就意味着到了饭点，可以开饭了。四菜一汤这就是中午饭和晚饭的构成。不过吃饱肚子是没问题了。在军训这段时期，我把挑食的毛病改掉了，这就算是成长了吧。

在军训的联欢晚会上，我见识到了同学们的才能，能说会唱，那一次的联欢会一直精彩到了九点多，然后结束了。其实最精彩的，是战友们为联欢会的节目排练。但我的心情也还沉浸在刚才的联欢中。

怀着无比激动又不舍的心情迎来了军训第八天，就是最后一天。我早早起床收拾好了所有东西。直到会演开始，我一直没闲着，教官让我打扫楼道，我就清理了好长时间。会演开始后，我一直以替补的身份在主席台旁观看，每一个方队都神采飞扬的，显得很帅气。看来经过训练就是不一样，每人都多了一分成熟，少了一分幼稚。

经过几天的训练，我好像真的长大了，起码现在我一改以前驼背的习惯，走路有走路样了；也不挑食了。回想刚来到这里的时候，我是那样的不舒服，难受。真像歌词中说的那样："当兵才知道过去的模样太放松，当兵才知道自己的骨头硬不硬。"我想经过训练我应该也变得硬点了吧。

军训生活磨炼了我的意志，也练就了我的身体。我在军训中得到了成长。

【赵老师】京鹏，你写"军训"话题的作文，为什么拟这样一个标题呢？

【杜京鹏】其实，本来只是军训时规定的题域，我偷懒就用题域做题目了。好多同学都这样偷懒了。

【赵老师】我已经注意到了，这其实正是作文缺乏思考提炼的惰性表现。这个题目，你感到有东西写吗？你觉得你有点成长的感受吗？

【杜京鹏】硬要我说成长的话，我似乎也觉得有点。一回家我爸妈就说我有走路相了，不驼背了。我个儿高，以前走路不自觉地，总有点驼背。

【赵老师】其实你这篇作文就成长的感受而言，还真是真情实感。不仅有你对成长的正面感受，而且有对军训的负面感受，也显出情感真挚的一面，比如军训中的"苦""枯燥"，军训中似乎只能"吃饱肚子"的饭菜。真挚为文，这是作文前提的前提。只是你觉得你这篇作文最大的问题在哪里，或者说你对自己这篇作文最不满意的地方在哪里？

【杜京鹏】我主要就是觉得枯燥，说句老实话，老师，我真的自己都不要看。太无趣了！

【赵老师】哎，京鹏，其实你这篇作文提到了不少有趣的事啊。像"杀虫行动"，像"排练节目"啊。多有意思啊！这些文字我都用楷体红色字标了出来。

【杜京鹏】"杀虫行动"也可写入军训？那这样有意思的事多着呢！我怕这

些东西写出来没什么意义！

【赵老师】你说的是军训中有关"成长"的正面意义？

【杜京鹏】是的！

【赵老师】你担心的"有意思"与"有意义"的选材矛盾，倒真是很多同学的选材困惑。其实，我们大可不必为了"有意义"牺牲"有意思"。把"有意思"写好，"有意义"也就出来了。把似乎不怎么正面的"有意思"写好，往往也会甚至更会生成"有意义"。你自己再琢磨琢磨，你那些不怎么正面的"有意思"，就没有一点正面的人生教益？我建议你回去把你"多着呢"的"有意思"的东西，好好构思构思，写出来。笔墨集中一点，比如就写宿舍里的"有意思"。对了，征求征求同学和爸爸妈妈的意见。同学也是军训的亲历者，你写得有无意思，他们有评判权。爸爸妈妈可能正是军训的过来人，他们也能给你提供参考意见。

⭐ 第二稿

成长

北京丰台二中 2012 级高一（1）班　杜京鹏

军营里最令我难忘的除了训练，还有在宿舍的时光。那是我们军训期间的第二生活空间。我们的宿舍名字叫"乒乓球室"，是部队的乒乓球室临时改成了我们的军训宿舍。我们在"乒乓球室"里分享军训快乐的时光。

这里是搞笑的空间。每天中午，我们都有短暂的午休时间。有的同学，因为已经疲劳到了极限，所以，到了宿舍趴在床上就睡着了。那姿势很搞笑。还有的同学为了联欢会而排练节目。整个中午陷入了水深火热中。中午的时光虽然短却充满欢笑，经常有人时不时地说一句很逗人的话，或者做出几个搞笑的动作表情，搞得全宿舍的人都哈哈大笑。（没写出姿势，也没写出搞笑）

这里是游戏的空间。大约在九点左右，我们就又可以解散了，回宿舍睡觉。回到宿舍，我就有一种如释重负的感觉。在宿舍简单聊聊天之后，我们就会睡觉。睡觉时又会有有趣的事情发生。有些同学可能要摸摸与自己分别一天的手机，所以就会趁晚上玩会。这时为了防止教官查房，我们把任务交给靠门最近的二层床铺的同学了。他每天透过门上的窗户看楼道，大家在自己床上玩着。一旦我们的放哨人员给了我们信号，大家赶快躺下。果然教官来了，我们就会赶紧盖好被子假装睡觉，甚至还会传出鼾声。等待教官走以后，我们就再度恢复状态。

这里是消愁的空间。军训的时光多数在宿舍里，不过宿舍也有一点令人讨厌的地方，就是有虫害。那里也算是虫子的王国。如果有什么伤心事，可以拿虫子来消消气。有时候我们会为一只虫子睡不着觉，搞得全宿舍都参与到杀虫行动中去。每晚，我们几乎都要与虫子打交道。就比如说我，我的床铺的正上方就有一只蜘蛛，这几天它几乎总盯着我睡觉，我曾试图轰走它，可总以失败告终。终于在最后一天，我忍不住把它杀掉了。我好有成就感，这下我可算踏实了。因为虫害，我们准备了好多杀虫剂、花露水。幸好我们有法宝，我们才得以熬过这几天。也因为虫害，我们宿舍里增添了几分有趣的回味。

军训的快乐时光是在宿舍中度过的，我会永远记住这段美好，也会记住我们的"乒乓球室"。

【家长的话】作文二稿完成后，我感觉文章的结构条理清晰了许多。三个片段，试图从不同侧面讲述军训生活的趣味性。语言的幽默性和精致性还欠缺，趣味性没出来。这不是一日之功，需要孩子充满兴趣，多练习，用心投入，方能奏效。还请老师多指导。

【赵长河】京鹏的母亲到底是老师，您的话很到位很准确。放心，我课后还要找京鹏交流的。

【赵长河】京鹏，你的第二稿你最满意的地方是什么？

【杜京鹏】我觉得笔墨集中了。按老师的建议，我专门写了宿舍。还有，我的结构清晰了，我采用了小标题法。

【赵长河】那你不满意的地方在哪里呢？

【杜京鹏】就是我妈妈说的，我没写出趣味性。我总觉得我的描写功夫不够。

【赵长河】描写不足！你确实说出了问题的根本。其实描写不是一个难事。你看你在"迎新联欢会"上的表现，是有说有唱还有跳，这不是你用身体语言在描写吗？你们也公认，我们一班以北京精神主题词"包容"为主题的班会，王宇琛、李志斌、谢宇等人的小品相声表演，那真是惟妙惟肖、活灵活现。你在联欢会上的表现也好，你同学在主题班会上的表现也好，都是绝妙的描写！这个绝妙的描写，是借助口眼手脚等完成的，是借助五官感知等完成的。你能不能把你当时在宿舍遇见的有趣味的场景，也调动你的五官感受描写出来？

【杜京鹏】那些趣味的场景，就是老师上次用楷体红字标示出来的？

【赵长河】是的。比如"到了宿舍趴在床上就睡着了。那姿势很搞笑"。比如"摸摸与自己分别一天的手机"。比如"一旦我们的放哨人员给了我们信号，大家赶快躺下"。比如"全宿舍都参与到杀虫行动中去"。比如"终于在最后一天，我忍不住把它杀掉了"。

【杜京鹏】老师还有什么建议吗？

【赵长河】还有就是标题似乎要改一改。能否用小标题的形式提炼提炼那些精彩的场景？

【杜京鹏】老师您能不能给我举个例子？

【赵长河】比如最后一个场景，要我拟小标题的话，我就拟为"欠了一条蜘蛛命"。仅供你参考，你有更好的标题更好。

【杜京鹏】好的，老师。我回去再修改，拿出第三稿，再请您看看。老师再见。

【赵长河】再见！回去辛苦了！

★ 第三稿

军训场外

北京丰台二中 2012 级高一（1）班　杜京鹏

军训结束了。

我最刻骨铭心的是军训场，它伤了我的皮动了我的筋，它告诉我什么叫成长。我最怀念的却是军训场外，它给了我不一样的空间，它告诉我什么叫生活趣味。

一、邀您参观睡姿大全室

每天中午，我们都有短暂的午休时间，困极了的同学自然会抓紧时间休息。大概已经疲劳到了极限，有人到了宿舍倒在床上就睡着了。那睡觉的姿势极其搞笑，有的张着嘴，有的举着双手；有的人睡着了另一条腿还在地上支撑着，还有的不知什么时候竟然把头睡到被子底下。就属小 Q 睡姿最乖，老老实实地躺在床铺中间。知道为什么吗？因为他的床板中间竟然是一个长形的凹窝儿。我们就纳闷，莫非这块床板是把炊事班的面板拿来改造的吧！哈哈，真好玩儿！

二、笑破肚皮君莫怪

这里还是搞笑的空间。别以为军训就是练军姿和齐步走。去了就知道，还有许多好玩的项目等着你。有外宿舍的人跑来约你折纸飞机；有同学为了准备联欢会排练节目。最搞笑的是，宿舍里为最后联欢会演准备的节目排练。相声小品本来就是搞笑节目，但是被我们一排练成学生版就更有笑点了。胖乎乎的李志斌，还没开口，还没动作，只是往前面一站，就引来哄"舍"大笑。最最搞笑的是围观排练的看客都成了导演，有人出来给做示范，季一江示范抱拳，李泽捷推敲台词，王宇琛表演语调。有人吼出自己的建议，这样那样的，还争得面红耳赤。经常是不知是谁会抛出一两句很逗人的话，或者跑出来做几个搞笑的动作表情，搞得全宿舍的人都哈哈大笑。大笑过后，时间就到了，就又开始了下午紧张的训练。就这样，短暂的中午，充满的却是长久的欢笑。在这样的时空，您还真得要护好自己的肚皮。否则，笑破肚皮君莫怪啊！

三、亲亲我的手机

这里是游戏的空间。大约在九点多左右，我们就又可以解散了，回宿舍睡觉。每逢这时，我就有一种如释重负的感觉。躺在床上打趣描述白天军训场上种种趣事当然是一乐。而最乐的是睡觉前亲亲我的手机。在乌灯瞎火中，摸摸与自己分别一天的手机才是乐中之乐。凭着对它亲如手足、熟如指掌的熟悉和了解，我们可以不看键盘地盲玩：准确地点击，解锁，操作。好了，炫彩的屏幕出现，随后多种板块涌出，随你享用。第一件事是先要给妈妈发短信报个平安，再和已分开的初中同学聊聊天、通通信。真是面对手机里面的人，有诉不完的情，有说不够的话。

四、反侦察一等功臣

可是睡觉后再触摸手机是犯军规的啊！被侦察的教官逮到是要处罚的啊！童鞋们要想"亲亲我的手机"，就必得有反侦察的手段。同患难，共享乐！这是我们集体商讨后的决议总纲。我们决议，轮流反侦察！反侦察有功者，让大家安全"亲亲我的手机"，且不受干扰不停手的，受上赏。让大家受干扰但安全"亲亲我的手机"的，受中赏。让侦察教官活捉的，受处罚。赏和罚都以军训结束后的请大家吃东西和买书为形式。这样，靠门最近的二号床铺就成了反侦察"士兵"的床位。他要透过门上的窗户看楼道，负责放风。一旦教官轻手轻脚地在楼道巡查到我们宿舍时，就要预警。其实，这种猫捉老鼠的游戏，反侦察者很愿意担当，比自己亲自"亲亲我的手机"还有热情。有一次真遇到了这种情况，我们的反侦察奏效了。当教官二次返回时，我们的"反侦察尖兵"及时发出"卧倒"

信号，让大家赶快躺下。我们就赶紧盖好被子假装睡觉，甚至还传送出了鼾声。那边教官轻轻的脚步声刚歇；这边，全体都有似的，同时起身，我能感觉到同时的相互一笑，恢复"亲亲我的手机"。军训结束回到学校，刚一解散，不知谁带头喝令，我们一排三班向反侦察一等功臣王宇琛，列队敬礼！

五、欠了一条蜘蛛命

军训的美好时光多数在宿舍里，不过宿舍也有一点令人讨厌的地方，就是有虫害。有时候我们会为一只虫子睡不着觉，搞得全宿舍"与虫共舞"。一位同学刚躺下，突然间一只花壳虫已在枕边守候。亏他是个"男将"，你看他沉稳的将军风度吧。稳稳起身，弯食指作弹射状，瞄准花壳虫，用力弹出！却不承想啪地落在对面同学脸上，那一位噢地起身，慌不择手，左右手齐发，啪的一声，花壳虫落地。下铺里几个同学窜过去，手上不知何时已是举起的鞋。瞬间，花壳虫成了稀巴烂。哎，这是疾恶如仇呢，还是残杀生灵？

在与虫敌战斗的日子里，更有我一个人的战场。那天，我正躺在床上午休。突然，床铺的正上方，又出现了那个"空降兵"。一只黑大的蜘蛛兵正升升降降着，它还在寻找最佳降落点吗？这几天，它似乎总盯着我这个固定的目标，或许我是它最重要的战略目标吧。我曾多次紧急起飞我的"手掌轰炸机""书本轰炸机"，试图以强大的扇风气流轰走它，可总是以失败告终。"是可忍孰不可忍"，卧榻之上岂容他人空降！终于在最后一个午休间，我忍不住起飞"书本轰炸机"，撞杀了这个"空降兵"。战后我忍不住进行战争反思，我还真的后悔。我这是以人道反蛛道啊！我是缺失苇岸先生在《大地上的事情》中反复描述的"大地道德"啊！

军训结束了，"我的军训我的班"将永存我的怀想中。

【家长对话】

一、训练场、宿舍区不同的空间，不同的成长。

二、睡着的时候是释放天性的时候，仿佛回到幼小的童年；千姿百态的睡姿照见你白天的充实。要练就练个痛快，要睡才睡得香甜。

三、小时候我有玩具，玩具陪伴我儿时的时光；长大后我有了手机，手机架起了成长的桥梁。

四、别看我们学习第一，顽皮也不排第二。灵光的头脑指引我们——就是玩，也要玩出"范儿"。

五、自然界的昆虫本无好坏之分，不要因仰视几天而懊恼；也不因断其性命而心生快意。如果它象征着困境、怯懦，那就勇敢地越过！

【赵长河】感谢京鹏的母亲，这样细心地逐部分地写出阅读感受。你的阅读感受，不仅仅关注描写的"有意思"；而且很自然地向"有意义"渗透。这对京鹏的心智发展有正向的引导作用。

【赵长河】祝贺京鹏，通过多方对话，通过你自己的努力，第三稿终于达到了发表水平。

【杜京鹏】主要应该感谢老师。

【赵长河】首先你要感谢你自己，你自己的努力是你这次作文成功的主要原因。其实你多方面的努力中，我更看重的，是你主动对话之后不厌其烦地修改的努力。"文章是改出来的"，与其多写不如多改。想想我们从小到大，大小文章也写了不少了，为什么没长进？不重视与人对话，不重视对话之后的修改，应该是主要原因。老师想利用课堂时间，让同学们对你的第三稿评说评说，以放大你这次作文的对话成效、修改成效。你有什么意见？

【杜京鹏】再好不得！我这次作文也算是三易其稿了，多亏了老师、同学和家长。同学中，曲云鹏对我的建议最使我受益。如果再有课堂时间扩大对话范围，我相信对我本人，对其他同学都有很好的教益。

【赵长河】那就请科代表布置大家提前预习了。预习的题目有两条：1. 批注第三稿，着重说其妙处。2. 谈谈从一稿到二稿直至三稿的修改启示。

【赵长河】今天我们利用课堂时间，完成课前布置的有关杜京鹏同学此次作文的两个话题的探讨。先来说说第三稿值得借鉴的地方。谁先说说？

【陈轶琼】杜京鹏第三稿，我最欣赏的是他的语言的幽默。这样的语言才吻合他的性格。就说他的小标题吧，"反侦察一等功臣""欠了一条蜘蛛命"，就有一种诙谐幽默的搞笑效果。

【赵长河】那这样的用词，是一种什么样的修辞表达？这样的表达是一种"大词小用"。其实类似这样"大词小用"的表达，这篇文章处处皆是。

【陈轶琼】是的，比如最后一部分："这几天，它似乎总盯着我这个固定的目标，或许我是它最重要的战略目标吧。我曾多次紧急起飞我的'手掌轰炸机''书本轰炸机'，试图以强大的扇风气流轰走它，可总是以失败告终。"

【赵长河】我们就顺着语言特点的思路，再体味体味。哪位再说说？

【李泽捷】我还是接着小标题说说，"邀您参观睡姿大全室""笑破肚皮君莫怪"这两个小标题，是极尽夸张之能事。看了这两个小标题，我就禁不住想往下看。

【王　妍】"亲亲我的手机"这个标题，有一种亲和力。这样的语言还有，比如"熟如指掌"，比如"慌不择手"，比如"卧榻之上岂容他人空降"，比如"我这是以人道反蛛道啊！"等等。这在修辞上是仿词。

【赵长河】刚才同学们偏重于语言风格的赏析。下面我们欣赏欣赏第三稿的场景描写。这其实最见描写功力。

【范文轩】我觉得倒数第二节写场面最精彩。就说动词吧，"稳稳起身""弯""作弹射状""瞄准""弹出""落""嗖地起身""左右手齐发""虫落地""几个同学窜过去""举起的鞋""成了稀巴烂"。这一连串的动词，有对"我"的特写，有对群体的描写。

【赵长河】哎，文轩同学，我插一句，你的点评非常到位。你是一个体育爱好者，你经常看体育频道。刚才你点评的这一段描写，其实就像你体育频道中经常看到的什么镜头？

【范文轩】慢镜头啊！

【赵长河】是的，慢镜头的特点就是分解动作，就是放慢、细化动作。语言表达中采用了这样的方法，就有了描写。同学们看看还有哪些场面描写给你深刻的感受。

【闫绍怡】第二部分"笑破肚皮君莫怪"，就是特写个体人和描写群像结合着写。

【赵长河】绍怡同学选取评说的这一部分很准确。我们讨论到现在，似乎都是围绕叙述类文章的"有意思"展开的，这是同学们最感兴趣的。同学们最关心的或者说最担心的"有意义"，似乎还没说呢。那么同学们认为这篇似乎"有意思"太多了点的文章，有无你们所要的意义呢？作者在文中表达了吗？

【刘　阳】作者其实表达了他的意义，"我最怀念的却是军训场外，它给了我不一样的空间，它告诉我什么叫生活趣味"。生活趣味不正是"意义"吗？

【赵长河】刘阳同学所言极是，"意义"不一定是俗常理解的宏大意义。日常细微，只要真纯，便"此中有真意"了。

【孙世铮】"战后我忍不住进行战争反思，我还真的后悔。我这是以人道反蛛道啊！我是缺失苇岸先生在《大地上的事情》中反复描述的'大地道德'啊！"我最欣赏作者这一段意义的生发。作者大词小用的幽默表达法，使意义的生发极其自然。

【赵长河】这一点正是我们中学生作文应该追求的境界。我们不是拒绝"意义"的思考生发，而是拒绝贴标签式的意义粘贴。好了，今天我们终于结束了对"杜京鹏作文"的讨论。同学们应该在如何做到"有意思"地描写上，在如何深度思索、自然生发意义上，有所得吧。谢谢所有参与这三次讨论的各位同学和家长。希望我们这样的过程互动式作文，能够持续，能够引领各位同学真正进入写作的"天成"境界。

请本月班刊编辑委员会关注京鹏同学的此次习作。

互动后的思考

三年前，我们几位致力于作文教材建设的同道者，曾经把经过一轮实验的《过程互动高中作文教程》（必修上册和下册）付梓出版。在汉语作文教程建设相对薄弱，且一直被视为畏途的今天，我们之所以仍然不揣浅陋、付梓出版这两本书，是因为我们真实地感受到了这两本来源于我们作文教学案的十八套讲义的书的实用性和高效性。日常作文教学缺失对作文过程尤其是作前和作后过程的关注是由来已久的了。现在我仍然有必要重申我们这套作文教程的核心编写理念：过程和互动，我们关注的是作前、作时、作后的作文全程。而"互动"是我们确保作文过程充实、有效的教与学的方式。

"作前互动"一是"习作者苦恼自诉"，主要是针对三类基本文体（记叙文、议论文、说明文，至于有论者坚决反对这样的作文教学分类，则另当别论）写作的苦恼自诉，这种苦恼更多的是以往的经验。二是"指导者望闻问切"，此层互动既强调对作文训练点共性层面的释疑，更努力关注对作文训练点个性层面的解惑。

作时互动包含七个环节。一是"典型病段诊断"，二是"典型病文诊疗"，通过这两个"你来诊断""我来诊断"的环节，让学生明了就某一个作文能力点而言，什么样的作文是不好的，为什么要这样改。三是"典型方法例释"，这里的典型方法是指作文教学中的策略性知识。这个环节，着力于在典型语段阅读中，在师生和生生互动中，把握策略性知识。四是"典型微格训练"，微格训练把典型的策略性知识隐含在语段训练中，着力于让学生在小练笔时，与上一个环节中的策略性知识互动。五是"典型作家作品互动赏析"，精选作家作品中典型体现该板块训练点的千字文，使学生以赏析的方式与作品互动，此环节重在以阅读的经典、典范性实现读写互动。六是"典范学生作文互动品评",精选同龄人作品中典型体现该板块训练点的千字文,使学生以点评的方式与作文互动,此环节重在以阅读的适切、亲近性实现读写互动。七是"作文训练",这个环节,对传统作文教学方式最大的变革是命题方式的变革,在开阔的命题方式、多元的命题思路中,体现出了学生与相关作文能力点的四层互动,四层互动实际上是以四种命题方式体现的。第一种命题方式体现了学生与本板块作文训练点的互动,只规定能力要求不固定题目而让学生自拟标题,更能调动学生作文的积极性。第二种命题方式体现了学生作文与做人的互动,教材有一系列训练序列题域,体现的是人与自然与社会与自我的关系,比如样稿中"为人处世"中的"宽容""忍""理解"等。第三种命题方式体现了学生与社会热点的互动,以当下的社会热点作为写作题材。第四种命题方式体现了学生与经典阅读的互动,从经典文本中析取写作题材。

"作后互动"主要有五个互动环节。一是"自评自改","写作即是修改",此环节是习作者与自己作文的互动,强调自主探究。二、三分别是"同学评价你的习作并提出修改建议","你评价同学的习作并提出修改建议",此环节是习作者与同学的互动,强调合作探究。四是"你对老师评语的意见",此环节是师生互动。五是"向本次班级优秀习作编委会自荐(或荐他)优秀习作",此环节突显习作者与读者互动、与编者互动,强调了习作者的读者意识。

上述有关"有意思与有意义"的作文教学的作后互动案例,较好地体现了本教材"作后互动"的理念。习作者的主体意识得到了充分体现,老师的主导作用得到了充分发挥,同学互助共进的学习效果也得以充分展现。老师与习作者的第一次对话,有效地引导启发出了习作者的修改方向,这个方向其实应该是每次训练的能力点。二稿后的对话,围绕此次训练仍不够完善的地方,继续引导点拨。这次对话的对象加入了学生家长。"亲子共读共写"不仅具有必要性,也具有可能性。写作即生活,写作即做人。家长应该是子女学习生活与做人最贴身的导师。一直以来,或者教者常常忽略无视这个身边的导师,或者家长因为缺失恰切的亲子沟通而常常站到子女的对立面。因而,家长作为子女写作的对话者常常阙如。其实,作文课程建设既是教师的工作,也是学生甚至家长的工作。

第三稿的对话,不仅家长继续在场。更重要的是,全班同学都主动融入了。这才是过程互动式作文的根本所在。每次习作后,通过典型个案,创设让全体同学都融入其中的对话场,从而使个案效应放大,达到大面积提高全体同学习作水平的训练目的。

研学旅行交融语文学习，语用设计定方向

2016 年 11 月，教育部、国家发改委等 11 部门印发了《关于推进中小学生研学旅行的意见》，"提出将研学旅行纳入中小学教育教学计划，并与综合实践活动课程统筹考虑，促进研学旅行和学校课程有机融合"，并提出教育性、实践性等四条原则。提出了"开发一批育人效果突出的研学旅行活动课程"的目标。

"促进研学旅行和学校课程有机融合"的意见，给学校课程包括具体的学科教学与研学旅行的融合提出了任务。一方面，研学旅行只有与校内的具体学科教学有机融合，才不致游离飘荡，只游不学。另一方面，研学旅行具有的集体的校外的活动式的课程特点，能促进学生"主动学习、合作学习、开放学习、发现学习"等学习方式的强化，从而促进具体学科的教学目标的达成和核心素养的养成。

在研学旅行交融学科教学的背景下，语文学科如何作为？

语文学科在与研学旅行有机交融的过程中，首要的当然是抓住研学旅行尤其突出的"主动学习、合作学习、开放学习、发现学习"等学习方式特点，设置体现上述学习方式又交融语文学科特质的研学旅行活动。其次，还要借助研学旅行的学习载体，促进语文学科核心素养的养成。但最为核心的，我以为是语用设计应该定方向。具体有下述两种情形：

语文为主的研学旅行

首先，语文为主的研学旅行，要对研学旅行的每个环节都进行全程的语文化处理。所谓语文化处理，就是该环节的活动具有语文学科的特质。这样的语文化处理，一则使研学旅行的语文性随时得到强化，语文学科的核心素养培养得以进

行；二则利用语文活动的综合性、实践性特点，也可使研学活动具有的主动性、合作性、开放性和发现性的特点得以强化。

以研学旅行因为不可预计的自然天气等原因而经常出现行程和活动改变为例，研学指导老师如何处理这个经常出现的突发情况，就体现了教师语文化处理研学突发事件的能力。教师要在行程和活动的改变中，自然而不着痕迹地及时生成语文活动。这样的语文化处理，因为语文学科的综合实践特点而易于生成趣味性、挑战性，而能及时转移和化解行程改变给学生带来的失落等负面情绪。

以一次春末夏初郊区学农的研学旅行为例来说，明明安排好了出行日期，但因为出行当天是北京地区常见的风沙天气，研学旅行被迫推迟。如何化解已经准备就绪、跃跃欲试的同学们的失落甚至怨气？老师适时地在班级微信群发动了相关的语文活动，即用对联、古诗文窜词仿写的表达形式，表达"天公不作美，阻我研学行"的感情。老师示范之作的情感基调是幽默达观、自我劝解的。同学们的即时作品，精彩纷呈，如"东风不与学子便，风沙满天锁郊游"（张功颖），如"郊游难，郊游难，多黄沙，今安在"（周奕衫）。

此次研学活动，因风沙事件及时生成的语文活动，激发起了同学们用对联描述后续研学活动的创作激情。同学们研学旅行归来后，把"种植玉米"和"野外烧烤"的行中课程也用对联的形式加以表达。略举两个精彩答案：描述北方干燥风沙区种植玉米的，安文同学的对联是"众人犁土种种土下土生土长，春风扬沙雨雨沙上沙干沙潮"，横批"翘盼雨水"；描述中午野外烧烤、自行解决午饭的，马宇麟同学的对联是"风吹沙舞学耕种辛苦在体，炉烤火飞做美食欢乐在心"，横批"甘苦自得"。对联、仿写，短小精悍，适宜于研学旅行突发事件的语文化表达。

这样体现语文核心素养的"语言建构与运用"，与课内学习的语言建构与运用相比，因为更鲜活，更具现场感。所以更易于激发学生语文学习的"实践性"意识，也更易于激发学生研学旅行的"主动性"。研学活动的主动性和语文学习的实践性，于此得到了自然地交融。

其次，语文为主的研学旅行，需要处理好以下三个环节。即研学旅行课程，要在行前、行中和行后课程的创设中，体现"听说读写"语文能力的训练。

一、行前课程准备，要有充分性

首先，目标清晰，切实可行，是准备充分的第一要素。如果是以与语文学科交融为重点的研学旅行，目标的切实可行，第一是目标设置要精要。精要，才能保证在有限时间内完成目标。第二是目标设置要以可操作的活动体现语文性。活动可操作能保证研学旅行顺利进行，语文性才能保证研学旅行达成目标。以上述"大观园研学旅行"为例，设置研学旅行主要的总体目标为：1. 学会导游词写作并能现场流畅清晰地导游；2. 熟悉与大观园中主要人、事有关的住处、景点，并能写好相关导游词，现场解说；3. 完成研学旅行行后课程的写作练习。这个目标包含了"说"和"写"的活动，涉及行前、行中和行后。

其次，如果研学旅行与语文性显著的活动如名著阅读有关，课程准备的充分性就主要体现在深入细读文本上。为了激发学生"主动学习"，即使是行前的文本细读活动，也要巧妙设计，融入趣味性。还是以"大观园研学旅行"为例，行前课程，我们设置了一系列充满趣味性的细读作业。第一是要求学生以对联的形式，概括每个章回中的重要事件。第二是写作主要人物传记，任选三种人称中的一种，为主要人物写传。为了激发兴趣，还引导全班分三个小组分别以第一、第二、第三人称，为晴雯写传。不同人称中的晴雯，体现了趣味多样的叙事写人之妙。第三是为大观园景点写作大事记。第一份作业偏重单向概括提炼，初步熟悉情节。第二份、第三份偏重多向整合提炼，深度熟悉情节。这样多角度的重在把握情节的趣味读写训练，为行中课程目标的设置和落实，奠定了基础。

再则，上好研学旅行行前准备课。有些研学旅行，需要行前高质量完成与行中活动有关的准备课程，才能确保行中课充分有效地开展。还以上述"大观园研学旅行"为例，我们设置并落实了如下准备课程：一是导游词写作辅导微课；二是在同学们对导游任务清单扬长性、个性化认领后，导游中"说"的技能训练微课。主要有：1. 主要景点导游任务认领，主要景点导游词包含两部分，即"人"（跟谁有关）和"事"（这个景点发生了哪些故事）；2. 对着镜头，自己练习导游词的陈说：练习表达的流畅，练习神情和手势的得体，练习脱稿表达的"说"的能力。

最后，研学旅行开始前，师生预先商定好导游水平的评价标准。自然流畅、声情并茂地讲解出与该景点或景点主人有关的事件两件以上，满分 60 分。恰当选择相关音频，"说"中穿插电视剧《红楼梦》中对话让观众"听"，以便辅助表达"说"，满分 20 分。在主要的叙事性导游基础上，给出精要的一两句"点评"，满分 10 分。其他有创意的导游形式，满分 10 分。有了每次研学旅行课程的具体评价标准，才能促进研学旅行课程的日渐完善。

二、行中课程，要在研学的趣味性和合作性中体现"听说读写"的语文能力训练

第一，作为活动课程，趣味性是研学旅行课程的特征之一。研学旅行的行中课程，不能设置成纯粹的"研究性学习"，要体现现场的"浅而正"的趣味性。不能以纯粹研究性学习的"深而偏"冲淡趣味性，当然也不能以现场的"浅而俗"的趣味性抵消研学旅行的正规性。教师要在趣味性中悄悄融入语文的"听说读写"能力训练，就要充分理解和调动高中生喜闻乐见的表达方式和学习方式，比如多媒体、自媒体的表达方式。这样的学习与交流方式，也是2017版《高中语文课程标准》18个学习任务群中"跨媒介学习与交流"的体现。除了学习方式的趣味性，行中课程的目标设置也要有利于趣味性的激发。

学习了《红楼梦》后，我们利用北京大观园的研学旅行资源，开发了"导游大观园，趣说红楼人"课程。其中，大观园研学旅行的行中课程，充分体现了趣味性。首先是行中课程目标的预设，遵循了"浅而正"的原则，使学生易于上手，也有利于趣味性的激发。此次大观园研学课程的行中目标，就限定在有创意地讲述大观园人事，从而熟悉大观园人事。这样止于人和事的导游，就避免了因为深入探究事件背后的人性等，而可能带来的对现场性和趣味性的冲击。其次是创设了趣味性、创造性交融的导游形式。有小组在达到基本要求，完成"说"的环节基础上，别出心裁地创新导游形式。小组同学模仿宝黛二人的经典对白，即第二十八回的"既有今日，何必当初"的一段经典对白，将这一段对白穿插在关于怡红院主人宝玉的导游词中，就显得真切动人、令人回味。

第二，合作性是研学旅行的重要特质。"研学旅行是由学校根据区域特色、学生年龄特点和各学科教学内容需要，组织学生通过集体旅行、集中食宿的方式走出校园，使学生在与平常不同的生活中拓展视野、丰富知识，加深与自然和文化的亲近感，增加对集体生活方式和社会公共道德的体验。"① "集体"的特质，表明研学旅行必须关注合作性学习。这种合作往往借助需要多人彼此呼应的活动开展。比如"大观园研学旅行"，有以下体现合作性的"行中课"设置。1. 按照预先分工和顺序，各人和所在小组为全体同学、老师和家长做导游解说。2. 作为游客的同学和家长等提问关于景点的人和事，提问限于事实层面，不做评

---

① 衣新发，衣新富. 研学旅行与学生创造心智培养［J］. 创新人才教育，2017（03）.

论；负责导游的同学回答。负责导游的同学所在小组内其他同学优先参加回答。其他小组内同学也可回答。小组的同学要有团队意识，熟悉小组内同学负责导游的景点。3. 老师和家长协助拍照，并和其他同学一道，现场无记名为每位导游同学给出评价的分值。

三、行后课程，要能巩固行中课程的获得，并从语文的角度体现出课程的延展性

行前课程和行中课程的设置，讲求"趣入"和激发；行后课程的设置，讲求"深入"和拓展。以与名著阅读有关的研学旅行为例，如果说行前课是"细读文本"的"趣入"和激发，行后课就是"活用文本"的"深入"和拓展。

★ 例1　上述北京大观园研学旅行行后课程设置

1. 参看"赏析类文章写法"微课 PPT，为大观园任意一个景点的人、事，写一篇赏析读解文章。必须符合赏析类文章的文体要求。1000 字以上。

2. 以《红楼梦》为素材，完成 2017 年北京高考第一道作文题"说纽带"的写作。文体是议论文。

说纽带

中国教科院丰台实验学校高一（6）班　刘思琪

纽带，其实又何尝不是羁绊呢？

这纽带，是人与人之间相处的因，可以是情，也可以是利。但这只靠情或只靠利连成的纽带，终究是不牢固的，甚或就是羁绊呢。

前世的因，今世的果。绛珠仙草决定跟随神瑛侍者下凡，用她一生的泪水来报答侍者的滴灌之恩，陪他下凡历劫，尝遍这世间繁华与酸苦。此一刻，黛玉与宝玉就在这前世铸成的木石前盟中，宿命地交织成了连接前世今生的纽带。这凄悲浪漫的爱情纽带，在"好生奇怪，倒像在哪里见过"的无心之语和带着戏谑的"这个妹妹我曾见过"的率真之语中，开始弯弯曲曲地伸展打结。

宝玉和黛玉之间，这前世的情因织成的纽带，虽因性格原因，时常打结；但终因心有灵犀，蒲苇韧如丝。不是吗？"怡红快绿"，宝玉居所怡红院的牌匾。潇湘馆，恰多为绿色。这牌匾中的"快绿"二字，能说不含蕴着宝玉对黛玉的

一颦一喜的全心用心吗？真的，宝玉多想让林妹妹首先快乐啊！潇潇绿色是黛玉，殷殷快绿是宝玉。这"快绿"二字，是怡红院和潇湘馆之间的纽带，是宝玉和黛玉之间的纽带。

这前世的情因织成的纽带，因贾府环境，终究断裂。仅靠情爱连接的纽带，抵御不了利益的撕裂。这前世的情因织成的纽带，这连接真爱的纽带，在富贵的金玉面前，又显得是那么的奢侈。没有利益只有纯情的宝黛间的纽带，怎能不断裂呢？黛玉在宝玉和宝钗婚礼之夜，泪尽而逝，纽带霍然断裂；宝玉也渐渐走向了出家的路，纽带掷向空如。

而所谓的宝玉与宝钗的门当户对，也只不过是癞僧、跛道专门为宝玉量身定制的姻缘，强行织就的纽带。这强行织成的纽带，虽有着金玉良缘这般令人心生情往的名字；但论其本质，也只不过是用利益的金丝织就。金灿其外，枯槁其内。不用外部的干涉，内部就会把这纽带撕断。宝玉对宝钗没有爱情可言，用调包计这样的强制手段织就的宝玉宝钗的利益的婚姻纽带，只能造成宝玉抛却金玉纽带遁入空门，只能造成宝钗金钗雪埋，冷落至死。

都道是金玉良缘，俺只念木石前盟。然木石前盟，缘分已尽，纽带已断。而金玉良缘，本无缘分，纽带亦抛。

这纽带还真是羁绊，索性如宝玉，都抛了吧？直落得白茫茫大地一片干净！

说纽带

中国教科院丰台实验学校高一（6）班　解昕宇

列位看官，今日大观园一旅，我从《红楼梦》中读出"纽带"一词了。真不好意思，这还真是高中生从《红楼梦》中读到高考了。《红楼梦》中，"玉"和"前世今生"这两个词语，成了贾宝玉、林黛玉和薛宝钗之间的纽带了。

先说贾宝玉——名字中有个"玉"字，因为这位小哥出生时口中含玉，故而得名宝玉。从《红楼梦》原文中可以看出小公子口中那枚玉佩圆润无比，像个宝贝，即为祥瑞之兆。贾母和王夫人也很疼爱这个小公子。可他在他"正人君子"的父亲贾政面前，却不讨喜。后来这宝玉竟不幸应了他父亲的咒骂。这块玉，竟然以怡红快绿——从女儿家取乐、又取悦女儿家为乐。

这宝玉怡红快绿最用心的当然是另一块"玉"——黛玉了。两人皆以"玉"取名，这本就有了"纽带"。更主要的"纽带"却是他们的前世姻缘。原来，前世里，这宝玉是"神瑛侍者"，这黛玉是受"神瑛侍者"甘露浇灌了的"绛珠仙草"。

可偏偏上苍，总是用一个"情"折磨人，既有了宝玉黛玉，又何生了宝钗？这宝钗幼时，家里来了个癞头和尚，送给一把金锁，上面镌上了八个字"不弃不离，芳龄永继"，与那宝玉的"莫失莫忘，仙寿恒昌"正好是一对。那和尚又一再叮嘱，此锁要像护身符，时时佩戴在身上，并说"等日后有玉的方可结婚"。

这为金玉良缘埋下伏笔。

可这纽带却是有天壤之别的，缘何？只因这宝玉宝钗的玉"纽带"只是俗世姻缘，而这宝玉黛玉的玉"纽带"却是前世因缘。

黛玉与宝玉的"木石前盟"多少人为之动容。这便是他们"前世"的纽带。前生，神瑛侍者以甘露之水，浇灌绛珠仙草。今生，黛玉与宝玉从小青梅竹马，长大后追求真正的爱情。可是迫于家庭礼教，他们反抗着，却无可奈何，为情所伤。最后一个命赴黄泉，一个出家断红尘。

而宝钗和宝玉的所谓感情只不过是建立在玉和金锁之上的形式而已，也就是"金玉良缘"，"今生"的纽带。薛宝钗是一个贤良淑德的女子，这正是她从小被教育的为人方式，也是古代女子应有的美德。可也就是她的"美德"使她曾多次规劝贾宝玉走"仕途经济"之道，引起宝玉的反感，说她说的是"混账话"。所以尽管她赢得家中里里外外的喜爱，但终究比不上黛玉在宝玉心中的"可心人儿"的地位。世俗的"金玉良缘"的纽带，终究抵不过精神的"木石前盟"的纽带。

三个人物之间有着现实世界、贾府环境中解不开的纽带。"木石前盟"这个前世的因，是宝玉黛玉的纽带，但被现实的剪刀生生剪断了。"金玉良缘"这个今生的果，似乎是宝玉宝钗的纽带，但又被宝玉的"空"抛弃了。

唉，这三人，又怎是一个"纽带"能说清？

说纽带

中国教科院丰台实验学校高一（6）班　赵子豪

提到纽带这个词大多数人也许会想到亲情、友情这些温暖的事物。但是在贾府这个歌舞升平的地界，在那样一种举府皆浊的环境之中，凭是灿烂金玉打造的亲情纽带，也禁不住利益铁锤的无情击打。

亲情纽带，消除得了猜忌和妒恨吗？贾宝玉和贾环二人是亲兄弟，按理说，即使关系不好也不会到置之死地而后快的程度。但这确实是个例外，贾环因为对贾宝玉心生妒恨而多次坑害他。"无意"打翻烛台烫伤宝玉，有意诬陷宝玉调戏金钏等等，都是他嫉恨之心做出的反击。贾环是个悲剧型人物。但是他错就错在，在自己已经处于悲哀的境地之下，却还要做出一系列的错误举动，使自己变得更加悲哀。在贾府众人的漠视中，于他自己猜忌和妒恨的道路上负隅顽抗，最终堕入到嫉恨与反击的罪恶轮回之中。兄弟情的纽带，也是在这无尽的轮回之中，逐步被绞碎了。

亲情纽带，终也连接不上地位鸿沟啊！赵姨娘因为探春的舅舅死了而向贾府要丧葬费。探春因为要严明赏罚而不愿意多给银子。随后赵姨娘就愤怒地叱骂起来。女儿竟然会限制老娘的行动。这看上去应该是一件可笑可叹又可悲的事情。也许，从赵姨娘在贾府成了奴仆的那一天开始，这个奴仆的烙印就永远地印在了她的身上。她无权照看自己的女儿，而只能仰望着那个宝座之上的贾府千金。亲情的纽带，连接不上地位之间的鸿沟。亲情的纽带，于骨血至亲的母女间，显得如此的虚无缥缈。颇为可笑的是，无论是探春还是贾府中的人，都一直认为赵姨娘仅是一个奴仆而已。于是她憎恨所有人，并以一个奴仆的粗鄙邪恶的方式对所有人进行反击，最终疯狂地完成了自我毁灭。血亲的纽带，在贾府又怎能连接起主仆间地位的鸿沟。

恩情纽带，承得起如山重的恩情吗？贾雨村在判拐卖案时，因为一张护官符做出了错误的裁决，无妄地改变了恩人女儿英莲的人生轨迹。雨村面前有四座山，一座山是恩情之山，一座山是权势之山，一座山是生存压力之山，一座山是人性之山。四座山，矗立在贾雨村面前。而他心中所想手中所举的令牌，原本当然是秉公执法、系连官民的纽带。这令牌原本也应是知恩图报、系连情感的纽带，连系着当年借居庙宇穷书生与慷慨相助大恩人。这纽带既可以弱不如蚕丝，也可以韧承高山。关键是这纽带连接了哪一座山？最终，贾雨村把这原本公正、善良的纽带，竟然抛向了权势之山。也许，我们不能把责任全都推在他贾雨村一个人的身上。谁能预言，他救了恩人女儿的话会得到什么后果呢？但是这人世间原本种种善的纽带，便在这抛却正义、泯灭良知的举动中，化为乌有了。留下的又是人们对人性之恶恒久地拷问了。

如此说来，这"红楼"一梦，又怎是一个纽带能解？

语文为辅的研学旅行

研学旅行可以有"唐诗之旅""大观园之旅"这样语文性显著的项目，也可以有其他学科特征显著而语文性较弱、语文性为辅的项目。语文为辅的研学旅行，追寻挖掘语文性时，要遵循以下两个原则：第一是适当渗透原则，第二是充当工具原则。

所谓"适当渗透"就是在以其他学科为主的研学旅行中，自然渗透语文的因素，而不是强行插入语文成分，甚至喧宾夺主。以人文学科为主的研学旅行，如偏重历史的革命传统教育的井冈山"红色研学旅行"，偏重历史的华夏文明教育的洛阳龙门石窟"黄色研学旅行"，偏重历史的传统文化教育的岳麓书院"黄色研学旅行"，是易于渗透语文的因素的，本来文史不分家。关键是要有与历史这样的邻近学科形成互文性的研学任务的适度设置。这个设置，应该既能主要呼应邻近学科的学习任务，又能适当渗透语文学习因素。

⭐ 例2　暑假的"黄山研学旅行之黄山毛峰篇"

这次研学本来偏重于地理、历史和生物学科，同学们也早已经做了这些方向的行前课准备，如以下分别关联地理、生物和历史的资料的整理。地理的：黄山毛峰生长在北纬 30°08′ 的位置，是亚热带和温带的过渡地带，雨量相对比较丰沛，很适合茶树生长，因而叶肥汁多。黄山毛峰喜欢"登高远望"。生物的：山地丰富的腐殖质使得茶叶中具有丰富的茶多酚，咖啡因和茶碱的含量也是茶中翘楚。历史的：谢裕大和黄山毛峰的历史。

在此背景下，语文又如何渗透？当学生兴趣盎然地参观并亲自实践了现场炒茶后，当学生听讲了黄山毛峰品牌谢裕大的艰难创业史后，语文老师应该趁热打铁，抓住时机，设置能调动激发学生"观察、体悟、表达"的语文性的研学项目，主要供学生行后选择完成。与地理历史和生物组的"共同基础性"的作业要求不一样，语文组的作业只能提出"多样选择性"的要求，让真正有兴趣深入探究的学生选择完成。我们设置的语文性的供选择完成的行后作业，是阅读陆羽《茶经》和王旭峰《茶人三部曲》，选择一个角度写出读书报告。这个读书报告的设置，其实已经是一种远距离的外围渗透了；近距离的学习已经被地理、生物和历史学科分解了。

例3 北京郊区春末夏初农业种植研学旅行课程设置

这次研学，主要关联的学科也是地理和生物。为了渗透语文性，就有如下的关乎时节和地域特点的行前、行后作业。

行前作业：1. 在地理老师布置的网上搜索整理二十四节气相关常识基础上，语文老师推荐"老树画画"中有关二十四气节的内容。"老树画画"诗画乐一体，诗的清新清纯气，画的生活日常味，乐的民谣民歌调，可以引领学生浸淫在中国传统文化中。运用以诗解诗的方式，以文字形式，赏析"老树画画"的诗画乐。借助音乐、美术老师提供的资源，增强赏析文字写作在音乐、美术方面的、专业性、地道性。2. 重点赏析"立夏"诗歌，呼应当下的节气特征。3. 重读和选择赏析北京作家苇岸《大地上的事情》中有关"二十四节气"的系列散文，选择批注。

行后作业：1. 进行综合创作和表演的拓展，体验"跨媒介学习与交流"的新课程理念。以"观察，参与，影像记录"等活动的学习所得为素材，项目组完成摄影配乐散文创作和相应的"朗读者"活动。（摄影、配乐、文字表达和"朗读者"，根据个人特长和自愿，组长在行前大致确定好4个子项目的人员。）2. 呼应行前课的仿写拓展。在行前课阅读批注苇岸《大地上的事情》基础上，仿拟《大地上的事情》笔调，完成苇岸未能完成的"二十四节气"系列散文后6个节气的写作。3. 行后读写拓展一。阅读京西作家董华的被《散文选刊》专题推介的《京西草木》系列散文，批注赏析；也选择一种北京郊区草木为写作对象，写一篇咏物散文。4. 行后读写拓展二。选读京津冀地域乡土文学作家作品，"荷花淀派"代表性作家孙犁《白洋淀纪事》《农村速写》（散文、小说集）。5. 汇编本次研学旅行的作品，推荐部分优秀作品在校内外发表。

所谓"充当工具"就是发挥语文学科的工具性作用。对于偏重理科的研学旅行，如偏重物理和地理的对我国北方风能发电考察的"绿色研学旅行"，在研学旅行回来后，引导学生撰写报告小结等，这就是发挥语文的工具性。

总体来说，研学旅行与语文学科的交融，既要抓住研学旅行合作性、趣味性、活动性的特点，在主要关联语文学科的研学旅行中，设置体现听说读写训练的语文性活动；又要在与其他学科交融的研学旅行中，适当渗透语文性活动。

语文教学的自信，建立在语用化教学上

语文教学的自信，建立在语用化教学上。

这个题目，触发于一个教育群的讨论话题，那个话题更上位，叫作"教育的自信"。作为一个有着近30年中学语文教龄的老教师，我可能对"语文教学的自信"这个下位的话题更有发言权。

语文教学的自信，当然首先源于语文老师自身充足的学科素养。这个学科素养，包含学科本体素养和教育学心理学素养。具备充足的学科素养是学科教学自信的前提，这个论断本来应该是常识。但一具体到语文学科，就失常了，就纠缠不断了。失常之一是语文学科到现在为止，还对"语文是什么"有所蛮缠。这种蛮缠，远的有语文到底姓"语"还是姓"文"的问题，语文的工具性和人文性问题；近的有真假语文的问题，有某某派语文、某某性语文的问题，等等等等，诸如此类，不一而足。失常之二是语文学科到现在为止，还对"语文怎么教"有所胡搅。铺天盖地的多媒体淹没了对语言的品味和文本的深入，就是胡搅之一。

语文有幸，终于有一批语文界有识也有力之士，从一群无谓的对"是什么""怎么教"煞有介事地争吵的人群旁，迅捷走过，坚定地走向"语文教什么"的理论探讨和课例研讨中，全心地深耕在语文的田地中。应该致敬这些语文人和他们的作品，有以王荣生《语文课程论基础》、李海林《言语教学论》、王尚文《语感论》等为代表的理论著作，以及王荣生和他的团队截至2016年已经第三次重印的系列文体教学课例丛书"××（文体）教学教××"。他们相信，没有理论的语文教学失之浅薄，第一部真正意义上的语文课程论始自王荣生；没有课例的语文理论失之空洞玄妙其实往往色厉内荏，"例不十，不成立"。

同气相求，同声相应，这一群深耕的语文人，不自觉间竟形成了江浙沪语文共同体。这些共同体成员也是三生有幸，他们生活的地域正是产生语文大师的地域，在吸收洪宗礼、于漪、钱梦龙、李吉林、斯霞、于永正这些老一辈教育家语文教育智慧滋养的同时，他们又勤勉地自觉生长。21世纪初以来，自发而自觉形成的这个江浙沪语文共同体努力耕种，在以言语教学落实人文性方面，在以文体教学避免由来已久的文体不分而只教文章方面，在用整本书阅读打破由只教课本僵化成的语文困局方面，已然结出了有目共睹的真正属于语文的硕果。还要致敬这些语文人，黄厚江、李震、曹勇军、唐江澎、邓彤、郑桂华、褚树荣、王崧舟、薛法根、叶黎明、倪文锦，恕不一一列举。

语文教学的自信，建立在这些语文人对语用化教学的孜孜探求上。

他们全心地深耕，也给在语文学科甚至各学科田头张望徘徊的语文人带来了教学的自信。

继语文教学自信的自问后，我们还要继续"他问"。国家层面有无给予语文教学自信一个好的政策环境？我们欣喜地看到，2017年新版的《高中语文课程标准》已经表明，好的高中语文教学环境即将到来。略举一二，比如新课标终于把"整本书阅读"作为一个"任务群"明明白白地写了进去。相较于小学段，面临着巨大升学压力的高中生能将"整本书阅读"包含进近乎语文教学的法令的2017年《高中语文课程标准》，更显得难能可贵。在整本书阅读正大光明地进入课堂即将成为语文教学新常态之际，在引导学生读整本书再也不必瞒着学校领导、班主任甚至家长之际，作为语文人，也许你已经为将来的语文教学欢欣鼓舞，感到自信满满、踌躇满志了。

但是且慢，在即将自信地阔步走上语文教学的康庄大道之际，你有没有想过前方还有一道考试的坎。周考月考，期中期末考，联考冲向高考，这坎坎坷坷的一路，都插着分数的指示牌。你在宏大的读书计划引领下，自信地带着学生做着整本书阅读等语文的正事时，能保证短期内提高语文分数吗？能不被路旁的指示牌吓退吗？要是短期内过不了分数的坎，你的语文教学还能自信满满的吗？

所以，我们还得呼吁对语文教学包括其他学科教学乃至教育的评价机制的改革。我们一直提倡乃至经常行文，说是要管评办分离；尤其要杜绝自定条文自评价，权力集中于同一对象的评价机制的产生。这也是创设教育教学良性发展外部环境的重大举措。但一到教育主管部门和下面学校的操作层面，就远没有行政公文说的那么明朗和美好了。主管部门和下面的学校，还得私下巧立名目检查你的联考模拟升学率和学科贡献率了。于是，你的自信也许在一两次联考平均分靠后的打击下，就丧失殆尽了。这样悲催的对语文教学自信心的打击，会来到吗？我们说，如果还是让只懂简单统计学的主管领导来评价语文教学，悲催可能真的会临头。

看来，教育自信，甚至就是单纯的语文学科的教学自信，还真不是一朝一夕可以牢固建立起来的。任重而道远，教育人，语文人，且行且珍惜，且行且努力吧！

2

阅读教学之
语用实践篇

人文的内容如何通过言语活动落实

——以《兰亭集序》教学为例

【教学目标】

1. 在第一节课疏通、诵读的基础上，强化对诗序的抒情性文体特点的感悟。

2. 把握作者的情感脉络和抒情层次，学习朴实清新、直抒胸臆的文风。

3. 正确认识作者感情由乐转悲的原因以及在深沉的感叹中暗含的对人生的眷念、热爱之情。

【教学重点】

目标 2

【教学难点】

目标 3

【教学理念】

以已学或熟悉的诗文名句、俗语谜语引导学生与文本对话，以引导正确理解作者的情感、生死观，实现主体间的对话。

【教具准备】

多媒体 CAI 课件，《兰亭集序》摹本

【课时安排】

1 课时

【教学程序】

1. 诵读赏析第 1 节：读出、指认、体味文人雅士之乐。
2. 赏析体悟第 2 节：以俗语、诗句、谜语体悟作者痛的原因。
3. 理解辨析第 3 节：由第 3 节引导辨析三种死亡观，并解以相应诗句。
4. 引导表达，活化语言。
5. 引导课外研究性学习。

【创新性作业】

1. _____，这江南温润明秀的山水，似乎正是为东晋士人高逸旷达的山水人生模式准备的。

2. 遥想兴中百年校庆，那必是一个_____的美好时刻。

3. 根据限制选词造句（选两题）

（1）天朗气清（情景交融）

（2）流觞曲水（流觞曲水与今日生活）

（3）惠风和畅（人生道路辩证性）

（4）仰观宇宙之大，俯察品类之盛（人生感悟）

（5）修短随化，终期于尽（人生感悟）

【课后研究性探讨】

痛的原因还有自然与人生的对照，东晋政治与士人立身的矛盾（第 2 节第 2 句有暗示）。附助解材料一组：

1. 羊祜登岘山，对随从的邹湛等说："自有宇宙，便有此山。由来贤达胜士，登此远望，如我与卿者多矣！皆湮灭无闻，使人悲伤。"（《晋书·羊祜传》）

2. 江畔何人初见月，江月何年初照人。——唐·张若虚

3. 年年岁岁花相似，岁岁年年人不同。——唐·刘希夷

【课后研究性阅读】

1.《魏晋风度及文章与药及酒之关系》（鲁迅）

2.《世说新语》

3.《临界死亡》（应全著，华文出版社 1997 年版）

4.《名人死亡辞典》（陈良明等译，漓江出版社 2001 年版）

5.《死亡日记》（陆幼青）

【拓展思路，引导表达】

1. 目光放远，万事且悲。目光放近，则自应振作，以求乐观。——钱锺书

2. 我死后，哪管洪水滔天。——路易十四

3. 今朝有酒今朝醉，明日愁来明日愁。

4. 人无百日好，花无百日红。

5. 惜春常怕花开早。

6. 好花不常开，好景不常在。

7. 过春风十里，尽荠麦青青。

8. 故垒西边，人道是三国周郎赤壁。

9. 山围故国周遭在，潮打空城寂寞回。

10. 死去何所道，托体同山阿。

11. 死了，死了，一死百了。

12. 死去原知万事空。

13. 生当作人杰，死亦为鬼雄。

14. 人生自古谁无死，留取丹心照汗青。

15. 去留肝胆两昆仑。

16. 鞠躬尽瘁死而后已。

17. 春蚕到死丝方尽。

18. 舍生忘死。

19. 2002 年高考作文，选择冒死救人，还是自保逃生？

20. 青史几番春梦，红尘多少奇才，不须计较与安排，领取而今现在。——宋·朱敦儒《西江月》

21. 人生就是一连串的死亡与复活。——罗曼·罗兰

22. 世界上只有一个真理，便是忠实于人生，并且爱它。——罗曼·罗兰

23. 人生是非常短暂的，但是如果只注意到其短暂，那就连一点价值都没了。——沃夫拿格

《兰亭集序》公开课实录节选

同学们，上节课，我们和大家一起疏通诵读，初步感悟了《兰亭集序》，了解了课文作为诗集序言的文体特点。题中"兰亭集序"之"序"的意义当然不止于一种文体，它更是王羲之对人生感悟的抒发。今天我们就一起来体味体味王羲之的人生感悟，王羲之其实是很信任我们的，"后之览者，亦将有感于斯文"。相信，凭着同学们的蕙质兰心，是一定能和一千六百多年前的先贤展开穿越时空的心灵对话，领略他们的"魏晋风度"的。

好，我们先看第1节，哪位同学愿意以自己的朗诵风度对接对接王羲之这类文人雅士的魏晋风度？

他有没有读出作者的情感？作者的情感集中在哪一个字上？［板书：乐］我们来看看到底是什么样的乐（指读六乐。）文人雅士之乐应怎么样？（既有儒雅从容的一面，又有诗兴勃发的一面。）你来读的话，各句的语速、语调怎么处理？再读。

第1节是明朗的亮色调，因为作者的情感特征是乐，我们读的语调也清新明快。第2节呢，应该读成什么语调，为什么？（低沉缓慢。）［板书：痛］请男同学用低沉缓慢的男中音朗读一下第2节。

你能找到体现作者痛的原因的句子吗？对于此文，"欣"的是什么？（第1节的山水之美，风雅情事。）［板书：欣……倦，欣……陈，修……尽］

"倦"意为不耐烦，不满足，明明眼前就拥有了可乐之处，怎么又想到不耐烦不满足了呢？你能从人的欲望特点角度联想俗语解说吗？（这山看着那山高，什么东西失去了才觉得可贵，贪心不足蛇吞象……）其实，从知人论世的角度也可解说王羲之为何而倦，作为东晋四大家族子弟，王羲之也曾有过"嘉言忠谋"，……他不甘心把自己的人生就此消融在山水之乐中。

"向之所欣，俯仰之间，已为陈迹"，能以诗句和俗语解说吗？曾经让人流连忘返的美丽繁华，不觉间消失殆尽，表达这种人生景象的诗句和俗语你能想到多少？

"修短随化，终期于尽"，关于这一点，先请同学们看一个谜语，看了这一个谜语，你有没有痛感？你能阐明一下为什么痛吗？（你看，由天真烂漫、年轻力壮到衰老死亡，化为尘土，这强烈的反差怎能不激起我们人生的悲剧意识呢？可以说，人同此心，心同此情，如此，你能理解王羲之痛的心情吗？）

作者痛的最深层原因是人生不可避免的死亡，第3节紧承第2节句末"死生亦大矣"生发，抒发作者的生死观。"死亡"这两个字，是人类的永恒话题，也是人类与生俱来的悲剧情结，不管古人、今人还是将来之人，不管穷达悬殊，都会因这个话题感慨人生，这一点体现在第3节哪几句中？（1、3、5、6句）首先请同学们在第3节的通读中体味这古今同一的感慨。预备起。

不过，对死亡的看法，却因人而异。第3节就有两种不同的看法，不同的焦点是什么？（死和生有无差别）不承认差别是回避差别。承认差别后有没有区别呢？看四个句子：①"我自横刀向天笑，去留肝胆两昆仑"；②"死去原知万事空，但悲不见九州同"；③"我死后，哪管洪水滔天"；④"死了，死了，一死百了"。如果要你画人生曲线的话，你怎么画？我先画一个，其余的你们画，好不好？①／，面对死亡，这是"有彷徨悲观，终豁达向上"，在"万事空"的悲剧意识中仍有系念天下苍生的积极思想；②＼，这是"哀叹人生始，消沉悲观终"；③／，这是"义无反顾来，超越死亡去"；④＼，这是"及时行乐始，放纵入欲终"。这样，我们可以把死亡分为三种形式。〔投影〕王羲之的生死观和人生曲线应是哪一种，请从知人论世、艺术成就的角度全面考察。回看第3节，其中"悲"能不能翻译成悲观？（王羲之惘然过，但他并不一味悲观，而是以他的书法和诗文豁达地面对并充实人生。面对死亡，他非常自然地表现出人生的悲剧情怀。悲剧情怀可激发人抗争，悲观思想只能使人消沉。）

〔板书：超、面、避〕

能不能联想超越式的诗句？（文天祥、闻一多、李清照、于谦、泰山鸿毛）能不能联想面对式的诗句？（陶潜）

同学们，我们无法选择死，但我们可以选择生。

在死亡的悲剧命运前，有人超越，有人回避，有人面对；面对时有人豁达充实，有人及时行乐，有人哀叹悲观。假如，这个"心灵的选择"摆在你面前呢，你又将作出什么样的选择呢？我知道，在我们这个年龄，这种选择实在是生命中无法承受之重。但是，这又是生命中无法回避之重啊。请同学们参考提示的生命曲线，选择自己的生命曲线并说出选择的理由。

同学们，王羲之既以第 2、3 节的幽远文思使思考、选择的沉重震荡我们的心灵，又以第 1 节的清亮文辞使优雅从容的明快渗透我们的心田，这是一份难得的精神美餐。请做下面的语言表达训练，看看我们能不能消化这精神美餐。

刚才，同学们通过语言表达训练，以现代生活的思考遥遥对接了王羲之的人生感悟。最后让我们在齐声朗诵声中再次体味王羲之的人生感悟。

开课以后的几点思考

一、如何处理语文教学中的人文性内容

对人文的承载是语文教学责无旁贷的任务。很难设想一个没有人文承载的纯语言训练、语言教学会是什么，那也只能是美丽的塑料花木，绝不是有生命力的园中花卉。我们似乎总喜欢走极端，搞炒作，当洪镇涛先生"教语文就是教语言"的论断出来后，追风者还未及把握论断的特定背景、全面含义，便片面地强调起语言训练，似乎再提人文承载便扼杀了语言训练似的。其实，语言训练和人文承载是一个不可分割的整体。不仅如此，语言训练和思维训练也是一个整体，柳印生校长对语言与思维的关系就有许多精深的思考、探索。

我们所要着力的倒是如何使人文承载适时得法地乘上语言训练之舟。教学《兰亭集序》时，我有意对此做了一些探索。《兰亭集序》包含着许多有关人类命运思考的沉重命题，诸如"欲望与拥有"的矛盾，"美好与短暂"的矛盾，甚至涉及有关人类命运的终极命题——死亡。回避这些命题，或者弱化这些命题都是一个缺憾。在教学中，我引导学生使用口头语言、书面语言、符号语言进行课堂对话，设计了课前片段写作，压缩调整已写就的写作片段作课堂口头陈述，画线型符号，按要求造句等四种语言表达训练形式，力争在语言表达的训练中，让学生经历一次深刻的人文命题思考的航行。其中符号语言的运用又起到了使抽象命题形象化，使难懂问题通俗化的教学效果。

二、实现阅读主体学生与文本对话要以什么解文

我主要引导学生以自己的阅读感悟包括一些有限的人生体验来实现与文本的对话。必须正视，对这样沉重的人生命题，中学生很难有实际的人生体验，那么我就着力用他们已学过的诗文名句，听说过的俗语谜语来唤醒他们曾有的阅读感悟。高一学生已学过的诗文名句，听说过的俗语谜语中就有为数不少的与这类命题有关的语言储藏。引导、激活他们拿出此类储藏，在课文的学习中消费储藏的语言，让储藏的语言与课本语言进行对流交换，既加深了学生对课文内容的理解，又活化了储藏的语言材料。

三、主体对话的实施

主体对话包括教者与学生，学生与学生间的对话。

本课让学生评价某位同学对第 1 节的朗读，就是一种生生对话。

师生对话主要体现在人生曲线的选择上，当学生问我为什么选择这样的人生曲线，我陈述理由时，师生对话实际上就已经展开了。

关于对话，我想表述的一点就是，不要使对话与引导人为地敌对。没有引导的对话，注定是信口开河的对话，注定是表面上的热闹，实际上的泡沫，两者甚至南辕北辙。

四、以文本之线串诗文之珠

把握作者的情感脉络、情感实质是本课的教学重点也是难点，围绕这根线，我引导学生串联了许多诗文之珠，在串珠时，我始终提拉文本这根红线。比如第 2 节，在体味"痛"的三层原因时，我首先问"欣"的是什么，"倦"在本文中指王羲之不甘心让自己的人生就此消融于山水之乐中。第二层原因，亦设一问，什么已为陈迹了？学生思考以后，很快会答出曾经的文人雅士之乐中的山水之美、风雅情事。文本之外的诗文之珠的串联或在提拉红线之前，或在提拉红线之后。

第 3 节中，先区别文中已有的两种死亡，这是提线；然后出示已学或常听的名句，此则串珠。在引导学生选择自己的人生曲线后，又以征询王羲之的人生应属何种人生曲线提拉文本之线。至于发问学生能否将第 3 节中"悲"理解成"悲观"之"悲"时，可以说是对文本之线作出一次有力度、有精神地提拉。至此，学生对文本透露的作者情感有了一个深度的体味思考。

第 1 节的学习，提拉文本之线在明，体现在对六乐的指认上，体现在引导准确地、有情感地朗诵课文上。串联在暗，体现在对六乐的概括上，化用了"良辰美景奈何天，赏心乐事谁家院"的名句。

五、关于深课浅教和浅课深教

浅课深教似无争议，对浅课文应着力拓展、挖掘。深课浅教似有争议，正好此篇属于应深课浅教的课文。争议的焦点依我看在于如何理解这个"浅"字上。我认为此处的"浅"不应是把深的内容有意浅层化、表面化，那是消解疑难，回避疑难。此处的浅应是形式的浅化，具体有形式上追求深刻内容的通俗化，抽象道理的形象化。

六、关于深刻或敏感命题能否进教材的问题

有人认为这是一篇谈人生最深刻的关乎死亡命题的文章，本身就不应排在高一课本中，放到高三可能合适些，我看未必。这些人生的终极命题高一不能思考，高三就一定能想通了吗？高一、高三的学生本质上又有多大差别呢？应相信学生的思考能力。事实上，从文字材料上看，中学生对深刻、敏感话题的思考，有时不一定比我们成年人浅。

从这个意义上讲，课本把原属于高一的《逍遥游》调至高三，我看倒不一定是必要的。这篇课文涉及的正好是既深刻又敏感的双料话题——死亡，这确实是一般人忌讳的话题。如果因为这一点我们就谈得少一点，浅一点，那不是流于一般的世俗之见了吗？引导中学生思考讨论死亡话题，正如引导中学生思考讨论性爱话题一样，是再正常不过的，大可不必忌讳。

如果因为深就回避，就少教乃至不教，我们又何必规定学生读哪些经典名著呢。要知道任何一部经典都是一片人类思想的汪洋大海啊。或许，还有另外一种担心，担心这片汪洋大海会把泳力尚弱的中学生淹没，担心他们接受不了，甚至接受错误信息，沉溺而不能自拔。

其实，一个人从少年时代接受经典大海的沐浴、洗礼，对增强他今后的泳力、阅力、悟力起到的作用将会是无法估量的，所谓"少不读《水浒》，老不读《三国》"的阅读观是失之偏颇的。

以上是我这次开课后的一些不成熟的想法，写下来既是对此次开课的一次思考，也是想借此引发各位同仁的玉言。

叙事写景为主的散文语用化教学设计

——以《云霓》教学为例

课例呈现

【教学目标】

1. 掌握散文读法,"样本"化处理文本,引导体味作者过滤选择的独特的实写的人事景物,引导体味作者极具个人色彩的虚写的情感思想。体会虚实交融的笔法。

2. 深化观察、思考、表达生活的意识,强化观察、思考、表达生活的习惯。

【课堂预设研讨】

"2002 年的第一场雪"这首歌表达的刻骨铭心的爱,2008 年南方雪灾造成的民生艰难,都曾给人深入骨髓的感受,而 2010 年的那个冬天和 2011 年的这个春天,北方地区连续干旱,北京已经连续一百多天没有下雨。不知道同学们对这样的无雨天气有没有细微可触的感受?感受的程度如何?

1935 年,漫画家、散文家丰子恺以"云霓"为题,用散文的笔调,引领我们真实、细腻、深刻地感受了"前一年"即 1934 年的那一场大旱。

丰子恺通过对恐怖景物的描写,人们用水的叙述,人们盼云的刻画,给了我们对 1934 年那场大旱实实在在的感受。

[板书 1:实　旱荒　云霓]

丰子恺是一个画家,他对大旱的感受描摹极具画面感。请同学们听老师诵读

第二节和第三节，重点思考二、三两问。能否从不同的感官层面、不同的空间转换角度，体悟、概括丰子恺笔下的大旱？

两个月不下雨，每天晒十五个小时，爬到百度以上		（截取数据）
河底向天，塘成洼地		（选择空间）
视觉（室外）	草变黄，矗立在灰白色的干土上	（展示色彩）
视觉（室内）	洋蜡烛弯成磁铁状	（漫画物形）
	薄荷锭溶化蒸发	（固体变汽）
	狗喘息，伏在桌底	
	人挥扇，占住门口	
触觉（室内）	坐凳子像坐铜火炉	（家具烫人）
	按桌子好像按烟囱	

第二节和第三节前四行动词的使用，展示了丰子恺作为画家选取、描摹景物的功力，你能否选择一二，用一两句话着重从反映心理本能的角度，加以点评？

①爬　一个"爬"字，让人感到眼睁睁地盯着温度计数据上升的焦虑；

②向　一个"向"字，似让人看到干涸的河床对着老天求助的姿势；

③矗立　本义为"高耸地立着"，此处与其说是低矮的野草高耸地立着，不如说野草的枯黄触目惊心地突出在眼前；

④伏　狗伏在桌底本能地躲热；

⑤占　人占住门口本能地抢风。

同学们，居于北京城的你们可能感受不到丰子恺笔下的干旱场景，但你们一定会对高温酷热的夏季有感受。面对酷热，丰子恺笔下的人物是占住门口本能地抢风。能否调动一下你的生活经验，描述一下你自己面对酷热时的行为？

①反复看空调温度显示，本能地怀疑空调没有打到最低；

②努力调整扫风方向，本能地让冷风对着自己吹；

③直接把电扇扳向自己，让电扇直吹自己；

④直接用冷水洗澡；

⑤没有降温工具时，一切能扇风的物体，甚至是自己的巴掌都被临时抓差充

当扇风降温的工具。

　　"散文叙写作者的所见所闻，散文中呈现的是'这一位'作者极具个人特性的感官所过滤的人、事、景、物。"（王荣生语）散文的学习，实质是建立我们的"已有经验（即"生活和阅读"，教者注）""与这一篇散文所传达的作者独特经验的链接，也就是我们要往'作者的独特经验里'走，往语句章法所表达的丰富甚至复杂，细腻甚至细微处走"（王荣生语）。

　　丰子恺写酷热过滤的独特的人、事、景、物与我们写酷热过滤的独特的人、事、景、物当然不同。

　　[板书2：过滤　独特]

　　第三节剩下的文字都是围绕"水"展开的。请在"水"前面加一个动词加以限定，并概括特点。

买水　贵而浑

用水　有钱人家循环用

抬水　没钱人家妇孺抬

愁水　愁眼前又愁将来

踏水　踏进的不够蒸发的

叹水　怎么办？

忧水　大荒年要来了

　　题目是"云霓"，但文章至此都没有出现云霓，这一部分文字与写云霓有何关联？从散文笔法角度看，体现了什么写法？

　　①铺垫；②形散神聚。

　　[板书3：形　神]

　　第四、五节既描写天气、云霓的变化，又描写人们盼下雨望云霓的心情的变化。阅读文本，梳理天气、云霓的变化及相应的动作、心情。

动作/心情	天气/云霓
眼巴巴望，第一件事问天气，	只管是晴，晴，晴…… 还是晴，晴，晴……
几个人绝望地说 踏水者：多数人不绝望，农人连老人、小孩都参加踏水，依旧拼命踏，	天天挂着几朵云霓 忽浮忽沉，忽大忽小，忽明忽暗，忽聚忽散 升起来，大起来，黑起来
愈加拼命踏 看天者：欣欣然，相与欢呼 老者：阻止欢呼，担心吓退	少起来，淡起来，散开去 隐伏在地平线下
空欢喜，依旧回进恐慌 苦闷和恐怖，空空给人安慰和勉励	
看穿了，只管低头奋斗 得过且过度日子 不上虚空的云霓的当	五色灿烂地飘游在天空
农人唉着糠粃，工人闲着工具，商人守着空柜，等候蚕熟和麦熟，不再回忆过去的旧事	终于下雨，已无补于事，大荒年终于出现

丰子恺过滤出的天气、云霓自有独特之处。结合自己的生活经验，用一两句话选择赏析这"独特"处。(景的描述+人的感受)

①连续六个独词"晴"，每个"晴"都似乎让温度计向上蹿了一截，每个"晴"都似乎是热浪扑向你一次，每个"晴"都似乎是对人的耐力的一次考验。

②连续四个"忽"字短语，是云霓的变戏法，是云霓的捉弄人，也是看云者心情的升降起伏。

③连续三个"升起来，大起来，黑起来"的短语，是云霓的粉墨登场，是看云者心情的逐渐高涨。

④连续三个"少起来，淡起来，散开去"的短语，是云霓的淡退谢幕，是看云者心情的日益沮丧。

诵读第四节，你能用一个曲线图描画看云者心情的变化吗？

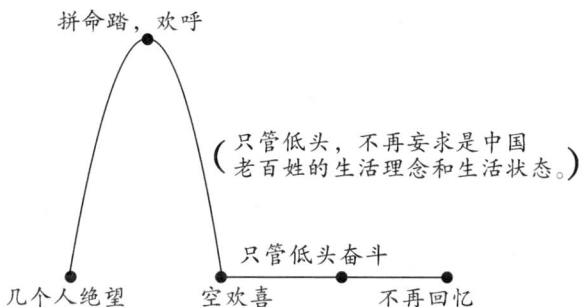

作者的心情变化，作者的抒情又呈现出怎样的曲线呢？可关注反复性语句、象征性语句、说明性语句、直接抒情性语句。这些或直接或间接的抒情文字相对于写景叙事的实写，就是散文的虚写。

【板书：抒情之虚】

①反复性语句

反复性语句一：

第一节　这是去年夏天的事

第五节　这是去年夏天的事

第六节　我现在为什么要重提旧事呢？

【设问】用成语概括一下"我"反复表述的心情

【参考回答】耿耿于怀、念念不忘、刻骨铭心

反复性语句二：

第二节　大热的苦闷和大旱的恐慌充塞了人间

第三节　愁未来的旱荒，大荒年来了

第四节　依旧回进大热的苦闷和大旱的恐慌中，逃不出苦闷和恐怖

第六节　现代的民间，始终充塞着大热似的苦闷和大旱似的恐慌

第七节　能满足大旱时代的渴望么？

【设问】"大旱恐慌"在第二、三、四节与第六、七节中的含义相同吗？

【参考回答】二、三、四节　就事论事，描述自然旱荒

　　　　　　六、七节　自然的旱荒升华为社会的旱荒

　　　　　　　　　　　一时的旱荒升华为时代的旱荒

【板书4：旱荒 升华】

②象征性语句

第四节 原来这些云霓只是挂着给人看看，空空地给人安慰和勉励而已

第六节 也有几朵云霓始终挂在我们的眼前，时时用美好的形态来安慰我们，勉励我们，维持我们生活前途的一线希望

第七节 我这《云霓》能不空空地给人玩赏吗？能满足大旱时代的渴望么？云霓太小了，太少了，仅乎这几朵怎能沛然下雨呢？恐怕也只能空空地给人玩赏一下，然后任其消沉到地平线底下去的吧。

第六节 现代的民间，始终充塞着大热似的苦闷和大旱似的恐慌

第七节 能满足大旱时代的渴望么？

【设问】"云霓"的象征义是什么？"大旱时代的渴望"象征义是什么？依据四、五、七节有关"云霓"的象征句描画出作者心情变化的曲线图。此处的旱荒、云霓对应第四节实写的旱荒、云霓，是何写法？

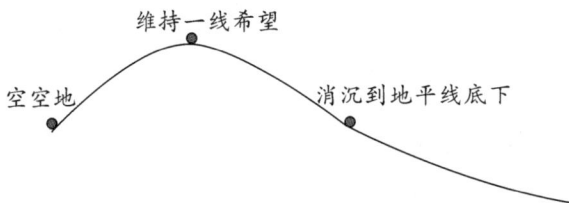

维持一线希望
空空地
消沉到地平线底下

【参考回答】"云霓"象征在充满大热苦闷、大旱恐慌时代，安慰、勉励我们，维持我们生活前途的一线希望。"大旱时代的恐慌"象征中国严峻的社会环境，即前述的"社会的旱荒、时代的旱荒"。

虚写。

[板书5：云霓 象征 虚]

③说明性语句

第六节 因为我在大旱时曾为这云霓描一幅画，现在从大旱以来所作画中选出民间生活描写的六十幅来，结集为一册书，把这幅《云霓》冠卷首，就名其书为《云霓》。

【设问】依据第六节说明性语句，请同学对对联，体悟这篇散文的主旨。上联：一粒沙里看世界。

【参考回答】几朵云中有民生。

【设问】从散文构思的角度，这又是散文的一种什么构思？

152

【参考回答】以小见大。

[板书6：小，大]

④直接抒情性语句

能满足大旱时代的渴望么？自己知道都不能。

恐怕也只能空空地给人玩赏一下，然后任其消沉到地平线底下去的吧。

【设问】丰子恺的《云霓》给人消极感吗？那应如何评价？

【参考回答】率真，真诚。

"和他的画一样，他的散文，是一个赤裸裸的自己。就我的阅读经验说，我曾不断地吃惊于作者的率真程度。但是，正因为这样，他的作品才对读者富有强烈的吸引力。什么是文学艺术的灵魂？我以为就是作者的真诚态度，作者自己的语言。我要说，子恺先生的散文，就是出于自己真心的自己的语言。

我还觉得，当我们的文学界曾经一度充满豪言壮语，有些散文作品几乎满纸虚情假意的时候，子恺先生出于率真的作品，无异是一种弥可珍贵的针砭。"（王西彦语）

丰子恺（1898—1975），原名丰润（丰仁），浙江崇德（今崇福）人，师从李叔同（弘一法师）。他长期从事艺术教育，受佛教影响，关心民间疾苦，其散文情感真诚蕴藉，笔法自然洒脱，形式灵活多样，能于平凡琐细处寓深意，在淡泊飘逸中见真情，并兼有诗情画意与幽默情趣，在现代散文中别具一格。

"丰子恺从他最崇敬的老师李叔同先生那里受到了深刻的启示"，"他那关心'众生'的本心"，"始终没有迷失过"，"丰子恺同情并为之伤心的'众生'就是当时中国大地上无钱无势、无依无靠的普通穷苦大众"。（朱江林语）

[板书7：真诚]

【投影】散文中谈论的所思，散文中表达的所感，是"这一位"作者依赖其独特境遇所生发的极具个人色彩的感触、思量。（王荣生语）

"我们不但要善于从作者的直接陈述中领悟到作者的思想感情，更要善于从作品的语气、语调中把握作者的思想感情。"（李海林语）

> 民间疾苦声，一枝一叶情。
>
> 穷年忧黎元，旱岁忧生民。
>
> 叹息肠内热，画写笔下真。
>
> 云霓写慰勉，佛心献众生。

（赵长河准集句）

【课后研究性读写】

1. 从虚实相生的角度研读本专题的《埃菲尔铁塔沉思》。

2. 下列相同或相类的素材中，作者分别"过滤"出了哪些"极具个人特性"的人、事、景、物，表达了怎样的极具个人色彩的感触、思量？四选一，进行散文化改写或写一个300字左右的赏析片段。

①《云》（唐·来鹄）

云

千形万象竟还空，映水藏山片复重。无限旱苗枯欲尽，悠悠闲处作奇峰。

（参看上海辞书版《唐诗鉴赏词典》）

②《农家望晴》（唐·雍裕之）

农家望晴

尝闻秦地西风雨，为问西风早晚回？

白发老农如鹤立，麦场高处望云开。

（参看上海辞书版《唐诗鉴赏词典》）

③《独坐敬亭山》（唐·李白）

独坐敬亭山

众鸟高飞尽，孤云独去闲。

相看两不厌，只有敬亭山。

（参看上海辞书版《唐诗鉴赏词典》）

④《2002年的第一场雪》（刀郎）

2002年的第一场雪，比以往时候来得更晚一些/停靠在八楼的二路汽车/带走了最后一片飘落的黄叶/2002年的第一场雪/是留在乌鲁木齐难舍的情结/你像一只飞来飞去的蝴蝶/在白雪飘飞的季节里摇曳/忘不了把你搂在怀里的感觉/比藏在心中那份火热更暖一些/忘记了窗外北风的凛冽/再一次把温柔和缠绵重叠/是你的红唇粘住我的一切/是你的体贴让我再次热烈/是你的万种柔情融化冰雪/是你的甜言蜜语改变季节/2002年的第一场雪/比以往时候来得更晚一些/停靠在八楼的二路汽车/带走了最后一片飘落的黄叶/2002年的第一场雪/是留在乌鲁木齐难舍的情结/你像一只飞来飞去的蝴蝶/在白雪飘飞的季节里摇曳/是你的红唇粘住我的一切/是你的体贴让我再次热烈/是你的万种柔情融化冰雪/是你的甜言蜜语改变季节

3. 过滤选择这个无雨季节你觉得独特的人、事、景、物，写一篇自拟标题的文章。

4. 课后选读《缘缘堂随笔》《中学生小品》《车厢社会》《漫文漫画》。

[板书设计]

过滤

小　形　实　旱荒　云霓

独特

大　神　虚　旱荒　云霓

升华　象征

真诚

课后反思

《云霓》是人教版选修教材《中国现代诗歌散文》中的一篇略读课文，安排在散文第四单元。单元主题是"现代散文的虚与实"。与这个主题对应的散文部分的另外四个主题，分别是现代散文的"形与神""性与理""小与大""疏与密"。这系列主题实是现代散文的主要艺术特征，也是散文鉴赏中易趋于套话的"共性知识"（黄荣华语），教材以陈述式共性知识介绍的形式附在每个单元的最后。以上是教材内容分析，再看课标关于现代散文选修的陈述，《普通高中语文课程标准》有关散文阅读选修的标准，是"学习鉴赏散文的基本方法，初步把握中外散文的艺术特性"。

如何使本单元散文虚实相生艺术特性的学习不停留在套解陈述式共性知识的层面，引领学生穿越陈述式共性知识的屏障，进而真正掌握"鉴赏散文的基本方法"，是我本文教学的着力点。

"散文叙写作者的所见所闻，散文中呈现的是'这一位'作者极具个人特性的感官所过滤的人、事、景、物。"（王荣生语）散文的学习，实质是建立我们"已有经验（即"生活和阅读"教者注）""与这一篇散文所传达的作者独特经验的链接，也就是我们要往'作者的独特经验里'走，往语句章法所表达的丰富甚至复杂细腻甚至细微处走"（王荣生语）。王荣生教授这段有关散文教学的阐述，是引领师生穿越散文教学中陈述式共性知识屏障的指南。下面具体说明据此指南预设的穿越路径及穿越感受。

一、目标呈现

选修阶段的课程目标就是"学习鉴赏散文的基本方法，初步把握中外散文的艺术特性"。因此，在四种文本处理样式（定篇、样本、例文、用件）中，样本化处理文本是合宜的。

二、散文之实：引导学生已有经验与作者独特经验的链接

【导语设置】刀郎的"2002 年的第一场雪"的青春气息，2008 年南方雪灾的社会事件，2010 年冬天、2011 年春天的北方干旱和北京无雨的身边生活，这些导语设置都旨在从同类素材的角度，激发学生将"已有经验"与《云霓》所传达的作者独特经验的链接。"1934 年的那一场"的红字和"大旱"灰褐相间呈现开裂视觉效果的大字，在警示音乐的敲击下，一个个突现。

【课后感悟反思】学生的表情表明学生很快地进入到对丰子恺干旱描写的期待状态。

第二、三个设问，以教师声情并茂的诵读，再次引领学生进入丰子恺笔下干旱描写的情境，带着第二、三问听读、思考。

【课后感悟反思】第二问让学生从不同的感官层面、不同的空间转换角度，体悟、概括丰子恺笔下的大旱。由于有"感官"和"空间"的指示，学生很快能梳理出文本内容。第三问，由于有老师的示例，学生也能准确地体悟文本中一系列动词的使用之妙。更可贵的，课堂上学生选择赏析的动词并不限于老师提供的词。

第四问，要求学生描述自己面对酷热时的行为，实是引领他们比较我们现在面对酷热时的行为与文本中的人物面对酷热时的行为，在比较中，学生更能设身

处地地"往作者独特经验里走"。

【课后感悟反思】这个环节，学生合作探究、交流发言的积极性很高。再次证明，"语文学习的外延和生活的外延相等"，对语文的体悟是以生活显影生活，以情感激发情感。

第五问，引领学生概括文本中人们用水的表现及特点，实是引领他们从文本中用水描写的角度继续走进丰子恺有关干旱的"独特经验里"。

【课后感悟反思】由于有"在'水'前面加一个动词加以限定"的提示，学生能很快完成加动词的任务，但对特点的概括不够精准。

第六问，指出文本迟迟没有出现对题目"云霓"的描写，体现了铺垫的笔法，引领学生回顾"形散神聚"的散文常用笔法。

【课后感悟反思】由于散文第一单元的主题就是散文的"形"与"神"，所以学生也能悟出散文"形散神聚"的笔法，悟出云霓出现之前的文字对描写云霓的铺垫作用。

但此时段安排此问，有陷入知识呈现陈述化、静态化的泥淖的危险。因为此时的散文之神——云霓、大旱的象征含义尚处欲揭未揭之态，学生连此篇散文之神的内涵还未完全了解，就只能概念化地套解了。

此环节需要调整到以后。"设问的适时"是保证课堂行云流水之美的重要因素。

三、散文之虚：引领还原作者独特境遇与体悟作者独特感悟的融合

第七环节，梳理天气、云霓的变化及相应的动作、心情，这是文本细读，是走进作者"独特经验"的前提。

【课后感悟反思】由于有"天气、云霓"与"动作、心情"的切分指示，学生很快便能梳理文本内容。

第八环节，结合自己的生活经验，用一两句话选择文本词句，赏析丰子恺过滤描写的天气、云霓的独特之处。此环节还是引领走进作者的"独特经验里"。

【课后感悟反思】由于有老师的赏析示例，有赏析格式（景的描述+人的感受）的提示，学生的文本细读赏析比较到位。

第九环节，用曲线图描画看云者心情的变化。此环节意在用图形直观、生动地呈现看云者心情的变化，使第七环节文字形式的筛选描述以另一种教学语言呈现，是多元智能中语言智能向视觉空间智能的转换。

【课后感悟反思】教学语言间的有效自然转换可以消减单一教学语言可能造成的视听疲劳。从学生在课堂上表现出的新鲜感、兴奋神情来看，这个环节是有效的。

只是教者把心情变化的第四、五个节点有意连成无起伏的直线，学生可能一时不能领会其中的含义，由于时间关系，教者不得不在图形旁做配文解说，不可避免地陷入"直接讲解"，但我以为强调互动对话的新课程课堂也不应完全抛却必要的讲解，讲在当讲处即可。

第十环节，是紧接看云者心情曲线的描画，顺势引领学生描写作者的心情曲线，体悟丰子恺"依赖其独特境遇所生发的极具个人色彩的感触、思量"。这是安排在最后的全文整体性的读解。教者引领学生从对四种语句的分解赏析中，合成出整体性读解。

1. 反复性语句。两处反复性语句，一处读解出大旱给予作者刻骨铭心的感受，一处引领学生读出了旱荒的升华含义。

2. 象征性语句。引领学生分别读出了"大旱恐慌"和"云霓"的象征含义。

3. 说明性语句。引领学生领悟散文"以小见大"的笔法，体悟作者关注民生，同情苦难的情怀。对联的设置，旨在激趣。上联来自散文第二单元的知识短文标题"一粒沙里见世界"，下联实是概括说明性语句的内容。

4. 直接抒情性语句。这样的语句集中在最后一节，学生可能难以领会丰子恺看似消极的词句，这实际上正是丰子恺散文令人"吃惊"的"率真"特点。教者投影王西彦的有关论述，也应属于拓展在该拓展处。

5. 丰子恺生平、思想介绍。在课堂结束前，呈现丰子恺的生平，有助于对丰子恺《云霓》中独特情感的理解、体悟。

6. 最后的集句诗。集句诗结题既是《云霓》写法和主旨的全面总结，也意在以新颖的、富于语文性的结语激发学生的课后思考，努力创造课堂有余音的教学境界。

【课后感悟反思】对联的设置、集句诗的安排是语文性的激趣。学生的掌声表明学生进入了学习状态。

拓展引述应合宜，有合宜的内容和合宜的时间。

对李海林、王荣生有关散文教与学方法的论述投影遵循了本课的预设目标：教给学生散文阅读的一般方法。

四、作业之思：抓实散文教读法，落实选修研究性

安排的 4 道课后题中，第 1 题契合单元虚实相生的学习目标，第 3 题从写的角度落实王荣生散文教读法：散文的学习是体悟散文"呈现的""这一位作者极具个人特性的感官所过滤的人、事、景、物"。第 4 题是对丰子恺散文的延伸性阅读。

有必要特别说明的是第 2 题，提供的阅读素材是诗歌和歌词，表面看是文体错位，其实从"过滤"的作者"极具个人特性"的人、事、景、物这个角度看，所选诗歌、歌词与散文是相通的。而散文化改写或 300 字以上的鉴赏片段的写作设置又是向散文的回归。尤其值得关注的是第一首来鹄的《云》，简直就是丰子恺《云霓》第四节的诗化。丰子恺对云霓的描写难道是受此诗启发？

最后，较之必修教材，选修教材更强调研究性学习，从这个角度审视课后研究性作业的设置，也应是合宜的。

写景抒情议论为主的散文语用化教学设计

——以《我与地坛》教学为例

情感也好，思想也好，必须通过言语教学加以落实。工具性也好，人文性也好，都得通过言语形式体现。"发现言语形式，关注言语形式，深入言语形式，从而把握它的奥妙，熟悉它的门径，学习它的艺术，这就是语文教学最主要的任务。"① 这里的"关注""发现"更着眼于静态的"是什么"的指认，而"深入""熟悉""把握""学习"更着眼于动态的"怎么样"的掌握。张传宗先生更明确地强调由来已久的共识，"语文教学基本任务是进行听说读写的语言教学"，并进一步阐释语文教学基本任务可以带动其他相关任务的完成，"语言教学带动思想教育、文学教学和知识教学"。② 现在的问题是如何落实语言教学，如何使静态的语言知识转化为动态的言语能力，如何以"语言教学带动思想教育、文学教学和知识教学"。实现这样的落实、转化和带动，就要培养学生"关注"言语形式的阅读习惯，"发现"言语精妙的敏感意识，"深入"品味言语形式的用法，"学习"掌握各种精妙言语形式的用法。仅仅停留于关注的习惯、发现的意识，易于滑向一种静态的言语学习；它必须和深入品味、学习掌握连成一个言语学习链，才能达成一种动态的内化的言语能力。这也才能落实语文教学的根本内容，完成语文教学的根本任务。

---

① 王尚文. 言语教学四题［J］. 小学语文教师，2011（05）.
② 张传宗. 语文教学应从学科理论出发进行科学创新的改革［J］. 课程·教材·教法，2013（08）.

一、对关注和发现的纠正

首先我们得纠正"关注和发现"上传统的中心主旨指认的偏颇。"这篇文章的主旨是什么"的传统语文提问，是由来已久现在仍未绝迹的语文课堂现象。一读《我与地坛》，似乎就条件反射似的关注起作者"奋力抗争残疾人生的主旨"，关注起母亲对"我"度过艰难人生的帮助，发现了荒芜的地坛对"我"的残疾人生的启迪。其实这样的关注和发现，本身并没有错。错就错在它缺失过程，缺失由语言品味到思想主旨发现的过程。因为缺失这样的过程，所谓思想主旨的发现，就只能呈现为静态的贴标签式的结论。这样的结论，常常是单一干枯而非繁富丰盈的，这样下结论也是令学习者感到语文学习面目可憎的原因。

其次我们得纠正"关注和发现"上电光声色的现代传媒渲染的偏颇。这种偏颇仍与作品内涵有关，常常是采用电光声色的现代传媒手段，煽起学习者廉价的感动后就迅速贴上思想主旨的标签。较之前一种贴标签，这种贴标签更能迷惑语文学习者。长此以往，学习者就以为语文学习就是电光声色的传媒煽情。我多次听过这样的《我与地坛》的展示课，上课伊始，电光声色就全上场。各种造型的坐在轮椅上的史铁生轮番闪现，命运交响曲作为课堂背景音乐几乎响彻整堂课，在声色渲染下，师生用饱满的情感诵读史铁生有关生死思考的哲理文字，诵读有关物我交融、感悟生命的文字。最后，大屏幕投影展示所谓的思想主旨。

前述两种偏颇，都是脱离语言学习的对思想主旨的所谓关注和发现。只不过，第一种是板着面孔贴思想主旨的标签，第二种是在传媒忽悠中贴思想主旨的标签。与这两种偏颇不同的，是另外两种偏颇。

再次我们还得纠正静态指认语言妙处、写作艺术的偏颇。关注语言了，似乎也发现语言了，但要么静态指认文本语言妙处，要么脱离文本进行语言训练。静态指认文本语言妙处，就是一度被批驳得体无完肤的所谓写作艺术的静态小结。作为语文教学根本任务的语言教学的着力点，不能停留在"是什么"的静态指认上。它应该向前发展，把着力点落实在"怎么样"的言语运用上，体悟品评文本是怎么样运用语言从而达到如此的表达效果的。在体悟品评的基础上，学习运用各种语言形式，表情达意，锻炼语文能力。

这里，我们尤其要警惕的是新近很流行的一种课堂语言训练。这种训练常常脱离文本内涵，仅仅把文本作为一种语言训练的由头。有老师开《我与地坛》

公开课，有个课堂环节是为每个阶段的史铁生写一个生命颁奖词，从暴躁迷惘到安静沉思到忏悔自诉，每个阶段写一段。这个环节本身没有错，错就错在颁奖词的写作，没有建立在体悟品味相关文本语言的基础上。老师只是让学生在课堂上匆匆浏览一下相关文本，就布置这样的语言训练。脱离文本语言为人物写作颁奖词的流行语言训练样式，使这节课显得游离和轻飘。

二、品味和掌握的方法

对精妙语言有了关注和发现之后，能够进入品味和掌握的环节，才是语文学习最要紧处，才是语文老师最应着力处。《我与地坛》的文本，繁富丰盈的语言形式高度契合了繁富丰盈的思想，可以说是极佳的以"语言教学带动思想教育、文学教学和知识教学"的文本。下面即以此文本具体解说语言学习中"品味和掌握"的方法。卑之无甚高论，其实所谓方法也就是应该常用的语文的方法，即"诵读""品评""仿写"等等。

具体板块如下：

★ 第一板块：引文本

在诵读中，激发知人论世，进入文本的兴趣。

课堂导入环节，我投影两段情感充盈，准确凝练地概括了史铁生人生的颁奖词，激发了学生在流行语言形式的诵读中，知人论世，进入文本的阅读兴趣。

★ 第二板块：读文脉

在诵读中，把握文脉，体悟情感和思想。

请同学们找出并诵读下述内容：史铁生以"我"的视角思考"死的事"，思考生的意义，思考"怎样活"；以母亲的视角思考"我"的生活之路；以"我"的视角反思"我"的写作之路。这一环节的集中诵读有助于学生整体把握文脉，整体把握作者核心的情感思想。史铁生沉思型的表述，也适宜于反复诵读。

荒芜的地坛一度是"我"常去的地方，诵读贯穿第一部分表明"我"常去地坛的句子。这一环节的集中诵读，有助于学生把握"我与地坛"的文脉，体悟地坛之于史铁生生命感悟的意义。

诵读互文文本，加深对"我与地坛"关系的理解，加深对史铁生的理解。

诵读《秋天的怀念》和《北京青年报》有关史铁生遭遇残疾初期，暴躁绝望，屡次自杀的互文文本，从而更深刻地理解史铁生感悟生死的心路历程。诵读《天涯》杂志社 2010 年 1 月 6 日《关于在北京地坛公园塑造史铁生铜像的倡议书》，从而更深刻地理解地坛之于史铁生生命的意义。

★ 第三板块：品文句

品评第一部分第 3、5、7 节。采用"意象描述法、关键词嵌入法、互文对读法和改词比较法"等方法，品评文本的语言形式，体悟此中的情感思想。比如对第 3 节的自然景描写的品评体悟，对园中小动物描写的品评体悟。比如第 7 节，去掉 6 个"譬如"也通顺，对加上 6 个"譬如"的好处的品评体悟。

用固定的句式写作品评文字。比如，写一段排比句，先用"既然"句总结第 5 节的描写文字，再从由此得到的生活感悟做小结。再比如，请同学从"我"对母亲感悟的角度，以"一个……的母亲"句式，提炼"我"对母亲的感悟，并读出文本中体现这种感悟的词句。

用固定句式写作品评文字，既可品评文本，又可锻炼表达。只是这样的形式在品评文字写作中，不宜太多，否则易有以文害义的弊端。

品评反复式言语。比如，第 7 节出现了 4 个"又是"、3 个"在"和 3 处"母亲"，试从形式或内容的角度加以点评。再比如第 8 节，连续用了大量的"母亲、她、我"，赵老师一连删去了 12 个，也通顺。能说说原文的好处吗？

★ 第四板块：练文句

仿写。赵老师仿照第 8 节的反复式言语形式，以我们同学的日常生活为背景，写了以下一段文字，请同学们批评。

★ 第五板块：点文眼

你能用文本中三四个关键词（专题板块主题词和互文对读材料关键词）提炼出史铁生的命运及他对人生的思考吗？

附："语文教学的根本内容是言语形式"样本式教学设计

【课程标准】

1. 体会对生命的热爱和感激之情，感悟对人生的严肃认真的思考。
2. 依据散文的文体特征，抓住作者独特的景、情、理，确定教学内容。

【教学目标】

按照王荣生老师教材选文四类型的划分法，"样本"式处理教材。从散文的言语形式入手，确定教学内容，培养散文阅读能力。引导学生学会用"关键句连文脉法"整体把握文脉；引导学生学会用"知人论世法、意象描述法、关键词融入法、互文对读法"点评作者独特的景、情、理。

【教学思路】

引导学生提炼作者贯穿全文的关于生死思考的关键句，把握全文文脉。引导学生提炼表明"我在地坛"的关键句，把握第一部分文脉。引导学生提炼表明"我对母亲的感悟""我对母亲的情感"的关键句，把握第二部分文脉。

引导学生用"知人论世法、意象描述法、关键词融入法、互文对读法"重点点评第一部分第3、5、7节的写景文字。

引导学生体悟点评第二部分第7、8节反复的言语形式，品鉴老师仿写的反复的言语形式。

【预习布置】

1. 网上查找有关史铁生的资料，为史铁生写一个能概括其身世和创作的颁奖词。
2. 参考教者印发的示例评点，着眼全篇，选择自己感触最深处，写评点。

【教学过程】

⭐ 第一板块：引文本

1. 课前通过网络或书籍查找了解史铁生生平和遗愿，写一篇100字左右的颁奖词。

【颁奖词参考1】

生如夏花，命若琴弦，恰似他一生的写照。

写作，让他的生命如夏花一般绚烂绽放；信念，让他紧握生命的琴弦，奏出壮美的乐章。守着一具残缺的身体，是他的不幸；拥有一颗健康的头脑，是他的幸运。他的名字，亦是饱含生之艰难与荣耀的三个字：史，铁，生。

【颁奖词参考2】

他从不曾屈服于命运，双腿无法在现实中行走，就让思想在笔尖上行走。面对着只剩下残垣断壁的地坛，他探求、叩问，一次次向灵魂深处进发，他的人生从不曾务虚，而是充实的，充满战斗精神的一生。他的离开，是文学和思想的共同伤痛。

2. 完成2011年高考四川卷有关史铁生的题目，激发阅读：2010年12月31日，著名作家史铁生因突发脑溢血逝世。他捐赠的肝脏在天津成功移植给了一位患者。请你以这位患者的名义给史铁生写一段感激的话。要求：①语言简明、连贯、得体；②不写称呼语；③不超过100字。

【参考答案】 你用捐肝拯救我的生命，你用作品鼓励无数读者，你用行动为世人立下精神高标，你用生命书写生命。您的生命就是一本书，您的故事写尽感动。你是轮椅上的哲人，永远的大师。谢谢您，史老师，祝您一路走好……

⭐ 第二板块：读文脉

在诵读互文文本和文本章节中，把握整体文脉和作者心路。

1. 一个人活到21岁突然双腿瘫痪，设身处地，他应该是什么样的心情？（生：暴躁，绝望，发疯）确实，这个"活到最狂妄的年龄上忽地残废了双腿"的史铁生甚至比我们想象的还疯狂：

双腿瘫痪后，我的脾气变得暴怒无常。望着望着天上北归的雁阵，我会突然把面前的玻璃砸碎；听着听着李谷一甜美的歌声，我会猛地把手边的东西摔向四周的墙壁。（《秋天的怀念》）

刚回北京时，他自杀过三次，最悬的一回，因为电灯短路而未果。1971年夏末，铁生病发，病痛之深，企图解脱愿望之强烈，非常人想象。他甚至对医生说，你治不了我的病，我拿菜刀劈了你。（诚龙摘自《北京青年报》）

2. 但是，后来我"终于弄明白了"，不想死了，是什么启示激发了他内在的求生的力量，让他活出了今天的精彩？是荒芜地坛的启示，是"活得最苦的母亲"的爱。

3. 请同学们找出并诵读下述内容：史铁生以"我"的视角思考"死的事"，思考生的意义，思考"怎样活"；以母亲的视角思考"我"的生活之路；以"我"的视角反思我的写作之路。

记不清都是在它的哪些角落里了。我一连几小时专心致志地想关于死的事，也以同样的耐心和方式想过我为什么要出生。这样想了好几年，最后事情终于弄明白了：一个人，出生了，这就不再是一个可以辩论的问题，而只是上帝交给他的一个事实；上帝在交给我们这件事实的时候，已经顺便保证了它的结果，所以死是一件不必急于求成的事，死是一个必然会降临的节日。这样想过之后我安心多了，眼前的一切不再那么可怕。

剩下的就是怎样活的问题了。

可她又确信一个人不能仅仅是活着，儿子得有一条路走向自己的幸福；而这条路呢，没有谁能保证她的儿子终于能找到。

我开始相信，至少有一点我是想错了：我用纸笔在报刊上碰撞开的一条路，并不就是母亲盼望我找到的那条路。年年月月我都到这园子里来，年年月月我都要想，母亲盼望我找到的那条路到底是什么。

在诵读文本语言中，把握整篇选文的文脉。

1. 下面着重探讨史铁生是怎样表达地坛给"我"的启示和"我"对母亲的情感、感悟的。首先探讨地坛给"我"的启示。荒芜的地坛一度是"我"常去的地方，诵读贯穿第一部分表明"我"常去地坛的句子。

地坛离我家很近。或者说我家离地坛很近。

十五年前的一个下午，我摇着轮椅进入园中，它为一个失魂落魄的人把一切都准备好了。

自从那个下午我无意中进了这园子，就再没长久地离开过它。

两条腿残废后的最初几年，我找不到工作，找不到去路，忽然间几乎什么都找不到了，我就摇了轮椅总是到它那儿去，仅为着那儿是可以逃避一个世界的另一个世界。

无论是什么季节，什么天气，什么时间，我都在这园子里呆过。

剩下的就是怎样活的问题了，这却不是在某一个瞬间就能完全想透的，不是一次性能够解决的事，怕是活多久就要想它多久了，就像是伴你终生的魔鬼或恋人。所以，十五年了，我还是总得到那古园里去。

味道不能写只能闻，要你身临其境去闻才能明了。所以我常常要到那园子里去。

在诵读互文文本语言中，把握"我与地坛"的意义。

2. 确实，来自地坛的启示对于史铁生向死而生，活出精彩的作用太大了，以至于在史铁生逝世不久，就有人发出在地坛公园塑造史铁生铜像的倡议，他的骨灰也将撒于他生前钟爱的地坛。诵读《关于在北京地坛公园塑造史铁生铜像的倡议书》。

关于在北京地坛公园塑造史铁生铜像的倡议书

2010 年 12 月 31 日，中国当代伟大的作家史铁生离我们而去。他在近四十年的轮椅生涯中，以超常的毅力和非凡的才情，追问人生，求索真理，实现自己崇高的文学理想，留下了大量坚实、精美、深邃的作品，给人间增添了感动和力量。祖国各地的同行、读者、网友在他去世后，自发组织不同形式的追思纪念活动，已证明了一个伟大的精神性存在，以及这种精神辐射的广度与深度。

史铁生已将自己部分身体器官尽可能捐献给了需要者，骨灰也将撒放于北京地坛公园，意在静悄悄离开这个世界，不留下任何痕迹。但他的心魂永远与我们同在，其人其文将成为中国当代文坛一个不可忽略、不可替代、不可磨灭的标高和引领。

为此，我们倡议，由全国作家与读者自愿捐款，在北京地坛公园塑造一座史铁生铜质雕像，以凝定我们共同的敬重与景仰，供所有思念他的人与他日后相逢。

史铁生以散文名篇《我与地坛》为代表的众多作品在读者中广为流传。在广大读者心目中，他已与北京地坛公园血肉相连，成为地坛的一部分，堪称地坛的当代之魂。考虑到这一点，将他的铜像立在地坛公园，既是我们对一个杰出作家最隆重、最崇高、最诚挚的礼赞，也将留下一份宝贵的精神财富，丰富后人对地坛公园的理解和诠释，延伸中华文明遗产中代代相传的真诚与高贵。

《天涯》杂志社
2010 年 1 月 6 日

★ 第三板块：品文句

学习第一部分，在对言语形式的品味评点中，体悟作者情感。

1. 那么这地坛里到底是什么样的景、什么样的物给了史铁生如此巨大、深刻的生存启示呢？

虽然写了不少客观的景物和人事，但这也不是重点，作品构思的关键是在"我"与对象的关系上，重点在"我"从对象那儿所获取的生存感悟上。在现实生活中，作家从地坛的人事景物获得了启示。写作时，他便逆向地以这些启示作为参照，对过往的素材和记忆进行扫描，于是，那些曾对作家思想感情产生过重大影响的对象便凸现出来。（汪政、晓华）

我们重点观照品味第 3、5、7 节。先看第 3 节。

（1）"一切景语皆情语"，第 3 节，以"祭坛"为界，作者选取了两类景（自然的，人工的），描写这两类景时不同情感色彩的用词，折射出作者对自我人生的不同认知。

联系上下文，人工景的"浮夸""炫耀"，使人想到作者什么样的人生？

【明确】人工雕饰出的曾经的"浮夸""炫耀"使人想到作者"最狂妄的年龄"。

（2）"剥蚀、淡褪、坍圮、散落"使人工雕饰回归到什么样的生命状态？

（提示：可联想李白的古诗。）

【明确】天然本真的生命状态。

（3）天然本真的生命状态中的自然景有什么特征？作者是如何写的？联系第一部分全文，采用意象描述法、关键词嵌入法、互文对读法，从内容或写法的角度，点评第3节的写景文字。

【老迈的柏树】老而不枯，反而愈见焕发苍翠深幽的生命之色。（赵老师示例）

【荒野的草藤】荒野的草藤面对曾经炫耀而今淡褪的人工琉璃保持的本真体现在哪里？

【明确】原本置身荒野间，自然无愧琉璃檐。自自在在茂盛长，坦坦荡荡现本真。

【不变的落日】（提示：联想化用李白的《敬亭山》；联想化用辛弃疾词《贺新郎》"我看青山多妩媚，料青山看我亦如是"。）

①我对落日，落日对我，在这静静的互相凝望中，可看到人的本真。（江苏省锡山高级中学2011级高一学生吴莼橡，以下同学全来自江苏省锡山高级中学。）

②夕照映吾身，斜阳投吾影。身影对斜阳，铁生现本真。（邹协）

③我看落日多本真，料落日看我亦如是。（任念葭）

④日之又夕兮，不以吾欣；夕阳又沐兮，不以吾悲。日行有恒兮，命运有常。（褚嘉敏）

（4）赵老师对这部分文字作了改动，"古殿檐头浮夸的琉璃剥蚀了"，原文好在哪里？

【明确】原文的使动用法突出了时间对一切雕琢和浮华的去除、磨灭，时间会让一切喧嚣安静下来，时间会让一切雕饰显露本真。

2. 对园中小动物，作者最初的感受是"和我一样不明白为什么要来这世上的小昆虫"。人生苦短，虫生更短；人生艰难痛苦，虫生更艰难痛苦吗？园中的虫子们活得怎么样，园中的露珠草木呢？联系第一部分全文，采用意象描述法、关键词嵌入法，从内容或写法的角度，点评这些写景文字。

【蜂儿】极速扇动的翅膀快得像一朵雾，一朵小雾样的极短而极速的蜂生，是在勤奋地追求一朵花样的美好蜂生吗？你忙碌的蜂生也不因生活的高速运转而惊慌失措，你"镇静"地"稳稳地停在半空"。（赵老师示例）

【蚂蚁】你绅士般"摇头晃脑捋着触须"是在思考蚁生吗?"想透了",顿悟了蚁生后,"剩下的就是怎样活的问题了"。你"转身疾行而去"的身影是怎样活出精彩蚁生的最好诠释。(华雪瑶)

【瓢虫】"不耐烦了""累了"便随便落在一片叶子上,边小憩边祈祷,完了,"忽悠一下"又"升空"工作了吗?息也自在,作也自如。真是一个自在自如、自得苦乐的虫生。(龚宇锋)

【蝉】蜕变前的热闹鸣唱是一种虫生,蜕变后的独守寂寞也是一种虫生啊!(司欲晓)

【露水】太阳照耀无边的大海,太阳也照耀小小的水滴。滴滴露水的聚集,也会呈现轰然坠地的阵势,也会摔开万道金光。(路嘉锋)

【草木】看似固定静止的草木也会发出生长的喧响和动作。(唐子涵)

3. 写一段排比句:先用"既然"句总结第5节的描写文字,再从由此得到的生活感悟做小结。

既然小小的蜜蜂都用双翅扇动出雾一样的极速蜂生,既然小小的蚂蚁"想透了"蚁生后就"疾行"投入了蚁生,既然小小的瓢虫都能够累了息,息了作地自得苦乐,既然小小的蝉儿都有鸣唱和寂寞交替的蝉生;既然小小的露水都能积聚摔出万道金光,既然静止的草木都能发出生长的喧响;既然一切微弱纤细的有生无生,都展示出独特的各自悲欢和生命的鲜活灵动;既然"园子荒芜但并不衰败",作为人,一个大写的人,史铁生终于想通,双腿残疾但精神不能残疾,死亡未临就要好好地活下去!

4. 相较于第5节,第7节取景的广度和深度有了哪些拓展?

【明确】由近前的打量到高远的观照,由描摹实景到象征写景,由视觉听觉描摹到视听嗅味交融,由当下的见闻到对四季的感受,由草长虫鸣到人的活动,由"我"的感受到"你"的融入,由观照外在的景物到"窥看自己的心魂"。

5. 去掉6个"譬如"也通顺,加上6个"譬如"的好处在哪里?

【明确】连续6个"譬如",一口气引出了6幅画面,像选拍镜头一样,一个"譬如"就是一个"咔嚓",形成阅读的警醒效果。史铁生用自己的眼睛更用"自己的心魂"选拍了一组撼人心魂的画面。

6. 联系第一部分全文,采用意象描述法、关键词嵌入法、互文对读法,从内容或写法的角度,点评第7节的写景文字。

第一、二个"譬如",坎坷是个体的苦痛,更是人生的常态。落日把每一条坎坷都映照得灿烂，是明明白白呈现人生苦痛，也是亮亮堂堂展现人生希望。

低沉的心幕总笼罩在最为落寞的时刻，此时唯有雨燕一样的高歌才能冲破这心幕，直上云霄，传送高亢交融苍凉的人生之歌。

低首与抬头之间，凝视与谛听之间，还是对"怎样活"的感悟。

（赵老师示例）

第三、四个"譬如"，最年轻与最古老的生命都给了静坐地坛的史铁生"怎样活"的启迪。

孩子歪歪斜斜的脚印踩出的是活力，伸向的是梦想。

老柏树以阅尽沧桑的镇静守候护卫你一生的犹豫和欣喜。他始终不渝的镇静，不以你的忧郁而改变，不以你的欣喜而改变；他始终不渝的镇静不是对你悲欢得失人生的漠视冷对，而是对你镇静面对苦难的无言之教。

确实，"镇静"成了史铁生作品的高频词，"镇静"成了史铁生人生的关键词。

（钱玮嘉）

骤临的暴雨激发回想起的是无数个发生在夏天里的轰轰烈烈的往事：是遥远的清平湾那混杂"草木和泥土气味"的插队的故事，还是更遥远的童年时夏季淋雨踩水的往事，还是……

深深地吸一口"灼热清纯"的泥土草木气，便嗅出了曾经的生活。曾经的夏天一样的轰轰烈烈的生活是史铁生生命"过程"的见证。

（刘沁语）

秋天是一个最适宜"慢慢回忆慢慢整理"的季节，秋天是一个最适宜慢慢品味慢慢品咂的季节。生活的浓厚之苦，在安静而"坦然"的秋天，也渐渐地淡化成微苦；心境在这微苦的品咂中也渐渐熨帖下来。

（华卓尔）

学习第二部分"我与母亲"，在语言品评中，体悟"我"对母亲的感悟和对母亲的感情。

7. 请同学以"一个……的母亲"句式，提炼"我"对母亲的感悟，并读出文本中体现这种感悟的词句。

（1）一个小心维护儿子自尊的母亲

"想问而不敢问""无言的帮我准备""园中找我时看到我又默默走开"。

（2）一个有泪往心里流的母亲

"从来没有对我说过'你为我想想'"。

（3）一个担心儿子前路而痛苦、惊恐、焦虑的母亲

"当我不在家里的那些漫长的时间，她是怎样心神不定坐卧难宁，兼着痛苦与惊恐与一个母亲最低限度的祈求。"

"在那些空落的白天后的黑夜，在那不眠的黑夜后的白天，她思来想去最后准是对自己说："反正我不能不让他出去，未来的日子是他自己的，如果他真的要在那园子里出了什么事，这苦难也只好我来承担。""

"想起一件什么事又返身回来，看见母亲仍站在原地，还是送我走时的姿势。"

"我在这园子里呆得太久了，母亲就来找我。"

（4）一个自我安慰、暗自祷告的母亲

"出去活动活动，去地坛看看书，我说这挺好。"

（5）一个愿以死换回儿子生活信心的母亲

"她想，只要儿子能活下去哪怕自己去死呢也行。"

（6）一个盼儿子找到幸福之路，给儿子深层之爱的母亲

"可她又确信一个人不能仅仅是活着，儿子得有一条路走向自己的幸福。"

8. 概括"我"对母亲的情感，并读出文本中体现这种情感的词句。

【明确】

（1）痛悔的自责

"……怎样的难题……冲昏了头……我已经懂了，可我已经来不及了。"

（2）刻骨的思念

"怎么也想不通：母亲为什么就不能再多活两年？为什么在她儿子就快要碰撞开一条路的时候，她却忽然熬不住了？莫非她来此世上只是为了替儿子担忧，却不该分享我的一点点快乐？"

（3）深层的理解

"我开始相信，我用纸笔在报刊上碰撞开的一条路，并不就是母亲盼望我找到的那条路。"

"只是在她去世之后，她艰难的命运，坚忍的意志和毫不张扬的爱，随光阴流转，在我的印象中愈加鲜明深刻。"

9. 本文多处使用反复式言语，取得了强化抒情的表达效果。第 7 节出现了 4 个"又是"、3 个"在"和 3 处"母亲"，试从形式或内容的角度加以点评。

【明确】 这种哽咽难禁、念叨反复式的语言，淋漓尽致地表达了"我"对母亲的刻骨思念。4个"又是"是说从早到晚、时时刻刻的思念，3个"在"是说到处寻找、寻而不得的思念，3处"母亲"是反复念叨、不愿承认母亲已逝的思念。表达了失去母亲后无所依附、不知所往、心神恍惚的极度悲痛。

10. 第 8 节连续用了大量的"母亲、她、我"，赵老师一连删去了 12 个，也通顺。能说说原文的好处吗？

【明确】 "曾有过好多回，我在这园子里呆得太久了，母亲就来找我。她来找我又不想让我发觉，只要见我还好好地在这园子里，她就悄悄转身回去，我看见过几次她的背影。我也看见过几回她四处张望的情景，她视力不好，端着眼镜像在寻找海上的一条船，她没看见我时我已经看见她了，待我看见她也看见我了，我就不去看她，过一会我再抬头看她就又看见她缓缓离去的背影。我单是无法知道有多少回她没有找到我。有一回我坐在矮树丛中，树丛很密，我看见她没有找到我；她一个人在园子里走，走过我的身旁，走过我经常呆的一些地方，步履茫然又急迫。我不知道她已经找了多久还要找多久，我不知道为什么我决意不喊她——但这绝不是小时候的捉迷藏，这也许是出于长大了的男孩子的倔强或羞涩？但这倔强只留给我痛悔，丝毫也没有骄傲。我真想告诫所有长大了的男孩子，千万不要跟母亲来这套倔强，羞涩就更不必，我已经懂了可我已经来不及了。"

【参考】 "写出了令人唏嘘的母子相连之情：母亲找我时的急迫茫然、牵挂担忧和自我安慰，我故意不理睬母亲的自怨自艾、自我赌气和倔强自闭。为下文我的痛悔、自责铺垫。"

★ 第四板块：练文句

学习第二部分，在语言仿写中，体悟学习反复式语言。

1. 赵老师仿照第 8 节，以我们同学的日常生活为背景，写了以下一段文字，请同学们批评。

　　到今天，我与母亲为了考试成绩冷战，不，应该是我对她的冷暴力，已持续到了第七天。几天来，她多次试图用她的温情、隐忍与我和解，我却始终不理她甚至粗暴地拒绝她。我一进家门她就讨好似的为我把鞋子摆上鞋架，等她摆好以后，我总要孩子气地把她摆的鞋重新扔下地再摆上鞋架。她只得对我苦笑了一下，就又走进厨房为我盛饭，她为我盛上桌的饭碗我总是不动，又重新盛饭吃给她看。事后我眼角的余光总是瞅见她红肿的眼睛和强作的笑颜，而我总装作看不见她的样子。真的，我那时真有点同情她而暗骂我自己的过分倔强了。后来的几天，她轻敲我的房门轻唤我的时候，我没像前几天坚拒开门而把她拒之门外，开了门，看也不看她，只是又重新坐回到我的书桌旁，她默默地跟在后面，小心翼翼地把一杯热牛奶轻轻地放在我的桌旁，静静地坐了一会就又悄悄地起身，轻轻地带上门出去了。等她走了以后，我的眼泪竟又不争气地流了下来，她送来的热牛奶我几乎是和着眼泪喝了下去。她第一次发现我喝完牛奶的那个下午，竟兴奋了好一阵，我看见她从我房间里拿出空奶杯时的兴奋劲儿，我的鼻子酸酸的。

我这是怎么了，不就是为着这次考试成绩不理想母亲对我说了几句气话吗，我犯得着跟她这样较劲儿吗，下岗了心情焦虑的她容易吗，"妈妈，原谅我"的话我竟是这样难开尊口吗？

"妈妈，原谅我"，明天我一定走到她面前对她大声说出这句憋了几天的话。

2. 你也试着对以下反复的言语形式进行赏析点评或仿写。

(1) 地坛离我家很近。或者说我家离地坛很近。

【参考】没瘫痪时，是以家为中心，所以说地坛离我家很近；瘫痪了，是以地坛为中心，所以说是我家离地坛很近。

(2) 课文第二部分出现了以下反复的表达："现在我才想到""许多年以后我才渐渐听出""我才有余暇设想""现在我可以断定""我已经懂了可我已经来不及了""多年来我头一次意识到"。说说它的妙处。

【参考】反复的言语形式强化了痛悔的自责之情和对母亲深层的理解。

⭐ 第五板块：点文眼

1. 你能用文本中三四个关键词提炼出史铁生的命运及他对人生的思考吗？

(二) 9. "艰难的命运"；(一) 3. "得有一条路"；(一) 7. "怎样活"；

(一) 7. "镇静"。

2. 诵读互文对读材料——史铁生《对话四则》相关文段：

比如说踢足球，全场九十分钟常常才进一两个球，有时候甚至是零比零，那么目的是什么呢？就是过程。

我还知道一些更高明的球迷，甚至不怕知道结果；无论结果如何，丝毫不影响他们的兴致，只要那过程是充满艰险和激情的，不管辉煌的还是悲壮的，他们依然会如醉如痴地沉入在美的享受之中。

你得到了一个快乐的过程。就像一场球赛，你无论是输了还是赢了，只要你看重的是过程，你满怀激情地参与过程，生龙活虎不屈不挠地投入了过程，你在这过程的每一分钟里就都是快乐的。我发现这是划算的，胜负毕竟太短暂，过程却很长久，你干吗不去取得那长久的快乐呢？况且胜利常常与上帝的情绪有关，上帝要是决心不喜欢你（比如说让你瘫痪了等等），你再怎么抗议也是白搭。但是，上帝神通再大也无法阻止你获取过程的欢乐。所以不如把那没有保证的胜利交给上帝去过瘾，咱们只用那靠得住的过程来陶醉。

3. 请用文眼词、专题板块主题词、互文对读材料中的关键词，写一句话，表达你对人生的感悟。

【明确】 面对"艰难的命运"，在我们发出"怎样活"的人生叩问时，我们更要"珍爱生命"（专题板块主题词）！只要我们享受"过程"（互文对读材料关键词）的"精神支柱"（专题板块主题词）不倒，我们就会活出精彩的人生！

写景议论为主的散文语用化教学设计

——以《我的空中楼阁》教学为例

缘起：有人认为《我的空中楼阁》和《桃花源记》旨趣相似

对话者：高一（4）班师生

对话方式：团坐自由交谈

【学生甲】《我的空中楼阁》显示出来的是一种诗意的朦胧，超凡的静逸，已经蒙上一层仙气。和陶渊明《桃花源记》绝世的"桃源思想"相仿，无须提倡。

【老师】这个问题很有意思，同学们可做比较思考。

【学生乙】《我的空中楼阁》确有一层仙气，题目本身就给人这样的直感，文中也时有散发着这种仙气的文字："却像鸟一样，蝶一样……轻灵而自由"，"也许那是上帝……霞"……

【学生丙】我觉得《我的空中楼阁》中不仅仅是仙气，作者也时时让我们闻到一些人间烟火味。如"山下亮起灿烂的万家灯火……"

【老师】这个问题有两个思路，一是两篇文章着重描写的对象同不同，二是这两篇文章描写的对象能不能实现。

【学生丁】《桃花源记》着重社会生活的描写，《我的空中楼阁》着重自然景物的描写。《桃花源记》描写的社会生活在当时的社会背景下，不可能实现；而《我的空中楼阁》所写的自然景观我们可以营造，至少可以营造于心中。

【老师】对。《桃花源记》的描写虽很有人间烟火味，但不过是一个人间化的仙境，表达一种社会理想，也就是没有剥削、压迫，人人安居乐业。而这，在当时是不可能实现的。《我的空中楼阁》是作者暂避喧闹世界的一种心灵独步，表达一种生活情趣，事实上作者为我们营造了两个小屋，一个是自然意义上的小屋，一个是心灵意义上的小屋；这心灵意义上的小屋是放松心灵的香巢。

【学生甲】那作者为何要暂避放松？

【老师】我们可调动日常生活经验来思考了。激烈的球赛之后需要一个舒畅的热水浴，而后一段宁静的轻音乐。

【学生丁】那也像我们晚上学到十一点半，唱着"归来吧，归来吧，苦坐面书的学子"回宿舍。（全体笑）

【老师】现代社会是一个充满了竞争的社会，为了生活，人们不得不上紧发条，以全副精力应付竞争。而能忙里偷闲，紧中有弛就是一种难得的人生境界了。

【学生丙】那是不是人人都能像李乐薇先生那样放松，有他那种美丽的情致呢？

【老师】放松的方式当然不同。各人不同的经历、情趣，甚至不同的时代环境决定着不同的放松方式。有宁静致远的，以心灵的静，化外界的闹；有唱歌放松的，像我们的同学（笑）；也有骂街放松的。

【学生丙】骂街放松？

【老师】对。像《北京人在纽约》中王启明那一段骂街。打个不恰当的比方：李乐薇是宁静致远；王启明是以毒攻毒。

【学生乙】我们也很欣赏李乐薇先生那种宁静致远，但似乎缺少那种环境，因为……

【老师】不是缺少环境，而是缺少心境。我们的生活中也不一定非要有那种"小屋"不可，关键是要有李乐薇先生的"我把一切应用的东西当做艺术"的生活情趣，大至天地宇宙，小至草木虫鱼，从中感受生活的美。有了这样的生活情趣，再加上积极向上的生活信念，我们会生活得更美好。今天的课就到此结束。请同学们以"我自己的空间"为题写一篇仿《我的空中楼阁》的作文。

请看例文：

我自己的空间

高一（4）班　宗志凤

从小就盼望能有一片自己的空间，让我自己设计、布置。可是那时家中人多房少，每次到客，外婆总说："今晚要把你挂起来贴在墙上睡哦！"

后来，我终于有了一间属于自己的房间。但并不称心如意，房间太小，摆设也不多，一床、一柜、一桌、一椅而已。虽然如此，我还是很兴奋，反锁着房门，在里面构思布置。首先，把自己多年来的杰作（画）一幅幅贴在墙上，四周用条幅标好；再把一本本书摆到桌上。——收拾停当，便坐在床边幻想自己心中的小房间：它坐落在田野中央，雪白的外墙；远远看去，像一个白色积木屋搭在一片黛青之中。小屋的面积很小，小屋嘛，里面只有放一床、一柜、一桌、一椅的空间。于是，我总是拿一大摞书，放在地板上，我便坐在这间隙，把自己融入书中，不受任何干扰。

墙壁上有一个圆窗户，那是小屋的眼睛，也只有那儿，给小屋增添一道自然风景线。太阳光线从窗口透进，落在床上，于是我便懒洋洋地睡在床上看洁白的纸糊天花板，或者坐在窗口看天，看地，看天地相接的那道弧。皎洁的月光从窗口洒入，于是房里像蒙着一层轻纱。在月光的映照下，一切显得缥缥缈缈，像一个少女恬静入梦，四野也一片宁静。即使下雨也无碍，关上窗户，看看那千条丝、万缕线，听听雨点敲打玻璃的声音，"叮叮咚咚……"

田间小路，虽不能行车，散步却是别有兴致的。小路宽不到半尺，两边稻田里灌满了水。走在半尺小路上有一分惊险，更有一分情调。回来时，摘几朵野花、野草，带到白色积木屋中，插在床头或矮瓶里，摆得高低有致，淡淡的清香沁满整个小屋。

到了"稻花香里说丰年，听取蛙声一片"的季节，小屋的四周黄绿起伏，稻花香弥漫在四野，其时其地的小屋就更有一分玲珑、温馨和充实。

【评语】细腻地写景状物，勾画了一个具体可触的处所；想象的写意传情，更是小作者心灵和情致的空间。尽管文章有些"少年抒情"的痕迹，但总的来说，还是不失真切的；尤其最后两节富有乡村生活情趣的描写更值得称道。

我自己的空间

高一（4）班　戴艳

屋后有块不大的菜地，菜地旁边是一条清清的小河，小河边上系着一条小小的水泥船，河那边是一望无垠的田地。这里可以说是我的天地，因为在这里我可以玩耍，可以欣赏四季不同的美景，可以感受大自然的丰富，甚至可以体味亲手劳作的收获感。

这样的菜地，这样的小河对于一个农村人来说，也许并不显得那么陌生和神秘。然而，我却自有我特别的感受。

园子里有各种各样的蔬菜，一年四季，几乎都有绿的颜色。

而满眼的绿的世界，也并不显得单调，只因有那各种不同蔬菜的花作点缀：黄的油菜花，红的豆花，紫的野草花……各种各样的花，一年四季，变化无穷。

从菜园的角度去欣赏美，也就很知足了；但是旁边的小河，还有园外的田野更会让你觉得美中之美。站在菜地上，从近处看，小河流水有时平静如镜，有时泛起涟漪；河边几棵垂柳弯着身子在小河上空轻拂曼舞，给人一种诗意的飘逸。远处的田地成了一条窄窄的绿色长带，与遥远的天空相连。这时，你眼前就好像一幅画，一幅小河流水和田野无边的风景画，于是心中自然升起了惬意的赞美。

景的美丽自然使人赏心悦目，而玩的乐趣更让人拥有一种收获的充实。小时候，在菜丛中捉虫，在菜园边上堆雪人，再后来，在河边游泳或钓鱼，直至现在，有时还会跟在妈妈后面学着种菜。这些都是非常有意思的事。在这空间里，我自有我的赏心乐事。

我爱我的空间。

【评语】视野开阔，由菜园写到菜园的背景，写到与菜园有关的趣事。景、人相融，既写自然景，又写了自然背景中人的活动所呈现的情景。不足之处是人的活动的描写失之纤弱。

摄影散文的语用化教学设计

——以《前方》教学为例

【设计理念】

《前方》是一篇摄影散文，着重对生活画面的定格联想；也是一篇哲理散文，着重对生活画面的哲理思考。联想是生活画面由一到多地类似扩展，思考是生活画面由表及里地深刻提炼。扩展和提炼是两种思考方式相反相成的言语实践活动，扩展了的可借助言语实践加以哲理化提炼，提炼了的可借助言语实践加以生活化扩展。扩展和提炼都可在文本研习中以本专题推荐的评点法落实。

【教学目标】

1. 了解"摄影散文"这一新兴文体的特点。
2. 把握摄影画面的线索和离家话题的线索双线并进的特点。
3. 运用联想生活扩展法，解读含义精警句，理解"人生是一场苦旅"的深刻内涵；运用思考生活提炼法，写作以"在路上"等为主题词的警句，体味哲理散文的语言特点。

【教学重点】

1. 以扩展式评点和提炼式评点的方式，深入理解文章主旨。
2. 学习"摄影"散文的写作方法。

【教学过程】

一、布置预习

1. 上网搜索、了解"摄影散文"的有关知识。

2. 本文哪些句段表明这是一篇围绕摄影画面展开的摄影散文？

3. 本文的文眼句是哪一句？找出与文眼句关联的含义精警句。

4. 你能联想与《前方》主旨相同的流行歌曲吗？

二、导入新课

同学们有过自己借助照相器材，取景、拍摄的经验吗，或者观赏过别人的摄影作品吗？在这自己摄影或观赏他人摄影作品的过程中，有没有感悟到画面背后的某种蕴含呢？这画面背后的某种蕴含形诸文字就成了摄影散文。

请同学们根据课前上网搜索到的资料，为下面的表述填空，给摄影散文下个定义：

摄影散文是以_____为凭借，融入作者与此凭借关联的_____联想，一般用来阐述_____的一种散文。

[明确] 摄影画面内容 社会生活 人生哲理

三、整体感知

1. 根据以上学习的摄影散文的特点，请同学们再读课文，找出课文体现摄影画面线索的句段。

【明确】 第1节，"他们去哪儿？"第8节，"有了我们眼前这辆破旧而简陋的汽车"；第10节，"坐在这辆车里的人们……"；第12节，"这坐在车上的人们"。

2. 请找出体现离家话题线索，表达人生哲理思考的句子。

【明确】 第2节，"人有克制不住的离家的欲望"；第8节，"人的眼中、心里，总有一个前方。……他们仿佛从苍茫的前方，听到了呼唤他们前往的钟声和激动人心的鼓乐"；第10节，"人们早已发现，人生实质上是一场苦旅"；第11节，"人的悲剧性实质，还不完全在于总想到达目的地却总不能到达目的地，而在于走向前方、到处流浪时，又时时刻刻惦念着正在远去和久已不见的家、家园和家乡"，"悲剧的不可避免在于：人无法还家；更在于：即使是还了家，依然还在无家的感觉之中"。

3. 齐声诵读上述有关人生哲理思考的文句。

4. 摄影散文往往融入作者对与摄影画面相关的社会生活的联想，本文联想到了哪些与摄影画面相关的生活内容？

【明确】第3节，联想电视上美洲、非洲荒原上动物大迁徙的场面，想象人类祖先大迁徙的场面；第10节，联想钱锺书、丰子恺两位先生文章中对人在旅途苦痛的描写，设想住于豪华旅行工具中的人们人在旅途时的心境；第11节，联想歌曲和古诗词中有关回家离家的文字。

四、文本细读

1. 是什么使"人有克制不住的离家的欲望"？选用文中的词回答。

【明确】离家的"习性"（第4节），"外面"的"诱惑"（第5节），外在的"压迫"（第6节），"前方"的"呼唤"（第7节）。

2. 同学们在阅读第2—7节时，有没有想起一些与此主旨相似的流行歌曲？能写下相关的歌词吗？

(1)《走四方》

走四方，路迢迢，水长长，迷迷茫茫一村又一庄，看斜阳，落下去，又回来，地不老天不荒，岁月长又长。一路走一路望，一路黄昏依然，一个人走在旷野上，默默地向远方，不知道走到哪里，有我的梦乡。一路走一路望，一路想……（许多人走过这地方，止不住回头望，梦乡可在远方）（节选）

(2)《流浪歌》

……流浪的脚步，走遍天涯，没有一个家，……走啊，走啊，走啊走，走过了多少年华，春天的小草正在发芽，又是一个春夏。……

(3)《敢问路在何方》

……敢问路在何方，路在脚下……

老师补充二首90后学生可能不太熟悉的歌曲。

(4)《外面的世界》

……外面的世界很精彩……外面的世界很无奈……

(5)《橄榄树》

不要问我从哪里来，我的故乡在远方。为什么流浪，……为了梦中的橄榄树……

3. 请同学们主要利用第 2—7 节的相关词句并结合自己的理解评点以上五首歌曲。

【评点参考】

（1）《走四方》

尽管路远水长，前路迷茫，尽管走走望望，迟迟疑疑，但还是禁不住"前方"的"呼唤"，"默默地向远方"。

（2）《流浪歌》

为什么流浪，是天生的浪人"习性"，还是"外面"的精彩"诱惑"？是摆脱家园的桎梏，还是听从"前方"的"呼唤"？可是，既已决意流浪，又为何伤叹"没有一个家"。其实，即使你拥有一个家，你天生的浪人习性又怎能被家桎梏，"流浪的脚步"终究还是要"走遍天涯"的。

（3）《敢问路在何方》

既已选择"前方"，既已听从"前方"的"呼唤"，就坦然自信地接受"坎坷""艰险"。

（4）《外面的世界》

外面的世界很精彩，这是"外面"的诱惑；"外面的世界很无奈"，这又是内心的困惑。这外在诱惑和内在困惑的内外交困是人的生存状态，离家、在路上、向前方是人的生存姿态。

（5）《橄榄树》

我从远方故乡来，为寻"前方"橄榄树。山高水远到此处，不见梦中橄榄树，重整行囊向"前方"，山长水阔又何处。

4. 细读第 9 节，解释四个"家"，两个"前方"的含义。

【明确】 第一、二、三个"家"都指现实境况，是具象的有形的家，第四个"家"指抽象、无形的"精神归宿"。两个"前方"都是指人们的理想追求。

5. 细读第 10 节，评点"人生实质上是一场苦旅"。

【示例】 人生是一场旅程。这旅程首先是物质的苦旅，眼前的这幅摄影作品里的，钱锺书《围城》里的，丰子恺散文《半篇莫干山游记》里的，都是曲折坑洼的道路，时好时坏的汽车，疲惫不堪的人们。这场旅程更是精神的苦旅，因为无论旅行条件好坏，这旅程中人们的心情都常常不好。

6. 评点第 11 节的蕴含。

【示例】 第 11 节揭示的人类"离家"和"归家"的矛盾是一个永恒的矛盾，

这一永恒的矛盾呈现出人类精神状况的四重悲剧：一、人们"总想到达目的地却总不能到达目的地"；二、人在"走向前方，到处流浪时，又时时刻刻地惦念着正在远去和久已不见的家、家园和家乡"；三、"人无法还家"；四、"即便是还了家，依然还在无家的感觉之中"。

此处的家已抽象为人精神的栖身之所。

7. 以"在路上""前方""家"等为主题词，围绕《前方》的主旨，写三段警句式语段。

【示例】"在路上"是人与生俱来的生存状态，"在路上"需要人躯体与灵魂同行。在这样一个人不停步、步不减速的生存状态下，在这样一个灵魂常常追不上躯体的生存状态下，人，有时真需要在路边停一停，让物质驱使着的躯体停一停，等一等落在后面的携着思想的灵魂。

五、拓展文本阅读

《前方》触发我们触摸诸多人类灵魂深处的充满辩证性的矛盾心态，如"离家与回家"，如"身后、身边、身前"，如"近（身边、居家）和远（前方、离家）"等等。请齐声诵读以下文字：

在远和近的问题上，人类怀着特有的矛盾心态。近指的是留在故乡，故乡作为居住地，会使人感到熟悉习惯，因此是人们基本的需要。但近又会使人产生憋闷、压抑之感，而远却具有吸引力，因为它能使人有机会看到新东西和异国风情。

渴望外出和思念归乡是一对孪生姐妹，它表现了人类的矛盾心理，只有真正的人才能彻底消除这种心理。

（节选自卡林·瓦尔特《我与他》，有删改）

六、课后类文评点

我心安处是故乡

黄剑丰

在外工作，总要和各地的人打交道，被人问得最多的就是："你家乡哪里？"

通常脱口而出的是"潮汕"。而过后却又在心底里暗问自己："潮汕真的是我的故乡吗?"

在潮汕有这么一句俗语"潮汕福建祖",说的是潮汕人的祖先大部分都是从福建迁移过来,那么福建是我的故乡?也不是!在我们祭祖的祠堂横匾上分明写着"江夏世家",江夏古属河南,翻查族谱,上面注得分明:"祖籍河南光州固始"。呵呵,原来自己还是个河南人!可是当真正和河南人在一起的时候,单是一口浓重的潮汕口音,便难以找到丝毫的共同点!

故乡在哪里呢?我惶恐了。

惶恐之余我也在不停地寻找。大学毕业后,我留在广州,开始工作的时候,在单位不远的地方租了一间小房子,虽然是自己居住的卧房,却很少去打理,心里有一种很别扭的感觉——房子是租来的,打理得多漂亮也不是自己的。在"我的"与"别人的"的心理冲突中,我最终还是选择了固守自我。广州在我心中是人生旅途的一个落脚点。

此身在外,潮汕的风物便都成了脑海里的记忆。一年回去一次,每次回潮汕之前也在单位大声宣布:我要回故乡了!

有家的地方就是故乡吧?我想。

也不尽然。

因为在湖南待过了一段时间,我习惯了吃辣椒,因而常被家乡朋友们取笑是"外省仔"。去年回家的时候,为了赶时间,下了客车之后在车站打了一辆"的士",司机是个四川人,一番寒暄,他竟然不相信我是潮汕人。我问他哪里不像,他摇头:感觉就是不像!悲乎!难道潮汕十几年的水土滋润不敌外面湘风楚俗秦山汉水几年的熏陶,我成了一个外省仔?

一年多后,家里人也从潮汕迁来了广州。今年春节全家都没有回潮汕,我买了春联、年历,把"家"装扮得一片喜气洋洋。异乡租来的家在游子心中一片温馨。

而我真正深切感觉这个家的存在却是在一个晚上。

那天晚上出席一位朋友的生日 Party,一直到十二点多才结束。从酒店出来,都市的灯光一片耀眼的明亮,抬头处,夜空一片深邃,几颗寒星稀疏地吊在天幕。夜色清静,也许是因为轻微的酒后,也许是刚才的喧哗与眼前的寂静形成了强烈的对比,我心情一片寥落,犹如大海里航行的大船被搁浅抛弃在沙滩。第一次如此明显地感觉是处在别人的城市里。我心里突然如此迫切地想回到自己那个租来的家!的士来了,我坐上车,说了自己的住处,心头一片温馨,感觉里,住处就是家的代名词。在这个喧哗的别人的城市里，有我的一方容身之地——那就是我的家！家是我心灵安歇的地方。

有家的地方，即使异乡也是故乡！

记得上高中那阵子，看了三毛的书，非常羡慕她的流浪生活。年轻的我对外面的世界充满了渴求，曾在一篇文章中写道："流浪，有人把它看得无奈而悲凄。我觉得人一生一世，能到远方去走走，那是人生一大幸事。我们出生在这个星球，这个星球就是我们的家。这地球上的土地无所谓你的，也无所谓我的，准确地说应该是我们的。世界上无所谓流浪，顶多是我们走远一点，去熟悉我们人类共同的家园而已。"

什么是故乡？台湾作家刘墉对故乡是这样诠释的："死在哪儿，哪儿就是故乡。故乡，故乡就是亡故的家乡。"我还年轻，死对我还是一件遥远的事。那么故乡在何处？

此心安处是故乡！

【点评提示】

(1) 开头写费尽周折查族谱，目的是什么？我找不到"故乡"，惶恐什么？

_____

(2) 作者参加完朋友的生日晚会出来后的一段夜景描写，在文中起了什么作用？

_____

(3) 怎样理解文中引用的刘墉的话？

_____

(4) 评点本文的构思。

_____

【示例】

(1) 目的：追问"故乡到底在哪里"这个问题，以引出"祖籍之地不是故乡"的结论。"我惶恐"的是发现祖籍之地不是故乡之后，心灵上的所谓"故乡"失去了依托。

(2) 把城市的夜景描写得冷清、寥落，充满了孤寂感，借此突出身在异乡的孤独；为下文认同自己在这个城市的家做心理准备。全文情感的结论就是从这次夜晚"回家"开始的。

(3) 文中引用刘墉的话，"死在哪儿，哪儿就是故乡……故乡就是亡故的家乡"，准确地阐明了作者的观点：传统的"故乡"观念应该改变，不能再固守在生养自己的土地上，而应该去自己该去的地方。生处是故乡，死处也是故乡。天涯何处无故乡！

（4）全文一波三折，先是从生活中的小事件入手，引出故乡在何处这个话题；再否认本来意义上的故乡，追问真正的故乡何在；最后以夜晚在街头急于回家为转折点，得出天涯何处无故乡的结论。

七、课后写作训练

以下面的摄影画面为材料写一篇摄影散文，注意提点摄影画面，联想相关生活，逐层哲理思考的交融。

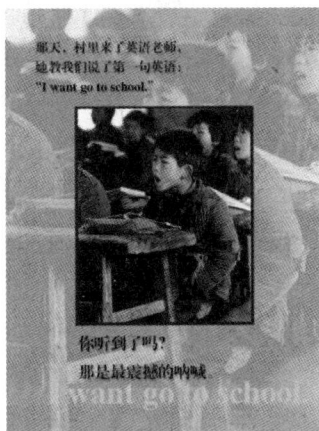

【思路解说】

要守护语文教学的语文性，必须在语文教学的每一个环节落实言语实践活动。这样，才能保证语文课像语文课。本节课在以下环节中逐层深入地落实了言语实践活动。

一、在整合网络材料中落实言语实践活动

在信息媒介素养逐渐成为语文素养要素的今天，布置学生上网搜索有关"摄影散文"的知识应是语文学习的常态作业。但这样的常态作业如何关联言语实践，如何体现语文性，却是必须要科学预设的。教者让学生在课堂上整合网上搜

索到的有关摄影散文知识，给摄影散文下定义，是着眼于学生筛选要点、整合表达的言语实践能力的训练，是体现语文性的预设。

二、在筛选诵读关键词句中落实言语实践活动

抓住摄影散文的三个构成要素，抓住描述摄影画面的线索和思考人生哲理的线索二线并进的特点，分别从描述摄影画面，联想相关生活，思考人生哲理三个方面筛选诵读关键词句。这样的言语实践落实了筛选关键信息的语文能力培养，落实了在诵读中整体感知的语文能力培养。

三、在联想评点中落实言语实践活动

联想甚至演唱同类主题的流行歌曲是可以激发趣味的语文综合实践活动，是可以使深刻的人生哲理世俗化、通俗化的语文综合实践活动。但是，这样的语文活动如果不能和科学的言语实践交融，很有可能蜕变为非语文活动，语文课也很有可能因此蜕变成音乐课、才艺展示课。

教者预设布置了这样一个言语实践环节，即让学生主要利用第2—7节相关词句并结合自己的理解，评点联想到的同类主题的五首歌曲的歌词。

这样的言语实践活动保证了歌词联想活动始终不脱离文本。其实，融入文本主题关键词和自己理解的评点既符合本专题推荐的评点的文本研习法，又典型地体现了言语实践的语文性。

联想歌词，吟唱歌词是文本研习的合理扩展，也是语文学习生活化的体现。融入文本主题词的评点是文本研习的主题聚焦，融入自己理解的评点是文本研习的个性化解读。

四、在句段表达中落实言语实践活动

深入地读文本要和相应的言语实践交融，这样可以起到读写互动的功效，起到以反复推敲地写促动深入理解地读之功效。之所以看重写的言语实践，是因为反复修改推敲的写本身就有助于阅读理解的逐渐清晰，逐渐深入。

教者安排围绕文本主题词"在路上""前方""家"写作有警句特点的言语实践，有助于提升对文本理解的深刻度。

教者安排的以某幅摄影画面为材料写作摄影散文的言语实践，有助于落实学习摄影散文写作方法的教学重点，有助于理解鉴赏《前方》这个文本的构思艺术。

小说语用化单元整体教学设计

——以人教版高中必修五第一单元小说教学为例

真语文需要真知识。

何谓语文的真知识？语文的真知识首先是与时俱进的知识，那种一讲小说还是"小说三要素"的陈旧性知识，不是语文的真知识。语文的真知识还得是能用的程序性、策略性知识，那种一讲小说只能指认不能鉴赏"小说三要素"的陈述性知识，不是语文的真知识。本文以人教版高中必修五第一单元小说教学为例，探讨如何引导学生用"小说三要素"的新知识鉴赏小说，从而让学生学得小说鉴赏的真语文知识，习得小说鉴赏的真语文能力。

"情节、人物、环境"这个有关小说的陈述式共性知识，长期以来已成为我们小说教与学难以逾越的屏障。这样的屏障既使我们无法真正地深入传统小说的三要素，又使我们面对非传统小说时茫然失措。结果是原本应该非常有趣的小说教与学，带给师生的却是干枯无味的感受。教与学双方如何穿越这个屏障，是我们教学人教版高中必修五第一单元小说的着力点。涉及的篇目有四篇，包括课本中的《林教头风雪山神庙》《装在套子里的人》《边城》，读本中的《哦，香雪》。如何在这四篇小说的教学中穿越陈述式共性知识的屏障，我们的做法主要有五点：一是深化传统小说三要素内涵，把有关三要素研究的新知识嫁接活用到课堂上，比如情节叙述的视角、节奏、速度，比如扁平人物和圆形人物等等；二是引入有关非传统小说的有用的知识，比如散文体小说、诗化小说；三是优化中国传统的阅读点评法，引导学生对贯华堂金圣叹水浒评本中的点评进行再点评；四是引导学生从各种视角改写小说，在改写中更深入地体味小说叙述的视角、节奏、速度、语气等等；五是穿插人教本选修教材《外国小说阅读与欣赏》的有关内容，以优化学生小说阅读的知识和能力。

情节

《林教头风雪山神庙》课堂教学导入："谋害、追害与复仇、杀敌"，这是《林教头风雪山神庙》叙述的情节。如何叙述小说情节是一个很有趣的事情，也是对提升同学们记叙类文章写作水准很有用的技巧。本节课我们拟从叙述呈现的节奏，叙述表现的速度，叙述采用的视角，叙述选取的环境四个层面，和大家一起欣赏体悟小说叙述的艺术。

一、情节叙述呈现的节奏

节奏本指音乐中出现的有规律的强弱、长短。叙述的节奏就是情节展开时呈现出来的强弱、长短。曹文轩在《小说门》中说到小说的节奏时，曾拿音乐和足球打比方。音乐有强弱、长短、高低，足球运球有"慢速、快速、突进"，忽停，改向。小说情节体现的节奏也是这样。它必得有高低、强弱的参差变化，否则便呆板乏味而令读者产生阅读的疲劳。就《林教头风雪山神庙》的"谋害、追害与复仇、杀敌"的情节叙述而言，它不能由开始的紧张激烈到最后的无果而终，呈现出由高昂到低沉的向下型情节线，那会使人恹恹欲睡；它不能不紧不慢，平铺直叙地呈现出直线型情节线，那也会使人恹恹欲睡；它也不能呈现出愈来愈高昂激烈的情节线，阅读者的心理会承受不了。它应该呈现出高低强弱变化，起伏曲折的情节线。曹文轩用"摇摆""折腾"描述这样的情节构思。

【设问 1】同学，你能梳理小说高低强弱变化，起伏曲折的情节线吗？

二、情节叙述表现的速度

情节叙述中的概述可起到加速的效果，这类似于摄影中的快镜头。情节中的空白是这种加速的极致。情节叙述中的描写可起到减速的效果，这类似于摄影中的慢镜头。

【设问 2】小说情节叙述中的快镜头有哪些？

如小说开头林冲、李小二夫妇巧遇相叙，如课文第 5 节林冲买刀寻仇一段，这些快速镜头主要对慢镜头起铺垫引出的作用。

【设问 3】小说情节叙述中的慢镜头又有哪些呢？

慢速的情节叙述和足球比赛过程中的慢镜头回放一样，表达的是小说中情节的精彩之处，是小说中浓墨重彩加以描写的部分。如小说中李小二夫妇酒楼阁子里外，对陆谦等人有意无意地眼观耳闻；如林冲风雪夜于压倒的草厅内摸搜絮被，检视火种；如林冲风雪夜山神庙中亲听庙外陆谦等人的谋杀阴谋；如林冲风雪夜山神庙前手刃仇敌。小说情节叙述的快速与慢速须交替出现。一味的快速与一味的慢速，都是一种匀速推进。在小说情节叙述的速度的理论方面，曹文轩有"均匀"是"一种失败的速度"的阐述，匀速推进的情节叙述都会使阅读者恹恹欲睡。而《林教头风雪山神庙》的情节叙述的速度是快速与慢速交错行进，快慢各得其宜的。

三、情节叙述采用的视角

中国古典小说喜欢采用第三人称叙述视角，按说第三人称叙述视角应该是无所不知的，可以向读者交代清楚一切。可是《林教头风雪山神庙》中的第三人称叙述却巧妙地借用"听"字做文章，使第三人称视角兼具限知视角和全知视角之妙。

【设问4】小说中出现两处"听"，同样是听，一处有限知视角之妙，一处有全知视角之妙，各有妙处，不同在何处？

小说中有两处精彩的"听"，一是李小二夫妇阁子里外的"听"。这处"听"，无意听得"高太尉"三个字，有意"听了一个时辰""正不听得说甚么"，就是一种第三人称限知视角。第三人称限知视角的情节叙写，自然生发出空白和悬念。第二处"听"是林冲山神庙中的"听"，此处的"听"有一种第三人称全知视角的情节叙述效果。此处，一连用了九个"一个道"的对话，说及高太尉、高衙内，官营、差拨，张教头、林冲相关人等；说及放火谋害、霸占林妻相关密谋，直如把高太尉、陆虞候等人的歹毒谋害在山神庙前悉数招供了出来。这样的罪恶昭彰也才使得下文林冲山神庙前对仇敌的痛杀，杀得解气，杀出正气。

从情节叙写的有限和无限视角观照，我们不妨设计以下环节：把此回的酒店之密谈和第七回酒店之密谈进行比较。第七回陆谦和董超、薛霸有关充军途中谋害林冲的对话，吩咐交代，事前事后，来龙去脉，一清二楚，已有全知视角的情节叙述效果。这样的情节叙述和《林教头风雪山神庙》中林冲山神庙中的"听"一样，使得恶人奸计暴露无遗。

四、情节叙述选取的环境

小说中的环境描写，对于小说的情节往往有以下作用：引入与过渡，烘托与反衬，调节节奏，营造氛围。《林教头风雪山神庙》中有两处绝妙的环境描写，一是"雪"的描写，一是"火"的描写。

【设问5】小说中"雪"的描写各有妙处在何处？

小说中风雪的描写起到了烘托气氛、推进情节、展示心境的作用。"正是严冬天气，彤云密布，朔风渐起，却早纷纷扬扬卷下一天大雪"；"那雪正下得紧"；"到晚越下得紧了"；课文省略的风雪，是小说最后林冲手刃仇敌时的"那雪越下得猛"。风雪越下越猛烈，烘托得情节越来越险恶，烘托出林冲越发寒凉的心境和冷峻的性格。

与白的雪互为映衬的是红的火。《林教头风雪山神庙》节选部分有七处火的描写，在推动情节发展，刻画人物性格方面显出作者的别具匠心。

【设问6】小说中的七处火各有妙处在何处？

前三处的"火"是故设疑影之火，再三提及的火简直使人怀疑，草场重地，能不失火吗？第一处"火"是首到草场，"只见那老军在里面向火"，第二处"火"是老军向林冲移交时特地将"火盆"借与林冲，第三处"火"是林冲"放了包裹被窝，就坐下生些焰火起来"。第四、五处"火"是解疑之火，刻画性格之火。第四处林冲外出买酒前随手"将火炭盖了"，第五处林冲伸手去摸倒塌的草厅里的火盆，"火盆内火种都被雪水浸灭了"。这两处火既彻底解除了草料场大火是火盆引发之疑，又侧面刻画了林冲精细的性格。第六处"火"是草料场陆谦等人的纵火。以上六处是实写的火，第七处应是虚写的火，想林冲听得草料场大火实情后，心中必是怒火腾焰。草料场红红的腾焰，天地之间飘飘的白雪，空气之中呼呼的北风，林冲心中冲冲的怒火，林冲枪刀愤愤的杀仇，这一切汇成惊天动地、撼人心魄的悲壮场景。

下面主要从以上情节叙述的四个角度和人物刻画的角度选择评点课文的精彩之处。有关这一回，金圣叹除总评外，还给出了六十多处眉批，此中不乏妙笔生花之评。我们现在既是和金圣叹对照"英雄所见"，在某些地方也是和金圣叹打擂"谁是真的英雄"。我们的方式主要有以下五种：一是比评，即在金圣叹评点处，给出我们自己的评点，加以对照；二是释评，即在金圣叹叹而不评处加以详细解释，金圣叹评点时常以"妙""绝妙""看他用笔何等诡谲"等词句对小说的精妙之处做观止之叹，我们现在主要对这"妙""绝妙"加以解释；三是新评，即用现代小说理论对金圣叹评点处加以新评；四是联评，即联想本书或其他经典名篇中的相似或相关笔墨，联想比较作评点，这种评点显出阅读者的阅读积累和鉴赏素养；五是补评，即于金圣叹未评而自己觉得精妙处给出自己的评点。

【设问7】同学，你能按课文顺序，借助新的小说知识，选择精妙处，给出自己的评点吗？

1. 第1节第5行"……撞见"

叙林冲巧遇他曾搭救的李小二，是为了阁子里外李小二夫妇之"听"这个限知视角设置的需要。（新评）

2. 第1节第9行"……都死了"

用"都死了""随手省去"李小二丈人丈母，不"随手省去"又免不了一番执礼相见，平添逸笔。执礼相见本是烦琐的"有话"，但却暗合"有话则短"（汪曾祺、林斤澜语）原则，以"丈人丈母都死了"简笔短写。（释评、新评）

3. 第1节末行"……做本钱"

叙述得如此亲热，似与"风雪山神庙"离得远了，却是后文李小二夫妇留心与恩人有关的见闻的铺垫。（释评）

4. 第2节第2、3行"……闪入来"

不说两个人闪入，而是一个一个写，慢镜头展示两人的鬼鬼祟祟，是"无话则长"（汪曾祺、林斤澜语）的繁笔长写。鲁迅《秋夜》中有类似笔墨："在我的后园，可以看见墙外有两株树，一株是枣树，还有一株也是枣树。"（释评、新评、联评）

5. 第2节第4行"……坐下"

贯华堂金圣叹水浒评本中，"跟着"后有句读，而课本中此处却没句读。"跟着"后有句读，更有慢镜头展示动作的效果。（补评）

6. 第2节第3行"……看时"

"看时"，两字为句，叙述视角是李小二的。（新评）

7. 第2节倒数第3行"……不暇"

叙述视角转为说机密那人的，"穿梭也似"写出说机密人眼中李小二的碍事可厌。（新评）

8. 第3节第3行"……三个字来"

只点出"高太尉"三个字来，详略正好。隐隐约约透出悬念，伏下险情；隐隐约约使第三人称叙述有限知视角的效果。（新评）

9. 第3节倒数第5—7行"……再理会"

此处老婆让喊林冲来认人而小二否决的情节，金圣叹评点只是"妙""又妙"。详释其妙，一妙在符合情节曲折行进的需要，因为若真有林冲当下来认出陆谦的情节叙写，则后文便到此为止，无以为继了。不认，则使情节暂处平缓阶段，为下文情节的激烈紧张做个缓冲。这也是曹文轩所谓情节运行的"摇摆""折腾"。二妙在借小二之口揭示林冲"性急"的性格。（释评、新评）

10. 第3节倒数第5行"……递与官营和差拨"

"听了一个时辰""不听得说什么"，却"只见""一帕子物事"的暗暗传递。第三人称有限视角的情节叙写渲染出了情节运行的神秘阴险。（新评）

11. 第5节第1行"……带在身上"

此处带出尖刀，到得草料场后只勤叙花枪、葫芦，直至杀陆谦时尖刀才出现。此处的带出尖刀为下文的使用尖刀埋伏笔，下文的使用尖刀与此处的带出尖刀照应。关于这条叙事策略，契诃夫有著名的"猎枪说"：如果你在小说中看到墙上挂着杆猎枪，那么在该小说结束前，你总能等到子弹迸发而出的时刻——伤害或被伤害，总之它不会永远悬挂在墙上。（联评、新评）

12. 第6节第2行"……抬举得你"

明明安置草料场是陆谦等人的密谋，却从柴大官人说起，金圣叹评为"妙绝妙绝"。一妙在使阴谋施展得自然；二妙在继续放缓上文紧张的节奏，上文提刀寻仇不着"已自心下慢了"，此处拨往草料场更使已趋缓慢的节奏越发缓慢下来。（新评）

13. 第6节倒数第2行"……离得远了"

此前为了阁子里外"看""听"之需，为了情节推进之需，安排了李小二夫妇这个第三人称限知视角。到得草料场，无须再用此限知视角了，因此完结李小二夫妇。（新评）

14. 第7节倒数第3、4行"……借与你……拿了去"

两句对话，其妙有二：一妙见性格，老军是"借与你"，林冲是"拿了去"；二妙显自然，明明重点在"火盆"，却带出"锅子、碗、碟"诸物，意在以诸物陪衬"火盆"，叙述自然，不着痕迹。（新评）

15. 第8节第3行"……修理"

原想在沧州好好挨到回家日！此处心理一是体现林冲随遇而安的性格，二是表明林冲对未来还未绝望。（补评）

16. 第9节第3行"……纸钱"

原评只是"妙绝奇绝"，此处妙绝之一是刻画人物，望菩萨保佑能在此权且安身好好过活，是林冲性格中心存侥幸、隐忍苟活的一面；妙绝之二是为下文古庙投宿埋伏笔。（释评）

17. 第9节倒数第3行"……又吃了数杯"

买酒肉即回则雪重压棚的时间似乎不充足，此是情节叙述中的细节真实。（补评）

18. 第10节第8行"……靠了门"

后文有陆谦等人的推门，此处是伏笔，也是细节的真实。（释评）

与《林教头风雪山神庙》这样的传统小说的情节叙写和人物塑造不同，《边城》《哦，香雪》《装在套子里的人》表现出了异于传统小说的特质。传统小说往往有更完整的故事情节和更尖锐的矛盾冲突。就故事情节层面而言，《边城》《哦，香雪》表现的是散文化小说、诗化小说的特征，而《装在套子里的人》表现的是讽刺小说的特征。

散文化小说、诗化小说叙事，不追求离奇的情节，不局限事物的时空，而是捕捉并巧妙运用表面平淡琐碎、内里深厚新奇的细节，充分发挥感官知觉的渲染、烘托作用。

【设问8】《边城》《哦，香雪》里有哪些多次出现，给你深刻印象的细节？

《边城》中，有若干这样似乎零碎的细节，如翠翠端午节等爷爷带她回家时巧遇二老，就有了大鱼吃翠翠的对话细节，这个美好的对话细节多次出现；如翠翠和黄狗帮助爷爷，不许送钱给爷爷的卖皮纸的过渡人离开渡口的细节，等等。《哦，香雪》中，台儿沟的姑娘们在固定时间里和火车乘客换物品的细节，反复出现的铅笔盒细节，等等。

【设问9】《装在套子里的人》有哪些漫画式的夸大细节让你觉得不可思议？

作为讽刺小说，《装在套子里的人》也没有完整的一以贯之的故事情节，更多的却是日常生活中夸张变形的细节描写和零碎的情节，如别里科夫生活习惯式的套子的细节描写，如别里科夫"千万别闹出什么乱子"的口头禅式的套子的细节描写，如有关别里科夫谈情说爱的漫画式的细节描写，如有关别里科夫和柯瓦连科的争执的细节描写。

性格与主题

传统小说的人物性格更加复杂化，表现出"圆形化"的性格特征。就《林教头风雪山神庙》而言，林冲在忍辱负重、随遇而安与疾恶如仇、奋起反抗之间，表现出了曹文轩所说的"摇摆"的特征，表现出了典型的圆形人物的性格特征。

【设问10】林冲表现出了哪些"摇摆"的圆形人物的性格特征？

1. 安分守己、忍辱负重、随遇而安是林冲的一个性格侧面。他有一个美丽贤惠的妻子，有美满的家庭和很高的社会地位，这一切决定了他的忍辱负重，爱妻被高衙内调戏，他选择息事宁人；白虎节堂被陷害而刺配沧州，他依旧忍辱负重，内心深处还存着"早晚大可怜见""依旧夫妻团聚"的想望。林冲的这一个性格侧面很有中国国民性格的代表性。2. 正直善良、侠肝义胆，而又刚猛激烈、疾恶如仇是林冲的又一个性格侧面。在东京、沧州济助李小二夫妇体现了他的正直善良、侠肝义胆，而面对高俅、陆谦等人斩尽杀绝的逼迫时，他奋起反抗，手刃仇敌，这又体现了他的刚猛激烈、疾恶如仇。3. 细心周密也是林冲性格的一个侧面。这在小说中主要体现在对草料场火盆的细致处理上。

"官逼民反"是《林教头风雪山神庙》的主题，就整部《水浒传》而言，林冲的反抗已超越了个人反抗的范畴，他的反抗"已与当时社会的颠覆势力融为一体，升华为一个社会阶级的反抗，明显地带有政治性质"①。

散文化小说、抒情小说写人，着力于开掘人物内心世界的细微隐秘，着力于表现人物品德情操的高尚美好。散文化小说、抒情小说中的人物形象，因为更加单一纯粹而表现出"扁平化"的象征性特质。不论是向往现代文明，追求文化提升的香雪，还是心地美丽善良，凄凉地守着心中美好的翠翠，都表现出了这种象征意味。

散文化小说、抒情小说的主题表现特别讲求含蓄蕴藉，手法委婉凝重，为此时常借助自然景物、社会风习形成意境，设置氛围，采用象征手法，力求造成强烈而悠远的艺术效果，耐人寻味，引人回味。

【设问11】在月夜步行三十里回家这个场景的描写中，小说借助哪些抒情小

---

① 石昌渝. 林冲与高俅［J］. 文学评论，2003（03）.

说的手法，塑造人物形象，含蓄揭示了什么样的主题？

香雪得到铅笔盒后，月夜步行三十里回家这个场景的描写，借助心理活动、景物烘托、穿插回忆等诗化小说的艺术手法，既烘托出了香雪诗化的单纯美的人物形象，又含蓄地揭示出小说的主题。此时的铅笔盒俨然有了象征含义，象征着实现现代化的理想、推动生活前进的力量。

王继志在《沈从文论》中认为《边城》有两重主题和结构，表层是处处由"偶然"支配的美丽而略含凄清的爱情悲剧，叙述的是"酉水流域一个小城市中几个愚夫俗子，被一件人事牵连到一起时，各人应有的一份哀乐，为人类爱字作一度恰如其分的说明"。深层则象征着作家企图用民族的"过去伟大处"来重塑民族形象、重塑民族品德的热切愿望，以及这个愿望在"堕落趋势"面前显得无可奈何的估计与苦闷。

【设问 12】《边城》中有哪些单纯的"爱"的描写，这些"爱"生发的自然和社会环境有何特征？作者描写这些"爱"的现实含义是什么？

《边城》中的湘西，风光秀丽，民风淳朴。这里，没有等级，不谈功利，人与人真诚相待，相互友爱。外公对孙女的爱，翠翠对傩送纯真的爱，天保兄弟对翠翠真挚的爱，兄弟间的手足之爱。这都是未受污染的农业文明的传统美德。借助对边城秀丽自然风光的描写，对质朴生活的描写，对人与人之间纯洁的爱的赞美，沈从文表达的是，对物欲泛滥的现代文明浅薄庸俗和腐化堕落的批判，对重建民族品德和人格的呼唤。

借助于讽刺夸张的艺术手法，《装在套子里的人》中别里科夫的形象表现出了单一的"扁平化"特质，别里科夫已然成为"反动卫道士"的代名词。

【设问 13】具有"扁平化"形象特质的别里科夫，他的性格二重性表现在何处？

别里科夫具有性格的二重性：他既是沙皇专制制度的鹰犬，又是牺牲品；既是凶恶可怕的卫道士，又是不堪一击的可怜虫。他的可恶之处在于性格上的顽固保守、躲避现实、害怕变革和人格上的卑劣。他的可怜之处在于专制制度毒化了他的思想、心灵，使他整天六神无主、战战兢兢，为了维护专制制度而丧失了自我。他既是沙皇专制统治的维护者，也是受害者。

总之，他不但不知自己的"奴隶"身份，而且想极力地让"全城的人"都生活在"做稳奴隶的时代"。

环境

与《林教头风雪山神庙》中"雪"与"火"的自然环境主要起推进情节的作用不同，抒情小说《哦，香雪》《边城》主要借助于一系列具有象征意味的意象展示环境。

从小说意象象征含义揭示的角度，我们可以更精准地领会散文化小说、抒情小说和讽刺小说的环境。南开大学刘俐俐教授在分析废名诗性小说《桃园》时，从小说意象分析的角度切入，对我们分析诗性小说《哦，香雪》《边城》是一个借鉴。《哦，香雪》《边城》都有贯穿全文的意象。如《哦，香雪》中的山村台儿沟、鸡蛋、铁轨火车、北京话、自动铅笔盒，如《边城》中的边城、渡船、爷爷、端午节、狗，这些贯穿全文而且具有象征含义的意象，既是小说主题的隐喻，也是对小说环境的烘托。

【设问14】《哦，香雪》《边城》《装在套子里的人》中有哪些反复出现的象征性意象？象征含义是什么？

《哦，香雪》中的"山村台儿沟"是改革开放初期还处于封闭贫穷落后状态的农村的象征，"鸡蛋"则是山村淳朴民风的象征，铁轨火车、北京话、自动铅笔盒是文化和知识的象征，是现代文明的象征。

这一系列水乳交融的象征意象呈现出20世纪80年代初整个中国走向文明、开放的艰难坎坷的大环境。

《边城》刻意渲染的"边城"环境，是一个偏远封闭、纯净宁静的自然社会，这样的环境孕育的是淳厚自然的民风，纯洁真挚的人性。由此构建出作者心目中一种有别于都市自私、虚伪、卑鄙的理想的桃源生活，一种"优美，健康，自然，而又不悖乎人性的人生形式"。这样的环境借助于一系列具有象征意味的意象得以呈现。

"渡船，爷爷，端午节"这些意象象征着少数民族古老的历史，象征着风俗淳朴、重义轻利、正直素朴的人情美，象征着少数民族古老的生活方式。文中的"狗"则象征一种神话崇拜，人要追求更高的美德，就一定要保留如动物一样的原始天性。边城是落后的、封闭的、原始的，作者却极力歌颂这样的原始美德。因为只有具备原始美德的人，才能不流于贪婪和奸诈。

《装在套子里的人》中，套子就是一个象征性的意象，象征着别里科夫制造的保守顽固，恐惧和压制进步力量的全城的小环境，象征着沙皇政府打造的压制自由、践踏人权、专制独裁的全社会的大环境。

文言文语用化教学设计
——以《阿房宫赋》教学为例

一、教学理念

高耗低效、无用无效一直以来都是中学文言教学的态势。现代言语实践是激活文言教学进而改变文言教学高耗低效、无用无效的有效策略。现代言语实践是指目前处于实际运用状态的言语，现代书面语言语是其主要形式，现代口语实践和浅易文言写作实践是其次要形式。

二、课前预习

1. 仔细对照注释看原文三遍以上，罗列文中未注或注而不清、不详的难懂词句，试着联系以前学过的文言、现代汉语，借助工具书加以解决。

2. 通过资料查找或网上搜索，了解赋这种文体的特点。

3. 早晚读时，第1—3节采用同座对读（上句对下句）的方式，第4节采用两人齐读的方式，大声朗读，争取背诵。

4. 末节四个"后人"，哪三个相同？分别指什么人？为什么不直接具体地说今人或唐人而委婉宽泛地指后人？《六国论》为什么直指当今"天下"？能否从讽谏现象的普遍程度和危险急切程度的不同说说理由？

【设计说明及课后反思】第1个设计落实以现代言语实践激活文言教学的理念，第2个设计便于学生课堂学习时把握赋体"群英会"的语言特征，第3个设计是文言教学正统地道的教学法，对读的预习既激"读"趣，又是对品味语言这个课堂教学环节的诱导和铺垫，第4个设计是从板块主题"后人之鉴"的角度引导同学用比较的方法深入思考全文主旨。根据课堂反馈来看，学生第 1、2 个预习积极充分，第 3、4 个预习在课堂互动的"一点通"中确实有"灵犀"之功。

三、课堂教学

出示目标：

以"古今联系、填句运用、调序翻译、换词比较、读写结合、品写结合"等方法，落实我们古文教学中的"关键词句法"和"仿写法"，从而品味并尝试运用赋体文章中的精粹语言，且在语言的品味运用中自然认同"戒奢戒侈，以古为鉴"的正确价值观。

【设计说明及课后反思】叙述目标能够帮助做到行为主体明确，行为动词具体，目标的三个维度交融合一。课堂教与学自始至终体现出商量预设的明晰自觉特点，体现出互动生成的精彩活泼特点。

昨晚看了同学们做的罗列课本注而不清的难解词句作业，下面的投影是同学们普遍反映难解的词句。同座可以讨论，看看能否找到助解法，5 分钟后抢答。

1. 未云何龙？（云，意"雨过天晴"，否定词后名词作动词用，语法推）
2. 辇来（辇，名作状，现代汉语同类助解，如"船去"）
3. 鼎铛（铛鼎，名词意动，成语同类助解，如"幕天席地"）
4. 绿云扰扰（绿云，意"青丝"，现代汉语关联词助解；扰扰，意"纷扰、纷乱"，现代汉语组词助解）
5. 杳不知其所之也（杳，意"远得看不见踪影"，成语助解，如"杳无音信"；之，意"到"，又如"辍耕之垄上"，联系记，"所"字结构中"所"后的词必是动词，词法推）
6. 一人之心，千万人之心也（意"将心比心"，"人同此心，心同此理"，现代汉语俗语助解）

【设计说明及课后反思】这样的设计旨在使文言词句教学化枯燥无味为活泼有趣，是以现代汉语言语实践激活文言词汇的掌握。对"绿云扰扰"的理解，学生有障碍，反映出的问题是积累不足。

《六国论》《阿房宫赋》都是借古讽今之作，下面请填充：

	古事		今事	讽
《六》	六国赂秦而亡	紧急军事 苟安策略	北宋赂契丹西夏	"下矣"

【明确】

	古事		今事	讽
《阿》	阿房宫由成而毁	腐败政治 穷奢极欲	唐敬宗大修宫室	"爱""哀""鉴"

【设计说明及课后反思】使学生在比较中把握"借古讽今"的板块主题，使教学一开始就体现出板块的整合性。学生有填"哀""鉴"的，有只填"鉴"的；"腐败政治，穷奢极欲"尤其是"穷奢极欲"，一般能大致填出。

听老师范读，画出体现文章思路的关键词，已有了一个现成的"爱、哀、鉴"，现在主要听读，找出体现阿房宫、秦王朝命运走向及原因的词。

【明确】

出一
↓
奢、骄、固——怒
↓
焦土、族灭
↓
爱、哀、鉴

【设计说明及课后反思】设计的目的主要是落实通过抓关键词把握文本内容主旨的教学法；同时结合文意顺带强调一下这几个关键词体现的古汉语语言现象，如"一"的"成为一统"意中透出秦王朝一统天下的气势，"哀"的"为谁而哀"的为动用法，"鉴"的"以何为鉴"的意动用法等等。学生一般不能搜索出原因中作为外因的"怒"字，反映了学生缺失内外因辩证思考的思维缺陷。经过对"内外因"的提示后，学生才找出"怒"字。

作为一篇文赋，《阿房宫赋》具有赋体文章的什么特点？所谓"写志"就是写作主旨之所在，具体到本文是哪一块内容？所谓"体物"就是描摹景物，具体就是指讲究辞藻音韵，铺展描摹景物，和我们已熟悉的"赋、比、兴"手法中"赋"的手法相近。以上体现文章思路的四块内容哪一块最能体现铺陈的描写特点？分别重点铺陈了阿房宫哪三方面的内容？

【明确】

```
                           出一
                            ↓
        ┌体物（铺陈）    奢、骄、固      ┌宫貌
      赋┤                   ↓      ——怒┤宫人
        └写志（讽今）    焦土、族灭      └宫里
                            ↓
                        爱、哀、鉴
```

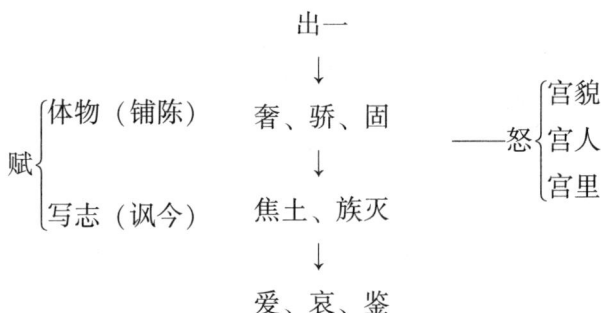

【设计说明及课后反思】设计旨在检查课前预习2的效果，使学生对文赋特点有更概括清晰的认知，同时把握文章语言精华所在，引出下面的重点研读。由于课前预习、诵读充分，学生回答情况较好。读文本首先要整体把握。

下面我们先看"宫貌"部分，请同学们根据提供的文段意，把第1节相关原文嵌进文中。

【明确】站在骊山之巅俯视阿房宫，你就不由不惊叹了，好一个雄伟壮观的阿房宫啊！它何其广也，覆压三百余里，它又何其高也，隔离天日。它占尽了山水形胜，宫中有山水，山水在宫中，骊山北构而西折，直走咸阳。二川溶溶，流入宫墙。房屋有多少？矗不知其几千万落。只觉得这些房屋依山而建，弯弯曲曲，盘盘焉，囷囷焉，密密麻麻，像蜂房，像水涡。看着看着，一道奇异的景象令人目眩，初看那是长桥，再看又像龙；初看那是复道，再看又像虹。你不由惊诧了，长桥卧波，未云何龙？复道行空，不霁何虹？这一切美得让人眼花缭乱，不辨方向，真是高低冥迷，不知东西。还是下山近前，似乎终于看清庐山真面目了，五步一楼，十步一阁，廊腰缦回，檐牙高啄，各抱地势，钩心斗角。这一

面，歌声响，驻足谛听，似乎春天的温暖荡漾周身，真是歌台暖响，春光融融；那一面，舞袖飘，注目凝视，似乎风雨的凄冷侵袭面庞，真是舞殿冷袖，风雨凄凄。一日之内，一宫之间，而气候不齐。

【设计说明及课后反思】文言学习必须要掌握其中的精粹语言。本设计旨在提供鲜活的现代言语实践的情境语段，使对文言精粹语言的掌握避免死记硬背的枯燥，变得有趣味。学生初次做阅读填空时，易在"蜂不知其几千万落"处填上"五步一楼，十步一阁"等句，主要是未能把握描写视角由远观俯视向近观俯视变化的特点。

"宫人"部分最精彩的段落是宫人们早起活动的一段，这一段有无内在顺序？"明星荧荧，开妆镜也"从辞格看是什么辞格？从复句关系看是什么关系？下面再看看赵老师对这一段的改写，与原文比较比较，哪个好，好在何处？你能加一些词，翻译出原文那种语气吗？最后请男女生问答式读这一段，男生读上句"问"，女生对下句"答"，争取当堂背诵。

【明确】照镜→梳头→洗脸→熏香→望幸　比喻　因果倒装　原文更有一种"因果倒装，故设疑问，惊奇感叹"的语气。

（忽然间）天际群星闪耀，（不是群星，而是）美人正开梳妆镜！

（忽然间）空中绿云飘动，（不是绿云，而是）美人正理秀美发！

（忽然间）渭河暴涨泛红腻，（原来）是美人泼了胭脂水！

（忽然间）烟雾乍起散浓香，（原来）是美人点燃兰麝香！

（忽然间）雷霆乍惊震人耳，（原来）是君王宫车隆隆过！

隆隆车音渐无声，君王行幸又哪里？

【设计说明及课后反思】精粹语言必须细读，细读才能内化。本设计采用"调序、比较、翻译、读写结合、品写结合"等现代言语实践方式对文本进行了细读。学生品得热烈，写得积极，读得投入，背得快速。

"使负栋之柱，多于南亩之农夫"一段的喻体、对比点的内容能否用一句话概括？赵老师又把它给改了，为什么没有原文好？能否用"阿房宫的建立是以……为代价的（基础的）"的句式概括这个文段的含义？最后请男女生问答式对读，争取当堂背诵。

【明确】

```
柱  农夫 ┐
        ├ 人民 ┐
椽  工女 ┘      │
钉  粟粒 ┐      │
        ├ 衣食 ├ 人民的衣食住言
瓦  帛缕 ┘      │
栏  城郭 ┐      │
        ├ 住言 ┘
乐  言语 ┘
```

使负栋之柱，多于南山之巨木；

使架梁之椽，多于北山之树苗；

使钉头磷磷，多于恒河之沙数；

使瓦缝参差，多于樊川之鱼鳞；

使直栏横槛，多于咸阳之屋宇；

使管弦呕哑，多于飞鸟之鸣唱。

阿房宫的建立是以百姓亡命，人口减少为代价的；

阿房宫的建立是以食不果腹，衣不蔽体为代价的；

阿房宫的建立是以城池荒废，百姓忍声为代价的；

【设计说明及课后反思】这是一段对秦王朝敲骨榨髓、大兴土木营造阿房宫极尽描写夸张的文字，典型地体现了本篇作为文赋体物写志的特点。对喻体的抽象提炼是引导学生体悟"写志"之"志"，体悟"言意"之"意"。对原文语段的改写既是为引导激发学生掌握精粹语言作下水示范的言语实践，也是引导学生在比较中再次体悟本篇"写志"之"志"。最后，固定句式的仿句训练是落实品写结合，在言语实践中领会文本深刻主旨的教学方法。由于有了对这样的精粹语言的反复品味，有了这样的充满乐趣激情的问答式对读，学生当堂背诵率非常高。

四个"后人"分别指什么人？赵老师又把它给改了，为什么没有原文好？

【明确】第1、2、4个指"秦朝以后的人"，第3个指"更后的人"。

"秦人不暇自哀，而今人哀之；今人哀之而不鉴之，亦使后人而复哀今人也。"

《阿房宫赋》讽刺的大兴土木、穷奢极欲的现象关涉当今皇上，直言"今人"，触犯帝威，因此以"后人"婉讽；这个现象又关涉人类与生俱来的劣根性，因此以"后人"泛指更有永远的警醒意义，普遍的现实意义，"后人"当然也包括我们以及我们的子孙。这样的结尾确有"一结无穷"的艺术效果。

【设计说明及课后反思】本文的主旨初看应是浅近、明晰的，即借秦始皇奢侈亡国讽当今圣上穷奢极欲、大兴土木。本着浅文深教的出发点，教者设计了改写结尾，比照原文的教学环节，引导学生跳出就事论事的窠臼，从更广泛、深刻的层面上理解文本主旨。同时，学生情感、态度、价值观的正确熏陶在不觉间实现了，教育无痕的效果也在不觉间生发了。学生在自主和合作探究时，能够探究出"永远的警醒意义、普遍的现实意义"的为数欠多。

同样是借古讽今之作，《阿房宫赋》结尾婉称"后人"，《六国论》的结尾为什么直指当今"天下"，能否从讽谏现象的普遍程度和危险急切程度的不同说说理由？齐读《六国论》倒数第 2 节和《阿房宫赋》倒数第 1 节。

【明确】《阿房宫赋》讽谏的"穷奢极欲"的现象是人类普遍的劣根性，所以用"后人"泛指，有永远的警醒之义；而《六国论》讽谏的"割地求安"的现象事关当下的边境安危，急切的军政方政，即刻的国家存亡，容不得半点委婉含蓄，等不得一刻慢慢领悟，所以直指当今"天下"才有当头棒喝的警醒之效。

【设计说明及课后反思】新课程语文教材特别重视专题、板块的整合，本设计就是从板块主题的深入探讨角度整合出问题的。问题有一定难度，但由于有相应的课前预习，有课堂教学第二个环节的引导，有较为明晰的提示，学生的回答也能八九不离十。让学生齐读两文的"讽今"文字，意在让学生在响亮的齐声朗读中再次感受两文各有妙处的不同豹尾。

四、课后拓展，布置研究性作业

1. 仿照"使负栋之柱，多于南亩之农夫"的句式，写一个语段，批评或赞扬一种当今世界的现象。

2. 仿照"明星荧荧，开妆镜也"的句式，写一段描写校园生活的文字。

3. 发挥想象，在"蜀山兀，阿房出"之间扩写一段文字。

4.《六国论》和《阿房宫赋》都有凤头、猪肚、豹尾的特征，任选一个特征写一篇赏析文章。

【明确】1.（1）使一顿之费，多于农民一年之收入；一年之酒，多于边地一年之饮水。（冯俊）（2）使肥皂之电视剧，多于清澈之河流；豪华之办公楼，多于山村之学校。(李志鹏)(3)使非法之小煤窑,多于夜行之老鼠;恐怖分子之捣蛋,多于夏夜之蚊虫;李洪志之造谣,多于垃圾堆之苍蝇;小泉纯一郎之拜鬼,多于阴湿地之蟑螂。(沈丽云)(4)使高速公路之发展,快于江海之奔流;生态公园之美丽,美于鲜花之竞放。(费维维)

2. 盆缸叮当水哗哗,晨起抢洗漱也;楼梯速速穿人群,早读免迟到也;咕咕肚唱空城计,上午第四课也;束束光柱隐宿舍,手电来夜读也;下山个个猛似虎,冲向体育场也;欢呼声声掀屋顶,马上放假是也;喧哗骚动忽停息,老班后门站也。(胡涛)

3. 4 略

【设计说明及课后反思】课后拓展仍着眼于精粹语言的掌握。文言教学要避免只教语言(词解句译),只教思想(深刻主旨),而不教怎样品味运用语言,要在品味运用语言的言语实践中积累精粹语言,接受健康情感、正确价值观的熏陶。课堂教学环节我们主要用品写结合的言语实践方式完成了品味精粹语言的教学过程。课后拓展主要从精粹语言的运用角度设计练习,练习设计注意拓展学生从文本出发,合理自然地关注、思考国内外大事和生活中小事的眼界。学生尝试运用的积极性很高,答案精彩纷呈,限于篇幅,只能抱遗珠之憾,略举一二。

群文阅读语用化教学设计

——以《东周列国志》节选、《烛之武退秦师》等教学为例

群文阅读，应属于 2017 年新版高中语文课标"目标任务群"中的"多文本专题阅读研讨——多文本的专题阅读、比较阅读"。不论是单篇课文链接短小互文材料的教学设计，还是单篇课文领起整合多篇文章的群文教学设计，我常常发现授课老师选择互文文本时，缺失整体观，为互文而互文。选择的互文阅读材料常常游离于课文、单元和模块教学重点之外，给人一种生硬嵌入、旁逸斜出之感。本文以《东周列国志》《烛之武退秦师》（以下分别简称《东》《烛》）等群文阅读为例，探讨在群文阅读中，单元课文教学重点的确定、互文阅读材料的选择与整个模块的目标整合三者之间的相互关系。总体来说，整个模块的整合目标，决定单元课文教学重点的确定；单元课文教学重点的确定，指引互文阅读材料的选择。

群文阅读中，课文和更合宜的互文阅读材料的教学重点的确定，应着眼整个模块目标的整合。整个模块目标的整合，是对语文核心素养涵盖的"阅读与鉴赏、梳理与探究、表达与交流"的整合。人教版必修一模块"阅读与鉴赏"包括"诗歌的情感与意象""古代叙事散文""现代记叙散文""新闻报告文学"四个单元目标。必修一模块"表达与交流"包括"写触动心灵的人和事""记叙要选好角度""写人要凸显个性""写事要有点波澜"四个单元目标。显然，"阅读与鉴赏""表达与交流"都偏重记叙描写这个能力。我在确立《烛》《东》这组群文阅读教学重点时，就着眼于整个模块偏重记叙描写能力训练的目标，着力于比较鉴赏《左传》精警生动的行动对话描写，在《东》中是如何对应为繁富曲折的场面细节描写的。只有确定这样的教学重点，才能保证我们的教学从教课文上升到教课程。

群文阅读中，课文以外的互文阅读材料的甄选，应该符合以下原则。首先当然是能够与课文形成互文性。能够或对课文内容层面的情节情感、思想主旨等起到补充、参照作用，或对课文手法层面的叙述描写、议论说理等起到补充、参照作用。基于这个原则，我选择了《东》中与《烛》相关的一回作为《烛》的互文阅读材料。作为浅易文言小说，《东》中繁富曲折的场面细节描写，能够对以精警生动的行动对话描写为主要表现手法的《烛》，起到场面细节描写层面的补充作用。"《左传》叙事中人物的行动、对话构成了表现人物的主要手段，而绝少对人物进行外貌、心理等主观静态描写。"（袁行霈《中国文学史》）《东》较之《烛》不仅在《左传》擅长的"行动、对话"的叙写方面更加细腻生动，而且在《左传》中"绝少"描写的"外貌、心理"方面也多有精彩之笔。

其次，课文以外的互文阅读材料的甄选，仅仅与课文形成互文性还不够，还要能够与模块目标统领下的单元课文教学重点形成互文性。仅从劝说艺术的角度看，《邹忌讽齐王纳谏》《触龙说赵太后》与《烛》都能形成互文性。从"利益与离合"的议论角度说，吕祖谦《东莱〈左传〉博议》也能与《烛》形成互文性。但结合必修一整个模块偏重记叙描写的目标，我们确定的"古代叙事散文"单元中的课文《烛》的教学重点，除了有劝说艺术中精彩对话的赏析外，还有通过《烛》的互文文本，赏析那段历史场景中的曲折叙事和细节描写。就《烛》这个教学重点而言，浅易文言小说《东》就成了更合宜的互文阅读材料。同样，从必修一整个模块偏重记叙描写的模块目标出发，我们用同样的思路处理和《烛》处于同一单元的《荆轲刺秦王》的群文阅读。在以《荆轲刺秦王》为课文组合群文，选择互文阅读材料时，我们重点选择对这一场惊心动魄的行刺事件进行叙述描写的文字，而简要地选择一些"关于荆轲刺秦价值评判"的历代争论的文字。我们节选了《东》第一百零七回《献地图荆轲闹秦庭，论兵法王翦代李信》，节选了莫言《我们的荆轲》作为重点互文阅读材料。我多次听《荆轲刺秦王》公开课，发现老师们把互文阅读选择的重点放在"关于荆轲刺秦价值评判"上，对于高一第一学期的同学，这样的选文处置实在是轻重倒置，违背了模块目标统领下的单元教学目标。他们的课堂效果也多次证实了我的疑虑。

再如，必修三模块"阅读鉴赏"安排了质疑解难的古代议论散文，"表达交流"部分也全是议论文教学。基于必修三这样的模块目标，我以《师说》组合群文时，选择了黄宗羲《续师说》《广师说》、柳宗元《答韦中立论师道书》和章太炎、俞曲元、周作人、沈启无四代"谢本师"互文材料，选择了有关人大教授断绝与硕士生师生关系的时文，还简要选择了亚里士多德有关"吾爱吾师，吾尤爱真理"的故事。我以节选课文《过秦论》组合群文时，选择了原著全篇的《过秦论》中篇和下篇，选择了包括三苏和清代李桢在内的四篇《六国论》。还因为课文《过秦论》中提及秦惠文王、秦武王、秦昭襄王，结合当时正在播放的电视连续剧《芈月传》，又简要选择了《东周列国志》相关章节。必修四模块"阅读鉴赏"部分，偏重于"社科论文"和"知人论世"文言传记的选文；"表达交流"部分全是议论文教学；"梳理探究"部分还安排了"逻辑与语文学习"。基于必修四这样的模块目标，我以《廉颇蔺相如列传》组合群文时，就着重选择了王世贞《蔺相如完璧归赵论》、司马迁论蔺相如、司马光论蔺相如和宋代杨时《蔺相如论》。我们以《苏武传》组合群文时，就着重选择了《择生与择死》(《张曼菱随笔集》)等现代人的文章。这样按照模块目标、单元教学目标整合群文组合阅读，才能起到读写呼应从而更有效落实模块教学目标的作用。

再次，课文教学重点的确定和互文材料的选择，当然也应契合更上位的《高中语文课程标准》。高中语文课程标准，在文言文阅读这一部分，要求能阅读浅易文言文。"浅易"应是选文的标准。而《东》作为文言小说，也符合"浅易"的标准。

群文阅读中，设置语文活动时，还应该恰当地考虑和落实模块"梳理探究"部分的内容。《烛》所在模块一的"梳理探究"包括"优美的汉字"和"奇妙的对联"部分。由此出发，我设置了用对联概括和赏析情节、人物的语文活动。这里尤其要突出"优美的汉字"部分。高一刚开始学习文言文，应充分挖掘利用好"优美的汉字"这个"梳理探究"的教学资源，甚至把这个"优美的汉字"上升到选修课的层面，促使学生在趣味中更高效地学习文言词汇。

文言文教学应该整合"文言、文章、文学、文化"为一体。其中着重于文言词汇教学的"文言"教学如何呈现，至今仍是一大没有解决好的难题。老师们习惯于提炼重点文言字词，然后课堂上字字落实，课后还要加点加括号解释。积久不改的枯燥呆板的教法，让学生望文言而生畏，以致中学生语文学习"三怕"中的"一怕文言文"流毒至今。其实，"文言"之"言"的教学完全可以生动活泼，完全可以做到让学生不但喜爱而且主动探求。我在教学《烛》《东》群文中"文言"时，主要采用了以下能够激趣文言学习的方法。这些方法有"汉字本源法""同义互训法""语法推理法"，这三种方法由字而词而句。而且在学习文言词汇中随机渗透词法句法等语法知识，也遵循了语文知识"精要好懂有用"的教学取舍原则。本学期初，我们开设了必修一模块"梳理探究"部分的"优美的汉字"的选修课。我在教学《烛》《东》群文中"文言"时，就有意识地引导学生从汉字字源的角度，借助造字法和偏旁含义的知识，有趣味地学习文言词汇。比如，学习"越国以鄙远"中的"鄙"，"鄙"从"阝"，从"邑"字变形。从"邑"（阝，右耳旁）的字，本义大多与地名、邦郡、区域有关。"鄙"本义是名词，解释为"边远邦郡"（此处也可联想课文"蜀之鄙有二僧"句中的"鄙"解释为"边远地区"），但通常作为名词的"鄙"此处却带有宾语"远"，作为形容词的"远"处于宾语位置，由此推断"远"是形容词活用为名词，解释为"远方的郑国"；推断"鄙"为名词的意动用法，解释为"把……作为边远邦郡"。《东》中"哭郑之将亡耳"中"之"是主谓之间取独，推理的方法是"哭"的宾语是主谓短语"郑之将亡"。

学习《东》"佚之狐在旁赞言曰"中的"赞"，我们又组词"赞助"，用同义互训法解释"赞"，即"赞者，助也"。现代汉语中留存了大量的同义互训词。有时，我们引导学生用诸如"同义互训法"等方法，科学地打通古今汉语，学生的文言词汇量会爆破式增长。

除了"汉字本源法""同义互训法""语法推理法"这些着眼于词汇的"文言"学法，整合"文言、文章、文学、文化"的文言词汇学习法当然更应是文言学习的着力之处。问题是怎么着力。设置合宜的整合"文言、文章、文学、文化"的学习活动，正是我们的着力之处。

比如学习"吾其还也"中的"其"，作为语气副词的"其"到底表达什么语气？根据《烛》中"吾其还也"句的相应上文"不可"和相应下文"亦去之"，再结合"也"这个和"其"相应的句末语气助词，综合判断此处的"其"是表示祈使语气的副词。其实，文公面对秦国背信弃义的撤军行为，面对子犯"请击之"的建议，是不可能一下子就断然否决子犯的建议的。他内心一定经历了瞬时惊涛骇浪般的斗争，击还是不击，击还是还，在当时的文公心里肯定是一个问题！由此，我们便可整合文言和文学设置如下问题：请仿照"吾其还也"的句式，保留"其"，改换相应的句末语气助词，在《烛》"子犯请击之"句后，再写出能体现文公当时心理活动的句子，并指出句中"其"表示何种语气。经过提示，学生迅速地写出了"吾其不击哉？"此时"其"表示反问语气，可译为"我们难道不攻打（背信弃义的）秦军吗？""吾其击乎？"此时"其"表示疑问语气，可译为"我们要攻击秦军吗？"这样的语文活动，既帮助学生深刻而生动地学习了文言虚词，又强化了对文本细腻描写的学习。

接下来的问题是如何设置群文阅读材料的参照点、比较点。总的原则是设置的语文活动或问题，要有助于落实模块目标统领下的单元课文的教学重点。总体来说，可以有"习得方法的运用"和"异同比较鉴赏"两种大的问题或活动设置思路。

第一是"习得方法的运用"，即把在课文或互文材料中习得的方法相互借鉴运用。如《烛》《东》中学到的"汉字本源法""同义互训法""语法推理法""文言、文章、文学、文化融通法"等文言词汇学习法，就可以互相借鉴运用。《烛》中已经开始训练的用对联提炼内容的方法，自然又可运用到对《东》的内容概括上。《烛》中随堂渗透的批注法，我们又自然地运用到《东》的学习中。

第二是"异同比较鉴赏"，即异中求同或同中求异。其中，同，常是题材同。异，有思想主旨层面的异，如历代咏项羽的诗篇，如王安石大量的翻案诗篇，如魏明伦的《潘金莲》，诸如此类，不一而足。异，也有体式之异的，如白居易长诗《长恨歌》的戏剧化、小说化改编；也有表达方式之异的，如历代对"荆轲刺秦"这个叙事文本内容的议论；也有表现手法之异的，如就《烛》《东》而言，同样都关涉"烛之武退秦师"那一段历史的叙述描写，但《烛》是倒叙开头，《东》是顺序叙述，各自的妙处有何不同？这样的提问，还打破了学生"倒叙似乎总比顺序好"的机械认知。异中求同，比如与《记念刘和珍君》相关的几篇当时进步教授写的纪念文章，就表达方式、表现手法而言是有所不同的，我们可以从思想情感的角度总结它们的同。

附：《烛》《东》群文阅读教学案例

【教学重点】

结合本册作文"细节描写"（点面结合、人物描写）、"曲折叙事"（悬念倒叙、抑扬交错）的训练点，利用《烛》和《东》相关章回，互文阅读，比较赏析《左传》精警生动的行动对话描写，在《东》中是如何对应为繁富曲折的场面细节描写的。

【教学预设】

一、复习提炼

（一）从结构对称角度，赏析提炼《烛》四小节内容的对联

1. 大兵压边境，小国告危急。
2. 郑伯诚心悔过，烛武大义赴秦。
3. 勇士闯虎穴，巧言退秦师。
4. 秦伯度势盟郑，晋侯审时班师。

（二）对《烛》体现的文言词汇学法再提炼

1. 且贰于楚也。"贰"，联想"脚踏两只船"理解。（词汇文化内涵解词法）
2. 臣之壮也，犹不如人。"之"，主谓之间取独，充当时间状语。（语法推理解词法）
3. 夜缒而出。此处，"而"两边的动词存在同时发生的关系，是表示修饰的连词。"而"两边的动词存在先后关系，表示顺承。（语法推理解词法）
4. 越国以鄙远。"鄙"为名词意动用法，"远"为形容词作名词。（偏旁字源分析法）（语法推理解词法）
5. 既东封郑。方位名词"东"后接动词"封"，但"东"不能发出"封"这个动作，故不是主谓关系，而是名词作状语，解释为"在东边"。但在"名词+动词"式中，名词能发出动词表示的动作时，也有名词作状语的特例用法，这就是"某些动物名词+动词"式，如"蛇行""狼吞"。（语法推理解词法）

二、互文阅读

（一）用上节课学的文言词汇学法，学习词汇难点

1. 靖中国。"靖"，联想现代汉语"绥靖政策"一词，解释"靖"为"安定"。（现代汉语解词法）联想"江苏省靖江市"，解释"靖江"为"镇定江

水"。（文史地理解词法）

2. 伯天下。"伯"，联想诗句"千载谁堪伯仲间"，联想词语"伯仲叔季"，解释"伯"为"老大"，此处引申为"主宰"。（熟词联想法）

3. 不患秦公不听矣。"患"，联想学过的课文句子"不患人之不己知也"，解释"患"为担心。（已学课文联想法）

4. 佚之狐在旁赞言曰。"赞"，组词"赞助"，"赞者，助也"。（同义互训法）

5. 哭郑之将亡耳！"之"，"哭"的宾语是主谓短语"郑之将亡"，"之"为主谓之间取消独立。（语法分析法）

（二）互文阅读一

时周襄王十二年，晋兵已休息岁余。文公一日坐朝，谓群臣曰："郑人不礼之仇未报，今又背晋款楚。吾欲合诸侯问罪何如？"先轸曰："诸侯屡勤矣。今以郑故，又行征发，非所以靖中国也。况我军行无缺，将士用命，何必外求？"文公曰："秦君临行有约，必与同事。"先轸对曰："郑为中国咽喉，故齐桓欲伯天下，每争郑地。今若使秦共伐，秦必争之，不如独用本国之兵。"文公曰："郑邻晋而远于秦，秦何利焉？"乃使人以兵期告秦，约于九月上旬，同集郑境。文公临发，以公子兰从行。兰乃郑伯捷之庶弟，向年逃晋，仕为大夫。及文公即位，兰周旋左右，忠谨无比，故文公爱近之。此行盖欲借为向导也。兰辞曰："臣闻：'君子虽在他乡，不忘父母之国。'君有讨于郑，臣不敢与其事。"文公曰："卿可谓不背本矣！"乃留公子兰于东鄙，自此有扶持他为郑君之意。（选自《东》）

1. 诵读上面《东》的选段，指认这一段对应于《烛》哪些句子。

【提示】以其无礼于晋，且贰于楚也。

2.《烛》中用简洁的两句交代秦晋出师郑国的原因，到了《东》中对应成了君臣关于是否出师、如何出师的对话和对话背后的心理描写。先轸开始就赞成出师吗？他后来坚持晋国单独出师的原因是什么？文公伐郑的口头理由是什么？文公坚持联秦伐郑的口头理由及真实内心又是什么？围绕"伐郑"，君臣的一段对话及心理，文公的安排决断，是如何体现"曲折叙事"的，请逐条列举。

【提示】（1）先轸先不主张伐郑（"非所以靖中国"）。（2）先轸后主张单独伐郑（"郑为中国咽喉""秦必争之"，天下岂容二霸）。（3）文公以"无礼"

"二心"为由伐郑（何患无辞）。（4）文公联秦伐郑的口头理由是"秦君临行有约，必与同事"，真实内心是"郑邻晋而远于秦，秦何利焉"。（5）文公"使人以兵期告秦"；文公欲带公子兰作带路党随行，被拒；文公赞赏兰"不背本"。

3.《东》插入文公对公子兰肯定的一段，与《烛》文末文公不攻击撤退的秦军能关联上吗？

【提示】 文公赞赏公子兰"不背本"，这也是《烛》文末文公不接受子犯建议攻击撤退的秦军的根本原因，因为文公逃亡中也曾经接受过秦穆公的帮助，他也要"不背本"。

（三）互文阅读二

晋师既入郑境，秦穆公亦引著谋臣百里奚，大将孟明视，副将杞子、逢孙、杨孙等，车二百乘来会。两下合兵攻破郊关，直逼曲洧，筑长围而守之。晋兵营于函陵，在郑城之西。秦兵营于汜南，在郑城之东。游兵日夜巡警，樵采俱断。慌得郑文公手足无措。（选自《东》）

1. 此段又对应《烛》中哪些句子？

【提示】 晋侯、秦伯围郑。晋军函陵，秦军汜南。

2.《烛》的开头能否按照《东》的顺序，调整成"以其无礼于晋，且贰于楚也，晋侯、秦伯围郑"？按照顺叙写的《东》又有何不一样的妙处？《东》是如何以细节描写写"围"的？

【提示】 按照《东》的顺叙来写，就不能突出情势之危急。

开篇就是一个"围"字突显眼前。但为什么"围"却放在第二句"以其无礼于晋且贰于楚也"交代。简洁的先果后因的倒叙写法，突显了情势之危急！

但按照顺叙写的《东》又有不一样的妙处！妙在点面结合中的细节描写。

第一节，《东周列国志》用伐郑前的君臣对话和争论，呈现出鲜活的历史场景。第二节，怎样"围"，"围"的效果等又用点面结合的叙述描写加以呈现。"二百乘""直逼""筑长围"呈现的是场"面"叙写中的阵势，"游兵日夜巡警，樵采俱断"呈现的是"点"的描写中的严酷。"手足无措"又是侧面描写。

（四）互文阅读三

大夫叔詹进曰："秦晋合兵，其势甚锐，不可与争。但得一舌辩之士，往说秦公，使之退兵，秦若退师，晋势已孤，不足畏矣。"郑伯曰："谁可往说秦公者?"叔詹对曰:"佚之狐可。"郑伯命佚之狐。狐对曰:"臣不堪也,臣愿举一人以自代。此人乃口悬河汉,舌摇山岳之士,但其老不见用。主公若加其官爵,使之往说,不患秦公不听矣。"郑伯问:"是何人?"狐曰:"考城人也,姓烛名武,年过七十,事郑国为圉正,三世不迁官。乞主公加礼而遣之!"郑伯遂召烛武入朝,见其须眉尽白,伛偻其身,蹒跚其步,左右无不含笑。烛武拜见了郑伯,奏曰:"主公召老臣何事?"郑伯曰:"佚之狐言子舌辩过人,欲烦子说退秦师,寡人将与子共国。"烛武再拜辞曰:"臣学疏才拙,当少壮时,尚不能建立尺寸之功,况今老耄,筋力既竭,语言发喘,安能犯颜进说,动千乘之听乎?"郑伯曰:"子事郑三世,老不见用,孤之过也。今封子为亚卿,强为寡人一行。"佚之狐在旁赞言曰:"大丈夫老不遇时,委之于命。今君知先生而用之,先生不可再辞。"(选自《东》)

【设问】

1. 写烛之武出场,《烛》是用"辞曰"二字,简洁而抓住要害地写。《东》又是如何写他出场的?有何效果?

【提示】叔詹进佚之狐,佚之狐进烛之武,通过佚之狐口补叙烛之武的才能和怀才不遇。

通过叔詹对佚之狐的肯定和推荐,再通过佚之狐对烛之武的赞美,逐层正面衬托烛之武的才能。起到了"未见其人,先闻其才"的逐层烘托的效果。

2.《烛》中只用一简洁的"老"字,《东》中是如何对应描写人物这个"老"的特征的?

【提示】通过郑伯的视角,从肖像动作层面写他的须发和步履,写其他人"含笑"的反应。

3. 请读出《烛》中"无能"在《东》中对应的烛之武的答话。《烛》中"不如人"是指哪些方面,指才能吗?

【提示】"臣学疏才拙""况今老耄,筋力既竭,语言发喘,安能犯颜进说,动千乘之听乎?"结合《烛》下文"无能",似乎"不如人"是指"才能"不如人。继续看郑伯的答话,可以看出是"受重用"不如人。

4. 劝说烛之武出山,《东》中又加入了佚之狐的赞词,请诵读出佚之狐的语气。

（五）互文阅读四

烛乃受命而出。时二国围城甚急，烛武知秦东晋西，各不相照。是夜命壮士以绳索缒下东门，径奔秦寨。将士把持，不容入见。武从营外放声大哭，营吏擒来禀见穆公。穆公问："是谁人？"武曰："老臣乃郑之大夫烛武是也。"穆公曰："所哭何事？"武曰："哭郑之将亡耳！"穆公曰："郑亡，汝安得在吾寨外号哭？"武曰："老臣哭郑，兼亦哭秦。郑亡不足惜，独可惜者秦耳！"穆公大怒，叱曰："吾国有何可惜？言不合理，即当斩首！"武面无惧色，叠着两个指头，指东画西，说出一段利害来。正是：

说时石汉皆开眼，道破泥人也点头；红日朝升能夜出，黄河东逝可西流。（选自《东》）

《烛》中"见秦伯"只用一个"见"字，《东》中的叙写义体现出叙事的波澜。烛之武"见"秦伯前的曲折又是如何写的？

【提示】"不容入见"——"放声大哭"——"营吏擒来"——"所哭何事"——"哭郑之将亡"——"兼亦哭秦"——"穆公大怒"，"言不合理，即当斩首！"，真是惊心动魄，步步惊险。

（六）互文阅读五

夜缒而出。见秦伯，曰：1 "秦晋围郑，郑既知亡矣。//2 若亡郑而有益于君，敢以烦执事。越国以鄙远，君知其难也；焉用亡郑以陪邻？邻之厚，君之薄也。//3 若舍郑以为东道主，行李之往来，共其乏困，君亦无所害。//4 且君尝为晋君赐矣，许君焦、瑕，朝济而夕设版焉，君之所知也。//5 夫晋，何厌之有？既东封郑，又欲肆其西封；若不阙秦，将焉取之？阙秦以利晋，唯君图之。"（选自《烛》）

烛武曰："秦晋合兵临郑，郑之亡，不待言矣。若亡郑而有益于秦，老臣又何敢言？不惟无益，又且有损，君何为劳师费财，以供他人之役乎？"穆公曰："汝言无益有损，何说也？"

烛武曰："郑在晋之东界，秦在晋之西界，东西相距，千里之遥。秦东隔于晋，南隔于周，能越周晋而有郑乎？郑虽亡，尺土皆晋之有，于秦何与？夫秦晋两国，毗邻并立，势不相下。晋益强，则秦益弱矣。为人兼地，以自弱其国，智者计不出此。且晋惠公曾以河外五城许君，既入而旋背之，君所知也。君之施于晋者，累世矣，曾见晋有分毫之报于君乎？晋侯自复国以来，增兵设将，日务兼并为强。今日拓地于东，既亡郑矣，异日必思拓地于西，患且及秦。君不闻虞虢之事乎？假虞君以灭虢，旋反戈而中虞。虞公不智，助晋自灭，可不鉴哉！君之施晋，既不足恃，晋之用秦，又不可测。以君之贤智，而甘堕晋之术中，此臣所谓'无益而有损'，所以痛哭者此也！"

（选自《东》）

1. 烛之武劝说的言语技巧，一在于开始就示弱；二在于晓害利诱，处处从秦国利害着想，处处离间秦晋关系，适时联盟秦郑。说到亡郑对秦国的害处即"晓害"，《烛》《东》从时间角度分析，先后有哪三个不同的角度？《烛》这一段分五层，分别是示弱、晓害、利诱、晓害、晓害，应分别以什么语气读出？请同学分别表演读出。

【提示】当下，往昔，将来。

第1层：郑既知亡。（诚恳示弱当下，语气沉着真挚）

第2层：亡郑利晋。（晓害当下离间，语气平稳严正）

第3层：存郑利秦。（利诱当下将来，语气高亢诚恳）

第4层：回顾过去，晋不讲信用。（晓害往昔离间，语气慷慨激烈）

第5层：展望未来，晋必将攻秦。（晓害将来离间，语气慷慨激烈）

2.《烛》中"越国以鄙远，君知其难也"体现为《东》中哪些语句？"焉用亡郑以陪邻？邻之厚，君之薄也"又体现为《东》中哪些语句？分别诵读。《东》上段"于秦何与？"照应《东》第一段哪一句？

【提示】"于秦何与？"照应《东》第一段"郑邻晋而远于秦，秦何利焉？"

（七）互文阅读六

穆公静听良久，耸然动色，频频点首曰："大夫之言是也！"百里奚进曰："烛武辩士，欲离吾两国之好，君不可听之！"烛武曰："君若肯宽目下之围，定立盟誓，弃楚降秦。君如有东方之事，行李往来，取给于郑，犹君外府也。"穆公大悦，遂与烛武歃血为誓，反使杞子、逢孙、杨孙三将，留卒二千人助郑戍守，不告于晋，密地班师而去。

早有探骑报入晋营。文公大怒，狐偃在旁，请追击秦师。不知文公从否，且看下回分解。

《烛》中烛之武退秦师的游说之辞，是烛之武一气呵成的。而《东》中的游说之辞的完成，又体现了"曲折叙事"的特征，请加以解说。

【提示】《烛》中烛之武一气呵成，完成了示弱秦国、利诱秦国和晓害离间秦晋的游说后，就直接是"秦伯说，与郑人盟"的情节了。《东》中烛之武在示弱后，紧接着全以晓害的方式离间秦晋联盟，而后有"穆公静听良久，耸然动色，频频点首"的神情呈现和心波荡漾，而后有百里奚建言秦伯不听烛之武的波澜，而后又有烛之武利诱秦伯的波澜，最后才是"穆公大悦"，游说成功的情节。

三、课后研读作业

1. 用《烛》《东》学习过的文言词汇学习法，学习《东》剩下的词汇，并说明采用了何种文言词汇学习法。

2. 根据《烛》《东》内容拟几副对联。

【示例】

佚之狐慧眼举辩士，烛之武妙语退秦师。

双雄盟千万兵欲亡郑，一臣出三寸舌即解难。

3. 结合《东》开头文公对公子兰的赞赏，联系《烛》结尾和课本第 17 页注释中对文公逃亡得到秦穆公帮助的交代，发挥想象，补写《东》结尾。要求体现君臣关于是否击秦的争论的"曲折叙事"，体现文公内心变化和最终决断的"曲折叙事"，要求有细节和场面描写。写好后阅读《东》下一回，和冯梦龙 PK 一下！

4. 有人说"人与人之间、国与国之间的离合，仅仅从利益出发取舍"，所谓"天下熙熙，皆为利来；天下攘攘，皆为利往"。你有减轻、避免这个人性弱点危害的方法吗？联系当今世界局势，阅读相关资料，提出你能设想到的方法。（任务驱动式写作设置）

附：学生续写作品

《烛之武》续写

高一　王皓

看到秦军秘密撤军后，探子顿感不妙，半点不敢耽搁，马不停蹄地向晋军驻地奔去。刚到晋军大营门口，探子就连滚带爬，直奔中军大帐："报——大事不好了，秦军——秦军，撤了，他们，他们，还留下了杨孙等人，率领两千兵马助守郑国城池；恐怕秦国已经背叛晋国与郑国联盟了。""此事当真？""报告大王，千真万确。""知道了，你下去吧。""是。"

晋王眉头紧锁，脸色阴沉，一看便知他此时已经气愤难耐。"子犯，此事你怎么看？"狐偃听闻大王问话，当即跪倒在地，说道："启禀大王，秦人背信弃义，违背两国盟约，如此行径，简直无耻至极！臣请大王即刻进军，管他什么秦军郑军一锅烩了！"晋王听完后，脸色越发阴沉，眉头忽而纠结成几道"川"字，忽而又散开去。帐内气氛沉重得似乎帐篷要塌下一样。狐偃望着晋王，大气都不敢喘一下。时间似乎凝固了，只听见各人的呼气声。不知过了多久，"罢了——不要出兵了"，晋侯终于吐出了这几个字，叹了一口气，仰身跌坐在虎皮太师椅上。

左右面面相觑，谁也没有说话。晋侯扫视了军帐里的众谋士，缓缓说道："虽然秦王先对我不仁，但我却是无论如何也不能对秦王不义的。""大王莫非是因为秦王当年曾有恩于您，所以您不想与秦王刀兵相见？"子犯接口道。"的确如此，你说得没错。想当年，我在外流浪，栖栖惶惶，竟连供我安身立命之地都没有。若不是秦王助我，我恐怕早已不声不响地死在什么不知名的地方了，更不要说重返故国，甚至最后成为一国之主了。""可……大王，恕臣直言，这点恩德您早已还尽，又何必……""我知道子犯你想要说什么。我之所以不进军攻打，当然不仅仅是因为这份恩情。"

"哦？臣愿闻其详。""其一，我们同秦国之间的盟约，经历此事，必然生出嫌隙，却还不会完全断绝，若是我们此时出兵，便等同于彻底撕破脸皮，这是不理智的；其二，若盟约真的断绝，我们将陷入比以往更加混乱的攻伐之中，用混战来代替同气连枝，这是不符合武德的。此两点，再加上我之前所说的曾受秦伯之恩，你懂了吗？"狐偃跪地叩首，说道："大王英明，臣等远不及大王。""明白了就好，我们也撤军吧。""臣领命。"

第二天，晋军继秦军之后亦班师回朝。郑王听闻此事，喜不自胜，说道："烛之武真乃神人也！此次全仰仗他的才能，保全了我郑国，我一定不会忘记他的功劳的。"众大臣皆伏地叩首说道："大王英明。"

整本书阅读指导之语用化教学设计

——以《平凡的世界》等阅读指导为例

阅读体悟近年来关于整本书阅读指导的案例，我们发现偏重思维、审美和文化角度的梳理和辨析，成为一种时尚。固然，这样的梳理和辨析是必要的，也能体现对整本书阅读的整体把握。但是，如果仅仅止于或者把重心置于这样的梳理和辨析上，而没有或者很少有相应的体现整本书阅读的语用活动创设，教学就很可能滑向非语文，因为其他文史类课程也有对梳理和辨析的能力要求。我以为，整本书阅读指导，还得坚守语用教学这个根本。从语用教学的视角，设计整本书阅读的语文活动。

首先要说语用和语用教学。曹明海认为"语用性是语文课程的基本特点"①。王元华简洁地阐释说"语用教学就是师生在使用语言进行交际的动态过程中发展语言和自身的语文教学"②。语用，从指向上说，可以指向思维、审美和文化，这是高中新课标核心素养四要素的一体化体现；思维、审美和文化，蕴含在语用中。从层级上说，可以由小到大，由词句到篇章直到整本书。从指向上说，核心素养四要素要抓住语用这个关键。从层级上说，篇章和整本书中的语用，首先要抓住篇章和整本书的结构主旨、内容构思等关键；只有抓住这个关键，其他次一级的炼字炼句的语用，才能不偏离。即以篇章的语用而言，清人李扶九选编的《古文笔法百篇》，强调先整体把握结构主旨、内容构思等特色，从而助力整体理解和鉴赏化用这个典范篇章。这本书，是篇章层级语用的代表作。

其次对于整本书阅读之一的长篇小说阅读而言，结构主旨、内容构思等的语

---

① 曹明海. 语用性：语文课程的基本特点 [J]. 语文建设，2015（01）.

② 王元华. 语用学视野下的语文教学 [M]. 北京：北京师范大学出版社，2012.

用层级，也是"整本书阅读"中"整"字的一种体现。结构主旨、内容构思等的语用层级，即高中新课标描述的，"整体把握其思想内容和艺术特点"，"梳理小说的感人场景乃至整体的艺术架构，理清人物关系"。

从结构主旨、内容构思等的语用层级而言，鸿篇巨制《平凡的世界》采用了三线交织的结构形式。一条是孙少平线，展现一群知识青年追求精神世界提升的艰难历程；一条是孙少安线，展现十一届三中全会后农民追求富裕的艰难历程；一条是田福军线，展现改革开放进程中或明或暗或隐或显的路线斗争。双水村是三条线索的交汇处。

《红楼梦》前五回，呈现一种纲举目张的结构美。其中，通过林黛玉进贾府的章回，让主要人物基本出场。与此类似，《平凡的世界》开头也通过王满银贩卖老鼠药的情节，牵出三条线索的众多主要人物。

阅读《平凡的世界》，我们首先引导学生从结构主旨、内容构思等的语用角度，整体把握全书内容。在整体把握长篇小说结构主旨、内容构思等的基础上，才能保证次一级语用如对某一章回甚至片段读解的准确。缩小范围，集中到孙少平这一条线。如何从结构主旨、内容构思等的语用角度，整体把握少平这个人物，是需要教者在整体理解全书结构主旨等基础上精心创设的。我在指导学生阅读《平凡的世界》时，设置了如下把握结构主旨、内容构思等角度的语用活动：与少平直接或间接发生关联的女性前后主要有郝红梅、侯玉英、田晓霞、曹书记家女儿、金秀、惠英嫂。如果我们把爱情婚姻的层次用生存、生活、生命三个层次加以提炼，你如何归类与这几个不同女性发生关联时，少平的爱情婚姻、人生追求的层次呢？试以小说中相关情节加以阐释。这个阐释型语用活动中包含的少平言行，贯穿了全书始终，便于读者从爱情婚姻这一个侧面，整体把握少平这个人物形象。再如，《红楼梦》中有大量的诗会、宴会等情节，请以三个以上的宴会情节的变化，阐释贾府由盛而衰的发展走势。如第63回寿怡红群芳开夜宴；第70回林黛玉重建桃花社，史湘云偶填柳絮词；第108回强欢笑蘅芜庆生辰。此处，有同学因为电视连续剧的激发，甚至自发组织语用活动，把小说中的描写与电视连续剧相关镜头的布景、对话、动作等进行析同辨异、比较赏析。再如，刘姥姥三进荣国府，也是贾府由表面繁盛向衰颓败落转化的节点，请联系具体情节加以阐释。

整体梳理，整体把握结构主旨、内容构思等，是长篇小说阅读一种起点性的语用能力。

再则，才应该是我们最应该着力的，抓住整本书阅读中的"本"即"文本细读"，扎实做好篇章和语段层级的语用活动设置，从而守护整本书阅读的语用性。当下流行的整本书阅读指导，往往止于"整"的梳理，淡化甚至缺失"本"的研读，也就是缺失语用角度的活动设置。但我们仍然欣喜地看到有老师在整本书阅读指导中，能够坚守语用活动设置，坚守整本书阅读指导的语用性。

绍兴中学李莉老师从"基于言语智慧的师生整本书阅读"的视角，精心创设了《边城》整本书阅读语用活动。言语活动一："是谁人？""我是翠翠。""翠翠又是谁？""是碧溪岨撑渡船的孙女。"这样的对话，是"人生此时正初见"的美好。言语活动二：1. 翠翠……本来从不骂人，这时正因等候祖父太久了，心中焦急得很，听人要她上去，以为欺侮了她，就（轻轻）地说："你个悖时砍脑壳的！"2. 翠翠带了点儿惊讶（轻轻）地问："二老是谁？"3. 翠翠不理会祖父，口中却（轻轻）地说："不是翠翠，不是翠翠，翠翠早被大河里鲤鱼吃去。三个"轻轻"中流露的除了少女的害羞内敛还有不同的微妙心理。言语活动三：1. 翠翠说："一家人都好，你认识他们一家人吗？"祖父不明白这句话的意思所在……2. "谁也不稀罕那只鸭子！"祖父明白翠翠为什么事不高兴……3. "爷爷，你的船是不是正在下青浪滩呢？"祖父不说什么，还是唱着，两人皆记顺顺家二老的船正在青浪滩过节，但谁也不明白另外一个人的记忆所止处。4. 凡是翠翠不明白的事，如今可全明白了。翠翠把事弄明白后，哭了一个夜晚。此处，多个"明白""不明白"的语用中，有多少值得引导学生弄明白的意味啊。言语活动四：这个人也许永远不回来了（,）也许"明天"回来（！）。这是《边城》原文及标点。此处，李莉老师设置的语用活动，是引导学生按照自己对小说主旨和人物性格的理解，重新微调句子，添加标点，并进行阐释。大体有三种标点：这个人也许永远不回来了，也许"明天"回来……这个人也许永远不回来了，也许"明天"回来？这个人也许永远不回来了，也许"明天"回来！

这样的基于言语智慧的言语活动，贯穿勾连了整篇小说的阅读指导，可以说真正抓住了整本书阅读指导的"本"字，是回归言语，回归语用。这样的整本书阅读指导，才是语文的指导。

回到《平凡的世界》，我在引导阅读少平与侯玉英、田晓霞、金秀情感处理的章节时，就设置了三个充分激发了学生言语表达欲望的语用活动。面对侯玉英多次发出的示爱信，面对金秀在少平矿井负伤破相后真诚地示爱，少平最终都写了一封婉谢信。信的内容我们没看到，请根据少平的人生追求和他的性格，结合对侯玉英和金秀信件内容的回应要求，替少平写出这样一封婉谢信，可以用上现时代的语汇。这两处婉拒，心态的微妙差别是需要真正理解了少平的性格后才能准确捕捉和把握的。对侯玉英的婉拒，多的是一份面对困境自强式的自尊，是对身有残疾的对方的暖心和尊重；对金秀的婉拒，多的是一份身有残疾后的自尊，是哥哥对妹妹的呵护和坦诚。

晓霞到省城报社上班报到前夕，少平和晓霞有过一次两人间的举杯告别，那一次仿佛最后的晚餐，吃得悄无声息。各自的无以言表的复杂心理描写，就是很值得设置的语用活动。我引导学生变换叙述视角，综合运用第一、第二、第三人称，描写出这样的分别心理。这样的语用活动，有助于深度理解人物性格。

总之，针对有老师只布置学生梳理专家解读的整本书阅读指导，我们要以语用活动加以纠偏。专家的精彩解读观点，能否巧妙地以相应的语用活动，成为与学生的解读相互激荡的资源，是判断这样的梳理呆板还是鲜活的依据，是判断这样的梳理是语文还是非语文的依据。

下面，是我们具体呈现的一节基于语用教学的长篇小说阅读指导教学设计：

基于语用教学的整本书阅读指导之长篇小说阅读
——以《平凡的世界》少平的爱情婚姻为例

【目标】

1. 用马斯洛需求层次理论和小说人物刻画的情感包袱挣脱理论等，引导分析鉴赏少平的人物形象。从中吸取人物形象体现的正能量。2. 学会用细节鉴赏和视角转换改写的方式，细读小说文本。3. 理解并能初步运用"主要人、事串全书"的长篇小说读法。

【过程】

（一）与郝红梅、侯玉英

1. 马斯洛需求层次理论认为，低层次需要得到满足后，才会有高一层次的追求。高中时代的少平经历着第一层次需要无法被满足的痛苦，你能从动作表现心理的角度，赏析下面的具体选段吗？前两处取黑馍，少平的动作和心理有何不一样？第三处取黑馍已经是和田晓霞相识并交流读书后，他的心理完全变得坦然了。这样前后三次变化的深层原因是什么？

【参考】第一处是"躲避"，因为贫穷带来的敏感的自尊心。"望着""怔了好一会"中有对对方同样迟拿馍、同样贫穷的猜测和惺惺相惜之情。第二处，用眼睛交谈，"温暖而愉快"。与同病相怜的异性间的温暖的交流，大大抵消了贫穷带来的自卑。第三处是"大大方方"。和晓霞交往并共读的精神层次的追求，大大降低了下一层次需求的迫切度。

2. 从爱情婚姻观层面考量，与少平相关的女子有六个，依次是郝红梅、侯玉英、田晓霞、曹书记家女儿、金秀、惠英嫂。两个人一组，我们大致把她们分为少平爱情婚姻的三阶段。能用马斯洛需求层次理论解读少平的爱情婚姻观和追求吗？今天我们一起解读前四位女子体现的少平的爱情婚姻观。后两位，我们课后研读，写成小论文。

阅读"失恋后的少平"有关章节，失恋后的少平经过了几个阶段的自我拯救？此中的人生启迪如何？

【参考】一个人在河岸边，"泪水"——幻想将来成为人物再回原地，看见顾养民和郝红梅——顾养民被殴打不告发，在精神上"镇住了"他们——内心渐渐平复，甚至感到了一种解脱的喜悦，精神比原来还要充实——获得了一个非常重要的认识：在最平常的事情中都可以显示出一个人人格的伟大来！——被选入文艺宣传队

自我实现的高位追求可以降低下一层次追求落空的痛苦。人性之善性和理性可以化解仇恨。

3. 在后续的情节中，少平冒着生命危险救了当众伤害过少平的侯玉英的性命，及时挽救了无情拒绝过少平的郝红梅的声誉，表现出对她们的宽容，也表现出少平在经历了失恋痛苦后的逐渐成熟。想一想少平为什么如此恶狠狠地警告侯玉英不许说出郝红梅偷手帕的事？为什么不能和缓诚恳地请求侯玉英？

【参考】一是针对侯玉英喜欢揭人隐私的性格特点，话重才能震慑；二是把同学即使是曾经伤害过自己的同学的声誉看得很重；三也符合当时情急之下的情境。

【链接材料】舞台剧《美人鱼》强调人性　减少爱情　突出真善美

位于海淀工人文化宫内的丑小鸭亲子动漫剧场7月的每个周六周日将推出唯美卡通舞台剧《美人鱼》（又名《海的女儿》）。丑小鸭卡通艺术团此次改编的卡通舞台版《美人鱼》邀请香港著名导演参与，故事唯美到极致，把原著中爱情的戏份减去，着力从"真、善、美"三个方面演绎这部世界童话经典。故事讲述主人公人鱼公主美美15岁那一年第一次游到海面，在暴风雨中救起了一位人

类的王子，为了像人类一样拥有爱，美美不顾家人的反对去求助海底女巫，并牺牲自己的声音换来了人类的身体，但也因此卷入了海底女巫的阴谋之中。演出从故事线索看与原著区别不大，但在情节设计上却大有不同，比如美美公主为何要上岸，为什么要把尾巴变成人腿，原著中就是爱情的缘由，在此次改编中，强调的就是人性。王子、美美代表的是善良的人性，海底女巫代表的是自私自利的恶性，整个舞台故事讲的就是善和恶的较量，最终善战胜了恶，真战胜了假，告诉孩子内心美是真正的美丽。(《北京晨报》2010-07-06)

【板书】丧尊雨下果饥腹，失恋河边吞悲哭。独标高格人性善，少年心志飞鸿鹄。

4. 郝红梅拒绝少平，少平拒绝侯玉英，两个拒绝的出发点相同吗？针对侯玉英多次发出的示爱信，少平最终写了一封婉谢信。信的内容我们没看到，请根据少平的人生追求和他的性格，结合对侯玉英信件内容的回应要求，替少平写出这样一封婉谢信。可以用上现时代的词语。设想一下，如果少平知道曹书记帮他办户口，是为了让他做上门女婿，少平会同意吗？课后能写成一封得体的婉谢信吗？(全书还有少平的两封婉谢信等着你执笔哦：给金秀的，给兰香的)

【参考】

尊敬的玉英同学：

见信好！首先我要表达歉意，我的回信实在是太迟了。但我的太迟，也实在是长久思考，真诚而慎重决定的结果。每次接到您诚挚的来信，我的内心总在一片温热中感动着。毕竟，这个世界，也还有人给我这样来自农村、家里光景烂包的穷小子真诚的爱心，替我贴心地谋划。

实在地说，玉英同学，高中时期，我就由衷地欣赏敬佩您为人的真诚直率。人与人相处时间长了，人对人的接纳、欣赏，其实更看重的是为人，而不是外表形象。在我看来，您真诚而热心的为人，足以抵消您外在的腿疾。真人面前不说假话，呵呵，我也自夸一下，我真诚而执着的闯荡品格，不仅仅足以抵消我来自农村风吹日晒造成的"黑穷丑"；而且我坚信将来也能助我凭借自己的努力，战胜贫穷，创造出生活的好光景。玉英同学，也许我的不安分的闯荡品格，既是优点也是缺点，但我依然愿意真诚执着地保持这一性格特点。在这一点上，您我的真诚品格是相通的。在这一点上，您我是真正的知音。

真的，玉英同学，我现在还不想考虑谈婚论嫁、成家立业的事。我想乘着年轻的闯劲，独自到这个社会闯荡一番。"世界这么大，我想出去看看！"

真诚地祝愿，也坚信凭借您的真诚热心的为人品质，您一定能找到更适合您的心上人。

哦，对了，还有一件我要说明的事是，您来信经常提及我那次救您的事。其实，这真的不要放在心上。情急中救人，是人的一种本能的善良。不要说是同学，即使陌生人我也会救的。换了您，在那种情境下，您也会伸出援助之手的。可能，我也只是反应速度比其他同学快一点，又仗着水性好，先下手了，呵呵。谁叫我从小生活在经常与水打交道的农村呢？

再次真诚地祝福您，玉英同学！代我向您的父母亲问好！

握手！

您的同学　孙少平
×年×月×日

（二）与田晓霞

1. 少平与晓霞的交往起于共同的阅读爱好和精神追求，然后逐渐进入相爱相恋阶段。但家庭和身份的差异常常成为他们友谊和爱情发展的情感包袱。列举概括原西和双水村时期，少平与晓霞交往中遇到的包袱，晓霞又是如何帮助他化解的？

【链接】人物弧线是指小说主人公在小说故事中呈现出的变化和转折的叙事曲线图。它通常起始于主人公在人生态度方面的情感包袱，而主人公的情感包袱会使其遭遇各种艰难曲折的困境，历经意想不到的磨难，最后的结局往往是：主人公挣脱情感包袱或战胜由情感包袱滋生的心魔而实现人生的成长或救赎。（陈鸣《小说创作技能拓展》）

曹文轩《小说门》中小说创作"折腾"理论。

第一次，少平局促不安的表现细节有哪些？晓霞又是如何化解的？

【参考】晓霞大方地向被润叶姐拉来她家吃饭的少平自我介绍："咱们是一个村的老乡！你以后没事就到我们家来玩。"

第二次，少平顾忌于男女生差别，晓霞又是如何化解的？

【参考】晓霞大方主动。他们从共同读报，了解天下大事开始了共同的精神生活。

第三次，毕业前晓霞请少平吃毕业分别饭，何处能看出他们的心有灵犀？

【参考】殷殷期盼，连共同的词语"坚决同意"都用上了，精神相契合。

第四次，晓霞如约往双水村看望少平，并应少平邀请到少平家吃饭，为什么会引发包括晓霞大伯在内的人不理解？由此可以看出少平与晓霞的友谊是什么性质？

【参考】超越物质和世俗门当户对观的一面。

2. 再次浏览课前梳理的少平与晓霞黄原相处的四次主要事件，晓霞临到省报报到前两人聚餐，为什么只是默默碰杯，不像以前，很少说话？合理想象，揣摩少平、晓霞的心理，主要以第一人称视角兼及第二、三人称视角，分别描述两人的心理。500字以上。

【参考】

这一别

中国教科院丰台实验学校　2016级高一（6）班　曹雪莹

我似乎只能沉默地坐在椅子上，静静地看着少平，看着他为了送别我而忙活着。我能感觉出我眼睛的酸胀，或许还有眼红。我看到少平几次不经意间瞟了几眼。但我又觉得一种说不出的安心感油然而生，我似乎在默默享受着少平的照顾。酒菜上齐后，我们相对而坐，少平举起啤酒杯，微笑着轻声说："祝贺你。为你干杯！"笑容是我从未见过的牵强。我似乎只能无言地把我的杯子拿起，机械地在少平的杯子上轻轻地碰了一下，视线却渐渐模糊。

亲爱的少平啊，你为什么不能再多了解了解我，再主动些？难道此去之后，我和亲爱的你就如同现在的位置一般，中间的桌子就成了横亘在我们之间的厚障壁了吗？距离，也许，也许还有少平时常担心的身份，等等乱七八糟的东西。这，这能使我们不得真正相见吗？就算是见面也只能像是现在的碰杯一样，轻轻一下如同蜻蜓点水，一晃就悄然不见了吗？

我在内心问自己。你就要去当省报记者了，离开这养育了你多年的黄原了，同样也离开你放心不下、始终牵挂的少平了。是的，你既高兴能拥有一份你喜欢的工作；又有些难言的痛楚，你不想离开少平。哪怕未来再遥远不可测，你依然希望生命中有一个叫孙少平的男人永远在你身边。然后，然后你们衣食相共，你们诗文共赏。然后你们成家立业，共育儿女……

我的眼里仿佛蒙上了一层湿润黏稠的白雾，使我看少平有一些不真切。我灵心相通的人儿啊，你能否感觉我的哀伤？

少平当然感觉到了！抬眼看向坐在桌子另一侧的晓霞，心里又何尝不煎熬？

当他听到她要去当记者时，先为她感到高兴，随之而来的是一种无声的哽咽。刚又能时相共读，时相举杯，她又要再次远走高飞，离开这片土地了。哎，我怎么这么自私？我应替她高兴才是！

只是，只是未来的相见，不知又是何时？是否还能同现在一样亲密？他和她近在咫尺，只隔了一个桌板的距离，又仿佛随时会隔了万水千山似的。他们之间的距离为何总是一而再、再而三地扩大呢？他难受，他想要挽留她，他想痛哭一场，他深切地感觉到了一种最美好的东西，似乎从此就要永远从他身边流逝。如同他在黄原建筑工地上握住的细沙，明明想要牢牢抓住，却是抓得越紧越从指缝间漏出。从手心里流出，又渐渐随风消逝在远方。

两颗年轻的心脏，都在剧烈跳动着，似乎已听出共振的音响。他们都在默默挑着饭菜，机械地往嘴里胡乱塞着。相对无言，却又在悄悄关注着对方。可是，两颗心又为什么不约而同地把这跳动的音响，导向一个更为静谧的世界呢？

3. 少平到省城出差，在兰香的催促下，少平终于到报社看望晓霞，结果晓霞出差不遇，少平反而有一种"如释重负"之感。什么误会又造成了少平的情感包袱？晓霞又是如何帮助他化解的？

【参考】"高朗误会"给了少平又一个情感包袱，又造成了少平一直埋藏心底的遮蔽在爱情之路上的关于身份地位的心理阴影。直到晓霞专程再赴矿井解释，这阴影才消除。

4. 有论者说，少平和晓霞的爱情过于理想化，几乎建立在纯粹的精神恋爱的层面。你同意这样的观点吗？如果不同意，有无晓霞融入少平物质生活，他们的爱情也有物质基础的证据？

【参考】第一次，到双水村看望高中毕业后的少平并在少平家吃饭。第二次，和少安一起找到工地，无意中现场察看了少平的居住环境，事后悄悄买了新被褥放在少平的住处，留下"不要见怪，不要见外。田"的字条。第三次，突然去煤矿井口等少平，并跟着少平下了一趟井。少平带晓霞到师傅家吃饭。第四次，晓霞专程到矿井解释，解除少平对她和高朗关系的疑虑，并约定杜梨树下的相会后，以未婚妻的名义和少平共回双水村。

(三) 语用式提炼

1. 试用"一个……的人"的句式概括少平
与晓霞共读交往：一个追求精神生活重于物质生活的人。

对郝红梅、侯玉英：一个受伤害而不计前嫌宽容大度的人。

与田晓霞的爱情：一个想爱而常苦于身份地位差异的人。

……

(四) 课后研读

1. 请从今天课堂获得的马斯洛需求层次理论和人性之善、情感包袱等角度，解读少平是如何处理与惠英嫂和金秀的感情的。写成一篇小论文。提示：（1）在照顾孀居的惠英嫂的过程中，少平又抛开了哪些外在和内在的情感包袱？（2）如何善良地拒绝金秀的爱情呢？少平费尽思量地写了一封信，请以第二人称的视角替少平写出这一封婉拒信。

2. "真是指认识符合客观实际；善是指善行，是指人的行为对群体的价值；美是客体作用于主体，使主体产生一种精神上愉悦的体验。"这类观点把真、善、美的内涵分属于（真理）事实、（行为）价值、精神体验三个完全不同的主观和客观的哲学范畴。有论者据此拟出"人性之善大于爱情之美——论孙少平"的论题。你同意这个观点吗？可以参阅后面有关《美人鱼》的舞台剧改编报道。

3

作文教学之
语用实践篇

语用视角之怎么读：思考着读才能创新地写

——有关原创和仿写关系处理的个案分析

一

这次期中考试，我班袁乐同学的作文《威尼斯，在得与失之间》取得了60分的好成绩。看了阅卷老师复印的考场作文后，确实感到此文题材新，思考深，颇有创新之处。袁乐此次作文取得满分的好成绩，既在意料之外，又在情理之中。意料之外是她的写作水平之前在班上并不突出，高一时甚至还是中下水平。情理之中是她从高二时一改以前从《作文技法大全》之类的作文宝典中寻求作文升格妙法的做法，听从老师的劝告，以针对性、系统性地读促进写作水平的提高。她阅读优秀作家的短篇佳构，生活智慧型的如刘墉、林清玄，文化散文类的如余秋雨、李国文，杂文批判类的如鄢烈山、余杰；她阅读适合的报刊，如《杂文报》《中国青年报》《杂文选刊》《散文选刊》《微型小说选刊》等等。高二近一年的厚积终于引出了这次考场优秀作文的薄发，她自己从中感受到了成功的喜悦。

我觉得这是一个阅读与作文关系处理得很好的个案。

考后询问袁乐同学，她说，此次作文实是融合了刘墉《威尼斯十帖之五》和王剑冰《绝版的周庄》。而后文正是我前段时间在散文欣赏选修课中推荐的篇目，她说，她对文中"周庄是以苏州的毁灭为代价的""周庄的操守又能坚持多久呢"这些句子印象非常深。

请看刘墉原文和袁乐作文：

苦难的财富

刘墉

昨夜在雨中睡，今早却被阳光叫醒。拉开窗帘，近处的楼顶，好像西班牙海边的建筑。背景的天空是大海，好蓝好蓝，没有一丝云。

只有钟声，前后左右、远远近近地传来。这是早上七点。

天晴了，视野远了，果然半个威尼斯城，都摊在我的脚下，难道威尼斯的土地不值钱？他们为什么不盖高楼？难道威尼斯很穷？为何每家的房子都这么老旧？

如果一个威尼斯人的曾祖父从坟场中复活，必定能毫无困难地摸到自己的家，甚至摸上自己的老床。只是威尼斯人又如何控制，控制他的市民不在屋顶加建？不在窗外加栅？且没有半个暴发户，胆敢盖一栋现代化的房子。

我走到阳台，极目四望，连天线都不见几支，连冷气都不见一个，更不用说高楼了，这里百分之百是威尼斯，古老的文艺复兴时期的威尼斯。我可以想象拜伦、海明威、麦卡锡、普鲁斯特和詹姆斯，他们都可能站在我这阳台上，俯瞰威尼斯。我甚至可以想象提香和达文西，也在这儿站过，看到我所看到的风景，这数百年不变的威尼斯。

远从一五〇九年康布瑞联盟（League of Cambrai）瓦解，威尼斯的政治地位就没落了。可是威尼斯五个世纪以来，仍然吸引着世界各地的游客、画家、诗人来此朝圣，就因为在时间的洪流里，威尼斯是不变的水都。大小的河渠穿梭，水来水去，总传言威尼斯将沉沦在海底。说的人都沉了，只有威尼斯依然挺立。

或许威尼斯人在建城之初，就决定选择观光为他们子孙的事业。

于是如同美丽的女子，选在最美的年岁，饮下青春泉，从此不变。

五百年来，铁轮的战车走过，木轮的马车驶过，胶轮的汽车开过。

威尼斯居然没让任何一种车子开进来。四处都是小河，到年都是弯弯的拱桥，还有那只容两人错身的小巷子；连脚踏车在这儿，都成为神话。

没有车的震动、污染、喧哗，只有轻轻的波浪，疾疾地打来；打进小河，消失了威力。只有用手划的小船，能驶进心脏地区的水渠，且以他们的船歌替代了喇叭。威尼斯当然静，这里的建筑当然容易保存，观光客当然喜欢涌入。

多么聪明的威尼斯人，用世世代代克己的功夫和严格的都市计划，忍耐着生活上的不便，使他们享受了永久的繁荣。

想想！只要有一栋现代化的高楼刺破天空，只要有一条高速公路穿过都市，只要有一艘大轮船驶进港边，这威尼斯就被毁容，她的繁华就将逝去。

所以威尼斯的美，在于她的坚持。

从台北来，也走过东方的威尼斯——苏州古城，我有着太多感慨："坚持！多么困难而伟大的品德！"

也想起一位经历"文革"苦难的音乐家的话：

"当困苦过去，那苦难就成了财富！"

题目：以"得与失"为话题，写一篇800字以上的作文。

仿写文

威尼斯　在得与失之间

江苏省兴化中学高二（1）班　袁乐

第一次听说水上城市——威尼斯，还是在小学课本里。当时真的很惊讶，居然有座城市在水中。

她河道纵横，只是全都是海水。所以，与其说她是水上城市，不如说她是海上城市。而这座海上城市除了保持了水的灵性之外，更重要的是秉承了大海的风格——难以征服。

翻阅威尼斯的图片，不难发现，这座城市的房屋都是极其古老的建筑，即使在高度发达的今天，威尼斯的居民也没有一个加盖新楼。而威尼斯的天空依旧如同几百年前的天空一样，没一根天线，几百年前的威尼斯得到了保存。

刘墉开过玩笑，说一个威尼斯人的曾祖父从坟场中爬出，定能轻松地找到老屋，走进老房间，躺在自己的老床上。

综观世界，千百年来，铁轮的战车碾过，木轮的马车驶过，胶轮的汽车驰过，可是，从没有一辆车子可以征服威尼斯。

从头到尾，都没有过。那儿的人民拒绝了一切外界的繁华。可以说，他们"失"去了很多东西，错过了不少眼界。可是，为什么，这样一座太过于"古董"的地方，千百年来却是诗人、作家、画师们向往、朝圣的美的圣地呢？

其实，也很简单。

威尼斯，美于她在得失之间的坚持。她"放弃"了世俗的诱惑，"失"去了世俗的繁华。在时间的洪荒中永远保持着她独特的风格，千百年来的如一，千百年来的"失去"使她"得到"了一种亘古的魅力与世人的敬仰。

她的坚持，让我想到了中国的苏州，一座古老的城市。曾经，小桥流水牵住了多少人的心。只是如今，面向未来，改造旧城的苏州城，虽然逐步繁华与喧闹了，却失去了她最本性的东西，她不再是当初的姑苏城了。可以说，在现代繁华的浪潮中，她被征服了。

细细想来，在这个世界上，还有很多城市、很多人，都徘徊在得与失之间。没有绝对的得到，也没有绝对的失去。很多时候，让人们欣喜的不是你得到的，让人们痛苦的也不是你失去的。但是，常常地，能让所有人震撼的却是在得与失之间保留的那一份坚持。

威尼斯，坚持了，所以她"得到"了来自世界各地的朝圣；苏州，没有坚持，所以她"失去"了许多应有的古典绰约。

终于相信，在得与失之间，坚持才是最伟大而又最艰难的品格。而我，透过威尼斯，也懂得了在得与失之间，我的选择、我的坚持是什么。

【点评】此文颇有创新之处。一是选材新，能避开一般中学生常写的成绩升降的得与失等俗套题材，以文化审视的视角评说威尼斯城市发展观的得与失，显出亮眼的新颖。二是思考深，小作者没有停留于对得失优劣的评说上，而是从威尼斯城市发展观的得失中，提炼出得失中最重要的品格是"坚持"，并把这种思考延伸到"我的人生态度"上。

（评荐老师：赵长河）

把借鉴的原文和袁乐同学的作文进行比较，会发现她在把先前的阅读思考与试卷话题嫁接、勾连中所体现的创新能力。刘墉的原题为"苦难的财富"，文章本身未从得与失的角度切入，只是稍微整合以后，就会发现刘墉的角度和得失话题可以勾连嫁接。威尼斯的"苦难"，威尼斯的拒绝现代繁华，正是威尼斯的"失"；而威尼斯的"财富"也正是指她在失去现代繁华的同时保持水城特色的"得"，应该说善于嫁接原文主旨与话题主旨是创新之一。创新之二是抓住关键词重新改造阅读信息的能力。行文中对刘墉原文是紧扣关键词的改造，对威尼斯城市建设特点的评述始终嵌入话题关键词"得"与"失"，这种改造已融入自己的独特领悟和理解，这是读的能力；这种改造亦已体现自己遣词造句的能力，这是写的能力。创新之三是对话题的辩证思考。"没有绝对的得到，也没有绝对的失去。很多时候，让人们欣喜的不是你得到的，让人们痛苦的也不是你失去的。""千百年来的'失去'使她得到了一种亘古的魅力与世人的敬仰。"创新之四是对主题的提升和扩展。刘墉的原文主题主要是对建筑文化的一种审视，而袁乐的作文主题已从单纯的建筑文化审视推而广之了。它已推广到很多城市、很多人："细细想来，在这个世界上，还有很多城市、很多人，都徘徊在得与失之间。"它亦已掘而深之了："而我，透过威尼斯，也懂得了在得与失之间，我的选择、我的坚持是什么。"这已从对建筑文化的审视升华到对人生态度的沉思上了。这是对原文高等档次地借用。

二

与上面相反，下面的作文对原文就基本上停留于一种机械仿照的层面。

★ 原 文

抒情在村庄的腹地

袁伟军

一

走在村庄的腹地，我知道我是个抒情的歌手。（1）

读村庄，蓑衣是一种古朴的文字，斗笠是一种古朴的文字，草鞋更是一种古朴的文字，而自远古涉水而来的如大山绵延不断的村庄后裔是一个个不折不扣的标点。（4）

绕过老槐树的石板路是村庄唯一的出口，（2）多少年了，青石板上的脚步蹀躞，却没有谁的脚步能伸出层峦。无数次挪动的脚步，被来自土地深处的阵痛牵攫了么？无数次遥望山外天空的目光，被远山更远处的云雾遮拦了么？（3）风以一种无言以对的姿态疾驰而过，有祖辈沧桑的幻影在风中生动地走着……

老槐树在柔媚的旭光下轻轻地摇响，如外婆切切的叮咛，一声紧挨一声地飘在和风里，又似黑夜里外婆提一盏萤火游在夜色里为我喊魂的声音，涌出我童年的时光，外婆的喊魂声已深入我的血液切入我的骨髓，夜夜在思念的梦里汹涌。

在那个山雀疯啼的满山杜鹃盛开露珠可爱地滚动在草叶上的晨曦中，我热血沸腾，体内鼓胀着一种远行的物质。（8）对着门前的重重山峦呼唤，呼唤如风吹过去了。远方，可曾听到我青春激情的呼唤？久久地，沉默有如夕阳燃烧黄昏后的宁谧。谛听远方的回声，远方的召唤，会真切地飘过来么？眼里蒲公英如雪飘舞，又随风悄无声息地遁向远方……

二

走在村庄的腹地，我不能不是个抒情的歌手。（7）

缕缕希望化作无枝可栖的零羽随风飘落，躺在向阳的绿草坡上，看风起云舒，听松涛轰鸣，心头逐渐澎湃着一种欲宣泄的激情。于是，青春的心原上疯长出一种叫作诗歌的作物，一如父亲地头的农作物一样长势良好，葳葳蕤蕤，只是，秋后，父亲的收成沉甸甸地在阳光下耸起头，我收割的却是一片在风里昂首挺胸的秕谷稗草。（10）

目光圈出了无数次残缺复又丰满的期待，那个秋后，我知道了等待成熟。走在星光下，努力地什么也不想，任淡淡的足音在万籁俱寂的夜色里似钟声低响，敲击着太多伤感筑成的忧悒的心灵小屋。如水月华倾泻，静静地流成一泓浪漫的小夜曲，飘曳在开不了花也结不了果的心头，随意地呢喃似醉汉的梦呓，让风儿衔走。频频回首，亘古未变的山幽咽的林潺潺的水清籁的风舒展开无法抗拒天然造化般的魅力，我依旧没有赏味的目光。

要我也是一叶无人驶渡的野舟么？我不能，我决不会随波逐流，在长久的漫无目的的漂泊中迷失自己、迷失梦想。（5）要我成为一棵长不成虬枝道干的大树，生生死死庇护这片巴掌大的土地么？我不能，我不能再吮吸这片土地上仅剩的一点肥沃和丰腴，我要盘根错节在另一种营养上，给村庄泥泞不堪、风雨飘摇、负荷累累、气喘吁吁的岁月注入新的血液。（6）

有哪一个艳阳纷飞的午后，温柔的水和药香能替我洗净泪水盈眶的眼睛呢？（17）

翅膀托给了天空。（18）

三

走在村庄的腹地，我注定是个抒情的歌手。（11）

村庄没有古典音乐，但有绝对悲怆绝对豪壮的山歌。像村口那棵老槐树上树叶一样多的山歌，水一样源远流长地浇灌村庄发育不良的文化和乡亲们扎根一生的土地。游弋在深深浅浅的歌声里，我只是一尾酣畅活泼的小鱼，睁着发亮的眼睛，想洞察什么。

乡亲们在田间耕作的姿势很古老也很美丽。休憩时仰望天空的感叹号或俯身土地的问号，都是画家画光了笔也无法描绘出的风景，我慈祥的父亲以佝偻的姿势，兑现我不断成长的需要而默默无言，（12）那汗水浸润的脸庞，正被阳光披露着微笑和坦然。

父亲的期冀是阳光，摘也摘不尽；母亲的渴望是井水，流也流不完。像挚爱土地一样挚爱着我的乡亲们，（9）希望我成为一只鸟，飞也飞不完壮丽的旅程。

四

走在村庄的腹地，我不仅是个抒情的歌手。（15）

村庄的小河也喜气洋洋地涌动红艳艳的桃花汛；村庄的春天也嗡嗡地嘘出金灿灿的菜花谣；村庄的羽翼下也孵出许多叽叽喳喳天真烂漫的童曲。村庄的柳林里也难产般萌生出明媚青翠的爱情，倚着山雀掠下的划痕，我所有的梦都走向远方。那一刻，豌豆胡豆花紫红紫红的笑，山草水草水灵灵的绿；（16）村庄哟我的村庄，你为何舒展不开皱了千年的眉头？我的远行不是意味着永远地离你而去，而是为了更好地走进这片土地，播种黄土地上绿色的希冀……（13）

村庄哟我的村庄，我将以充盈和喜悦的心情独对你年轻而焕发的面容。（14）

★ 仿写文

翅膀托给了天空

走在村庄的腹地，我选择做一个抒情的歌手！

一

走在村庄的腹地，我该不该做一个抒情歌手？（1）

绕过老槐树的石板路，是村庄唯一的出路，（2）从早到晚有祖祖辈辈的脚步声，但他们永远也走不远，难道他们身体的力量都被来自泥土的力量牵绊了吗？难道他们向远处眺望的目光都被山顶那迷蒙的云雾遮掩住了吗？（3）

乡村是一种古老，乡村里的蓑衣是一种古朴文字，草鞋也是一种古朴的文字，而披蓑衣和穿草鞋的人是一个个的标点。（4）

难道要我永远栖息于这片土地吗？

难道要我成为一叶无人驾驶的小帆船，在原始而苍茫的大海里迷失自己迷失方向吗？（5）

难道要我成一棵长不成大树、结不成壮枝的小树苗，在风里雨里悲凉地长吗？不，我要吸取另一种营养，我要成长得身强体壮，我要呵护我日渐消瘦的村庄。（6）

二

走在村庄的腹地，我不得不是一个抒情的歌手。（7）

早晨，从梦中醒来，昨夜美丽的梦悬挂在我微润的睫毛上。

在这个山雀飞舞、杜鹃红遍山头、露珠在草叶上颤抖的日子，心中升起一种叫作诗歌的东西。（8）

我带着父亲的希冀，如同阳光，我携着母亲的渴盼，如同雨露，我挥手作别了我的村庄。（9）

父母的收获是肩头沉甸甸的谷草。我的收获也和冬日的阳光、夏日的雨荷芳香了我的青春。（10）

三

走在村庄的腹地，我注定是一个抒情的歌手。（11）

父亲仰望天空时的感叹号和低首叹息时的问号，记在心间，父母以一种默默无言满足我的愿望，支持我的选择。（12）

我的村庄，你为何不舒展你锁了千年的眉头，我选择离开你，是一个短暂，我还将回到这里来。（13）

我将以一种喜悦和充盈走进你！（14）

四

走在村庄的腹地，我并不仅仅是个抒情的歌手。（15）

当我回来的时候，又是春天，豌豆胡豆紫红紫红的笑，河水溪水灵灵的绿！（16）村庄呵，我完成了我的选择。

对你抒情！我的心从没有这么明媚过。

有哪一种温柔的水和药香可以治愈我热泪盈眶的双眼。（17）

翅膀托给了天空——（18）

对照原文与仿写的高考满分作文，除了在原文主旨与话题主旨的嫁接上体现了该考生一定的读写转换能力外，大多都是对原文的机械仿照。仿照结构形式，仿照层次递进，更主要的是大量复制原文句子。我对照原文与仿照文，对18处进行了画线，发现原文与仿照文类同甚至雷同，可以推断，该考生已经熟练地背诵了原文。

这是一种对原文低等档次地借用。立意、结构是对原文的亦步亦趋；语言运用是对原文的机械仿照，可谓是"句句有出处"了。

<h1 style="text-align:center">三</h1>

下面再看一篇中等档次的借用实例：

★ 原　文

患者吴良知先生的就诊报告

苏中杰

患者姓名：吴良知

性别：男亦可，女亦可

出生年月：20世纪40、50或60、70年代

主要职业：从文

病灶表现：麻木冷漠

往年确诊：畏惧综合征

复诊方法：中西结合

一、望诊

面部：颜色和报纸一样，像社论，又像头版头条。

眼睛：眼睛转动缺一个方向，主要看上方和两侧方向，不能平视，更不能下视。

鼻子：鼻子变形，向上翻翘，只能闻财气、贵气、官气，不能闻民气、贫气和怨气。

舌头：肉质发生变异，导致发音功能失调，如说"shǒu zhǎng"（首长），清楚准确，并颇有亲切感，说"mín yì"（民意）则含糊不清，而且发音冷硬。

二、把脉

脉象：沉、紧、促、微、细、软、浮、滑、涩……都是心脏衰弱、早搏和神经紧张时出现心悸的证明。

三、透视

肺：肺壁颜色发黑。用仪器对肺壁黑色物质进行检测，发现是高级香烟和大量酒精所致。

肝与胆：严重萎缩，形体变小，且肝趋于僵化，胆内缺乏胆汁。这种肝胆下的行为是小心翼翼，亦步亦趋，窥测方向，于稳中渔利，人虽是矮化了的，然而永不吃亏，高职称，高收入，高地位，或者耀眼的荣光，都是轻轻松松地得到。

四、化验

化验物：血。色泽发暗，缺乏人文氧气，融入了大量的封建文化的二氧化碳，分子结构是"奴"字型的。这种血供应大脑，大脑必然迷混不清，时常昏昧，神经衰弱，精神脆弱。

五、基因测定

已发生奇怪的变异，基因图上难以追溯和链接：基因符号显示，不属于孔孟的嫡系子孙（有的甚至不能辨认孔孟的文字，不能理解孔孟的理论），但与孔孟的因子有着明白无误的一致性。因此，神经系统的指挥方向就是见皇帝就呼万岁，见官员就下跪，并无师自通地由此获得荣誉感、成就感、归属感和人生价值。

六、治疗方案

一、服用明目剂：走出书斋和会议，进行角色换位，到工厂体验工人下岗的滋味，到农村体验农民的贫困，听失学儿童的哭泣声，或衔冤去上访……

二、服用换血剂：读一批有关科学和民主的论著。

医师（签字）

（原载 2001 年 5 月 16 日《三湘都市报》）

仿写文

患者吴诚信的就诊报告

2001 年高考四川一考生

（高考评卷得分：60 分）

姓名：吴诚信

性别：男亦可，女亦可

年龄：生于 20 世纪 60 年代或 70 年代

职业：待定

确诊方法：中西结合

一、望诊

脸色：无甚大碍，就是不会脸红。即使是"落井下石"后，也是脸不变色。

眼睛：眼珠缺乏灵活性，只能侧视或者向"钱"看，目光狡黠。

鼻子：鼻头上翘，鼻孔变大，嗅觉间歇性失灵，只能闻官气、贵气。

舌头：发生变质，发音不准确，舌间形状有变为弹簧的趋势。说"撒谎"（sā huǎng）发音清晰，说"真话"（zhēn huà）则发音含糊，吐字不清。

二、把脉

脉搏沉、快、促、紧、滑、涩……典型的吹牛皮后心悸、早搏导致的心脏衰竭的先兆。

三、透视

1. 肝肺呈现出暗色，甚至变黑。2. 脊椎有弯曲迹象，病情表现为直不起腰。

四、血样采集

患者血色呈暗红色。血色分子结构多种多样，有"才"、有"貌"、有"钱"、有"思"，其中前三者居多，唯独缺"信"，"诚"细胞和血小板几乎没有。

五、基因鉴定

经过精密仪器测试，患者的基因已经发生异变。已不能显示系何族子孙，"信、义、忠"结构已被破坏。虽然基因测试确定不出系何族，但其行动都具有浓厚的封建小农意识。表现为见了五斗米就折腰（当然，脊椎已查明有问题），钩心斗角，尔虞我诈，挖人墙脚，落井下石。

六、治疗方法

1. 换血：注入大量"人文"氧气，替换体内有害健康的"拜金主义"二氧化碳。2. 每天早晚一次扪心自问，摸摸自己的良心在否。3. 阅读大量杂文，唤醒其诚信意识。

七、医生建议

此病例不是首次发现，十分具有代表性，望患者注意，切莫相互传染。

医生（签章）

对照原文与仿写的高考满分作文，标题格式都相仿，但仿写文还有自己旧瓶装新酒的内容构思，亦有自己的语言。

四

实行话题作文考试以来，常常有高分作文被揭有"抄作"之嫌，以至于还常常引起争论，高考卷中仿作、套作乃至"抄作"，似乎成为话题作文时代不可避免的现象了。既是不可避免的现象，我们就有必要探讨"抄作"的判断标准，就有必要探讨仿作水平层次的裁定标准，更有必要探讨创新仿写的路径。

综合上述优、中、劣三层次的仿写个案，我们认为学生作文对原创文的借用要从以下几方面正确处理好阅读与作文的关系：

首先是思想认识上。临考前背几篇美文、范文，以拿到考场上去套作，去仿照，是一种思想认识上的极大偏差，而这种认识上的偏差目前在我们学生中却是一种普遍的现象。事实上，临时抱佛脚地机械地背诵几篇文章，套到考场作文中，经常就是走题、生硬的根源。

要认识到带思考地读才是创新地写的前提，带思考地读是"厚积"，创新地写是"薄发"。

要认识到带思考地读才是我们作文有底气、大气、美气的保证。

第二是技术处理上。要择其一步，力争一步到位，得原文之精髓；不可不加选择，亦步亦趋，扯原文之皮毛。也就是说不能将原文的题目、构思，原文的开头、结尾，甚至原文的语言，都一样不漏地仿照下来，那样就不是改造不是创新而是仿照，甚至是抄袭了。

第三是阅读习惯上。要养成良好的阅读习惯。我们同学常抱怨说自己也阅读，"古今中外"都有涉猎，为何就不能化用到写作上呢？问题出在你的阅读习惯上。我们平时的阅读，要做到不动笔墨不读书，不动脑子不读书。不动笔墨不读书，从最简单的好句好文摘抄，到对原文进行审视的读书笔记，都应是你动笔墨的内容。不动脑子不读书，我们有些同学读书满足于好玩有情节，满足于好看合口味，他们不是用"脑子"读书，而是用"眼睛"，用"嘴巴"读书，长此以往，就只能停留于一种浅层阅读的层面。用脑子读书，就是用脑子去对原文进行类比联想式"联读"，对原文进行反弹琵琶式"反读"，对原文进行多方换角式"换读"，如此才能真正使原文内化为自己的人文底蕴、作文内力。

语用视角之写什么：课文、阅读和生活

——写透、写广和写活

【原题亮相】

北京市丰台区 2016—2017 年度高一语文期末考试作文：

> 《正定三日》里说："在不变之中发现变化的该是智者吧？在万变之中窥见那不变之色的亦非愚公。"当下海量信息的生活，就像万花筒一样，可谓瞬息万变，但是，人们心中也总有一些恒久不变的东西：对幸福生活的追求，对美好情感的坚守，对高远梦想的执着……
>
> 请围绕"变与不变"这一话题范围，结合自己的所见所闻所思，自拟题目，写一篇记叙文，不少于 700 字。

【立意构思】

我们可以从课文、阅读和生活的角度，引导发散学生的思维。围绕题意，取材课文，能体现对课文阅读理解的多角度和深度。充分挖掘课外阅读积累，能体现立意取材的广度。从热点时事的角度取材，这是把作文写活的体现。

一、课内

【立意1】变的是负心汉的"二三其德"导致的爱的逝去，不变的是汤汤的淇水。
【构思】"淇水还是那个淇水"，三次出现的淇水，见证了爱情之花由含苞到盛开到枯萎的变化。视角可以是女主人公的，也可以是淇水的，可以是氓的（以狡辩或是忏悔的角度切入都可以），可以是"兄弟"的，甚至可以是虚构的邻居王大妈的。

【立意2】变的是改革的环境，不变的是"拗相公"坚持改革的执拗。

【构思】背景：神宗时开始变法，就遭到以司马光为首的保守派坚决反对。新政推行不利，神宗后院起火，王安石辞相位。第二年，再被神宗拜相。第三年，再次去职。哲宗即位，太皇太后执政，重用司马光，王安石被打倒，变法一党全被铲除。但哲宗八年后亲政，又再次翻案，重用改革派，夺司马光谥号。但徽宗一即位，势态再次颠倒，司马光等人均身后复官。但仅一年余，又恢复了二十五年前王安石的新法。王安石也被封为孔孟之下第三人，配享孔庙。到南宋初年，官方定论新法祸国殃民，为北宋覆亡的罪魁祸首。理宗将王安石配享孔庙的资格取缔。自此王安石新法被不断批判，直到二十世纪上半叶，梁启超开始，才为王安石的变法彻底翻案。

在学生对王安石改革历史基本了解的基础上，可以用第一人称视角想象故事。

【立意3】变的是宦海沉浮，不变的是坡公的达观洒脱。

【构思】1. 了解身世：京城（旧党，上升阶段）——杭州（反对新党，下降阶段）——密州徐州湖州（知府，略上升阶段）——黄州（乌台诗案，大下降阶段）——登州（旧党重启，上升阶段）——杭州惠州儋州（不容于新旧党，下降阶段）。2. 读过林语堂《苏东坡传》、余秋雨《苏东坡突围》，可以用细节描写的方式，写出苏东坡一以贯之的达观洒脱的个性。

【立意4】受《短歌行》启发，变的是三国纷争的形势，不变的是曹操对人才的渴求之心。

【构思】可以用学生熟悉的曹操悉心对关羽的故事，演绎"变与不变"。关键是细节中的个性刻画。

【立意5】变的是为抱负理想和生存的五斗米而沉浮宦海，不变的是对自由、自然的向往。

【构思】背景：年轻的陶渊明饱受儒家思想的浸染，立下大济苍生的抱负。而在封建社会，想要实现抱负，唯一的一条路就是入仕为官，治国平天下。由此可以看出，为官，曾是陶渊明追求的梦想。但是，当时的士族门阀制度阻碍了非士族出身的陶渊明晋升的机会，做一个能治国平天下的大官的梦想与他毕生无缘，所以他一直不愿为官。直到 29 岁，因生活所迫，他才开始做一些小官，历任江州祭酒、镇军参军、建威参军、彭泽令等官职；直到 41 岁，任彭泽令 80 天后，因为不肯"为五斗米折腰向乡里小人"而辞去官职，从此过着躬耕归隐的生活。

可以将《归园田居》的细节与想象中的官场细节进行对照描写。官场细节要着重描写。

【立意 6】变的是人悲观或达观的心态，是对生命长久或短暂、功业瞬息湮灭的思考，不变的是和畅惠风、江上秋风与山间明月。

【构思】可以把《赤壁赋》《兰亭集序》改编成一篇记叙类文章。两篇文章本就有中心情节。

【立意 7】变的是对绿色生命、对美好事物的行为态度，由喜爱到强取到放还，不变的是对美好的追求。

【构思】可以仿照甚至改编《囚绿记》。

【立意 8】变的是反复承受的不幸遭遇，先是婆婆后是哥哥；不变的是坚贞的爱情。

【构思】可由刘兰芝的视角展开，也可由焦仲卿的视角展开，其他视角还有婆婆的、小姑的、哥哥的、妈妈的、县令太守的。此篇可以多视角展开，形成对立中的张力。

陆游和唐婉的故事同样也可如此构思。

【立意 9】变的是羁旅萍踪，不变的是对古都之秋的挚爱。

【构思】可以用课文原材料，改变详略处理，把羁旅萍踪感受到的各色不同的秋色反复和古都的秋色对比着写，突出对古都秋之挚爱。

【立意 10】变的是羁旅萍踪，不变的是对江南采莲的怀想。

【构思】可以用课文原材料，改变详略处理，把羁旅萍踪感受到的各色不同的莲花莲事反复和江南莲花莲事对比着写，突出对江南莲花莲事之挚爱。

二、课外

（一）阅读积累

【立意 11】变的是原西双水、黄原和铜城的生活工作环境，不变的是追求精神生活、奋斗闯荡和执着向上的青春之心。

【构思】可以剪辑几个典型镜头，进行蒙太奇式组合。

【立意12】《红楼梦》中有前后两次对比鲜明的赏海棠花事，变的是前后花事中体现的家境的由盛而衰，不变的是同样的海棠花事。

【构思】第三十七回、三十八回结海棠诗社创作海棠诗、菊花诗。第九十四回枯死的海棠突然开花，宴海棠贾母赏花妖，宝玉贾环贾兰各作海棠诗。可以用宝玉的视角，用心理描写的方式，写出这变与不变。

【立意13】变的是家境的由盛而衰，不变的是同样的刘姥姥进荣国府。

【构思】可以用刘姥姥的视角和口吻，兼及周瑞家的等人的口吻，写出这由"烈火烹油，鲜花着锦"到"忽喇喇似大厦倾，昏惨惨似灯将尽"的变化。写出刘姥姥特有的言语。

【立意14】变的是身份，不变的是躲避荣华、洁身自好的情操。（介子推）

【构思】可以以"变与不变"的角度，重新叙述介子推与重耳的故事。可以参看李敬泽《大白小白》。

【立意15】变的是不被重视的颠沛流离，不变的是先师孔圣积极进取的儒家情怀，坦荡自信的信念。

【构思】可以选择陈蔡之厄、匡人围孔等镜头加以描述，突出孔子身上那种进取的儒家情怀，坦荡自信的信念。可以参看李长之《孔子的故事》。

【立意16】不变的是忠心为国，变的是身体的由强而衰。学生熟悉"僵卧孤村不自哀，尚思为国戍轮台"。

【构思】对陆游、辛弃疾故事的重新叙写。

【立意17】变的是曹魏政权向司马氏集团的变迁，不变的是孤独傲岸、坚持操守的品性。

【构思】曹操曾孙女婿嵇康的《与山巨源绝交书》，嵇康与钟会的对话，广陵散的故事。

（二）生活体验

【立意18】变的是山南海北、奔走各地的舌尖中国行，不变的是对家乡口味的"鲈鱼莼菜"之思。

【构思】可以虚构每到周末和逢年过节，主人公总要自烧家乡小菜的几个镜头。这样的行文重在对比描写，写出细节，写出情思。

【立意19】变的是阅读方式（纸质的、电子的），不变的是对阅读的热爱。

【构思】可以剪辑各种不同环境、不同人群的阅读镜头，由此生发记叙类文章中简要的抒情议论。

【立意20】变的是与祖母的交流方式，虚构叙述由写信到给祖母装电话，到教会祖母使用电脑手机视频的过程；不变的是亲情的系念。

【构思】上述立意中提及的情节都可扩展描写。

【立意21】变的是环境的退化，不变的是对古都桥水文化的迷恋。

【构思】虚构一个北京文化访客的视角，由循桥找水不着，到寻找文献中的桥水，生发对曾经的古都桥水文化的思考。

【立意22】变的是毕业后山南海北的不同地域、不同职业的同学、校友，不变的是聚会的老地方、老教室。

【构思】以一个参加同学聚会人的视角叙述描写，表达一份深情怀想。

【立意23】变的是南海形势和岛礁，不变的是维护南海祖业的战略定力和决心。

【构思】以南海岛礁的拟人化视角，展开叙述描写。

（三）反向立意

【立意24】变的是花样，是汤；不变的是药。

【构思】1. 背景材料：宋有狙公者，爱狙，养之成群，能解狙之意，狙亦得公之心。损其家口，充狙之欲。俄而匮焉，将限其食，恐众狙之不驯于己也。先诳之曰："与若芋，朝三而暮四，足乎？"众狙皆起而怒。俄而曰："与若芋，朝四而暮三，足乎？"众狙皆伏而喜。(《庄子·齐物论》)从新的角度切入并演绎这个经典故事。2. 骗子骗术为什么在今天这个时代得以大行其道？虚构一个故事。

【评分操作】

一、制定评分标准

必修一、二的写作教学点和对题意的理解，是制定评分标准的出发点。必修一、二写作教学点有：1. 选材选心动；2. 写人有个性；3. 记叙有角度；4. 写事有波澜；5. 写景有特征；6. 记叙有描写；7. 抒情要适度；8. 虚构要合理。理解题意，"不变"中其实也隐含"变"，比如某一种情感的强化。注意区分"同与异"和"变与不变"的差别，一个是静态，一个是动态。

二、评分标准

（一）一类卷（45—50）：以 47 分为基准分，上下浮动

1. 能把人、景、事、物的"变"和"不变"或显或隐对照着叙述描写，有生动、形象、细致的记叙描写。2. 写一个中心事件，或写几个有关联的片段，有贯穿始终的"变与不变"的线索，文章结构完整。

（二）二类卷（40—44）：以 42 分为基准分，上下浮动

1. 能把人、景、事、物的"变"和"不变"或显或隐对照着叙述描写，文章以叙述和描写为主，语言表述基本生动、形象、具体。2. 写一个中心事件，或写几个有关联的片段，基本有贯穿始终的"变与不变"的线索，文章结构基本完整。

（三）三类卷（35—39）：以 37 分为基准分，上下浮动

1. 不能把人、景、事、物的"变"和"不变"或显或隐对照着叙述描写，单单写"变"或"不变"，或者最后对"变"和"不变"其中一方面贴个标签。文章有适当的记叙、描写，但不具体不细致。2. 写一个中心事件，或写几个有关联的片段，贯穿始终的"变与不变"的线索不明晰，文章结构不够完整。

（四）四类卷（30—34 分）：以 32 分为基准分，上下浮动

1. 不能把人、景、事、物的"变"和"不变"或显或隐对照着叙述描写，单单写"变"或"不变"，或者最后对"变""不变"两方面中其中一方面贴个标签。文章只是单纯地叙述，基本没有描写。2. 写一个中心事件，或写几个有关联的片段，缺失贯穿始终的"变与不变"的线索，文章结构不完整。

（五）五类卷（30 分以下）

1. 无关"变与不变"。2. 文章以议论、抒情为主，记叙描写很少。

说明：字数不够，但文体是记叙文也合乎题旨，200字左右10分上下，300字左右15分上下，400左右20分上下。500字以上结构完整，文体、题旨合乎要求，可按四类卷评。

创新突围角度一
拟人视角重叙经典显主旨

【支架提供】

经典小说作为素材，几乎可以演绎、表达所有主旨的作文题。关键在于两点，一是对小说的烂熟于心；二是对这烂熟于心的情节，常常能够根据作文主旨要求，或者拟人化，或者变换视角，重新叙述故事。

我是一块行囊布

中国教科院丰台实验学校高一（6）班　马文龙

躺在废弃工地中的被褥旁，虽溺于岁月的河流中沉浮漂游，但我相信我不会忘记前些日子我随着主人变动不定地漂游，我陪伴着这个闯荡念头始终不变的年轻人，又走遍了整个黄原城。我体会到了他对理想的执着。我是一块被这个闯荡的年轻人陈旧了的行囊布。

而他，便是"世界这么大，总想看看"的孙少平。从双水到原西，从原西到黄原。我跟着这个年轻人，行踪虽是不定，却感受到他身上不变的执着越来越强烈。

记忆中的某一天，原西城中的一家商店里，来了个体格高大却略显消瘦的小伙子，他捧起了柜子上的一块干净的棉布，扯了又扯，觉得这布跟他一样蛮结实的，"老板，这布能便宜点卖我吗？"

说实话，他给我的第一印象就是个会过日子的安稳人。既没有那荣华富贵的体貌，也没有那与生俱来的聪颖——嗯，他就是一个平凡的人……

但日后随他漂泊，我发现，对他那肤浅印象不过是我愚不可及的臆想罢了。

那是他到黄原揽工……

从石圪节到黄原。我裹着他的行李，随他一同风尘仆仆地来到了黄原县这个陌生而又庞大的城市。他愣在车站旁，一言不发，心中若有所想，一切都迫于这座城市的未知与自己的渺小。片刻，他背起了沉重的我，迈出了沉重的步伐……那时我眼里，他依然如第一印象那般，似乎不变的安静稳重就是他的形象了。

少平在大桥头闻知了揽工的差事后，便奔于寻找远亲，以托关系工作。到了晚上，他为省钱，想寄宿在长途车站的长椅一晚，却被执勤的老头拦住。无奈下，他回到了灯火摇曳的街头。冷风中的几番踌躇过后，少平向原来的老师，贾老师家的方向走去。贴在他的宽而软的背上，乘着踏实的步子，听着他有力的心跳声，霎时我却有另一种体会——他的安稳并不是为了生存，或许另有所图。我对他的印象有了一点改变。

第二天，天还未亮，少平就又将行李收拾好，背着我走向了下一站——他远亲家。当天大亮时，我们就到了远亲所居的北关。穿越冗长的街巷，几经打听便找到了远房舅舅马顺。很快，少平通过他舅舅，揽了份背石的苦差事。他将我扔到了窑口，便迫不及待地去干活了，望着他那高兴得放光的背影，我不禁想，难道这年轻人背着我仅仅是为了揽这个苦差事？再想起当初他用我裹紧包袱，毅然离开双水前，对父兄说的一番话，我似乎对这个年轻人有了新的理解，对他的看法有了变化。起码，这年轻人，还真是个对生活有所追求的人。

两个月后，少平再次背起了我——他要到新的工地干活了。我依然是贴在他的背上，心跳声依旧，我感受到的似乎还是那个不变的成熟而又坚硬的背膀。我感受到的又似乎与之前有所不同，这年轻人反复变动他的揽工地，难道只是为了生存？他是为了生活的意味，为了生命的价值吧。

故事还在继续，他的不变的执着令我坚信，我将在不停变动的流走中，见证一个年轻生命不变的价值追求。

躺在废弃工地的被褥旁，溺于岁月的河流，更加值得铭记的是，他也赋予了我，这个无生命的行囊布生命的气息。

【评荐】作为一篇取材《平凡的世界》的作文，本文看点有三处：一是巧妙选择行囊布作为拟人化的叙事者，始终跟随少平并见证他在"变动不定"的揽工生活中，坚持追求精神生活的"恒定不变"的生活理想；二是清晰的地点变换的线索勾连起了生动的细节；三是作为叙述者的行囊布适时适切的议论，自然揭示题旨。

我是永兴岛

中国教科院丰台实验学校高一（6）班　马文龙

南海没有冬天。虽是在一月的深冬时节，太阳也依然是高挂在抹着白色水粉的蓝天上，散放着光芒。而不应景的则是那越发呼啸的海风，气温越是下降，这里的海风就越是有劲——这种不尽如人意但尽岛意的不变的气候我早已习惯，我能清晰地记得，这是我在祖国南海经历的第 N 个"冬天"……

我是一座被现代人称作"永兴岛"的地方。早在汉代，华夏子孙就对我的身段、我的长相，有了温柔精心的测量。后来啊，我的归属地曾经屡有变动。先是被法国霸占；二战时，我曾脱离华夏，又被强行归属到邻国日本。而现在，我早已回归祖国，成为祖国的一分子。

近来，我越发觉得自己面临着危险。也许，我有过被变来变去的刻骨铭心之痛。近来，我对周围环境的变化尤其敏感。我周围的环境与以往大不相同了——游轮日趋减少，似乎海鸥飞翔的漂亮身影，也比往日少了许多。反而，多了令我发指的军舰。岛上的人们都渐渐武装了起来。往日的欢声笑语听不到了，听到的倒是美国军舰在南海岛礁周围耀武扬威的马达声，是隔空传来的南海仲裁的喧嚣声……

"永兴爷爷！永兴爷爷！小鸥我来看您了！"一只海鸥降落在我的身上，打断了我的思虑。"小鸥真乖！是不是又有什么好消息要告诉爷爷啊?"我笑着回应道。"嗯！小鸥告诉爷爷啊，不一会儿，将会有艘壮丽无比的军舰驶来呢！小鸥我听说啊……"

又是军……军舰? 啊！这一段，总时不时地有美国人的军舰在我周围吵闹我，恶心我！常常地，小鸥垂着鸥头丧着气，耷拉着鸥翅，来告诉我"美国人的军舰又来了"！我总是安慰小鸥，别理美国人，他不就是在旁边吼吼马达吗? 你越是上心，他越是得意呢！任他军舰航母，我自岿然不动！

前一段，美国和日本还鼓捣菲律宾搞什么南海仲裁，我不就当那个所谓仲裁一张废纸吗，一张很快淹没在南海海底的废纸。

"……爷爷你快看！来了来了！"小鸥朝着东北方向飞了起来。还频频地回头看着我，恨不能拉上我。这是怎么了? 小鸥这次不像往常看到美国人军舰时的慌张啊。

管他呢，一波未平一波又起也好，潜艇海下军舰海上也好！我自岿然不动！我有我的大国风范，我有我的战略定力。顺着她的白羽，我终于看到了海平线上缓缓驶来的军舰。

它每向前挪一里，我就越发看得清楚，心跳也就越发剧烈——模糊的轮廓渐渐化为一艘庞然大物；那本是点点大小的黑色，逐渐伸长为长长的跑道；船身上列满了清一色的战斗机……这艘航空母舰正向我驶来！

转眼间它到了眼前。"永兴您好！我是辽宁舰！是咱中国的'海上门神'！"这艘军舰送来了气宇轩昂的问候。鸣笛后，辽宁舰又驶向了兄弟岛屿。

"您好，辽宁舰！"我长舒了口气，似乎吃了定心九一般。小鸥也高兴得在我头顶盘旋："永兴爷爷我也先走了，我要赶在辽宁舰前头，先到其他的岛礁，也给它们传递这个好消息！"

说着，小鸥又欢快地飞了起来……

【评荐】以永兴岛的自述和心理描写，呈现了南海岛礁由古至今的风云变幻，呈现了大国我自岿然不动的战略定力。借助永兴爷爷和小海鸥对话的视角，又使文章不停留于单一叙述的层面，有了细节描写，有了情节勾连。

变与不变——《氓》的想象

中国教科院丰台实验学校高一（6）班　李心玥

> 人生若只如初见，何事秋风悲画扇？等闲变却故人心，却道故人心易变。——纳兰性德

天气暖洋洋的，耳畔黄鹂鸟婉转的啼鸣清脆悦耳，西边的集市上人来人往，我一边卖着自家的蚕丝，一边在心中暗暗欣喜着他的又一次到来。依稀记得他第一次见到我的那一刹那，像个孩子似的单纯可爱，慌得说不出话似的，"我……我……我要换丝"，嘴里说着手却不动，眼睛却盯着我。直到我把蚕丝推到他面前，才醒了过来似的。

只听远处一阵急促的脚步声，即使集市上人很多，我依旧能清楚地辨析出那特殊的脚步声。"给，你的丝！"我将蚕丝放在他的手上，接过他递来的布匹刹那，他又塞在我手上一面铜镜。我慌得赶紧藏在了衣袖里，生怕不远处的邻居王大妈看见似的。他又急切地说了一声"淇水边等你"，就又卖布去了。

淇水静静地流淌着，微风拂过水面，掀起一丝柔和的微波，河畔的树叶飘落在水面，随着淇水向远方流去。我俩默默地看着远方的淇水好一会儿了。他默默地用手为我揩去泪痕："亲亲，原谅我刚才的急躁，等的日子太煎熬人了。"我幽幽地说："你还是找个媒人正式来提亲吧，我也好想我俩终日厮守。"

终于等到了属于我们的那个金黄的季节，我穿上了梦中的鲜红嫁衣，终于等

254

到了从"你""我"变成"我们"的一天。我偎依在他的怀里，透着帘子隐约望着渐渐远去的淇水，淇水曾是我俩的爱情的见证啊！如今又见证了我们甜美的婚姻。

我以为，日子会一直如此美好平静，一如这平静而欢快的淇水。

"啪"，一声清脆的巴掌声，终于，惊醒了奢望用勤劳和温存留住爱和婚姻的我。我以为他只是嫌恶我的嫁妆少，但我可以用双手勤劳致富啊。我以为他只是嫌弃我的年长色衰，但我可有我的温存啊。罢了，罢了。忍耐忍耐，换来的已经是巴掌了。

我走到淇水上的小桥，望着那冰冷、寂寥的淇水，泪水簌簌地落下。泪顺着脸颊流下，一滴一滴落到水面。脑海中回想着嫁进他家的点点滴滴，回想着当初执意拒绝父母之命媒妁之言的点点滴滴，回想着当初坚持自己的爱情选择的点点滴滴。

淇水啊，我这是到哪儿去啊？父母家是不能回了，谁叫我当初执意坚持自选婚姻呢，回去也被亲兄弟笑啊。但我，我也不能回到淇水的怀抱啊，这个当初见证我们爱情婚姻的淇水，我不能让人笑话懦弱！

罢了，罢了。收起眼泪吧！淇水还是那个淇水，我的爱情已如东流水，我要沿着淇水重走我的生活路！

【点评】"淇水还是那个淇水"，女主人公的爱情却经历了由甜美到破灭的变化。小作者用淇水的意象，勾连起了爱情婚姻的几个镜头。想象来源于文本，又合理丰富了文本。(赵长河)

淇水还是那个淇水
——我与氓的故事

中国教科院丰台实验学校高一（6）班　李雨萌

古有一水，名曰淇水。而我就住在这淇水边上，日日夜夜想念着那个集市上以"抱布贸丝"的名义，攫取了我心的人。淇水不知见证了我俩多少甜甜蜜蜜的幸福。

从窗边望着那淇水上久不散去的雾水发呆，心里已经飘到他的身旁。隐隐约约看到一艘小舟，眼睛亮了起来。急忙披了一件外套，跑出门去站在岸边观望。隐隐约约又听见似有马车声，于是又爬上破土墙遥望复关——那心上人马车出现的方向。

看到他的瞬间，笑容展现在脸庞，甜蜜和忧愁却缠绕在心头。没有一个好媒人向父母提亲，我又如何嫁给他呢？看他急得大汗淋漓的样子，我又只好把婚期相约那收获的秋天。为了爱，我难道只好背离父母之命媒妁之言吗？送他渡那淇水河，我的心浪却像那淇水河一浪高似一浪。

过了大半年，不觉间已到秋天。我的心上人是水路来还是陆路来？我望过那淇水上无数艘经过的小舟，我听着那复关方向的马车声。

远处传来车马声，抹去泪水向窗外望去，一辆马车驶入视线中。惊讶地看着他站在门口，我知道，他来接我回我们的家了。

甜蜜的日子难道只能是淇水的一滴？我现在怎么好像不认识这个当年的"嗤嗤"憨厚笑的人了？

现在的他唯与酒做伴，每天回家都是醉醺醺的模样。难道是嫌弃我的嫁妆少？难道是嫌弃我的容颜老？那天，又是醉醺醺的他，竟然又举手打了我！我忍无可忍！我要去问问淇水河，那个听见我们无数次海誓山盟的淇水河，这世上还有没有真情在？

淇水还是那淇水啊，可是我的爱还是那个爱吗？淇水淇水，你可要告诉我啊！淇水呜咽……

我竟不由自主地往娘家的方向走去。

兄长只是冷嘲热讽。我真是活该，谁叫我当初拧着性子不听父母之命媒妁之言的呢？这个家，还有那个家，都已经没有我的容身之处了。

瞒着所有人，我划着小舟，顺着淇水漂向远方。我这是要到哪里？

不知道！我只知道，我离了他，我也能活，我也能活……

丢下双桨，我对着淇水喊："我也能活"！

【点评】淇水作为十分清晰的叙事线索，连接的场景，既有较强的连贯性，又自然表达了"变与不变"的题旨。而女主人公面对无情抛弃时独立决绝的形象，也在这层次递进的场景描述中，越发鲜明。(赵长河)

东拉河见证的爱
——《平凡的世界》中少安润叶的爱

中国教科院丰台实验学校高一（6）班　张功颖

我是一条河，在中国这片大土地上我实在普通，我流过的地方的人们叫我东拉河，我看着这里的变迁，发生在少安润叶身上的爱的变与不变，我也都看到了。

那天他来我这里，我知道他，他叫少安。咦，后面跟着的那个是润叶吧。我有些惊讶地看着那个长大变得漂亮的女孩子。但不只是我惊讶，少安又惊又喜又慌又怕，他急忙站了起来，他急什么？我有些疑惑。他们聊了几句又相对无言静静地坐着，看着远处的村子，有几分紧张。突然传来了信天游的情歌，啊，这歌声是那么好听。映在我河面上的少安润叶的脸，突然间都通红通红的，润叶不好意思地看向少安。哦，一瞬间我懂了什么，

我也算看着他们长大，他们的感情真是两小无猜，青梅竹马，我暗自对他们祝福。

这天少安又来到我的边上，他的情绪好像不太稳定，他狠狠地抡起胳膊，把一片瓦片甩向了我对面的山洼上，我的河心一惊，似乎河面陡起波纹。那力道，打在身上会很疼的，我有点生气，怎么到我这里撒野了？也许他真的很伤心吧，少安竟对着河面哭泣了，低声反复着："润叶，我没法娶你，我对不起你，我对不起你……"

我的心软了下来，你发泄吧。那之后少安走了，好像要去一个叫山西的地方。他回来了，带着一个叫秀莲的女孩子回来了，然后他们结婚了，然后他们一起日出而作日落而息。

可是润叶呢？

正当我在同一河系的朋友间慨叹人世间寡情薄爱时，我的朋友原西河告诉了我。他说，曾经，润叶和少安坐在一起看他浩浩汤汤的原西河面，看他河边的景色，"那时还是初春真是花红柳绿，景色那叫一个美啊！桃花也红艳艳的，还有那……""不要再说你的景色了，快说他们为什么分开！"我不耐烦地打断原西河的话。"哦哦，那润叶还给了那少安一封情书，但少安低着头悠悠地说什么他不配润叶，一个农民一个公家人，更主要的，润叶的爸爸为这事已经开始找少安的碴……"

原来，一切的变化，竟然是因为身份！那天，那个少有行人的白天，当着少安的面，当着我原西河的河面，说完"祝你永远幸福"后，润叶捂着脸低泣着跑开了。留下了低着头的少安。

世事变迁，时光流转，昔日的一切面目全非，少安牵手秀莲，润叶也回到向前身边。哎，我东拉河做证：这世间，变的可能是婚姻，但不变的，是少安和润叶，对另一方永远的祝福。

南海风云，我自岿然

中国教科院丰台实验学校高一（6）班　马里奥

浪花一层推着一层轻拍在我的身上，海风带着几缕腥咸吹拂过来，晨曦透过尖锐的铁松，留下一地斑驳的光影。远处的渔民坐在船头上，早上悠闲地捕鱼，晚上就回到我的怀中休憩，不管世事如何变迁，我们都安逸平静地生活着……

我是一座在南海的火山岛，从我伴随着岩浆和蒸汽出生的那一天开始，我眼前就是这片蓝莹莹的大海。直到有一天一支气势非凡的来自祖国大陆的舰队发现了我，并把我命名为南海岛屿，我第一次有了名字，渔民也亲切地称呼我为"屿仔"，我也将他们视作我的朋友。

可是近来，我的安逸平静的生活变了，不再安逸了。常常，我的周围虎视着他国的各种船只，甚至还有军舰。他们骚扰抓捕来自祖国大陆的渔船。

又是一个万里无云风平浪静的夜晚，天空显得更大了，就像一张覆盖一切的天幕，没有一丝褶皱，全是一片深蓝的颜色。一些闪烁中的星星，似是点缀在其上的珍珠宝石，星空越发迷人。但我却无心与这相看两不厌的湛蓝的天空美景对视，因为，我的渔民朋友们到现在还没有泊在我的身旁。海风呼啸着，浪花泼在我身上，变成了漫天水雾，我的心也随之绷紧，我为渔民兄弟担心。正在我踌躇之际，看见远处，有一艘小船漂了过来，它在风浪中摇摆不定，似是随时都可能颠覆一样。我赶紧请求浪神用浪托住它，作为这一方的土地，我和浪神妹妹互相看顾着。

浪神妹妹用波浪传音说："不好了！渔民们被插金花国旗的渔政船抓走了！"我没有能力去救那些可爱的人儿啊！

此时，一声汽笛声从海平面的另一边响起，虽然风浪呼啸，但这声音在我听来刺耳至极，透过水汽，我看到了军舰。

在一派通明的月光下，那艘渔政船，在我眼里越来越近，轮廓也越来越清晰，船上飘扬着五星红旗！

渔政船直接驶向被他国渔政挟持的渔船。终于，我们的渔船在飘扬着五星红旗的渔政护卫下，泊在了我的身旁。渔船上兄弟向着又缓缓驶离的渔政高喊："祖国万岁！"

是的，祖国万岁，不变；我们守护海疆的战略，不变。有祖国的守护，哪管它南海风云变幻！

创新突围角度二
你我他人称娴熟自如变换中叙事

【支架提供】

根据情节转换的需要，娴熟自如地转换第一、第二、第三人称，可以自如地变换视角，增强不同叙事间形成的张力，更加有力地表达主题。

爱难道说变就变？——《氓》的叙事

中国教科院丰台实验学校高一（6）班　刘一金

你若负我，我将弃你一世永不相见。

原本我觉得我已经拥有了尘世间最幸福的东西，却不知这只是一场梦罢了……闭上双眼，细细品味这其中的苦与甜。

你走来，匆忙却显得那么缓慢。你走来，满脸憨厚地走入我迷离的视线。走进我的内心，如我怀中的蚕丝般的内心。你蓬乱的头发上的尘土与草屑浸渍了你的汗水，在阳光下散发出年轻的汗香，钻入我的鼻中，让我无比陶醉。

不知第几次了，你递过你的布，我送过我的丝。你突然向我提出娶我的要求。我早有料想，扭过头去默默答应。你答应我寻找好的媒人向我们家提亲。

我送你渡过那水平如镜的淇水，看着你渐行渐远的身躯，我的心如同太阳般炽热，却又不时地如同那冬日里的淇水冰冷刺骨，你何时找到好媒人呢？何时能让我娘亲父兄接受呢？

你终于骑着你的马，驾着你的车迎娶我。走前哥哥问我是否想清楚，我坚定地告诉哥哥，你便是我一世所等、永不变心的人。

可是，这爱怎么说变就变呢？

独自劳苦，已经成了我的日子。你总是以生意为名，整日游荡在外，我们的生活一日日清苦；打骂，怎么又成了我的家常便饭？我们的爱情，难道已经掉入那深不见底的淇水里？我默默地忍受着一切，总是抱有幻想地认为，他还是爱我的。可是久而久之我发现我错了，他对我的爱只是一时的，并非经过深思熟虑。

走向那淇水边。透过淇水，我看到了我们曾经甜蜜的样子。我的嘴角微微一笑，却又在恍惚之间看到了真实的我。一个满是淤青，眼角间微微夹杂着褶皱的脸。我轻轻捧起一捧河水，擦拭着脸。再次向河水探去，发现再怎样也回不到从前的甜蜜和美丽。

我擦了擦不知何时流出的泪水，回到他的家里收拾好行李，决定回到自己的娘家。

再次经过淇水的时候，我没有再向它望去。河水还是依旧的平静，此时我的心同它一样。回到家中，哥哥嘲笑我的不顾一切。而我丝毫没有感觉，因为我的心已经如同石头般冰冷坚硬，沉入那淇水里，毫无生机。爱已变，我独立的生活不能变！

又是一年秋天，我依旧在淇水边劳作，望着淇水不禁脱口而出："你已负我，我当弃你一世永不相见！"

【点评】 独白、回忆曾经美好而曲折的爱情故事，是以你我间的假托对话完成的。婚后，在爱情走向坟墓的路途中，女主人对曾经美好的爱情进行回忆，心态也由期盼变成了清醒认知，这又是通过第一、第三人称视角的转换完成的。

语用环境之家庭篇

——江苏省兴化中学作文大赛九连胜家庭因素之杨希篇

一所县中，在江苏省高中生现场作文大赛三大赛事中，连获第一奖次（第一奖次开始设一等奖，而后设特等奖），尤其是在其中由江苏教育报刊社举办的长达九届的"江苏省高中生现场作文大赛"中，连续九届九连胜，在第一、第七届还取得全省第一名的成绩，省内只此一家。这所学校就是屡屡为省内中语界啧啧称奇的江苏省兴化中学。不仅如此，这所学校在全国性的作文大赛中，也频有选手脱颖而出。仅以近三年而言，就有令人称道的成绩：2008届的杭千里（考入北大）获第十届新概念作文大赛一等奖（最高奖项）；2009年，高二的戎甜儿、张炽两同学同获第四届"全国中小学生创新作文大赛"一等奖，这个由北大中文系、北大语文教育研究所、《课堂内外》杂志社联合主办的作文大赛，一等奖全国只取50名；2010年，吴戌秋同学获得赴香港参加"第五届中国中学生作文大赛"决赛的资格。再追溯一下，二十世纪九十年代，在由《中学语文教学》杂志和全国中语会联合主办的"圣陶杯"作文大赛中，该校张璐同学还以一等奖第一名的资格赴人民大会堂接受颁奖。总结反思这被省内中语界同仁评说出的"兴中作文竞赛现象"，我们试图从学校、家庭、社会和写作者本人的角度评析、概括一些案例。开篇说杨希，先说家庭篇。

杨希，现已是南京大学2008级文科强化班二年级学生，2008年一年她先后获得两个省高中生现场作文大赛特等奖和第一名的殊荣。两篇第一名获奖作文都以美国摇滚歌星列侬为写作对象。

杨希出生于一个教师家庭。现已任兴化教育局副局长的杨希的父亲，高中物理教师出身，杨希的母亲教体育。在与杨希父母反复交谈后，我认为杨希写作成功的家庭因素可以概括为六个字，就是：心引，心容，心通。

心引

这两个字，我想以大多数家庭都特别钟情乃至走火入魔的兴趣班切入阐说。和大多数同龄人一样，从小学开始，杨希也上各种兴趣班。据她父母介绍，县城里凡开设的兴趣班，除奥数外，杨希好像都上过。钢琴、二胡、舞蹈、书法、阅读、写作，甚至跆拳道，杨希都尝试过，短的一个多月，长的三年。和大多数父母不同的是，杨希的父母从不强求一个兴趣班必须上到底，上出名堂，上到考级。报名入班，要求退班都由杨希自己选择、决定，只是报名某个项目前，父母会先领着她现场玩几次，有兴趣了就报，中途没兴趣了就退。当我表示这会不会影响孩子的毅力培养时，她父亲解释不用担心，孩子往往有天生的潜能和兴趣点，父母要做的是善于观察并把握住孩子的潜能和兴趣所在，然后有意识地以家庭氛围熏陶，她某一方面的专心恒心会在潜移默化中养成。进入初中，杨希报、退兴趣班，要求都要有书面陈述交给父母，父母看完，会郑重其事地和她商量决定。在多得令人眼花缭乱的兴趣班中，杨希逐渐表现出对"阅读"特别的兴趣。这个家庭有几个关于书的细节我觉得很值一提。一是买书，周末一家三口逛公园，郊外踏青，总顺道逛一下书店，至今还保留在杨希房间里的成套的杨红樱、郑渊洁、曹文轩的书，都是一家三口一起陆续买回的。二是看书，杨家有几个固定的浏览报刊书籍的时间段，两个书报架就摆在客厅里，饭前是父女俩浏览，饭后半小时，一家三口一起浏览，然后母亲才去收拾饭桌。小时候的杨希也常常在此时间段干扰阅读，吵闹着要父母陪她玩耍，但父母在此时间段坚决不理她，时间长了，小杨希也只好跟着阅读。这是父母亲对杨希的用心引导。

用心引导的"心"应是一颗淡然之心，它不功利地关注孩子上兴趣班的考级，它只是平和、淡然、认真地引导激发孩子真正的兴趣和潜能的发展。

心容

似乎是命中注定，初三时，杨希突然狂热地喜欢上了摇滚乐，本来这是父母的喜好，杨希却在潜移默化中也同好了起来。即使是最紧张的中考复习阶段，她也抽空看父亲看的摇滚方面的书籍，父母当时也提醒她要集中精力应对中考。

杨希的中考成绩低于平时的水平，她没考上重点高中公费，属于所谓的自费生。父母没有责备她，反而宽慰她；父母更没有限制乃至剥夺她对摇滚音乐，对阅读，对体育等的爱好，反而自我检讨说，中考复习阶段，对她的课余爱好正确引导力度不够。这是父母对杨希发自内心的宽容，杨希后来在文章中反复感谢父母的这种心容。她还说其实中考失利无关摇滚，喜爱摇滚，恐怕要终生不渝了！后来，她在文章中甚至极其感性地呼喊："人不摇滚枉少年！"

心通

"心有灵犀一点通"，亲子融洽在心通。心通，于杨家亲子间的表现，除了宽容、理解外，在与杨希父母交谈后，我觉得还有两点需要强调，一是平等交流，二是共同喜好。先说平等交流，以阅读为例，父母按照"不动笔墨不读书"的阅读常规，建议杨希写点评、写读书笔记。日常阅读大多在午睡和晚睡前进行的杨希不习惯，与父母商量能否用床头柜上的笔画画杠杠来取代点评。其实，实在感触至深时，杨希甚至主动起床坐于书桌旁，洋洋洒洒地写就一篇读书笔记。日久天长，杨希自觉养成了精读和泛读的习惯。接受《成才导报》记者采访时，杨希告诉记者，有些书，拿过来翻翻，不一定从头读到尾；有些书却可能要读十遍八遍，细细琢磨。比如，一个小时内她可以把两本书读完，但对喜欢的书或她认为有价值的书，却可能用几年的时间一遍又一遍地去读去品去琢磨。"这可能就是老爸常说的泛读和精读吧……"（《成才导报》2008年1月18日）一家三口常常就某一话题争得面红耳赤，父女间就摇滚音乐的争论，母女间就体育的异议常常非常激烈，这时另一方总微笑地在一旁当好的听众。再说共同喜好，摇滚音乐和体育分别是杨氏父女和杨氏母女的同好，也是他们的最爱。他们就共同喜爱已进入一种深层次交流的境界，杨希在搜狐网上开的博客也与摇滚有关，取名"摇滚复兴"，父女俩常常在博客上交流有关摇滚音乐的话题。

2007年夏，杨希父母以同好者的姿态热烈支持杨希报名应征奥运火炬手。最终，杨希成为泰州地区唯一的中学生火炬手。

心引，心容，心通，正是造就杨希这个写作成功者的家庭教育因素。

漂泊者

江苏省兴化中学　杨希

（"镇中杯"江苏省第七届作文大赛特等奖第一名）

亲爱的列侬，此刻我的耳边，还飘荡着你的歌带来的馨香。你轻盈地在这人世间转动，擦过了一个又一个离启别殇。起先你走得热泪盈眶，而今面目渐渐从容。这漫漫无尽转动的命运大轮，似乎无力送你抵达彼岸。你还在路上，看着这一切的痛苦，茫然，茫然，茫然……

亲爱的列侬，若不是不幸的童年，若不是激荡的六十年代，又怎么能有你的辉煌？单亲家庭长大的你自小孤僻自闭，却在姨妈的温情中慢慢成长。在学校，你结识了志同道合的朋友。于是周末你们同跨过门前的街，在录音室挥洒你们的音乐梦想。

亲爱的列侬，我原以为生活本应简单，你也应该有一个幸福的家庭，有三五好友，过着朝九晚五的日子，一直等到青春渐老，迎来生命的尽头。可是命运偏偏跟你开了个大大的玩笑，姨妈的突然去世让"家"这个字对你一下子失去了任何含义。你，成了被世界抛弃的少年。

亲爱的列侬，那时的你或许相信天无绝人之路，你还有他们，那些后来与你同行的三个伙伴。他们成了你新的依靠；你满心欢喜与他们一起，写下你热爱的词句你珍惜的曲调。你们由先前的默默无闻，到小有名气，到大有所成，再到渐渐成为一个举手投足都让无数人为之疯狂的巨星乐队。世界巡演和不断的唱片滚滚而来，歌曲在排行榜上节节攀升；你看着自己的努力得到世人的承认，看着自己亲手创建的乐队日渐成为"神话"的代名词。

亲爱的列侬，我原以为你们会这样下去，一直写一直唱一直唱，相亲相爱白头到老，而后名利双收功成名就，最后化成音乐史上一个令人尊敬的名字。可是这一切偏偏又一次事与愿违。

亲爱的列侬，你遇到大野洋子，必定是你生命的转折点。她或许成就了日后的你，但她至少毁了 The Beatles。在结识她之后，你开始越来越多地尝试先锋音乐，莫名的曲调给你带来的，却只是别人的误解，其中包括你的朋友。Paul 是比你更有音乐天赋的少年，也更积极面对现实，他并不愿意让 The Beatles 毁灭在你一次又一次的飞蛾扑火之中，于是你们的矛盾日益激化，《Let it Be》叙述了你们的无奈，却不能弥补你们之间的裂痕。最后一张专辑《黄色潜水艇》面世，披头士神话依旧延续，但你却选择了转身。终于 Paul 和 Ringo 都离你而去，你往前看，看到的依旧是朝圣的人群，他们把你当作神的孩子；你往后看，却已看不到同伴支持的笑脸。华灯照亮你面前的路，而你的身后却因此落下了不可磨灭的阴影，逼着你一直不回头，不回头地走下去。1970 年，The Beatles 宣告解散，你的家园又一次废失，迎接你的，又只是耀眼的曲终人散。

亲爱的列侬，其实谁都知道，洋子是懂你的人，她会给你一个更大的舞台，让你更多地书写你那颗悲天悯人的心。你淋漓尽致地写下《想象》《革命》，写下你所想象的拯救。而洋子，她拍下你随时随地的微笑，制作出版了电影《微笑》，她陪着你一同躺在床上整整一个星期，面对着接踵而至的评论甚至诟病而义无反顾，只因为你想以这样的方式倡导和平。你的方式越来越偏激，直到你发行一张以你和洋子的裸照为封面的专辑，逼得唱片公司不得不给它包上一层牛皮纸……你变得古怪了，是吗？是这个社会让你不满，以致你不得不以过激的方式来作出抗争。

亲爱的列侬，也许连你也没有想到，等待你的会是这样的结局。保守的人们指责你太过激进，而极端的革命者却又认为你略过妥协。于是 1980 年 12 月 8 日，你在帮洋子录完《如履薄冰》后回家的路上，被一个街角窜出的黑色幽灵枪杀。

亲爱的列侬，你总共挨了七枪。枪杀你的查普曼，少年时亦有着清澈的双眼。你又一次被迫离开，踏上另一条不归的路。我错过了你的童年、少年，错过了你的笑容能灼伤人眼的年代，我只想请上帝给你一副昭然若揭的干净怀抱，但这亦成了幻念。

亲爱的列侬，二十七年过去了，也是在十二月，你作一股飘荡的孤魂，没有归宿，只能一路流浪。你在《想象》里写下，想象没有疆界，没有人该被杀戮或者死亡。你是该永远行走在想象之中吗？你说要和平，这世界依旧在战火中挣扎；你说要革命，却又死在极端的革命分子的枪下。你终究是被放逐在风中，成了永远的漂泊者。

亲爱的列侬，不过，我始终相信，那年冬天的子弹是给了你自由。这世上依然有和你一样的傻孩子妄图用那一把吉他对抗万千炮火。我们都不会放弃希望，也无视这命运的流离，会将我们流向哪里。我们只等，等这世界可以温暖，温暖至如你我所愿。

亲爱的列侬，到那时，我们，是否，可接你漂泊了二十七年，然而只能继续漂泊的灵魂回家？

——谨以此文纪念 2007 年 12 月 8 日，著名乐队披头士（The Beatles）灵魂人物约翰·列侬逝世二十七周年。

【点评】每个人都可能有自己阅读的世界，在这个世界里享尽思想的快乐，而且以之作为自己的写作资源。读过本文，我们可以发现，通过自始至终的真情呼告，作者不仅仅倾诉了对列侬的音乐的理解，而且展示了对一个人命运的理性解读。文章从精神层面关注人的漂泊无依，引导读者去注视时代与人物的背影。奔放的激情之中蕴蓄的是深沉的思想，诗情与理性合二为一，大气磅礴，富有感染力。（王栋生）

我与摇滚文化

江苏省兴化中学　杨希

（江苏省首届"高考作文杯"高中生现场作文大赛特等奖第一名）

写下"摇滚"二字的时候，我又一次想起许多人对这两个字的反应：不屑牵动的嘴角，深恶痛绝的表情，声嘶力竭的讨伐……

而我，一直拿这万人唾弃的摇滚当信仰。

伤花怒放·我选择

一直都把摇滚乐比作一朵"伤花"，因为这朵花受到太多来自外界的摧残，而其自身又有太多的矛盾。

可是这朵伤花怒放依旧。从二十世纪五十年代的艾尔维斯·普莱斯利开始，唱片史上的销售奇迹，往往由摇滚乐创造。其实，至今也有朋友对我说，不能理解为什么 The Beatles 会那么受欢迎。

我莞尔。我并不知道摇滚乐的本质为什么变为如今的解释，但我知道我为什么热爱摇滚。

我知道，那些振聋发聩的音乐盖过了多少媚俗的声音；我知道，那些愤怒和无奈的词句之中包含了多少悲天悯人的心。

我知道，这个名为"摇滚"的孩子，他一直企图用几个音符来包裹这世界。他的残忍，他的友善，他时常露出的调皮或戏谑的笑，他的喜怒哀乐，他的一切都太过于纯粹。

就像童话里的那小飞侠彼得·潘，纯粹得没有善恶，只靠爱恨来主宰自己。

这怎么能，不叫人喜爱。青春的奢侈，便在于可以拼尽全力，写下最美好的词句，托付给一个最不被看好的载体。

人不摇滚枉少年。

迷墙·我徘徊

选择摇滚，其实就和摇滚一样，要背负太多异样的目光。摇滚，往往是在被缚与抗争之中成长。卫道士们，往往为这成长击败，就像他们抓住《海洛因》之中那句"海洛因，就是我的老婆"这样的词句大做文章，却被邦·乔维尔写下的一首《烟》而带动的反毒品浪潮而震慑；他们对着摇滚音乐会上骚乱的人们指手画脚，却不敢忘记各式慈善演唱会拯救了多少无助的人……

也曾想过，摇滚是不是代表了社会中消极阴暗的一面，然而不仅仅是。1985年"艾滋救援"，1987年"农场救援"，分别为非洲的艾滋病患者和处于困境中的美国农民送去了近千万英镑的救援；90年代初的"大赦国际"演唱会，1993年出版的《太阳城》，黑、白人歌手同时献声，狠狠地扇了种族主义者们一记耳光；巴黎"五月风暴"，疯狂的人们冲上前去要对自己的同胞狠下毒手，终因一句"做爱不作战"的口号而停下了那没有未来的脚步……

这一切都是摇滚所赐，虽然仍免不了偏激。摇滚从不要求反摇人士向它下跪，因为该下跪的事实在太多。

而我们，在面对偏见、伤痛以及一切无法忍受的苦难的时候，唯一能做的，是戴上耳机，听听"革命者"们给的建议；接受这一切，然后用行动证明你是对的。

正如摇滚所做的。

Let it be·我坚持

Let it be，本是列侬在面对离散时无奈的话语，却被我看成是重新上路的动力。就让这一切，按照命运去行走。

记得"皇后"乐队写过：哪里有沉沦，哪里就有拯救。圣洁的天唱终会捧起徐徐沉沦的时空。

我也会说，我会放肆地笑，换和平天空；我懂得烟花绽开后的黑暗冷漠，确实无疑。但我仍会坚持。

"人所应当遵循的，是来自头顶的精神力量，绝非身边俗世人群的推搡哄抬。若不想被这潮流牺牲掉，必须贯彻自己的意志突破重围，一走千里。必须违抗这些独断刚硬的评价体系，对抗他们的势力。"

"真相和误解，有时不能被自己呈现和突破，要等时间消逝，作出审定。只有时间能过滤和洁净这人为的一切，淘汰所有虚弱的权利留下的痕迹。"

我相信的，是摇滚倡导的一种态度，一种永不妥协和蔑视权贵的态度。

只要内心未被击败，我可以一直保持强硬，与摇滚一起，对抗这个世界所有的不公。

这部与摇滚同坐的车，终会通往无极。

【点评】 面对"我与××文化"的赛题，杨希选择"我与摇滚文化"，我的第一感觉就是杨希的选择是一种心灵的选择，生活的选择。从摇滚进入杨希生活那天起，杨希就经历了从怦然心动到心有犹疑再到心神交会的痛苦而快乐的心路历程。用这篇获奖作文的小标题描述，就是"我选择""我徘徊""我坚持"。确实，现实生活中的摇滚使杨希付出太多，也收获很多。摇滚曾给她的中考带来负面影响，摇滚更给她心灵成长注入思想的营养，摇滚成就了一个中学写作佼佼者——杨希。杨希的写作案例告诉我们：写作是生活的必需，写作是心花的怒放。(赵长河)

★ 写作感言

和文字相依为命

南京大学 2008 级文科强化班　杨希

当高中的岁月再一次露出来一张贫乏的脸的时候，我突然厌倦了自己称为"阅读"的东西里许多故作了然的幼稚和故作天真的世故。偶尔出现一两句真心的言语，也被埋没在了大片华丽的表述里，黯淡着灵魂的亮色。终于有点忍不住爆出"还不如自己去写"这样的想法，最初的认定是自己多多少少是真实的，嬉笑怒骂里的不懂事和浅薄也是对自己这么多年来一路走过的真实反映；而由此衍生的东西，终究带着自己的主观的激烈情感，所有的爱恨昭然最后看来都带了不少片面的情绪。然而现在平复了所有情绪再回顾自己的纸笔，令人欣喜的不仅仅是真实，还有成长；沉淀的也不仅仅是爱恨，更多的是感激。

最小的时候其实就开始喜欢一切文字的东西，无论是各种童话还是小说，连报纸的中缝都要仔细地看上两眼，才能满足一个孩童如饥餐般的求知欲；当一次一次自己开始经历名为生活的那本小说时，不再有另一个作家能表达你的生活境遇，对自己生活的感触只剩下自己。

当感触太多，内心无法承受的时候，表达开始成为一种需求。开始的时候，自己笔下的东西还是受到了当下流行文学的影响，经常使用大段苍白无力的华丽辞藻去描述空洞无物的内心，企图通过那些茫然的描写去取得某种缥缈的情感表述。这对抒发无处发泄的精力的确是个好方法，然而空洞并不能填补空虚，我发现自己更渴求表达的是对历史和现实的反应和感想。

当有一天终于放下那些无病呻吟的东西去走到另一个世界里去的时候，才发现无论是青涩少年还是中年愤青，那张简单纯粹的脸是如此的生动好看，而所有的矫揉造作终于被抛出了门外。14岁跨进摇滚乐的世界，然后由此抬起头去看到社会的另一种表情，原来音乐可以不仅仅是恋爱失恋，也可以是战争、和平和生死。这是教会我用大的视角去关注生活的老师，这也是文章里那些小小的独特的最终由来，因为自己面对的是一个广泛的关注范围，而从中可以看到的远比身边的小圈子要广阔得多。而高中第一次接触《灿烂涅槃》，终于知道自己的感动和理想可以用这样的方式表述，浪漫得不食人间烟火也可以有一颗悲天悯人的心。之后再去接触同一个作者的《伤花怒放》和《比零还少》，以及各种各样的深度思考的作品，甚至是艰深难懂读到今日依旧只敢说"看过"而不能说"读过"的名著，才找到觉得适合自己的表达方式。最朴素的文字往往最真实，而只有当真实以最直率和纯粹的方式触动灵魂，人才能被感动。

幸亏有一路陪伴自己的音乐，把自己的性格成功地留在了"独特"里，而没有慢慢被同化，忘记自己原本坚持的东西；幸亏有一路陪伴自己的阅读，把自己的文字成功地留在了地面上，而没有走到云端去，模糊其本来美好的光芒。有个同学说过，写作是一件需要负责任的事，首先是要对自己负责，而后才是对读者负责；那之后的褒贬，其实都已经并不重要，因为重要的是作为讲述者的问心无愧。

有时候觉得，文字太苍白，自己内心汹涌澎湃的感触划到笔尖只剩淡淡一笔。幸好即使是感触也可以厚积薄发，偶然当文字和感觉对接成功，就能看见华章墨彩喷涌而出。一直都很喜欢激烈的东西，即使是性命攸关的竞赛和考试也不想放弃冒险，要感谢的，是父母和老师们对于我很多时候失败尝试的包容。也许有时表述的方式不正确，即使是真实情感也并不能很切题地被表达。然而对错误的包容的引导给了所有的文字一条生路，让这个世界里的我，和我的文字，继续在这世界上放肆而鲜亮地活下去。只要能够从内心去感受写作的快乐，从自身经历去书写人生，每个人都能得到独属自己的书写方式，每个小王子最终都会找到自己的玫瑰花。

语用环境之生活篇

——一位以读写学习生活的女孩之吕佳骅篇

    和杨希等众多在作文赛场上频频闪亮登场的学生不一样，吕佳骅，高中三年没有获得过一次作文竞赛省级以上最高奖项。但是，我仍要举荐她，因为，这是一位以读写学生生活的学生，是践行作文生活化理念的典型代表。

一个真能读进书本的学生

    吕佳骅，是一个真能读进书本的学生。她似乎特别喜欢有关家庭生活，有关细腻情感的文字，她喜欢沉浸在这样的文字中，品咂此中的细腻。有一段时间她沉浸于张爱玲，沉浸于《红楼梦》，她总是禁不住随手写下一些点评，我在班上推荐说这是"吕评本"，征得她的同意后，我曾在我教的两个班传阅过"吕评本"。她有每天"写一点东西"的习惯，短则一两行，长则一两页，文字风格常常有意无意地受此段阅读文字的风格影响。有段时间，她的文字有明显的《红楼梦》语言味，像《这个秋天》中"这会子""断断续续竟不能大好""这是旧病根了""今年由了性子，没吃什么药"等词句。同学们由背地里到当着面称她"林黛玉"，她似乎也无怨无恼地接受了。她又特别能品味、描摹出自己的阅读感悟。沉浸于安意如式古典解读文字以后，她竟然也选择《诗经》，选择"唐诗宋词"，选择"纳兰性德"的词，加以散文化改写，那改写融入了属于她自己的阅读感悟，典型的如《击鼓》。除了偏爱契合自己身世和心境的文字外，她最可贵的是通过广泛地阅读感知生活，学习生活。她在阅读中感知人世悲苦，她在阅读中传达悲悯激愤，"再不好听些，风尘女子再下作也是在花自己挣来的钱，尽管挣得不光彩，然而这世上又有多少'正人君子'手中的钱比风尘女子来得更干净呢？……一些医生……至于贪官，更是可恨……这才是真下作！"（读《〈风尘地〉有感》）。读此文字，使你很难把这样的激愤和她内敛文静的外表关联起来。

她的真能读进书本亦已进入到研究性学习的层面。

她是我校"探究性写作"课题研究的实验班学生，她洋洋六千余言的《金庸武侠作品里的爱情》在我校公开出版的《探究性写作之学生实践集》里排第一篇。"我心目中理想的女子形象就是程英那样的，温婉沉静。……她对杨过的感情也是水一样的不露声色，不给人负担。""凌小姐是美貌的，但丁典对她的形容却几乎无关容貌，而更侧重于气质和品德：人淡如菊。"

一个已能品出生活的学生

她是一个真能读进书本的女孩，她又是一个不陷于书本而能抬头用心观照生活，学习生活的女孩。也许是特殊的家庭环境所致，吕佳骅，细腻周详，善体人意，显出超出她这个年龄的懂事。病魔过早地夺去她的父爱，她在母亲和外祖父母的看护下成长。她的文字使你觉得这是一个懂得生活，学习生活的女孩。对独立支撑家庭的母亲，她的文字中有感恩，有体贴；对全身心呵护她的外祖父母，她的文字中有依恋，有担忧。她的文字也常常表现出我们深解的多愁善感，举凡自然物候、季节变换都自然触发她那颗敏感细腻的心，如《雨天》《这个秋天》等等。而她最使我们感动的文字却是她日记中替母亲分担家务琐屑的文字；不同于她那些自触内心，自抚细心的情感文字，这些文字只是三言两语的叙述，只是对家务琐事的盘点，却使人清晰地看到一个柔弱而坚强的女孩身影，一个在努力学习生活，体贴而善解人意的女孩身影。

"母亲在与送煤的大声讨价还价着，母亲说，明明说好的价钱已包含了送上五楼的价格，送煤的可能同时送了另一家，又有其他几家等着，就要母亲自行搬上五楼，看母亲舍不得十块钱的样子，我便拿出了家里的担筐和母亲抬。其实，卖煤的也是苦人，只是十块钱，已勉强够我家两天的小菜了。"（2005年12月3日）"今天和母亲到东门外扫墓，又顺道在东大堤两旁铲了满满两麻袋麻菜，这是延续好多年的有趣事了。早先是母亲认真铲，我嬉闹；我认真铲也有好几年了。麻菜咸肉饭是母亲的绝活，腌麻咸菜拌麻油吃水泡饭是我的最爱。"（2007年4月5日）"今天母亲请人在钢板雨棚上蒙上了层旧轮胎连的'布'，这皮

'布'解决了雨打钢棚发出的噪音，从此，下雨天我不会睡不着觉了。"（2008年3月27日）

这样的文字，已俨然半个家主的想法和忙活了。

一个用写作盘点生活的学生

作为吕佳骅曾经的语文老师，我过去感到现在仍然感到一种由衷的幸福，因为我总是能成为她作品最先的读者之一。直到现在，她已是徐州师范大学文学院二年级学生，我仍是她作品的最先读者之一。至今，我还时不时地接到她发到我邮箱的作品。一个基础教育阶段的语文老师，能使学生始终保持以写作记录并思考生活的习惯，能使学生始终把你当成一个他（她）信任的倾听者，这难道不是写作教学的成功吗？甚至，这又何尝不是基础教育的幸福之一呢？

吕佳骅，是一个始终用写作盘点生活的学生。

她有每天"写一点东西"的习惯，这个习惯从小学三年级直至现在。不知她何时把这样的文字定名为"日思录"的，进入高中，我每周末都要看她的"日思录"。她非常宝贝这些日思录，一年结束，总用红绸子捆扎存放。她回忆说，写"日思录"，最初似乎是小学语文老师和母亲不约而同给她布置的"作业"，哪知竟一发而不可收，至今已成为一种习惯，一种依赖，一天不写会睡不着觉的。这样的写作，于她已成为一种"寻常"的生活状态。她的写似乎是为了"不忘"，她写过的一篇周记的题目就是"念念不忘"。念念不忘什么呢？是阅读世界里的人世悲欢、精神滋养，是日常生活中的生活经验、时事热点，是情感世界中的感恩母亲、依恋外祖，等等等等，不一而足。我想列举一下她就读徐州师范大学文学院后发给我的文章：假期和同学结伴游南京的，有《烟柳台城》《烟雨民国》《灯影秦淮》《浩劫记忆》；最近评一位明星人大代表发言的《谁代表了我们》竟洋洋洒洒三千多字。写作教会她生活，教会她思考，写作提纯着她的生活，深刻着她的思考，她因此获得了超越同龄人的写作能力、生活能力。

雨天

江苏省兴化中学　吕佳骅

黄昏时分，站在走廊上，外面氤氲着一层薄薄的雾气。又是阴沉的天气，天就要黑了，一切都看得不很分明。小树林笼在一片模糊里。

将近中秋了。树叶的颜色眼见着一天天变深，寒山转苍翠，秋水日潺湲。风裹着轻烟在每片叶梢停留。风，是轻的。害怕惊动了什么，所以悠悠地顺着叶脉浅浅地划过一脉旋律，只有雾能听见。

将晚，天已经全黑，蓦地听到细密的雨声，跑向外面，确是下雨了呢。雨来得很急——秋雨是不同的，再急都只是烟一般四下弥漫的雨丝，总是那样缠绵的韵致，一缕一缕，忧伤般不肯断绝——于是整个天地都湮没在了雨里，没有颜色，没有声音。风依旧轻轻地自冀边过，像一阵低低的絮语，诉说着一些无关于我的人和事。

撑一把伞下楼，雨是迎面斜过来的。落到头发上、脸上，沾湿了衣襟。衬衣潮潮地贴着身体，有微微的寒凉。信步走到桥上，在桥中间停下，靠着栏杆。远处灰黑的天幕，安静地垂落，降临水面，水面苍茫与天相接的地方，一豆渔火在烟雨中亮着昏黄的光，远远地像一个安宁温暖的守候，静坐在水一方。

我看见很多人，向和我不同的方向奔走，有撑伞的，也有不撑伞的，都是一样的面孔，一样匆匆的脚步。

算了，回吧。

我循着原路往回走，经过小树林边的路灯时，我忍不住停下来。在这个雨天，只有它，陪我在雨里，和我一样看来来往往的人，拾掇一种说不明白的心情。

我回头，看见自己的影子被灯光拉得很长。

（2005 年 4 月 17 日）

【点评】撑伞步于潇潇暮雨中，原是"拾掇一种说不明白的心情"。走廊，楼下，桥上，树林边，这一路移着步，一路换着景，也一路淡淡地释放着情：感受忧愁寂寞，期冀安宁温暖。细腻的景的描摹，情的絮叨，真真契合小作者的处境、心境。（赵长河）

读《风尘地》有感

江苏省兴化中学　吕佳骅

看了一篇写一个风尘女子的纪实性文章，落泪了。

尽管这个年代的人们，思想已经很开放了，然而提及风尘女子，我们依然会有习惯性的不屑、鄙夷乃至憎恶、痛恨，觉得那些女人真是下作，怎么就非要倚门卖笑来挣钱了呢？做什么不能养活自己呢？只要有一双手，一个人总不会饿死。

然而我没有想过，很多风尘女子，她们不仅仅要养活自己一个人，还有一个家。她们也有老小，她们的长辈等她们赡养以终余年，她们的子女等她们拿出钱去交学费。她们不是没有尊严，只是她们的尊严在一个家一家人的生存面前显得无足轻重。这个社会是冷的，上帝死了，天使死了，慈善家们可以帮一个，两个，十个，二十个……但他们帮不了所有的人，依然有人很努力很努力地工作，却还是没有足够的钱让家人正常地生活。于是那些女人只能把自己的清白当作唯一的筹码，换取家里老老小小的衣食。

换言之，没有嫖客，哪儿来的风尘女子呢？在市场上，任何交易都是符合规律的，如果说风尘女子下作，好，那么那些嫖客呢？你要说他们什么？无耻？下流？抑或其他？

再不好听些，风尘女子再下作也是在花自己挣来的钱，尽管挣得不光彩，然而这世上又有多少"正人君子"手中的钱比风尘女子来得更干净呢？一些医生，穿得是道貌岸然，哪里有什么医德？红了眼的屠夫一般。见了病人，管你大病小病，有钱没钱，死了命地宰，拿着高工资还要红包，一身血淋淋地走在街市上而不自知——白玷污了那身白衣。至于贪官，更是可恨，心全都黑了，分明衣冠禽兽。拿着国家的钱，握着政府的权，啃着百姓的骨头，喝一口百姓的血。清了清嗓子，开口便是"为人民服务"，没的叫人恶心！前人骂曰"见了百姓便生吞活剥，死了都要挫骨扬灰，遇着那有权势的，给人踩脚底下也不忘直起脖子哼两声说：'我给您唱个曲儿？'"真是入木三分，这才是真下作！

骂了一场，乏了，不写了。

（2006 年 3 月 4 日）

【点评】吕佳骅总有意在阅读中认知生活，在阅读中感受喜怒哀乐，我们愿意相信：一如阅读《风尘地》生发的爱恨正直的积累，将引领她进入到生活的真善美境界。（赵长河）

遥想《击鼓》

江苏省兴化中学　吕佳骅

战鼓又在隆隆地敲了，我的妻，我忽然想起你在月下捣衣的样子，神色平和，目光宁静。草丛里有细微的虫吟，你的砧声，远比这鼓点的节奏舒缓，一下一下，都是家的声音。

我想你了。

可是，你不会知道。你又怎么会知道呢？我在离你千里万里的路上，家，那么远。

每天，都有人从我们的队伍里消失。他们一定一样有妻儿老小，那都是过去的事了，而今，他们成了流落异乡的孤魂。驿站废弃了，他们的亲人多么幸运，还可以继续思念这个游子，心想，他们在很远的地方，总有一天会回来。

而我，只是祈祷，明天依然有想你的福分。

我一定是越来越现实了。我只求明天，不想未来，还记得当初我对你说的话么？我说我要永远和你在一起，今生和来生；我说，我要牵你的手，看每一个清晨与黄昏，日出日落，和你一起慢慢变老，然后依然微笑，对你说，下辈子，我们还在一起。

你记得吗？年少的我如此轻飘地许下诺言，满心欢喜等待自己将它兑现。我以为，你和我，便是整个世界——多么荒唐——地不会老，天不会荒，我们只是最最平凡和渺小的两个人，无力改变任何事情——甚至，对不起，也许我无法守你一辈子。

我的马丢失了，它逃了，而我却不能。我在深林里寻它，可是我明白，我找不到它了，它一定回家了。

我在空空的林子里放声大哭——我想起了你发上的微香，你的泪痣，你炒的荠菜，你缝的长衣，还有你种的花，你说那满地的桔梗花，代表，永恒的爱……今年的花，开了吗？

你看，我们什么也不争，什么也不求，却依然无法在一起。我真的不想打仗啊，攻城略地是王侯的事，我只要一间小木屋，让我可以放心地承诺说，我们永远在一起。

可是，我，要如何对你说"我们永远在一起"？

（2006 年 5 月 3 日）

【点评】吕佳骅常常使古诗词幻化成细腻生动的散文语言，这细腻生动之美是用丰富的想象和饱满的情感创造的。（赵长河）

★ 写作感言

当时只道是寻常

赵老师又问我为什么能不间断地坚持写自己的"日思录"十多年，并敦促我写下来，我记得赵老师已不止一次地问过同样的话题了。今晚一个人坐在书桌旁，我想我一定要在去徐州报到前，完成这作业的。忽然想到安意如一本书的名字，"当时只道是寻常"，就用这题目回答真是再恰切不过的了。

阅读：驱除寂寞

总是愿意在任何时候坐下来，读几行文字。

阅读是我的放松方式。

非常喜欢一个广告，它是这样说的："人生就像一场旅行，不必在乎末路，在乎的，是沿途的风景，以及看风景的心情。"

翻开一页书，我可以在开满薰衣草的普罗旺斯流连，可以在北欧海边一座小小的风车磨坊里思索；可以在孤烟里欣赏长河落日，可以在西风里凝望流水人家；可以在"十步杀一人，千里不留行，事了拂衣去，深藏身与名"的侠客岛上感受快意恩仇，可以在"莺儿燕子俱黄土，千秋万古，为留待骚人，狂歌痛饮"的雁丘之畔体会情为何物；可以在秦时明月里看孟姜寻夫，可以在汉时关口边待苏武归来……

多么好。

有人说，阅读一本好书就像在和一个高尚的人对话。

然而阅读于我的意味却远不止于此。

有时读到一些深合我心的文字，便觉如逢知己，虽不能促膝而谈，而心神交会，已乐在其中，只恨难对饮两杯罢了。

再有时，读一些小说，便仿佛走进了另一种生活，好像自己又活了一回。譬如《红楼梦》，我总是百读不厌的，颦儿的一颦一笑以至眼波流转都在我心里活转了过来，真正是"娇音如闻，娇俏如见"。

初中时的语文老师曾笑说我傲。其实不是啊，我只是一个很笨的孩子，害怕在现实生活里受伤，任性地蜷缩在自己的角落里，保持温暖。

而阅读，像一个避风港，可以给我一个没有伤害的世界，让我陶醉其中，让我觉得踏实、安全并且放松。

更重要的是，阅读，让我不寂寞。

写作：预约想念

亦喜欢在黄昏时分写一些文字。

暮色四合，斜晖丝一般在指尖缠绕，心开始慢慢沉落。

然后，我对着夕阳，娓娓而谈，轻声告诉她，我这一天的喜乐与忧伤，我遇见的人，发生的事，我在某一瞬间，想起了什么——这么久，文字已成了一个让我依赖的故人。

我习惯于把自己心里最真实与柔软的部分呈现给她，这对我，亦是一种解脱。你知道的，心里若是积压了太多，人，便会觉得累。

我从来就不是那种很合群的孩子，我沉浸在自己的世界里，微笑或流泪。文字真是好，不会嘲笑我，不会背弃我，只是默默承载我所有的情感，这对我而言，真是莫大的安慰。

我的笔只忠实于自己的感觉。在我写下那些文字的时候，我不会掩饰自己。孤独、悲伤……都不能令我难堪。我亦可以尽情释放我对自由、流浪的渴望——尽管搁笔之后，我依然云淡风轻地对身边的人微笑，和他们寒暄，说一些不着边际的话，然后安静地去做功课。

事实上，我还是一个很恋旧的孩子——孤僻而恋旧，你瞧，这多么糟糕。

我总是想留下些什么。安妮说，我不愿在回忆时看见满眼的荒芜，我亦如此。所以，在我的心里，总是固执地留有一种气味，一个声音，一句话，以及，某年秋天落在我衣上的一片叶子……我用文字把它们风干，只因我是如此害怕遗忘。

前些日子整理旧物，翻出了一些日记，从小学到初中，厚厚一摞。

夜晚，我坐在床上，翻看那些文字，那些天真的话，幼稚的想法让我红了脸。那段光阴仿佛已离我，那般久远，恍如隔世。若不是这样的日记就堆在面前。也许，我真的会忘了，我从前的样子，我从前的生活。我看着看着，慢慢落下泪来。

我的文字，也许是为了预约想念吧——让自己日后，不至于无可回忆，亦是为了，让自己的心，空一些，再空一些……

维以不永伤。

高一时，遇见一个老师，人很随和，包容着我的任性。那段时间，我常常通过周记告诉他我的心情和一些想法，这让我发现，文字还是一种很适合我的交流方式。

（2008 年 8 月 4 日）

语用视角之怎么练：以格言扩句，练微型作文

有效的作文训练从微写作开始。其中，对格言的解读和扩句，是一项很有价值的微写作训练。这种训练，既能借助格言内涵，训练学生的批判性等高阶思维；又能借助格言浓缩的写法，训练学生的言语表达技巧。

格言扩句是一种较难的扩展语句题，较之一般的扩展语句题，难点在于要跨越"读懂"的阅读栅栏。解读好此类题的关键在于：

一、理解

要善于揣摩词句含义，把握词句主旨。

格言警句是语言思想的精华，或锻词炼句，精警凝练，或借助辞格，曲伸其旨，所以理解就成了解答引用、解读格言题的第一道栅栏。对于锻词炼句的格言警句，我们要做到简者详之，要善于泡开它，用解释泡，准确地理解、阐释句中关键词的含义；用事例泡，举出恰当的例子，使格言的解说有一种事实胜于雄辩的效果。对于借助辞格的格言警句，我们要善于翻译它。或者婉者直之，根据辞格的特点，把原文转换成直白表述的文字；或者婉者丽之，以和原格言相同的辞格富于文采地扩展表述，"丽"既有文采飞扬意，又有附丽印证意。经常出现的辞格有比喻、对比、夸张。如"一两重的真诚等于一吨重的聪明"这句大仲马的名言就运用了对比、夸张格，"一两"和"一吨"相比，意在夸饰性地强调真诚在发挥人的聪明才智中的重要性。又如卡莱尔的名言"要迎着晨光实干，不要面对晚霞幻想"中，"晨光"比喻人生的盛年，"晚霞"比喻即逝的年华，警句喻指人们要抓住人生的黄金年华，干一番事业，不要等到时光流逝，万事蹉跎，空自幻想，空自叹息。这里，特别要注意对格言的另一种理解，这就是反弹琵琶式理解，这种理解往往能体现一定的思维创新性，它要求我们对平时耳熟能详的

常理、名言进行批判性的反向理解，所谓常者反之。

二、联想

联想是语句扩展题能够扩展的膨化剂。联想能力的强弱好坏直接关涉到词句扩展的成败得失。联想的思维方式，诸如因果联想、正反联想、类比联想等当然要有；在此更要强调的是联想的取材，学生做此类题目时，更主要的困惑在于没有"炊之米"。我们要提醒同学们注意寻找两种"米"。

一种是形象化的"米"。要善于借用一切能使表达形象化的方法扩展语句，人们经常喜欢用比喻、拟人等辞格变抽象为形象，现隐含为明朗，展尺幅为千里。

一种是典型精彩事例的"米"。典型、精彩的事例描述往往能使抽象、难懂变得豁然可解。事例哪里来？一要充分挖掘利用中学课本中出现的经典事例，中学课本是一个经典事例的大海，我们同学常居海边而不觉，久而久之，堕入到"只缘身在此山中"的浑然不觉的状态中。二要有积聚社会鲜活事例，搜集经典事例的习惯，备个小本本，三言两语，随时积累，这一点在高考前尤其必要。这样我们就为语句扩展题找到了优质新鲜之"米"，我们也就可以倒掉那些陈芝麻、烂谷子了。

三、表达

涉及表达的话题太多，多话少说，要灵活而不呆板，变化而不重复。如结构，有并列、递进、总分；如句式，有整句、散句、长句、短句……既要一切"按需分配"，该并列时并列，该整句时整句，又不要"从一而终"，毫无变化。

做格言式语句扩展题，同学们要着眼于上述三方面，着力于联想一方面，这样，就能进入会者不难的境界了。

示例

下面请同学们看看我的示例和《格言》杂志的选文：
1. 人才进行工作，天才进行创造。

——（德国）舒曼

按部就班，有条不紊地工作，且有工作效率，这仅是对人才的要求；锐意创新，贡献社会，且有前沿价值，这才是天才的标志。

一句话，"人才进行工作，天才进行创造"。

【点评】扩展后的语段保留了原格言的并列结构，并着重对"工作"和"创新"的含义进行简者详之地扩展。

2. 知道事物是怎么样，说明你是聪明的人；知道事物实际上是什么样，说明你是有经验的人；知道怎样使事物变得更好，说明你是有才能的人。

——（法国）狄德罗

"知道事物是怎么样……有才能的人"，聪明的人洞悉事物的实质，他们通过严密的理论演绎和归纳，知道了事物应该是什么样，他们是不出门能知天下事的秀才。有经验的人能够把聪明人脑中的事物模型转换成眼前影像，凭借自己的经验，他们甚至听听机器的轰鸣声就能指出"病灶"所在。这个时代更需要的却是有才能的人，有才能的人是一种富于创造精神和能力的人，他们能把聪明人的理论和经验人的实践"化合"成自己的创造动力，使事物更臻完美。

这样看来，所有的人都要做有才能的人了。不过，要做有才能的人，首先要做好聪明人和有经验的人，这就要求我们既要努力探求，又要勇于实践，知行合一，创造无限。

【点评】扩展后的语段保留了原格言的并列结构，并着重对"聪明""经验""才能"进行简者详之地扩展。并且还对这三者间的关系进行了因果分析，使全文呈现出递进的思路层次。

3. 人的天才只是火花，要想使它成为熊熊火焰，那就只有学习！学习！

——（苏联）高尔基

永恒之薪

许多不乏天才因子的人就是这样成为一现的昙花的。

他们敏捷的思维，独创的思想因着一时的心血来潮也会峥嵘偶露，他们不肯用不懈学习的铁锤锻打出更多的天才火花，照亮人类前进道路的天才火炬，在他们那里，终究燃烧不起，及至幡然醒悟，徒留江郎才尽之恨。

最恨的是，天才火花偶尔亮起，就被观赏炒作的人潮淹没，丝微的火星甚至还未及以学习的鼓风机吹亮，就被如此扑灭了。古往今来，仲永的悲剧就这样一幕幕重复上演，于今尤烈。唱红一首歌曲就被拉着巡回演出，抛弃学业，做大明星；写顺了一部小说，就被捧至高处，频繁"炒作"。高处不胜寒，他们不及脚踏实地，伐薪燃火，就只能空自燃烧，一面照亮欢呼人群的眼睛，一面还要自我取暖，委实燃烧了自己，照亮别人了。

他们似乎不懂也不愿脚踏实地，不懂脚踏实地，可以伐薪，可以运煤，可以采油，可以集多方之柴燃灿烂之火。

"人的天才只是火花，要想使它成为熊熊火焰，那么就只有学习！学习！"

捡起高尔基的"学习"之薪吧，这是永恒之薪！

【点评】扩展文保留了原格言的比喻格，这是婉者丽之地扩展。扩展文又以反面的例证对原格言作简者详之地扩展，第1节以警人的独句成节方式引领第2、3、4节，它们又是5、6两节观点部分的对照、原因。这样的扩展又实是很好的微型议论文的写作训练。做这样的语句扩展题，有一举两得之功效。既练了一种较难的语句扩展题，从中可以领会语句扩展题的诸多思路和切入方法；又练了微型议论文的写作，从而由微型议论文的写作起步，自然向千字议论文的写作过渡。

4. 读一本好书，就是和许多高尚的人谈话。

——（法国）笛卡尔

读一本好书，就是和许多高尚的人谈话。读《死亡日记》，在与陆幼青的对话中，你会感悟超脱生死的从容和打拼命运的顽强；读《稼轩长短句》，你会听出辛弃疾怀才不遇的感唱和忠贞报国的心跳；你心有郁结，欲浇块垒吗？那么，就请读读司马迁的《报任安书》吧；你胸怀乡村，欲悟自然吗？那么就请读读苇岸的《大地上的事情》吧。

【点评】扩展语段采用了简者详之的方法。一是用事例详，扩展文提供了四个典型例证；一是用解释详，着重对"高尚"进行了列举式解释。

5. 要迎着晨光实干，不要面对晚霞幻想。

——（英国）卡莱尔

有人喜欢把一切推到明天，"明日复明日，明日何其多"，"太阳每天都是新的"成为他们万事推明日的漂亮托词，天边晚霞成为他们幻想身影的美丽背景，他们忘记了"一日之计在于晨，一年之计在于春"的古训，不懂得抓住今日，实干今日的道理。在虚无缥缈的幻想中，原应充实的日子像白云一样飘走，到头来，空留下白头之叹。

朋友，"要迎着晨光实干，不要面对晚霞幻想"。

【点评】扩展文没有按照原文的并列式结构展开，而是从并列分句的后一句切入，用归谬推论的方式推出格言的结论。扩展文采用了婉者直之的方式扩展，如"把一切推到明天"等；扩展文又采用婉者丽之的方式扩展，如名言的引用，如"美丽背景""白云"的比喻，这又保留了格言原有的文采。

6. 任何教育都比不上灾难的教育。

—— (英国) 迪斯累里

"任何教育都比不上灾难的教育。"日本民族能在二战的废墟上重新崛起，正是这个警世名言的最好证明，直到现在，已跃居世界经济强国之列的日本，还频仍不断地向他的国民灌输危机感，进行灾难教育。一个国家的发展是如此，一个人的新生也是如此，"有谁从小康人家而堕入困顿的么？"家庭的灾难使鲁迅从灵魂深处发出了自警教育的沉痛之语，这家庭灾难难道不是一个民族伟人诞生的因素吗？记住：动力源于危机，勤苦来自灾难。

【点评】扩展文采用简者详之的扩展法，用事例详。且事例由国家而个人，体现出一定的典型性、逻辑性。

7. 近朱者赤，近墨者黑。

—— (晋) 傅玄

没人会发现黑夜中煤块的矜持。

煤块就是煤块，不是黑夜。

没人会注意枫林中红花的娇媚。

红花就是红花，不是枫林。

相似的颜色是毫不起眼的，如同相似的衣着，相似的思维，相似的生活。没有跳跃，没有改变，没有激情，没有意义。

当一切都泯然于相似的时候，所有似乎风起云涌的实际上都是随波逐流。

出离相似的校园经历。

出离相似的青年生活。

出离相似的陈词滥调。

出离相似的肤浅反叛。

寻找属于自己的出色之处。

出色——

出离相似的颜色。

做朱砂中间深沉的黑色，墨迹旁边鲜红的亮点。

当所有人都出色的时候，考虑是否出离出色。

【点评】对原文的重新组合，原是为了表达要"特立独行，独标新格"。采用的扩展方法是比喻释，举例释 (青年生活，陈词滥调，肤浅反叛)。

8. 不想当将军的士兵不是好士兵。

——（法国）拿破仑

众所周知，当将军比做士兵更有优越感，横戈立马，一统千军。然而，士兵终究还是多数。

人往高处走，士兵大都想当将军，而且颇有一些士兵为了当上将军而想方设法，处心积虑，投机取巧，急功近利。但是将军毕竟是极少数。

一心努力尽职尽责的士兵是没有时间考虑当将军的。他有很多事要做，扎扎实实，勤勤恳恳，出生入死，任劳任怨。他会被发现，因为与众不同的努力。在他努力到忘记将军为何物时，就很有可能即将告别士兵身份了。

没有一个将军是"想"出来的，没有一个成功者是"想"出来的。

做一个没空儿想当将军的士兵。

做一个没空儿想当大师的作家。

做一个没空儿想当老板的工人。

做一个没空儿想当领导的学生。

让自己忙碌起来。

功利是水，它能稀释你的才能。

努力是金，它会让你变得闪亮。

【点评】"不想当将军的士兵也是好士兵"实要表达的是"努力当将军的士兵才是好士兵"。扩展的方法是推广联想，由士兵而作家，由作家而工人，由工人而学生。

练习

用下列名言扩展语段：

1. 我要扼住命运的咽喉，它绝不能使我屈服。 ——（德国）贝多芬
2. 一切都是谜，一个谜的答案是另一个谜。 ——（美国）爱默生
3. 一两重的真诚等于一吨重的聪明。 ——（法国）大仲马
4. 英雄所见略同（古语）——英雄所见不同 （《格言》）
5. 三人行，必有我师（孔子）——三人行，没有我师。 （《格言》）
6. 君子动口不动手（俗语）——君子动手不动口。 （《格言》）

参考答案

1. 这世上哪有那么多命运之神的宠儿呢？常常地，倒是命运之神对人的作弄。"月有阴晴圆缺，人有悲欢离合"，人们对命运不定的感叹和理性由来已久，但仅有感叹和理性行吗？"我要扼住命运的咽喉，它绝不能使我屈服。"是的，你举手投降，命运之神就是向你张牙舞爪的恶魔；你奋起抗争，命运之神就是对你俯首帖耳的奴仆。命运之神的恶魔扼住了陆幼青的脖颈，陆幼青奋起反抗，更加勇猛地扼住了命运的脖颈，以《死亡日记》的形式留给世人与命运恶魔抗争的姿势。"你可以消灭他，但不可以打败他"，桑提亚哥的名言不也正是陆幼青的人生写照吗？

【点评】用反问、引用论述"命运多舛"的客观性、经常性，这是"是什么"；然后引出贝多芬的名言，这是"怎么样"。这样的思路结构有微型议论文之格。接着，对此格言的扩展保留了原格言的比喻格，这是婉者丽之；而后举陆幼青，举桑提亚哥，又是简者详之中的以事例详了。

2. "一切都是谜，一个谜的答案是另一个谜。"这世界就是由无数个谜组成的，谜一样的世界激发人探索的激情。人类就处于永不停歇地寻根源，究谜底的过程中，揭开一个谜底之时也就是揭开另一个谜面之时。谜面无数，知识无涯，我们既要承继"吾生也有涯，而知也无涯"自审的明智，更要光大"朝闻道，夕死可矣"的求索精神。而今先人对苍穹的敬畏仰望之姿，已被我们用高倍望远镜自信地操纵取代。但是，谜一样的未知世界又怎能看得穷尽呢？

【点评】世界由谜组成，人类社会在索谜中前进。对于谜一样的世界，既要有自审的明智，又要有求索的精神。今天我们揭谜已有大进步，但谜样的未知世界无穷尽。三个层次有微型议论文之格。

3. 聪明的才智只有在真诚的美德光照下，才能放射出它应有的光彩。缺乏真诚的聪明用在人际交往中，就会呈现出虚与委蛇、尔虞我诈的阴霾；缺乏聪明的真诚用在人际交往中，虽然有时有莽撞之缺却不失其朴质之美。缺乏真诚的聪明用在创造财富中，就会刮出巧取豪夺、智能犯罪的恶风；缺乏聪明的真诚用在创造财富中，虽然常有贫穷之困却不失劳动之美。缺乏真诚的聪明用在科学研究中，就会浮现急功近利、剽窃掠取的学术泡沫；缺乏聪明的真诚用在科学研究中，虽然常处寂寞却积厚实之果。

一两重的真诚，等于一吨重的聪明。

【点评】这是借助夸张表达的格言，扩展时采用了婉者直之的方法，主要体现为举例论证。又采用了婉者丽之的方法，主要体现为举例时保留了格言中的对比格。

4. 英雄所见不同

"真的猛士，敢于直面惨淡的人生，敢于正视淋漓的鲜血。"只有鲁迅先生这样说，没人和他所见略同，普通人也好，英雄也好。

"一个也不宽恕。"只有鲁迅先生这样说，没人和他所见略同，普通人也好，英雄也好。

除了英雄自己，没人能够真正理解英雄，包括那些可以和他比肩而立的英雄们。或许，英雄对自己也是一知半解。至于那些诠释英雄的人，又有谁不是在英雄的影子中自作多情？

英雄是孤独的，英雄是寂寞的。英雄超越了常人，穿越了历史和时空。

文不对题的鲜花，千篇一律的掌声，如同那些来自四面八方的敬仰目光一样不得要领。

于是，英雄孤独在热闹里，寂寞于喧嚣中，居高临下，卓尔不群，如同写满"到此一游"的万里长城。

于是"英雄所见略同"不知不觉成为一句似乎气势磅礴的客套话，在寻常百姓的茶余饭后让人不疼不痒。

但是，英雄的见地自始至终不会矫揉造作，自始至终与客套无关。英雄用他的想法和行为，孤独寂寞地填充着历史，让世界挺立起来。

想当英雄的话，首先卓尔，而后不群。

【点评】对格言采用了事例详（鲁迅），比喻释（鲜花、掌声、月光、长城）的方法进行扩展。

5. 三人行，没有我师

毫无疑问，世上第一个老师是无师自通的。

那是大师。

大师当然不能随随便便地泯然于众人之间，大师在历史中，不在大街上。

如果同行的三人中，肯定有一个人能够做你的老师，那么老师就遍地皆是了。

讲台上的老师已经足够多了。

不一定总要把自己放在一个最低的位置，不一定总要把自己的大脑变成一个容器。

盲目吸收是危险的。

这不是说学习不重要，而是很重要。正因为很重要，我们才应该学会慎重地选择。

该接近的接近，该远离的远离。

该容纳的容纳，该摒弃的摒弃。

该尊重的尊重，该蔑视的蔑视。

三人行，没有我师——把这句话当成钙，坚固你的傲骨。如果必须有一个人是老师，那么就让另外两位向你学习吧。

【点评】反弹并不意味着完全否定，而是要辩证地否定。请注意扩展语段中的"这不是说学习不重要，而是很重要。正因为很重要，我们才应该学会慎重地选择"一段。

6. 君子动手不动口

总有人会戴着纸做的镣铐，慷慨陈词，缩手缩脚。在鼻青脸肿之后，在倒下去的瞬间，心中默念着"我是君子"的台词。

于是，很有些人偷着笑了。

我总觉得那第一个偷笑的人是个阴谋家。他开了个作坊，制造纸镣铐，赠送给大家，几千年来，培养了华夏沃土上广大君子以及所谓的君子们的口才和抗击打能力。然而，历史从来不报销任何人的医药费，包括君子，他们咽了整整一肚子的牙。

偷笑的人还像不哼不叫的恶犬，肆无忌惮地咬噬着别人的血肉与尊严，留下历史后面君子们幽怨的哭泣声。

没有一个人活在世上是专门为了挨揍受气的，包括君子。

我们要挺立着生活。

人不犯我，我不犯人；人若犯我，我必犯人。撕碎纸镣铐！如果那欺辱、压迫、阴谋、陷害来了，请挥起拳头，以血还血，以牙还牙。

【点评】对传统的"温柔敦厚"精神进行了反弹，采用的是类比释，引用释的方法。

语用视角之怎么写：辨析核心概念与相近相关概念

一、题目展示

2015届北京丰台区高三一模作文题：

下面这幅题为"捷径"的漫画，引发了你怎样的联想和思考，自选角度，自拟题目，写一篇文章。文体不限（诗歌除外）。不少于700字。

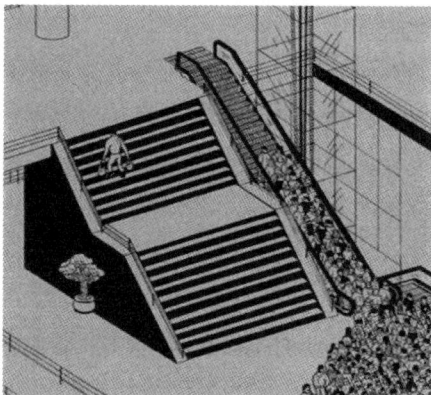

二、审题点拨

这是一则关系题作文。它蕴含的哲学原理首先是"对立统一"原理，包括"快与慢""多与少""本分实在与潮流时尚""我的路径与大众捷径""传统人力与现代科技"等。完整梳理这个生活事件和现象的前因后果，还应该想到

"目的与手段（方式）""手段与后果""现象与本质"等哲学原理。人们究竟为了什么目的，寻求这样或那样的捷径，选择这样的捷径的后果又怎样？要拷问这样的捷径选择，有利于个性健全和人生发展吗？有没有以牺牲他人利益为代价，符合道德原则吗？符合人类可持续发展原则吗？……

画面讽刺的，表面上只是一种人们"行走方式"选择上的捷径现象。可以合理地由此联想出大量其他有同样思维方式的生活现象，略举一二，如"教育方式"选择上的捷径现象，如"职业取向"选择上的捷径现象，如"创业思路"选择上的捷径现象，以上就个体而言。就团体乃至国际社会而言，如多数西方国家用自认为能很快解决争端的大棒政策解决国际争端，等等。

下面还是简洁地用拟题的方法提供立意参考：

1.【传统慢径与科技捷径】"爬楼梯与等电梯""自行车与小汽车""步行爬山与空中缆车"，在被科技包裹起来的现代人生活中，上面列举的两两相对的路径选择中，选择前者也意味着低碳化生活，情趣化生活，过程化生活。有时，反而更快捷！

2.【走的人多了，便没了捷径】喜欢跟风是我们的集体无意识。每个家长都削尖脑袋给孩子报艺术班奥赛班时，原本从素质教育出发的各种特长班，便成了千人等电梯、万人过独木桥的竞争手段，耗费时光，靡费生命。再比如"全民经商你下海""全民公考你报名"，都是生活中人们自认为很讨巧的"等电梯式"的捷径。

3.【自我路径与潮流捷径】在潮流捷径中，寻得潮流与自我平衡的路径，保持特立独行的品格，避免走大众蜂拥的所谓捷径，有时反而能寻得真正属于自己的捷径。

4.【人工慢径与机器捷径】有些民间工艺品的制作，如果走机器化大生产的道路，产量会很高，获得经济效益也很快。但长此以往，会不知不觉中失掉手工制作特有的风味和民间文化底蕴。

5.【走出来的捷径与想出来的捷径】真正的捷径，不能凭借大多数人的想法和时尚的想法而定，不能仅以眼前看得见的可以"坐电梯"的利益为取舍；要用自己的力气走出捷径，用自己的实践探出捷径。

6.【审时度势放眼量，眼前会当展捷径】通常情况下，面对一目了然的捷径和慢径，有时需要审时度势的眼力和放远目光的眼量。有了这样的眼力和眼量，我们才会毅然决然地选择通常是慢径的爬楼梯，最后反而会收获放弃捷径的人生奖励。

7.【莫为捷径遮望眼】要看到捷径表面背后的延误，要审时度势找出当下最可行的捷径。

8.【记叙类文章】反讽当今社会随大流走捷径的现象。讽刺小小说。

三、跑偏原因追问

最大的跑偏原因，还是在论述过程中甚至行文立意一开始，就把与核心概念"捷径"相关的概念作为论述重点。这个问题是老大难问题，高考前仍值得花力气矫正。

我们揣摩学生的思维，核心概念的相关概念是怎样来的？主要还是学生追索前因后果引出的。他在思考的原初，可能这样追问：为什么要追求捷径？这就引出了相关概念"投机取巧"或"巧妙权衡"，考生继续反向追问出"脚踏实地""勤奋努力"等，于是我们看到了大量这样的定位拟题：勤奋努力才是捷径，脚踏实地出捷径，等等。这样的读解对不对？可以对，但不是核心立意；且在行文过程中，这样的考生往往滑向重点论述"脚踏实地""勤奋努力"等。跑偏原因还在于把核心概念"捷径"和相近概念如"路径"等混淆。

跑偏原因还在于多个立意前后交叉或彼此独立，尤其是并列层次时，多个分论点之间没有建立起必然的逻辑关系。

跑偏原因还在于没有从关系题的角度审题立意，孤立地大谈特谈"捷径"。没有追问出，这样的捷径是在什么样的背景下出现的。

突围角度一
巧用句式，让议论入情入理

【支架提供】

议论文最忌板着面孔说话。如何避免？巧妙适切地使用句式。设问引话题，反问铿锵答。感叹亮态度，审诗出幽默。

【佳作赏析】

捷径捷乎？不捷！

北京丰台二中 2015 届高三（2）班　张祎

当下社会生活节奏快，人们走在路上恨不能三步并作两步走，脚步匆匆袖生风，于是"捷径"成了越来越多人的选择。明明有小路也要踏过草坪，只为路途更近；明明有斑马线却要横翻护栏，只为方便少走路；明明少人的楼梯近在咫尺，硬要等人多却省力的电梯——如此"捷径"，我禁不住疑惑："捷径捷乎？"

所谓捷径，便是方便而快捷的路径，而找捷径在平日的生活中，常常与"抄近道"意思相近了，无非是求其省时省力，终点还相同。有人说，我们只重结果，不问过程，但若是能让这过程不再那么难挨，又何乐而不为呢？殊不知，此过程非彼过程，此结果更非彼结果乎！

常言道，书山有路勤为径，便是在教导人们不要妄想一朝登科，只有十年寒窗才能得梅花的扑鼻香。截去十年寒窗之径，一步捷足到龙门，人为什么有这样的投机取巧的心理呢？更匪夷所思的是那些个贪官，不思脚踏实地、一步一个脚印地苦干实干，总想着靠受贿行贿、买官鬻爵的升迁捷径，一下子平步青云，登上人皆仰望的高位。自以为聪明了得！结果呢，还不是被那条捷径截杀了卿卿性命！此等"捷径"，不要也罢！

问题是现实生活中，人们还是禁不住此等捷径的诱惑。被生活压迫得越来越紧张的现代人，总希望子女能尽快成功，最好有个通往成功的捷径，也好免却生活中像自己一样跌打滚爬的苦楚。于是这社会便投其所好，催生出了一系列的速成课程，什么"口语速成""书法速成"，连乐器这样修身养性之物竟也有了速成。然而这样的速成，成的只是表象而非内在，我们却全然不觉，心甘情愿地舍其本而逐其末。邯郸学步者，总希望下一步自己就能迈出纯正的邯郸步伐。但因为太在乎成功的捷径，只知学其行而不知习其神。最后，不但不能寻找到学会邯郸步的捷径，还落了个不伦不类、失其故步的下场。这样的捷径，遥看千般好，近看草色无。

还是让我们近看吧，近看现实生活中给我们教益的捷径吧！那从不牢不稳的地基上抢速度走捷径而成的万丈高楼，能逃脱大厦倾颓的命运？那踩踏草坪走出的捷径，露出的岂止丑陋土层？因横翻护栏走捷径而造成的事故，还不够惨痛吗？苦等电梯反倒不如走楼梯提早到达，能不引起我们的反思吗？

捷径捷乎？不捷！

【名师点评】本文评析了生活中人们追求捷径却适得其反的现象。关涉的生活面广阔，日常出行，子女教育，做官为人。论述紧扣核心主旨词展开，是论述的笔墨集中。论述着笔心理揣摩和分析，是论述的入情入理。论述采用大量设问反问句式，是论述的警策和力度。

突围角度二
形象化语言，使议论文生发杂文味

【支架提供】

议论文要写得耐看，写出高分，就要在语言的优化上着力。其中，形象化说理，从而使议论生发杂文风味，就是一个捷径。

【佳作赏析】

别让科技捷径截杀情感

北京丰台二中 2015 届高三（2）班　刘姝睿

人们都说"科技是第一生产力"。的确，科技为人们带来巨大便利，帮助人们实现了向前的跨步式发展。但当人们越来越依赖科技，甚至成为科技的附属，那科技所带来的方便，却会成为阻挡我们发展前进的障碍。科技这条"捷径"，反而会阻挡前行的脚步。

漫画中的众人，苦苦死守在电梯的入口处，像等候着明星签名的狂热粉丝，执着等待，不离不舍。他们等的是什么？是仅仅单纯地等电梯吗？不，他们的所等之物，是名叫"方便"的东西，是科技带来的"便捷"。（此处以设问和肯否句式的形式，把具象的"电梯"抽象为抽象的"方便""便捷"，既生发了材料，又点出了主题词。）可是，这样少走几步路的"方便"真的给他们"捷径"了吗？没有，至少那个宽阔楼梯上的身影作出了铿锵有力的回答：依赖科技的方便，反而造成了人们的"不便"。科技捷径反而并不快捷。（"可是"的关联词，意味着层次的转换。就语言而言，除了设问句式，"身影作出了铿锵有力的回答"，这样的带有杂文味的形象议论语言，也是可资借鉴处。)

出行的科技捷径有时并不快捷，反而会阻挡前行的脚步；同样，交往的科技捷径有时带来的也是尴尬，反而会截杀情感的交流。

科技应当服务于人。可如今，更多的是人服务于科技。("人服务于科技"是警句提炼，是世相提炼。) 微信的初衷本来是方便快捷人们的交往，如今，人们却是在微信上聊得火热，在生活中处得冰冷。越来越多的聚会被"微信"强势入侵，在传统聚会与手机微信的搏击中，微信这一交往捷径的科技产物大杀四方，趾高气扬，占领了聚会的每一个角落。吃饭？先要拍照上传好友圈。聊天？总是被微信的嘀嘀嘀的提示音打断。方便你我交往的微信，却在生活中给你我的交往带来了尴尬和不和谐。(以"微信"为例，从"吃饭""聊天"的细节切入，具体阐释"人服务于科技"的时代乱象。"大杀四方，趾高气扬，占领"这样的议论语言，值得大家借鉴。)

其实，"微信"之类的社交工具，成为人们交往的"捷径"未尝不可。借助微信这个科技捷径，使交往对象更广，沟通更简单，交流更便利。但想走捷径的人太多，就不但让捷径并不捷径，而且贻害无穷。你再回头看看，上述的交往中的吃饭和聊天，不是使原本快捷联络感情的捷径，成了截杀感情的"截"径吗？

回头想想，传统的聚会并不容易，它需要每个人都有同一时间，都要到同一地点，大家一起谈论同一话题。粗一看，这算不上是方便快捷的交流途径；可细一想，也只有这样的"非捷"之径，才真正让我们找回了最纯真的友情、亲情，找回了最难忘的"把酒话桑麻"的时光，找回了"起坐喧哗，众宾欢也"的热闹场面。(对比中揭示捷径常常截杀感情，非捷之径才能找回最纯真的感情。)

人人都认为科技提供给了我们无数条"捷径"。可当我们迷失在科技捷径中，在电梯旁苦苦等待而忘了更为宽阔的楼梯，在微信里空虚寂寞而忘了传统聚会的欢乐，科技这条捷径不但并不快捷，而且一不小心成为截杀感情的杀手。

你我应当警惕，别让自己迷失在科技中，失去了原本的自我；你我应当警醒，别让"科技捷径"阻挡了我们前行的脚步。

【名师点评】 由科技促进快捷发展，引出材料中出行的捷径，引出交往的捷径，这是由大而小，由材料向生活的聚焦，是论述话题的聚焦。"出行的科技捷径有时并不快捷，反而会阻挡前行的脚步；同样，交往的科技捷径有时带来的也是尴尬，反而会截杀情感的交流"，这是中心论点。全文论述思路清晰，论述语言形象。尤其值得称道的是议论语言的杂文味，比如，"他们的所等之物，是名叫'方便'的东西";再比如，"至少那个宽阔楼梯上的身影作出了铿锵有力的回答"。

突围角度三
小小说样式，精妙皆在艺术手法中

【支架提供】

以小小说形式，演绎题旨，不失为高考作文获取高分的另一条捷径。走好这样的捷径要熟练小小说的各种写作手法，比如蒙太奇法，比如反讽法，等等。

【佳作赏析】

我傻

一考生

炎炎夏日，商场里的空调似乎吹的都是热风。我拎着两个沉重的购物袋，一步步地走上高高的台阶。日光灯的光照在身上竟也有阳光的炽热感，我咬牙坚持，汗流浃背。

他坐楼梯旁的扶梯，很多人在一起拥挤，为了早一步登上电梯而推搡。上了电梯也是人挨人，人挤人，摩肩接踵。他汗流浃背地走下电梯，冲着一直等在那里的我说，傻啊你，有捷径不走非要走楼梯，累吧？我点点头。（点题）

于是我到得比他早。（"傻"自有内涵。）

考试，我遇到了一道很难的题，抓耳挠腮半天不会，急得出了一身汗，还是没想出来。我考得极糟。于是考完后拼命学习，用汗水和泪水交换知识，过程十分痛苦，可我撑了下来。

他在那次考试中也遇到了不会的题，于是趁监考老师不注意竟掏出手机查答案，害怕被老师发现一直心惊胆战，也出了一身汗。不过他考得很好，于是以后考试次次作弊，都考得很好。他对比他落后一名的我说，有捷径不走，傻啊你。我点点头。

高考没法作弊，于是我考得比他高。（"傻"自有内涵。）

工作后，我一直未受重用，薪水很少，生活也比较困难。于是我开始总结不足，努力工作，争取用我的努力得到更好的生活。很累，但最终我挣得了一个很好的职位。

他刚进入单位时也未受重视，于是他便买了礼物去上司家串门，很快与上司搞好了关系，火候到了猪头烂，人情到了关系办。他很快便升迁到了一个很高的位置，仅次于那个领导，手下也"提拔"了一大批类似的人。

可最终我的职位比那个领导还高不少，他却一直困在原地未动。于是他来找我，约我在一个商场的二楼吃饭。我去了，走的楼梯，他坐的扶梯，我站在扶梯口，看他从拥挤的人流中走出，对我说，你真厉害，比我快多了，你在哪找的捷径啊？

于是我说，我傻。他愣了。

是的，我傻。

【名师点评】作为一篇蒙太奇式组合的小小说，本文有三个看点：第一，本篇的三个镜头组合，取得了小小说以小见大、以近知远的表达效果；第二，对比生发题旨；第三，反讽手法自然。小说"捷径"的题旨，对现实生活的批判倾向，因为上述手法的恰当运用，也得以自然生发。

语用视角之怎么写：
引导以辩证思维精确分析概念间关系

【教学目标】

1. 学会从多角度（"人物""事件""关键词"）分析提炼材料，以拟题的形式进行课堂展示。

2. 学会从"原因与结果""主要与次要"的辩证思维的角度切入行文，增强思维的精确度和深刻性。以片段训练的形式进行课堂学习。

【教学过程】

一、原题亮相

【课标卷1】

一位商人发现并买下一块晶莹剔透、大如蛋黄的钻石。他请专家检验，专家大加赞赏，但为钻石中有道裂纹表示惋惜，并说："如果沿裂纹切割成两块，能使钻石增值，只是一旦失败，损失就大了。"怎样切割这块钻石呢？商人咨询了很多切割师，他们都不愿动手，说是风险太大。

后来，一位技艺高超的老切割师答应试试。他设计了周密的切割方案，然后指导年轻的徒弟动手操作。当着商人的面，徒弟一下子就把钻石切成两块。商人捧起两块钻石，十分感慨。老切割师说："要有经验、技术，更要有勇气。不去想价值的事，手就不会发抖。"

要求选好角度，确定立意，明确文体，自拟标题；不要脱离材料内容及含义的限制范围作文，不要套作，不得抄袭。

二、以拟题呈现多角分析

1. 同学们能否从以下三个角度（"人物""事件""关键词"），完整地分析材料，并进而拟题？

分析：

①人物：很多切割师（怕担风险），老切割师（设计周密方案，指导徒弟动手，经验技术勇气，不想价值、增值的事，手不发抖），年轻切割师（一下子完成了漂亮的切割），商人。

②事件：年轻切割师成功的原因在于借助他人的方案和自己的技术、勇气，抛开患得患失的思想。很多切割师甚至连失败都没有机会尝试。

③关键词：怕担风险，周密方案，经验技术和勇气，抛开患得患失。

2. 拟题：

技术诚可贵，勇气价更高！（赵长河）

别让颤抖的手抖掉经验和技术（赵长河）

"勇气>经验技术"何时成立？（赵长河）

经验之刃，勇气之柄（刘家桐）

刘家桐同学的拟题，既最大限度地精确把握了材料的内涵，又显出表达的才气，比赵老师拟得好，我们建议他写作成文。

……

三、相关素材提示

1. 目的颤抖也叫"穿针心理"。心理学家们曾做过这样一个实验：在给缝衣针穿线的时候，越是全神贯注地努力，线越不容易穿入。一个人如果做事过度用力和意念过于集中，反而将平时可以轻松完成的事情搞砸了。

2. 面试典型题："《庄子·达生》曰：'以瓦注者巧，以钩注者惮，以黄金注者殙。其巧一也，而有所矜，则重外也。凡外重者内拙。'意思是说一个人用砖头瓦块赌博，他总是赢的；而用金银赌博总是输的；之所以输是因为心有挂碍，请你以'心有挂碍'为题做简短演讲。"

四、以体现哲学原理的片段写作，进行概念间的关系分析

首先得出关系词：经验、技术和勇气。而后分析此中体现的哲学原理。

（一）原因和结果

【思想1】因果联系是客观存在的普遍关系，没有无果之因，也没有无因之果。

按照上面的哲学原理提示，写一段50字左右的语段。

【老师示例】

因为有老师傅周密方案所体现的经验，因为有自己历练所成的技术，年轻切割师才有"当面""一下子"切割的勇气。

【思想2】因果地位相互转换，在此时此地是结果，在彼时彼地就成了原因。反之亦然。另外因果本身也可相互转换，相互作用。

按照上面的哲学原理提示，写一段50字左右的语段。

【老师示例】

其实，这样的有经验和技术支撑的勇气一点点积累，反过来也会促进经验的积累和技术的长进。

【思想3】因果关系具有复杂性和多样性，有一因多果，一果多因，多因多果等形式。

按照上面的哲学原理提示，写一段50字左右的语段。

【老师示例】

催生年轻切割师勇气的原因，一者，也许主要是老师傅周密方案所体现的经验；一者，也许主要是年轻切割师历练所成的技术。

（二）主要与次要

在这个案例中，"勇气"显然是主要矛盾。

【思想1】在许多矛盾构成的矛盾体系中，各种矛盾力量发展是不平衡的。主要矛盾居支配地位，对事物发展起决定性的作用。

【思想2】次要矛盾对事物发展的影响也不能忽视。在一定条件下，次要的会上升转化为主要的。

【思想3】解决矛盾问题，我们要坚持两点论和重点论的统一，反对矛盾均衡论。

按照上面的哲学原理提示，写一段300字左右的语段。

【老师示例】

此时此刻，勇气显然成了决定的因素，成了超过经验和技术的决定因素。这其实并不是忽略了经验和技术，而是说，在双方经验和技术相差无几，甚至一方略微逊色的情况下，勇气往往成了成功的决定因素。如曰不然，何以经验和技术远超年轻切割师的那些人，望而却步呢？此时的勇气也绝不是莽夫之勇，此时的勇气中含有老师傅精心设计的方案，含有年轻切割师习得的技术，尤其含有坦然面对成败荣辱的淡然。平匀轻轻地呼吸着这个含有经验、技术和淡然成分的勇气，年轻的切割师一切而成功！

"狭路相逢勇者胜"，狭路相逢的双方，也许在战斗的"经验"和装备的水平上难分伯仲。此时决定成败的因素，就是勇气了。这其实并不是说战斗经验和装备不重要，而是说，此时的勇气成了决定成功的主要矛盾。

五、优秀作文评荐

经验之刃，勇气之柄

北京丰台二中2012级高二（2）班　刘家桐

古时候，有人说：得一法宝便可以一统天下；也有人说：能者无须兵器宝物，便可一统天下。现在，有人说：有学历有经验，才可以被重用；也有人说：敢于实践，有勇气，才是这个社会所需要的。其实，这些仅是多数人片面的看法，在通向成功的道路上，经验与勇气一定有着密不可分的联系。

经验之刃不可无。经验就犹如一把刀上的刀刃，起着至关重要的作用。我们都知道，一把好刀，刀刃就一定要锋利无比，这样的刀在战场上才能无坚不摧，削铁如泥。而刀刃要想锋利，绝不是一件容易的事，几道工序样样都不可少。一块好的钢材如果不经过铸造师一锤一锤地敲打，如果不经历烈火焚身的磨炼，如果没有那刺骨冷水的最后一击，那它也仅仅就是块钢材，拿到战场上只是一块废材。唯有经历了上述的磨难，出水的一刹那，带着雾气的钢铁才化身为一把宝刀。也有人会问："为什么同样的工序，有的刀就会锋利而有的刀就钝呢？"答案很明显，虽然是同样的工序，但敲打的力度，火焰的温度以及入水的速度都影响着最后的结果，所以一个铸造师一生也许只能打造出一把绝世好刀。所以，经验并不单纯是时间的积累，同样的领域，有人庸碌一生，无所建树，有人摘星揽月，成就斐然。若论经验，前者似乎也是没有什么可谈的。唯有经历了无数挫折和失败，又从那里获得成功体验的人，才会赢得别人的认可，那样的积累才可以称得上经验。就像新兵见了老兵要行礼，老师当得久了才有权威一样。

虽然好的刀刃似乎一直是被人们认为是胜利的关键，但也不可得之而骄傲自得。好刀刃确实可以无坚不摧，斩断一切，但如果无从拿捏，挥舞不起来，那一样是失败的。所以，这个时候勇气之柄便挺身而出，站在了第一位。

勇气之柄所以重要，就因为它决定了经验之刃有无用武之地。所谓"十年磨一剑，今日把视君"。这个时候亮出的，除了这把无坚不摧的利刃，还有胸中那挑战一切的勇气。勇气就犹如好刀的刀柄。顾名思义，刀柄是刀刃的支撑，也决定着刀刃的方向，有了这份支持，力量才能全部使出，假如没有了刀柄，那持刀人不仅无从下手，还有伤到自己的危险。勇气之柄的打造，与刀刃的焠炼一样，也是要经过不断的磨炼与坚持。相比于经验之刃，勇气之柄更不容易保持，很容易在时间的流逝中渐渐失去，一旦失去，再好的利刃也就失去了亮出的机会。所以，这勇气之柄，更需小心呵护。以信心塑里，坚持塑外，虽历岁月而不朽，尽遭挫折而不失。一旦需要的时候，便可挺身而出，一试锋芒。

所以，经验技术固不可少；勇气同样不可或缺，甚至有时上升为关键因素。只有将经验的利刃牢牢地接在坚实的刀柄上，才可能手持胜利之剑，冲过成功的终点！

【评荐】这篇高二学生现场试写高考作文的优秀文，有下述亮点：第一，准确把握了概念"勇气"与"经验技术"之间的主要与次要，原因与结果的关系。最精确地读懂材料，是材料作文的重中之重。第二，就境设喻，形象议论。巧妙地利用"切割"的情境，充满才情地拟出"经验之刃，勇气之柄"的标题，进而通篇设喻，议论形象活泼，表达摇曳生姿。

该为谁喝彩

南飞雁（河南影视集团剧本中心主任）

在价值连城的钻石面前，老雕刻家、徒弟和商人都展现了自己的勇气，他们都值得我们赞赏和喝彩。

一颗钻石，两位工匠，成功之后，有三个人值得喝彩。

第一位是年轻的徒弟。他"没有犹豫"地接受并完成了使命。"没有犹豫"意味着什么？无非是自信和勇气。而自信来自技术，勇气离不开底气。在老雕刻家那里，年轻徒弟想必经历了严苛的训练，做好了勇挑重担的准备，他只是在等待着一个机会。当机会忽然来到之际，在偶然与必然交错之间，年轻徒弟做到了，也赢得了喝彩。

第二位是老雕刻家。面对既有可能价值连城也有可能一文不值的钻石，第一个站出来的是他，他的底气在于多年从业的经验。当然，经验并非他一人独有，任何一个有资历的工匠都能就如何切割钻石侃侃而谈，老雕刻家超越同辈的是突破坐而论道的勇气，是敢于将经验付诸实施的勇气。而且他的勇气并不止于此，他还敢于将此重任托付给年轻的徒弟。知人善任，选对了执行者，老雕刻家做到了"识人"；谆谆教诲，制定了周密的方案，老雕刻家做到了"传承"。他同样值得喝彩。

然而，最值得喝彩的另有其人。

老雕刻家说得好，在工匠眼里，钻石不过只是一块石头，"不考虑价值，无所畏惧"。然而在提供钻石的商人眼里，钻石是真金白银换来的，所以整个故事中承担了最大风险的其实正是商人。"商人重利轻别离"，以利益最大化为目标的商人不迷信所谓的专家和权威，同意由一个年轻人切割钻石，将自己的利益托付给一个名不见经传的小辈，这需要的勇气无疑超过了老雕刻家师徒二人。而最终两颗完美的钻石，也是对商人这种异乎寻常的勇气最大的褒奖。

李敖在《老年人和棒子》一文中说道："站在一个青年人的立场，我所关心的是：第一，从感觉上面说，老年人肯不肯交出这一棒？第二，从技巧上面说，老年人会不会交出这一棒？第三，从棒本身来说，老年人交出来的是一支什么棒？我担心的是，老年人不但不肯把棒交出来，反倒可能在青年人头上打一棒！"此文发表于1961年，当时李敖年方26岁，在台湾大学历史系读书，正是"年轻徒弟"的岁数。幸运的是他遇到了姚从吾，一个让李敖"启迪颇多、帮助颇多，一生感恩难忘"的河南人。

李敖的感慨代表了当时相当一部分年轻人的心态，这样的心态超越了时空，在当代人中也能引起共鸣。自古以来，姚从吾这样的"老雕刻家"、李敖这样的"年轻徒弟"并非少数，"商人"却少之又少。所以王勃感慨"时运不齐，命运多舛，冯唐易老，李广难封"，所以苏轼哀叹"持节云中，何日遣冯唐"。在价值连城的钻石面前，老雕刻家、徒弟和商人都展现了自己的勇气，他们都值得我们赞赏和喝彩，而那位在故事中只出现了一次的商人，或许更值得我们尊敬。

【评荐】此文喝彩的角度重在评述三方的勇气，这首先就抓住了材料的重心，抓住重心是议论生发的重要的能力点。"'没有犹豫'意味着什么？无非是自信和勇气。而自信来自技术，勇气离不开底气"，这是对徒弟勇气的评述。"他的勇气并不止于此，他还敢于将此重任托付给年轻的徒弟"，这是师傅的勇气。"将自己的利益托付给一个名不见经传的小辈，这需要的勇气无疑超过了老雕刻家师徒二人"，这是商人的勇气，作者将立意行文的重点也放在了对商人勇气的评述上，"而那位在故事中只出现了一次的商人，或许更值得我们尊敬"。作者继而引用评述李敖《老年人和棒子》一文的观点，并生发出"自古以来，姚从吾这样的'老雕刻家'、李敖这样的'年轻徒弟'并非少数，'商人'却少之又少"的感叹。这样的感叹，更是对现时用人文化的针砭，也就站在了杂文警醒世道人心的立意更高点。

语用视角之怎么写：
完整梳理前因后果，多角认知主体客体

【原题亮相】

1972年新加坡旅游局给时任总理李光耀一份报告，大意是说，新加坡不像日本有富士山，不像夏威夷有十几米高的海浪，我们除了一年四季直射的阳光，什么名胜古迹都没有，要发展旅游业，实在是巧妇难为无米之炊。李光耀看过这份报告，非常气愤。据说，他在报告上批了这么一行字："你想让上帝给我们多少东西？阳光，阳光就够了！"后来，新加坡利用一年四季直射的阳光种花植草，发展为世界上著名的"花园城市"。请据此材料写一篇1000字左右的作文，立意自定，除诗歌外文体不限。

（2013年山东大学保送生作文题）

【要点解说】

材料式话题作文应该是后话题时代一种较为合理的新的作文命题形式，说它较为合理是因为它既扬话题作文之长——拓宽写作思路，又避话题作文之短——避免宿构抄袭。2006年全国高考Ⅰ卷中"老鹰抓羊"的作文命题，就是材料式话题作文的典范。这种作文命题形式，要求学生必须整体把握材料的立意，从中选出一个合理的话题进行写作。那么如何整体地把握材料立意并从中选出一个合理的话题呢？我们认为，"完整梳理前因后果，多角认知主体客体"，是一种有效方法。

下面就以上述2013年山东大学保送生作文题为例，具体阐释何谓"完整梳

理前因后果，多角认知主体客体"。

	前因	过程	结果
主体		旅游局："难为……" 李光耀："够了……"	
客体	发展旅游业（起因） 只有阳光（条件）		新加坡变成花园城市（成功）

整体把握材料立意，关键是抓住作为主体的人（旅游局和李光耀）和作为客体的前因和后果（旅游业、阳光和花园城市）之间的对应关系；选取合理的话题，关键是对主体和客体从不同角度进行认知。

1. 把"阳光"抽象成劣势，则李光耀就可看成主动积极者，旅游局就可看成被动消极者。原本是劣势的阳光在主动积极者面前变成了优势，阳光使新加坡变成了"花园城市"。

2. 把"只有阳光的新加坡抽象成环境，则李光耀就可泛化成主动改造环境的人，旅游局可泛化成被动屈服环境的人，环境在人的改造面前变得如人意，遂人愿了。

3. 把"阳光"看成条件，则李光耀就可泛化成在条件面前知足，变有限条件为无限创造的成功者。

4. 把"阳光"看成外因，则李光耀就可泛化成发挥主观能动性，挖掘内因，使不利外因向有利外因转化的主观能动者。

5. 把"发展旅游业"泛化成可能性，则要实现花园城市的必然性，就需要李光耀式的主观努力。

6. 把"发展旅游业"泛化成美好的主观愿望，则要把美好主观愿望变成花园城市的美好客观现实，就需要有李光耀式的现实努力。

7. 把"李光耀、旅游局"分别泛化成乐观者和悲观者，则满目的阳光被乐观者看成满目的灿灿金光，被悲观者看成一无所有的空空荡荡。

8. 把"李光耀、旅游局"分别泛化成发现者和盲视者，则阳光被发现者看成"足够"，被盲视者看成"什么都没有"。

9. 把"李光耀、旅游局"分别泛化成思维创新者和思想陈旧者，则思想陈旧者只能看到固态的旅游资源，只有李光耀式的思维创新者才能看到无形的旅游资源——阳光。关于这一点，有个经典的商业案例值得补充。说有甲乙两个鞋子制造商都到同一个热带国家考察商机，结果发现这个国家的人没人穿鞋子。甲从中看到了商机，立即投资开发，甲的思维是正因为没有人穿鞋，才值得宣传开发。乙立马走人，乙的思维是既没有人穿鞋，也就不需要多此一举了。结果几年以后，甲创造了无限商机和傲人业绩。此中的甲不就是李光耀，乙不就是旅游局吗？

10. 把"李光耀、旅游局"分别泛化成知足者和不知足者，则知足者，不怨天尤人，甚至会乐于把有限的条件放大，创造出无限的效益，赢得成功的辉煌；不知足者，会抱怨，会为条件不足所苦，落得失败的下场。

11. 也可利用比喻视角，如把"旅游局"看成拙妇，拟题为"拙妇难为有米之炊"。

【偏差提醒】

要注意三种提炼话题的错误倾向：一种是"断章取义"，如立意拟题为"知足常乐"；一种是"无理反弹"，如立意拟题为"何必硬作无米炊"；一种是"错误读解"，如立意拟题为"花园城市乎，形象工程乎？"

在平时的材料式话题作文训练中，要注意引导学生写这种整体读解材料，多角理解材料的短小的立意段。比较若干立意后，选择适合自己的材料积累和思维优势的立意，写作成文。

【优秀习作】

无米之炊亦可炊

北京丰台二中 2012 级高二（2）班　陈朝鹏

古人云："巧妇难为无米之炊。"诚然，对大多数人来讲，无米之炊就是山穷水尽了。殊不知，为无米之炊，却正是一种无中生有的大道与大智。

这种大道与大智，首先是一种"柳暗"中坚信"花明"的信念，"无"中发现"有"的眼光，没有"米"却能找到"种"，发现长米条件的智慧。这就需要发散思维。在别人的锅里都有看得见的米——固化的山水旅游资源时，新加坡人成功地找到"种"，发现长出米的条件——阳光。他们不拘一格，将自己只有也是独有的阳光投入锅中，烹出一道享誉世界的旅游大餐——世界闻名的花园城市。利用有限的条件，放大有限的条件，烹出无米之炊，这是一种大道与大智。这样一种大道与大智，又何止于旅游产业呢？农业中开发新品种，工业上发展新技术，商业上开发新模式，诸如此类，不一而足。这些，都体现了从"无米"到"可炊"的大智慧。

这种大道与大智，还需要更进一步"善烹"的智慧。这种智慧，就是体现科学烹调乃至艺术烹调的智慧。即能将无形的米，烹出较之有形的米更佳的味道，更健康安全的味道。不"善烹"，不仅前功尽弃，甚至贻害无穷。好不容易发现了无形的米——新品种、新技术和新模式，却不能科学地烹调，结果成为有毒食品。就像新品种滥加使用而造成生态破坏，新技术不加管理整合而发生生产事故，新模式应用不当而公司倒闭。

"善烹"，必要把握食材，善控火候。科学家海森堡就曾经历了这样的过程。当时，量子物理是一道描述诱人，令人馋涎欲滴的大餐，但传统的数学却无法对之进行表达。量子物理的大餐，因为数学食材的缺失，而无法烹出上桌。正当人们陷入无米可炊的境地时，海森堡发现了烹饪量子物理大餐的食材——"矩阵"，一种新的数学工具。食材有了，他没有急于下锅，而开始潜心钻研矩阵与量子物理的关系。在充分论证的基础上，他把握了火候，终于将矩阵与量子物理完美结合在了一起，烹出了量子物理的大餐。

在我们欣赏"无米之炊亦可炊"的智慧时，还得防止"无米之炊硬要吹"的浮夸。那是一种欺骗，是一种好大喜功。

有这样一个可笑的案例。某县城经济发展落后，满城尽是平房。当地干部忽闻领导来访，怕城中的景象尴尬，便自作聪明地为起了无米之炊。领导来时，乘车通过县城的主干道，见两旁六层小楼修得甚是漂亮，便欲到里面"体察民情"。推开了一扇门，领导惊呆了，为何六层楼里是平房？原来，当地干部在主干道两旁，修了两堵六层楼高的墙来为这个无米之炊。烹一空锅或者加入不应入锅的石子、沙子是得不到任何赞誉的，不仅害得自己依旧饿着肚子，还会连累他人陪着挨饿。

无米之炊的智慧，我们要练就；无米之吹的勾当，我们要远离！

【模拟评分】内容24分+表达23分+发展9分=56分

【评分依据】1.清晰而周密的逻辑思维，自然是这篇形象化议论文能脱颖而出的基础等级。"没有'米'却能找到'种'，发现长米条件的智慧"；"这种大道与大智，还需要更进一步'善烹'的智慧"；"'善烹'，必要把握食材，善控火候"；"无米之炊的智慧，我们要练就；无米之吹的勾当，我们要远离"，这是体现严密逻辑思维的句子。更难能可贵的，小作者还在行文中表现出了周密的议论素质和瞩目社会的公民素质。文章的最后，由"炊"机智地过渡到"吹"，意在警示本是体现大智的"无米之炊"不能过度，不能滑向好大喜功、溜须拍马的"无米之吹"。2. 就境设喻，一以贯之的比喻论证，是这篇文章已进入发展等级的标志。"在别人的锅里都有看得见的米——固化的山水旅游资源时，新加坡人成功地找到'种'，发现长出米的条件——阳光。他们不拘一格，将自己只有也是独有的阳光投入锅中，烹出一道享誉世界的旅游大餐——世界闻名的花园城市"；"量子物理的大餐，因为数学食材的缺失，而无法烹出上桌"。这样恰切自然的形象化议论，提升了说理的品质。

珍惜拥有的幸福

北京丰台二中 2012 级高二（2）班　樊雪儿

每个人都是被上帝咬了一口的苹果，因此我们都并不完美。或许是因为偏爱的缘故吧，有些苹果被上帝多咬了一口。他们比常人拥有得少，但他们的内心充满了向前的动力，充满了积极与乐观。生若如此，乃大境界也。

一章饮水词，一卷纳兰词，曾经轻轻撩动我心中的那根弦。上帝赠予他为人美慕的无限荣华，却又在他的理想世界中搁置了许多欲罢不能；上帝赐予他满腹才华，高洁傲岸的性情，却又让他为官场仕途的黑暗而痛心疾首；上帝给予他一段又一段缠绵的情，无奈感情之枝一再断折。这样一个命途多舛，横绝一代的词人，若不是懂得知足常乐，拥有一颗超逸与恬适的心，怎会快乐地生活呢？

多想一下自己拥有什么，那是上天对你的馈赠。唐伯虎曾写"不见五陵豪杰墓，无花无酒锄作田"的诗句，结果与仕途擦肩而过，但他没有悲伤，反而快乐于自己的田园生活。苏轼曾发出"一蓑烟雨任平生"的感慨。他虽仕途不顺，但他从不过分悲叹，这样的大境界岂能不令人敬佩？"赌书消得泼茶香，当时只道是寻常"，纳兰容若是如此，唐伯虎、苏轼亦是如此。知足常乐，何尝不是一种高尚的人生志趣呢？

论过古人，再看今朝。提起林书豪，想必家喻户晓吧。他凭借自己对篮球的喜爱与不懈努力，成功收获了球迷的热爱，享受着成功的喜悦。他的一句话令我不禁感慨："这世界上有太多天赋出众却懒散的人，感谢他们吧，是他们给了我这样没什么天赋的人以机会……"林书豪没有天赋，但他拥有不懈努力和无限热情，拥有就是一种难以言说的幸福。他的成功便来自他知道自己拥有热情与动力。

海燕拥有勇气得以搏击长空，沙漠拥有生命力得以品尝一泓清泉。拥有就是幸福。珍惜拥有便是享受幸福。纵观古今，知足常乐，珍惜拥有的人才能享受快乐。

人生难免有缺憾，难免会失去。我们若只关心自己没有什么，生活将索然无味，一片黯淡。幸福就像猫咪的尾巴，你若去追逐，便怎么也触及不到。你若珍惜拥有，快乐前行，幸福便会像五月的花环，在某一天飘然而至，簇拥你的颈间。

【模拟评分】内容22分+表达23分+发展9分＝54分

【评分依据】作为一篇考场作文，该文有如下值得借鉴之处：1. 清晰的结构。首尾以诗与思交融的语言，彰显题旨。中间三个案例以节首引出句，引发叙例和议论。2. 时鲜的援例。纳兰、唐伯虎、林书豪，都具备案例的鲜活性。3. 不同的角度。在缺憾与拥有间，珍惜拥有，围绕这个题旨，纳兰的案例论述了"命途多舛"却"懂得知足常乐"；唐伯虎的案例论述了"仕途不顺""反而快乐于自己的田园生活"；"没什么天赋"却"拥有不懈努力和无限热情"，这是林书豪案例的切入角度。

见与不见

北京丰台二中 2012 级高二（2）班　张祎

新加坡因"花园城市"闻名于世，花园城市以其四季都灿烂如春的阳光而美丽永远。以"阳光"为一座城市的资源从而进行开发，着实出乎意料。我们每天的生活中都充满了阳光，这是生命中最常见的东西，天天见，但又有多少人能发现他的价值？阳光产业发展成花园城市后，许多人才表现出恍然大悟似的一副情理之中的心态，却没有想过，自己为何对这常见的东西视而不见。许多人见到的，只是新加坡缺失传统意义上固化的旅游资源；见不到灿烂阳光可能带来的隐形的旅游资源。

主动去见，用心去见，才会有新发现，才是一种真正的见。

一花一世界，一叶一菩提。这些身边最普遍的东西，隐藏着多少道理等待着人们去发现，等着有心人主动去见？哥伦布发现新大陆之后，很多人都不以为然。的确，无论是何人，只要航海一周一定会有所发现有所见的，而人们也正是这样质疑的。但是，在哥伦布之前，有多少人用心去见了，主动去见了？在瓦特之前，见惯蒸汽将壶盖顶起来的一定不少，却没人从这见惯中存一颗发现的心，却没人想到从这里入手改良蒸汽机。在牛顿之前，发现苹果朝地面下落的一定不少，却没人在这见惯中存心用心，却没人想到从这里入手，发现研究出万有引力定律。古往今来的发明创造中，不排除有偶然的因素，但更多的却是从司空见惯的生活中，见到一般人见不到的那一面，从而寻找并发现问题。

只见表象，不见实质，又是一种真正的不见。

我们都能很大概地解释"一只蝴蝶在北美洲轻扇翅膀，就在印度洋引起了滔天巨浪"的蝴蝶效应，却不能看到这背后所蕴含的混沌理论。知其然而不知其所以然，这时，我们眼中的"见"又是"不见"了。

韩愈《马说》之言曰："世有伯乐，然后有千里马，千里马常有，而伯乐不常有。"这样使良马不见，宝珠蒙尘的遗憾还有很多很多。原因就在于只见马的鬃毛等表象，不见马的千里之能等实质。那么，让千里马不再被埋没，让我们的"不见"减少，又为之奈何呢？

那就得不人云亦云，见人所不见。不人云亦云，常常要疑人之所不疑，深云人所"常云"之语。这样，才能不被表面上的"见"所蒙蔽，见人所不见。人说新加坡缺失旅游资源，你也跟着说，就是一种人云亦云。见到了阳光与发展旅游业的关系，就是见人所不见。

对于见与不见，王安石说："古人之观于天地、山川、草木、虫鱼、鸟兽，往往有得，以其求思之深而无不在也。"只有这样，才能拉开平日里"见"的面纱，让我们尽情领略世界"不见"的美丽。

对于见与不见，《列子》有言："见其所见，不见其所不见；视其所视，而遗其所不视。"见其实质，不见其表象；见其积极的一面，不见其消极的一面。

只有遵循这样的见与不见的辩证法，我们才能把握事物的实质，创造性地改变现状，让我们的生活充满阳光！

【模拟评分】内容 24 分+表达 25 分+发展 9 分＝58 分

【评分依据】从"见与不见"的角度切入，首先就奠定了进入"立意深刻"发展等级的基础。而行文的纵深掘进，也进一步彰显了议论的深刻度。"主动去见，用心去见，才会有新发现，才是一种真正的见"；"只见表象，不见实质，又是一种真正的不见"。有了以上"见"与"不见"的辨析后，自然过渡到如何才能真正地"见"，"那就得不人云亦云，见人所不见。不人云亦云，常常要疑人之所不疑，深云人所'常云'之语"。继后，自然归结到"新加坡"案例中的"见与不见"。文章的最后，联读王安石和《列子》的有关"见与不见"的论述，使论题主旨的辩证意味得到了自然而进一步的强化。

语用视角之怎么写：
这样也说理，简明形象、夹叙夹议一件事

【妙文品评】

几乎

北京丰台二中2015级高一（2）班　曲小凡

几乎，是一串仅仅触碰到却没有抓住的葡萄。（"几乎"的抽象概念，原来也可如此美妙地形象化呈现给我们。）

有一种人，连手也不愿意伸出去，稍微仰仰头，踮一下脚尖，妄想着咬下整串葡萄。这种人的结果往往是只蹭到了葡萄最下端的一点点边儿，甚至只是触到了葡萄藤，就宣称是"几乎得到了"。（形象化材料句群里，主题词"几乎"自然生发。）这种所谓的几乎，其实离成功差着十万八千里，不过是一种自我安慰，自我放弃，自我懈怠，甚至是自欺欺人、自命清高的表现罢了。这种人往往担心，要是伸手还没够到葡萄，不是很丢脸吗？我踮踮脚也就几乎碰到葡萄了，至于吃葡萄，"非不能也，不为也"；以此为自己的不思进取找托词。殊不知，可能就在这莫名的心态和担心中，将本应该收获在手中的葡萄变成了几乎。（从"是什么"的角度，着眼心态剖析，揭示这种"几乎"的实质是"自我安慰，自我放弃，自我懈怠""自欺欺人、自命清高""不思进取"。）若是一直抱着这种心态，到处碰葡萄，往往会一事无成，还觉得自己什么都"几乎做成了"。（从"会怎样"的角度，着眼后果剖析，揭示这种"几乎"的后果是"往往会一事无成"。）成功需要摒弃这种自欺欺人的心态，放下姿态，努力地去够取自己的葡萄，实现自己的梦想。（从"怎么样"的角度，提醒人们"努力地去够取自己的

葡萄"。)

　　而另一种人，他们是愿意伸出手、跳起来去够葡萄的。只是很可惜，他们的努力往往只有一瞬间，在拽下来最下面的几颗葡萄后，他们就满足了，不再去想获得整个一串的葡萄，也没有发觉上面的葡萄可能比手中的更大更甜。他们放弃得如此轻易，也为自己取得了一点点小的成就沾沾自喜，仿佛连"几乎"二字，说得都更有底气了一些。(从"是什么"的角度，着眼心态剖析，揭示这种"几乎"的实质是"满足""沾沾自喜"。)

　　诚然，他们是得到了一些东西，然而离成功还有太过遥远的距离。他们没有发挥出来全部的能力，白白舍弃了几乎到手的成功。于他们而言，"几乎"才是最为可惜的。(从"会怎样"的角度，着眼后果剖析，揭示这种"几乎"的后果"才是最为可惜的"。)成功亦需要坚持不懈的努力，不为眼前的小获得，舍弃了更为伟大的成功。(从"怎么样"的角度，提醒人们"不为眼前的小获得，舍弃了更为伟大的成功"。)

　　还有一种人，他们不仅跳起来够葡萄，而且坚持跳着，够下来了绝大多数的葡萄。只有最顶端最甜的葡萄，无论怎样努力，他们也无法获得。这个时候，他们往往不得不放弃，而离成功的距离，也就是这一点。狭义地说，这可能才算是真正的"几乎"成功。然而，他们终究也只是"几乎"而已。("是什么"的角度)差在了什么地方呢？对于真的到不了的高度，是不是只能放弃了呢？当然不是。他们没有考虑过，自己为什么不能搬一把足够自己跳跃的椅子呢？当然，这把助取葡萄的椅子，可能在取得前两个条件之前，是不会出现的。也就是说，"志与力"而外的"外物"即别人的援助，加上适当的变通即自己的"智"，是变"几乎"为肯定，通往成功路上的最后一个条件。("怎么样"的角度)

　　付出努力，坚持不懈，适当变通，为什么要"几乎成功"？我们要告别"几乎"的成功，把成功这串葡萄实实在在地托在手心里！

【赵老师对话】

　　小凡这样诠释抽象的"几乎"，真是"亏她想得出来"！这是一种化抽象为形象，寓道理于日常生活的作文智慧。这种作文智慧，使这篇课堂习作呈现出了杂文的文学特质。我们再回头读读那篇以《煮咖啡》为题，演绎"相信自己与善于听取别人的意见"高考作文命题的满分作文吧，二者实在有异曲同工之妙。

用心体悟《煮咖啡》蕴含的"简明形象，夹叙夹议一件事从而说理议论"的妙处，小凡有了写作《几乎》这个题目"心有灵犀一点通"的作文智慧！

【支架提示】

2011年高考作文，有一个话题作文的话题，是"相信自己与善于听取别人的意见"。有考生用《煮咖啡》为题，演绎出高考满分作文。

用一件完整的事，夹叙夹议出论点，实在是一种活泼生动、具有创意的议论文写法。它的创意之处有下列几点：

一、纵深推进的层进式议论。因为一件事的过程性，便使得议论，在对过程的审视和思考中，自然有了体现事物发展规律的层进性。

二、因为叙述的形象性，而使得议论免却了一味说理的枯燥呆板。所有的议论生发和理性阐释，都建立在与议论水乳交融的叙事的基础上。这样的叙事，又往往具有简笔勾勒的生动性。这样的简笔勾勒，也使议论文飞跃到文学写作的层级。

三、注意"叙"得简洁和"议"得扼要。夹叙夹议的以完整事情说理的议论文，不能事无巨细地展开每一个过程的细节，而要选取与"议"理有关的那一个个典型细节。如《拿来主义》中，"还有几位'大师'们捧着几张古画和新画，在欧洲各国一路的挂过去，叫做'发扬国光'"。"捧着""挂过去"的动作神情勾勒，就活画出"送去主义"的嘴脸，这里叙得简明形象。"叫做'发扬国光'"，又在反语表达中，深刻讽刺了"送去主义"者的嘴脸，"议"得扼要。

这篇《几乎》中，亦有类似的表达："在拽下来最下面的几颗葡萄后，他们就满足了，不再去想获得整个一串的葡萄，也没有发觉上面的葡萄可能比手中的更大更甜。""拽下来最下面的几颗葡萄"，是简明之"叙"；"就满足了"，是扼要之"议"。

语用视角之怎么写：
抽象的记叙文主题，生发于形象细节中

【妙文品评】

路盲

北京十二中高二（8）班　丁龙辉

"旅客们，北京西站到了，……"

从小，他就有点路盲。后来越来越严重。这不，现在，他也不知道怎么就随人流流出了车站外，就像不知道自己一不小心怎么就考到了北京，考到了这所985名校。（"流出"的细节渲染茫然的心绪。）

"路灯，昏黄；栏杆，冰凉。背着一身行囊，不知路在何方。看着微微星光，很凉。"一下车站，他感到的就是耳机中播放的流行歌曲的环境。（这样的感受，和流行歌词相互烘托。）

还不到5点的夏天的北京，还是凉意侵人的。他下意识地掏出了口袋里父亲在家就准备好了的公交路线图，线路图上甚至注明了每一个转乘大致的时间。长这么大，他还就习惯了父亲替他的安排。此时，他还似乎有点后悔神经质似的不让父亲送他来北京。那是第一次他对父亲吼叫，"你要送，我就不报到了！"（公交线路图，吼叫，这样的细节，暗点"自由之殇"与"自由至上"的冲突。）

是的，这么多年了，他走着父亲设计好了的"天天向上"的路。他旋即又塞回了父亲塞给他的线路图。他似乎决意在这偌大的广场，自自由由地逛到天明。这次，偏不按照父亲好心准备的时间。他一边闲逛着，一边拼命地想：自己到底是怎么从小到大走到了这里，这所马上要进入的名校。（动作、心理，衬托

主人翁的茫然。反复渲染的"不知怎么就到了这所985名校"的心理，衬托主人翁对"自由之殇"之路的反思。）

在家里，他是独苗。父亲是教师，这个世界上没有哪一位父母不希望自己的孩子将来成为栋梁之材。因此，他从小就被呵护得无微不至。做饭、洗衣、打扫卫生都不需要他去做，只需要把自己的全部时间和精力全部投入学习之中。（补叙）

还是小学的一个暑假，太阳跟室内的他一样，已经疲倦拖沓地缓缓落下。树上的知了，也有气无力地叫着。微风三心二意地隔一会儿吹一下，柏树的叶子也无动于衷地懒散地动一下，似乎是对微风的交差。院子里，他的玩伴们，却疯跑着。王大头手里还拿着水枪在追杀陈睿妹。家长围在一起交谈着。屋内窗边，已经不自觉地向窗外拱身探头的他，不知何时父亲已经站在了身边。"还有37天就小升初了，你要是没考上重点初中怎么办。玩的日子多着呢。等考上重点初中，我们全家到海南玩。"父亲不知重复了多少次的话，又魔力似的把他从窗边拉回到桌旁。（"一切景语皆情语"，前面的自然环境描写，也是对人物心情的烘托。水枪追杀的细节描写，符合小学生的身份。）

多所重点初中都向他伸出了橄榄枝。最终他选择了离家最远的一所学校。父亲决定在学校附近租房子。[删除"无非""但是"这样的阐释性词语，记叙文最忌大量使用带有议论色彩的阐释性词语。记叙文要的是不带、少带（所谓"零叙事"）阐释性、情感性词语。]他问："这样你上班不远了吗?"父亲看着他说："没事，只要你能好好学习，考上一个好的高中，我这点不算什么，好好学吧。"他只是轻轻地"哦"了一声。

新学校，新同学，新朋友。一切新新的感觉。开学没多久，去食堂的路上，同学就三五成群地一起了。他还是像小学六年级时单独一个，是那时考初中养成的习惯吗? 他自己也不知道。他经常主动走到旁边，踢着路上的石子，不抬头看他们。"哥们走，一起吃饭去。""嗯。"随意地跟在他们身后，仅仅是跟着。除非有人问他，不然他不主动加入他们的话题。"你们说他是不是有病啊，总自己一个人，也不跟咱们一起玩。""嘘，咱们小点声，小心他听见，听说他爸是老师，管他挺严的。""行了，都别讨论了，人家愿意自己走，咱们下次就别找他了。"现在，他似乎习惯了一个人走在去食堂的路上，依旧踢着路边石子，三五成群的同学仍旧从他身边走过，但没有人邀请他一起吃饭。"就这样吧，没有他们可以专心学习。"他心想。（撷取单独去食堂吃饭的镜头，表现他的孤单。）

以他的成绩，他轻松考上了重点高中。他父亲奖励他，带着一家人去旅游。他很开心，但是他不知道该如何表达，笑一笑是表达高兴吗？他不知道，但他知道他父亲可以安排好一切。反正只要有父亲带着，总不会把自己弄丢了。

一切如父亲所愿，他考上了985，学校在北京。也就是说要离开这座他生活了十八年的城市，离开父亲，离开母亲，到一个陌生的城，遇见陌生的人，呼吸陌生的空气。（"陌生的空气"，这种超常搭配，是语言运用的闪光点。）他有点害怕，但是父亲说："孩子，你也大了，你是我的骄傲，但是我也不可能陪你走一辈子，所以还需要你自己去走接下来的路。"父亲把他送上开往北京的列车，绿皮车缓缓开动，父亲的身影越来越小，最后消失在地平线下。他心无波澜，没有紧张，没有开心，没有激动，他只知道这列车会将他带到北京，他将要去一所大学，但是他不知道如何去。

列车稳稳地停在了北京西站。出站口，一个个司机叫喊着。路灯，昏黄。他不知道怎么就站到了这空旷的广场上，不知怎么就抓住了广场边过街天桥的栏杆。他对自己的路盲，反正也习惯了，也不惊慌。

背着沉重的行囊，看着头上的微微星光，他在有四个出口方向的天桥上，不知往哪个方向了。天还未放亮，他这个路盲，也懒得急，他相信车到山前必有路。他就这么又静立着抓着栏杆，眼神飘忽地望向微微星光。（主人公动作的飘忽迷离，表达的是内心的迷茫。）

【支架提示】

本文塑造了一个从小到大听从父亲控制，认真学习，最后有所反抗，独立后忽又茫然不知所措的"好学生"的典型形象。开头倒叙主人翁大学报到，到站下车那一刻。中间插叙，按照时间先后顺序，叙述"我"小学、初中和高中的生活；结尾部分再次回到大学报到，到站下车那一刻。应该说，整体的叙事框架是完整的，线索是清晰的，选择的事件是典型的，题旨也是显豁的。但有以下几个叙事类文章的关键要素的处理，还有待完善。

叙事类文章的标题，要避免直言主题，要具象化体现主旨。

作者一稿，把题目直接命为"自由之殇"。这种抽象提炼主旨的标题，在叙事类文章中是大忌。叙事类文章的抽象主旨，最好的处理是在具象化中不着痕迹地体现。

我们来看看这篇叙事文的展开。在父亲的安排下，自觉不自觉地追求分数和名校，几乎成了"我"唯一的道路。"我"的玩乐生活，"我"的交友生活，"我"的青春自由，等等等等，几近丧失。由此出发，作者提炼出了"自由之殇"的标题。如何把这抽象的标题和主旨，用具象化的情节或形象体现出来？答曰：捕捉叙事类文章中的细节。那么，又如何捕捉细节？答曰：在叙事中，合理挖掘、想象放大可能的细节。

常在细节反复中暗示主旨。重复性细节，往往是叙事类文章的主旨体现处。本文开头和结尾，写的都是"我"刚下车站，不知东西南北的感觉，都反复提及"我"的"路盲"。但这种反复，又有微妙变化的特点。开头的路盲，主要突出一种突然摆脱父亲束缚的快感，有一种"偏不"的反抗心理。"他还似乎有点后悔"，"这次，偏不按照父亲好心准备的时间"，这是一种习惯和怀念"被指路"与摆脱"被指路"的矛盾心理。结尾，"他对自己的路盲，反正也习惯了，也不惊慌"，"天还未放亮，他这个路盲，也懒得急，他相信车到山前必有路"，似乎又回到了主人翁一度习以为常、似乎盲目的路盲状态中。原来，蠢蠢欲动的反抗，只是昙花，只是火星。更加突出了应试教育对"我"的心灵戕害之深。作者还在中间插入了一处体现路盲的叙述，这就是考上重点高中后，父亲带领全家人旅游的事情，"反正只要有父亲带着，总不会把自己弄丢了"，此处路盲几乎成了本能和无意识。

常在细节展开中鲜活场面。如何展开？方法有二，动作慢镜头化，人物具体化。一稿中写小学时代，"我"依靠在书桌旁的窗边，看同院落小朋友玩耍。这样的叙事，只是交代，没有场面。如何有场面，并且使场面鲜活？二稿想象了玩耍场面的人物有王大头和陈睿姝；想象了"我"观察到王大头拿着水枪"追杀"陈睿姝，陈睿姝尖叫的场面；想象了"我"被这场面拉长了颈项、提升了身高的细节。这是"动作慢镜头化"。由此，更反衬出小学时代"我"被父亲逼着学习，牺牲少年玩耍自由的痛苦。叙写初中时代的生活，选取了"我"因为"独来独往、一心学习"，而很少与同学同路去食堂吃饭的细节。这个细节的展开，是通过同学间的对话完成的。

语用视角之怎么改：整体感　丰赡美　思想性

老照片的故事

太阳的无语体现着光热，大海的无语显示了浩瀚，而那影集里一张张老照片的无语，却在讲述着一个个永恒的定格的故事。

一、我留过平顶头，你相信吗？

对于一个女生，谁不想拥有一头秀发，尽管并不能如瀑布正泻，相信也一定没有人愿意把乌黑的小精灵全部除去。

依稀记得那天，阳光普照。爸爸说要带我出去玩。难得的好机会当然令我异常开心。我是那么信任爸爸可以带给我一个美丽的日子。结果我被老爸带去理发店里去理了个"光头"。那穿着白衣的老头，那旧得有点发黑的剪刀，至今还记忆犹新。在我的强烈的反抗下，白衣老头丝毫没有手下留情，给我留下了那张剪着比男生还男生的头发却穿着一条花边裙的"变态"照片。

二、"格格"复辟

枣红的绸缎的长袍，白色绣花的围领，象征皇室的旗头，挂着一坠流苏。整个一个清王朝的小格格端正地站在城门前。照片背面清楚地写着"一九九一年摄于北京"。难道清王朝又复辟了？当然不是。瞧！这格格装的脚下并没有象征满人的鞋子，而是现在流行的皮凉鞋。这还是我，五周岁的我。这是我第一次也是至今唯一一次随爸爸去北京旅游在城楼上拍的照片。每当翻开影集看到它，就仿佛时光倒流一般，回到那年夏天。

三、"潘长江发型"的来源

被人们所熟知的喜剧演员潘长江，相信他额头上那一撮长一截的头发早已深入人心。而早在八十年代末这个发型就早已被我用过了。这张照片上的我还小得被爸爸抱在手中，咧嘴笑，看不见一颗牙齿。头发很少也很短，只有中间有一撮长发。我想潘长江一定是觉得我这个发型比较有创意，所以盗用后，他也一举成名。事到如今，还真后悔当初没有申请专利，再加上一句——版权所有，翻版必究！

这就是我的老照片的故事。

【评语】本文的成功之处首先是材料的选择，三幅照片的选择描写体现了小作者捕捉生活的敏锐。其次是能够抓住一些特征性的细节，点缀一些描写之笔，如"白衣老头""发黑的剪刀""'变态'照片"，古老的"格格装"和"流行的皮凉鞋""一撮长发"等。再则，语言亦不失活泼、幽默，"我留过平顶头，你相信吗?""格格复辟"，潘长江盗用我的发型等等，用语造句都能吸引人。最后，小标题的设置既体现提炼生活的能力，也是文思清晰的表现。

本文的失误之处首先是全文的整体性不强，三则材料好像是各讲各的故事，缺少一根贯穿始终、连接三者的红线。其次是虽有描写但失之贫弱。再则是仍有一些"套板反应"的陈词，如开头"太阳的无语""大海的无语"的句子。

修改文

老照片的故事

我有一个喜欢追求时尚的爸爸，我小时候的服饰、发型等一切可以开发的资源，几乎都被他用来显示过时髦。我现在很多老照片都是他标新立异的作品。

一、我留过板刷头，你相信吗?

对于一个女生，拥有一头秀发，应该说是梦寐以求的。即使没有乌发如瀑的美丽，也肯定没有人愿意把那群黑色的小精灵全部除去。

依稀记得那是一个阳光普照的日子。爸爸说要带我出去玩。难得的好机会当然令我异常开心。我是那么信任爸爸，相信他可以带给我一个精彩纷呈、比这阳光更加灿烂的日子。结果无知的我被爸爸带去理发店里去理了个"板刷"头。那穿着白衣的老头儿，那旧得有点发黑的剪刀，破得一坐便会"嘎吱"一响的铁椅子，以及一个黑乎乎会"嗡嗡"作响的小东西，至今还使我记忆犹新。随着锋利的剪刀发出的咔嚓咔嚓声，老头已神不知鬼不觉地在我头上留下了男孩的潇洒。于是也就有了眼前这张剪着比男生还男生的头发却穿着花边长裙的新异照片。照片上的我，还懵懂无知地笑着，露着两个豁齿，活脱脱一个调皮的男孩。

二、"格格""复辟"

枣红的绸缎的长袍，白色绣花的围领，象征皇室的旗头，挂着一坠流苏。整个一个清王朝的小格格端正地站在城门前。"格格"端庄而不失调皮，羞涩而不失可爱，抿着嘴微笑着，眼睛不大却时刻流露着些什么。照片背后清楚地写着："一九九一年摄于北京"。瞧！这格格装虽有模有样，足以以假乱真，可一看脚便露了底，这脚上并没有满人的鞋子，而是现代人流行的黄色皮鞋。这还是我，五周岁的我。这是我第一次也是唯一一次去北京旅游在城楼上拍的照片。不说，想必你也会猜到，那年流行清代宫廷片。从北京回来时，老爸还真买回了一套格格装。

三、"潘长江发型"的来源

老爸其实不只追求时尚，有时甚至还领导潮流。

被人们所熟知的喜剧演员潘长江，相信他额头上那一撮长一截的发型早已成为一种经典发型。而早在八十年代末这个发型就被老爸标过新了！这张照片上的我还小得抱在大人的手中，咧嘴笑，看不见一颗牙齿。那时的我，头发两边不长中间长，只有中间有一撮长发，又黑又长又抢眼，仿佛一位经验十足的演员，总占据着镜头中最重要的部分。老爸觉得怪怪的，要去理发店为我剪去那一小撮，说匀称好看些，征求老爸意见时，想不到老爸灵机一动，带我去理发店，因头制宜，创了这个发型。我想潘长江一定是觉得我这个发型比较有创意，神不知鬼不觉地采用之后，他也一举成名。事到如今，还真后悔当初没有申请专利，再加上一句——版权所有，翻版必究！

翻阅老照片，真想念幼时那充满童趣充满创意的生活。如果，老爸在催我学习学习再学习之余，还像以前，间或给我营造一份富有创意的生活，那该多好啊！其实我知道，即使老爸愿意，也是心有余而时不足了，我已经读高中了。

只有等以后了。

【总评】改后文在以下几方面有了突破：

第一，"追求时尚的爸爸"成了贯穿全文的一个线索人物。下面的三幅照片都跟爸爸追求时尚关联。其实，原文的三幅照片都有爸爸的影子，都提到过爸爸，只是作者没有利用好这个线索人物。改后，由于充分利用了这个线索人物，全文的整体感增强了。第二，原本贫弱的描写丰赡了，饱满了。如第一幅照片，有感觉描写的句子，如"比这阳光更加灿烂的日子"，有视觉描写的句子，有听觉描写的句子；第二幅照片增加了对"格格"的外貌描写；第三幅照片中增加了对一撮头发的描写。第三，更增强了遣词造句的新鲜性。如"一切可以开发的资源""因头制宜""心有余而时不足"等等。第四，有了对人物形象的塑造。老爸"追求时尚"，颇具生活情趣的个性，随着作者对充满童趣生活的描写凸显了出来。第五，增加了"思"的成分。文章要"炼意"，这是决定文章品位高低的重要因素，当然不能为炼意而炼意，像本文的结尾，就是一处少年学子略显炼意的表现。第六，开头能引领下文，首尾能前后照应。

4

测试评价之
语用视角篇

让新高考和新课程改革携手前行

在千呼万唤中，新高考方案，虽然犹抱琵琶，但终于俏容初露了。眼下，我们迫切要做的工作是：促进新高考、新课改的和谐发展。我们认为促进二者的和谐发展，要以新课改三性的内容和三维的目标为抓手。

一、从课程内容的基础性和高考科目的全面性出发，我们要着眼于"全面"二字

首先我们要认真开全、开好每一门课程。"3+学业水平测试"的新高考方案跟以前最大的不同是："全考了！"这是新高考方案当初半揭盖头后，师生、家长不约而同的第一声惊呼！紧接着的第二声惊呼就是"加负了！"惊呼也好，怨尤也好，新高考方案确实着眼于学生综合素质的全面考查，着眼于基础教育阶段的基础考查。"无论哪个国家，不可能把所有学的东西都拿来作为高考的内容，但中国的现实情况却是不考就不学，或者不认真学。"[1] 现在全面考查了，全面考查采取等级制而不采用分数制，更方便学校把握共同基础性的度，把握好选修、必修应有的度。只要跟分数挂钩，基础性就难以保证，考试的一分之差背后是复习的十分之功。认真研读考试说明，准确把握好必修、选修教与考的难度系数是当务之急。

其次，我们要真正落实为了每一个学生的理念。一方面利用选修科目的调整，引导学生根据各自的思维优势，避难就易，避俗（选科上的世俗优劣观）就趣（个人的兴趣）。另一方面，利用周末的提高班（某科学习有困难的同学相

---

① 叶廷武. 高中课程改革：实验、问题与对策 [J]. 课程·教材·方法，2006（04）.

对集中的班），不让一个学生掉队。

再则，我们要对学生进行全方位的引导。情感态度价值观正确了，才能有动力有效用地投入学习。我们平常说先成人后成才，就是这个道理。叶澜教授从更广义的角度提出了"既'成事'又'成人'，在'成事'中'成人'，为'成人'而'成事'，用'成人'促'成事'"①的新基础教育观。全方位引导还应包括对学生学习"过程与方法"的引导。会学才能学好。为此，有必要实施导师制。深圳育才中学经双向选择，学校为每10名左右学生配备一名导师，导师对学生学习、生活及适应新课改的情况作全面了解和指导，让家长放心，让社会理解。

南师大吴永军教授在《我们究竟需要什么样的基础》一文中探讨了"新课程理念下创新之基础"，认为这个基础至少包含了精神层面、知识与技能层面以及学习习惯和方式方法层面。这样的论述实际上认为基础性也是三维目标的交融生成物。

我们一方面要拓宽基础，认真上好除语数外以外的其他科目；另一方面也要夯实基础，强化语数外，应对新高考。语数外作为工具性的基础科目除了具有考试意义，还具有新课改的意义。叶澜教授的新基础教育论述中就有这样的设想："确定在必考的语文、数学、外语这三门主修课上，想走出一条在不否定和不回避升学考试的前提下，改变教师传统教育观念和教育行为的教学改革之路。"②可以推测，2008年高考，语数外的新高考思路将是最为显著的。即以双语学科而言，我们正在探讨一种符合新高考，体现新课改的新的教与学的方法。比如早读晚读，规定早读诵读课本，识记必要的积累性知识；规定晚读为后基性阅读，是拓宽性阅读，选择自己喜欢的、老师推荐的诵读文本阅读，有品位的语文期刊如《杂文选刊》《散文选刊》《小小说选刊》，知名的英语篇章都是拓宽加深型的晚读文本。阅读要有点评互动，点评的内容要在同学间交流，师生间交流。我们还强调对过程和方法的基础性指导，薛金星的《语文基础知识手册》，我们引导学生进行分阶段的趣味性识记，一本书的几个附录分成多少页，平均多少天，这是有计划；还要有方法，如编句记多音词等等，积累整合要贯穿趣味性。

---

①② 叶澜. "新基础教育"研究引发的若干思考 ［J］. 人民教育，2006（07）.

二、从课程内容的时代性、高考内容的生活化出发，我们要着眼于创新二字

第一，学校的管理有时代的创新性。学校由传统教学管理走向课程建设、课程领导和课程经营。通过开发和优化校本课程，建立和落实校本教研制度，来改变教师的教学观、课程观、学生观，进而体现学校的办学特色。

第二，教师的教法追求三个转变，即备课向设计转变，而不仅仅满足于此前的对教学内容的钻研；上课向情境转变，而不仅仅停留于此前的生硬灌输；作业向对话转变，而不仅仅满足于此前的机械单向。

第三，学生的学法追求三个要素，即自主、探究、合作。我们倡导不仅仅要有研究性课程，而且要有研究性学法。

第四，选修内容对接高考内容。即以语文学科而言，我们的选修内容是对应高考内容的，有人担心选修课会变成高考考点的变相训练。其实，我们如果始终以新课程理念为指导教与学我们的选修内容，这种担心就是不必要的了。

第五，研究性学习适应课改，对接高考。内容趋向生活化、实际化应是2008年新高考的趋势。为此，我们的研究性学习的课题选择也应对接高考，对接生活，从实际生活中选课题，根据高考需要选课题。

第六，校本选修课的综合性、高考化。综合性的选修模块的开设既可体现新课改，也有助于适应新高考。如有些学校开设的选修课"时事论坛""生活中的化学""流行文化评判""英语戏剧表演""唐诗宋词的 MTV 设计"就既有新课改之义，又有新高考之神。

三、从课程内容的选择性、高考竞争的现实性出发，我们要着眼于个性二字

首先要充分满足学生的个性选择。个性选择的含义在于两方面，一是学生个性化的思维优势，二是学生个性化的兴趣所在。思维优势不完全等同于兴趣所在。最感兴趣的不一定学得最好，次感兴趣的说不定正是思维优势所在，要帮助引导学生对自己的课程正确认知，正确选择。我们开设各种竞赛辅导班，就是为了满足学生的个性化选择。我们在保证共同基础性的同时，努力寻求一个人人有

强项，人人有优势的学习格局、竞赛格局。

其次，我们还要从高考竞争的现实性出发来引导学生做出正确的个性化选择。提倡选修时的错位竞争，整体成绩中上等的同学可以考虑选修生物、地理。

再则，我们还可充分调动教师开设选修课的积极性。以前一些感到靠边站的小科老师亦可凭借自己的一技之长，整合出学生喜欢、高考需要的选修课。如以上的"流行文化评判"选修课就是语文科、政治科、历史科等文科的综合，对高考也能起到开设一门，有利多科的备考作用。

整本书阅读如何科学地考查

——以北京市近 4 年会考命题兼及其他命题为例

整本书阅读已经被《高中语文课程标准（2017 年版）》（以下简称"高中新课标"）法定化的当下，如何在考试中科学地命题和检测，就成了重中之重。可以说，科学的命题和检测跟不上，整本书阅读的课程化建设将会受到严重制约。我以为科学的整本书阅读命题，需要体现语文命题情境性、综合性和实践性的特点，需要体现整本书阅读特有的专题性特点，具体需要抓住"整、本、跨、联、用"五个字。下面主要结合在整本书阅读命题方面走在全国前列的北京市高考以及会考，兼及其他省市相关高考命题，具体阐释这五个字。"整、本"两个字，着重的是命题方向要体现整本书阅读，不能是断裂甚至零碎、压缩的识记考查。"跨、联、用"三字既都是命题方式的体现，也都是多文本命题选材特点的体现，只是"跨、联、用"三个角度，选取的多文本类型有别，作用不同而已。

整

所谓"整"，就是命题的设题点，要着眼整本书，避免孤立、零碎的细节考查。2015 年福建高考名著题选项：A. 张飞攻下两座城池后在长沙受阻，关羽前来支援。交战中，黄忠马失前蹄而关羽让他换马再战。黄忠被关羽的义气所感动，与太守出城投降。选项的考查点在于，是否能识记黄忠是在魏延杀太守、献城池后，继而关羽登门拜访才投降的，而非关羽义释后就投降的。这道题，就是一道典型的孤立细节考查。与此形成对照的是 2019 年春季北京市会考题：12. 选文三中，临终前的黛玉满腹心事，但没有说完"宝玉，宝玉，你好……"这句话就去世了，请结合选文或原著中的相关内容分析黛玉说这句话时的心理。同样考细节，"请结合选文或原著中的相关内容"的设题点，就使此题的考查点着眼于整本书，考查细节也从单纯识记层级提升到了理解分析层级。

单纯考查细节识记的命题取向，很容易诱导学生在整本书阅读时把精力投入毫无关联的零碎细节的死记硬背上，致使学生靠选择填空题刷题来应付整本书阅读检测，最后使整本书阅读堕入无趣和痛苦的深渊。

首先，整本书阅读命题取向，要体现高中新课标中的"整"字要求。以小说为例，着重从考查全书的整体结构、整体环境、主要人物和情节等角度，设置命题点。这也符合"整本书阅读与研讨"任务群有关小说的学习目标，即"整体把握其思想内容和艺术特点"，"梳理小说的感人场景乃至整体的艺术架构，理清人物关系"。选择哪些命题语料和如何设置命题点的问题，可以着眼以下几个方面：

第一，选择体现全书整体架构的章回。如在作为《红楼梦》人纲的前五回，木石前盟、色空主旨、主要人物、命运暗示、四大家族、环境背景，基本都呈现出来了，最适合从中选择考试语料，勾连后续章回，考查全书人物、情节和环境。

第二，选择能够贯穿全书，体现全书情节发展脉络的人物或情节。如下述命题：

> 《平凡的世界》中，与少平直接或间接发生关联的女性前后主要有郝红梅、侯玉英、田晓霞、曹书记家女儿、金秀、惠英嫂。如果我们把爱情婚姻的层次用生存、生活、生命三个层次加以提炼，你如何归类与这几个不同女性发生关联时，少平的爱情婚姻、人生追求的层次呢？试以小说中相关情节加以阐释。

再如：

> 《红楼梦》中有大量的宴会情节，请以三个以上的宴会情节的变化阐释贾府由盛而衰的发展走势。再如，刘姥姥三进荣国府，也是贾府由表面繁盛向衰颓败落转化的节点，请联系具体情节加以阐释。

第三，选择与人物命运关联的整体环境。如2018年丰台区期末卷：

"环境可以造就人。"从《边城》或《平凡的世界》中任选一个人物，以该人物为例，谈谈你对这个观点的认识。要求言之成理，自圆其说。

　　以《平凡的世界》为例，要回答好这个题目，必须对贯穿整本书的少平生活的大小环境了然于胸。改革开放前后的大环境，原西、黄原和矿井的小环境，都要能精要提炼。

　　其次，要体现语文核心素养考查的方向。对于学术著作的阅读，高中新课标的整体目标描述，是对研读过程中生成的"关注点、问题点、质疑点等进行梳理概括，形成专题，深入研讨"。形成专题研讨，是学术著作阅读的整体目标要求。南银妮老师在引导阅读《乡土中国》中"礼治秩序"时，设问命题：用书中理论分析祥林嫂到底是被谁杀死的。这样的命题，就是围绕"礼治"专题的运用性命题。

　　围绕思维尤其是对高中生更为重要的审辩式思维的命题，考查全书整体审美风格的命题，关注整本书体现的文化取向的命题，是整本书阅读命题"整"字的又一内涵。以整本书体现的文化取向命题为例：

　　　党的十九大闭幕仅一周，习近平总书记带领中共中央政治局常委集体瞻仰上海中共一大会址和嘉兴南湖红船，大力弘扬"红船精神"，即开天辟地、敢为人先的首创精神；坚定理想、百折不挠的奋斗精神；立党为公、忠诚为民的奉献精神。半个世纪以前，"红岩精神"曾风靡全国，请你结合《红岩》的具体情节，概括"红岩精神"的内涵。要求：依据原著，有具体情节，概括简洁。（2018年门头沟期末卷）

　　此题考查"红岩精神"，是对整本书体现的红色文化的考查，也是整本书阅读中"文化传承与理解"的体现。

　　再次，注意整本书阅读考查"微小"专题的方向。整本书阅读考查并不因为着眼"整"的方向，而忽视考查的"细微"性。只不过这种"细微"，因为有了整合整本书的专题性，而体现出考查的"整"字要求。

　　如果小说类整本书阅读只考查所谓的"重点"人物、情节和环境，而忽视"微小"的考查，整本书阅读很容易堕入那种提主干、抓重点，让学生识记重点的纯粹应试的泥淖。

当然，为了避免"微小"的考查，因为零碎孤立而使整本书阅读考查陷入另一个纯粹识记的泥淖，就必须使这些"微小"有联系，体现阅读的专题性整体提炼。如2019年丰台区一模微写作（10分）：

从下面三个题目中任选一题，按要求作答。150—200字。

①"笔底小人物，社会大主题。"优秀作家往往将目光投注到社会底层或边缘的人物身上，通过描述这些小人物的平凡生活，体现对社会和人生的思考。请从《呐喊》《边城》中选择一个小人物加以解说。要求：符合人物特征，条理清晰。

②英雄是小说里一种人物类型，常常带给读者心灵的震撼。请从《红岩》《老人与海》中选择一位英雄，写一段抒情文字，表达你对他（她）的敬仰之情。要求：符合人物特征，感情真挚。

③学生勤学好问，老师循循善诱，这是教学过程中一道亮丽的风景。请从《红楼梦》《论语》《平凡的世界》中选取一对师生，描述他们彼此交流、共同探讨的场景。要求：符合原著内容，想象合理。

"小人物"和"师生"整合的命题方向，既体现整本书阅读考查的"细微"要求，又因为专题化提炼而显出"整"本书考查的特点。2019届其他区的命题也有这样不约而同的追求。

本

所谓"本"，就是命题尽量选取整本书中的一则节选文本作为命题材料，而且文本要有千字左右的长度；或者选取两三则短小但文字总量超过千字的非连续语段作为命题材料。试题要从文本阅读中来，不能只在题干中凭空设置试题。这样的命题设想，基于以下考量：

第一是文本的相对独立完整性和专题性要求。选取的整本书中千字左右的节选材料，有文本的相对独立完整性；或者两三则短小但文字总量超过千字的非连续语段，有主题或形式的专题性；这些特点不仅便于就此文本设题，而且可借此文本勾连整本书相关内容进行命题，从而也体现命题着眼整本书阅读的"整"字要求。第二是文本的具体细读要求。为了落实高中新课标和新教材中已经明确书目范围的整本书阅读，需要有对这些明确范围的整本书具体文本的细读。这样的细读，以有一定长度的原著文本阅读加以体现，也是从考试调控的角度，倒逼日常整本书阅读教学，防止把整本书阅读异化为名著缩微本阅读，仅仅阅读缩微风干物以获取信息。

以 2014 年福建高考题为例：

阅读下面的《红楼梦》第十七回（大观园试才题对额）选段，完成后面的题目。

至院外，就有跟贾政的几个小厮上来拦腰抱住，都说："今儿亏我们，老爷才喜欢，老太太打发人出来问了几遍，都亏我们回说喜欢；不然，若老太太叫你进去，就不得展才了。人人都说，你才那些诗比世人的都强。今儿得了这样的彩头，该赏我们了。"

被小厮抱住的人是谁？引得老爷喜欢的有什么事？几个小厮讨赏的结果如何？请简述相关情节。

这样选取袖珍语段的命题，基本还是停留在与这袖珍语段相关的前后情节的联想识记层级的考查。与此相反，2007 年全国高考题名著阅读题《林冲见差拨》是从《水浒传》整本书中选取的千字文本，已经具有相对独立的完整性。但是，命题仍旧停留于就选取的文本命题，不能由此文本勾连整本书相关内容进行命题。这也是那时期整本书阅读还未能进入课程要求所致。具体题目如下：

12. 小说第一段写林冲刚到牢营，就有犯人介绍牢营的情况，这样写有什么作用？请简要分析。（6 分）

13. 差拨是一个什么样的人？作者采用了什么表现手法刻画这个人物？请简要分析。（6 分）

14. 对第三段"林冲等他发作过了，去取五两银子，赔着笑脸告道"这句话，明末清初文学批评家金圣叹评点道："虽是播出奇文，然亦实是林冲身份。"依据小说内容，探究"亦实是林冲身份"指的是林冲的哪一种身份，表现的是林冲什么样的性格和心理。（8 分）

从具体题目可以看出，还是就此选文涉及的小说的环境、情节和人物以及相关表现手法等进行考查。

再来比较北京 2016 年春季会考题选料，是《呐喊》中的《风波》全文，体现了整本书阅读考查的取材来自整本书中的节选文本的特点。这是整本书阅读考查"本"的要求。较之《林冲见差拨》的命题，《风波》命题的进步之处在于最后一道题目。此题在"本"字要求的基础上，又体现了"整"字要求，即从整本书的角度，"并联系你读过的鲁迅其他作品"，命制了勾连整本书的题目。题目如下：

13. 关于这篇小说的主旨，有人认为是反思辛亥革命的失败，也有人认为是批判民众的极度愚昧与落后，还有人认为是批判守旧复古的思想。你更认可哪一个？请结合本文，并联系你读过的鲁迅其他作品，对你认可的主旨予以说明。(5 分)

比较《林冲见差拨》和《风波》的命题，我们可以进一步提炼出今后的整本书阅读命题该如何体现"本"字这个关键点。一要从考点设置上体现阅读的一般能力点。词句理解，信息筛选整合、比较辨别、分析运用，结构梳理分析，内容归纳概括，情感态度理解分析，根据文本合理推断，赏析作品语言、形象和手法，评价文本内容形式，探究文本意蕴，这些都是在节选的千字文本中可以选择设置的考点。只有这样设置考点，才能落实整本书文本细读的"本"字要求。二要注意分值的合理分配。从突出整本书阅读考查的"整"字角度，审视上述《风波》的分值分布，总分 22 分的整本书阅读题，考查阅读一般能力点的占 17 分；需要联系整本书答题，考查整本书阅读的占 5 分。既然已经选择整本书节选作为命题语料，就应该体现一点整本书阅读的考查方向。此处，体现整本书阅读考查的分值占比不到四分之一，应该说分值把握还是合理的。三是今后要为整本书阅读命题提供专门的板块，与其他文学类、实用类和论述类文本考查一起，成为并列出现的考查板块。而且命题语料，是节选整本书中文字量千字左右的语料。文学类、实用类、论述类文本和整本书阅读考查，前三类任选其二，轮流考查；整本书阅读考查，要成为高考命题的必选项。只有这样，以高考命题倒逼教学，整本书阅读教学才能真正落到实处。

跨

    所谓"跨"，就是整本书阅读命题选材或题干叙述，是跨媒介阅读材料。跨媒介往往是由文字阅读媒介跨入图画媒介、影视媒介等。高中新课标关于跨媒介阅读，现在已经有了权威阐释。"跨媒介阅读与交流"的学习任务群，旨在"引导学生学习跨媒介的信息获取、呈现与表达"，"提高跨媒介分享与交流的能力，提高理解、辨析、评判媒介传播内容的水平"。其实，早在高中新课标正式颁布之前，北京会考整本书阅读命题，就已经有了整本书阅读命题选材或题干叙述呈现跨媒介特质的迹象。

    如2018年北京春季会考题：

    13."选文二"的相关情节，在某版本的《边城》电影剧本中被改编为如下对话：……小说中只写了一次老船夫关于二老的问话，该剧本中又增加了一次（即画线的句子），你认为这个改动好不好？请根据语境，从表现老船夫或顺顺心理的角度说明你的理由。（8分）

    再如2017年北京夏季会考题：

    13."选文一"的相关情节，在电影《巴黎圣母院》中被改编为如下对话：……这段情节的电影版本和小说版本相比，你更欣赏哪个？为什么？请说明理由。（8分）

    再如2016年北京夏季会考题：

    12.鲁迅曾说："我的意见，以为阿Q该是三十岁左右，样子平平常常，有农民式的质朴，愚蠢，但也很沾了些游手之徒的狡猾。"（《且介亭杂文·寄〈戏〉周刊编者信》）以下是几位画家创作的阿Q画像，请结合选文的具体内容以及鲁迅对阿Q形象的意见，说说你认为哪幅画与你心中的阿Q更为接近。（5分）

一方面，图画漫画阅读尤其是电影课程，很受高中生喜爱，也符合当下时代多媒介阅读欣赏的实际情况。业内为数不少的语文同仁，致力于开发这样的课程已有时日。其中，江苏王开东老师已有相关专著出版。另一方面，对名著和与其相关的影视改编之间的差异进行比较辨析，也正是考查学生跨媒介阅读分析能力的极佳命题点。选取对同一内容不同媒介的表达来作为比较辨析的命题点，既是落实高中新课标"跨媒介阅读与交流"的学习任务群的体现，也是命题智慧的体现。

联

所谓"联"，主要指命题所选文本材料的关联，整本书原文与现实生活的关联，命题设题点、题目间的关联。

第一，"联"就是整本书阅读命题的选材往往取自整本书不同章节而有关联的两三个文段，有时加上整本书以外的评论性质的"相关资料"，或者其他整本书相关文段，围绕相关主题或形式组成。如2018年北京春季会考题：

文学类文本阅读（23分）：阅读《边城》选文及相关资料，完成10—13题。选文一（取材于《边城》第十一章），选文二（取材于《边城》第十九章），相关资料（略）。

这些选自不同章节的互相关联的两三个命题材料，体现了整本书阅读"整合全书、关联思考、深度探究"的考查目标追求。两三个文段的主题方向，经过对最后的理论性"相关资料"（链接材料）文段的分析提取，也往往可以看出。

第二，"联"就是选取的整本书原文与当下生活相关联。高中新课标整本书阅读与交流任务群，有整本书阅读的目标之一，即"联系个人经验，深入理解作品；享受读书的愉悦，从作品中汲取营养，丰富自己的精神世界，逐步形成正确的世界观、人生观和价值观"。这样的目标定位，要求整本书阅读与现实生活相互关联，以整本书阅读获得的人生智慧，思考当下生活。

如2017年春季北京会考题：

13. 阅读传统文学名著的策略之一，是在把握作品反映的社会生活和情感世界的基础上，用现代观念审视作品，激发我们多角度的思考，从而丰富、深化我们对作品、社会以及人生的认识。有同学读完《红楼梦》之后感慨：当今社会的"理想女生"就应该是薛宝钗这样的。你同意这个观点吗？请联系本大题三段选文中的内容，或结合《红楼梦》其他章节的内容，谈谈你的看法。要求：所联系的内容具体，观点明确，分条写出至少两条理由。（8分）

此处由对三段选文或其他相关章节的理解、分析获得的相关结论，与下述当今生活中有关"理想女生"辨析的话题，互相关联，互文相证，也体现出整本书阅读实践性和思辨性能力的考查追求。

如2018年海淀区期末卷：

孔子学院是中国在世界各地设立的推广汉语和传播中国文化的交流机构。如果从以下《论语》名句中选择一句，写入孔子学院的宣传册，你会选择哪一句？请说明理由。要求：理由充分，条理清晰。

甲：德不孤，必有邻。

乙：君子和而不同。

此处对甲乙两句《论语》名句的选择，实际上"暗联"了2018年的当下时事生活，"暗联"了贸易战背景下，中国坚守世界多极化、反对单边化的发展理念。

如2019年海淀区一模：

在你阅读的文学名著中，总会有一个鼓舞你成长的"引路人"。请从《红岩》《平凡的世界》中选取一个这样的人物，写一段抒情文字或一首小诗，表达你对他（她）的崇敬之情。要求：感情真挚，富有文采，150字左右。

"引路人"的主题方向，联系的是现实精神生活中"核心价值观"的方向问题。

如2019年房山区期末卷：

《论语》不仅为我们提出了立德修身的原则，也提供了为人处世的智慧。在人际交往中，以下《论语》中的哪一句话可以成为你的座右铭？请结合你的认识或体验，向同学们分享你对这句话的理解和体会。

①君子欲讷于言而敏于行。②君子周而不比，小人比而不周。③君子不以言举人，不以人废言。④己欲立而立人，己欲达而达人。

要求理解合理，有自己的认识和体会。

"立德修身"的主题方向，选择"座右铭"的语文活动，关"联"的是当下生活中需要传承的传统文化中的优秀成分。

如 2019 年东城区期末卷：

如果你可以从《论语》《红楼梦》或《平凡的世界》中找一个人做朋友，你会选择谁呢？写一段话阐述你的理由。要求：结合《论语·季氏》"益者三友……友直，友谅，友多闻，益矣"中的内容，理由恰当。

这是"联"系当下日常生活、精神生活，也是"联"系相关多文本。

第三，"联"就是下面的选择、填空或问答等一系列题目，往往围绕相关联的主旨内容或表现手法命题，题目之间是互相关联的。考生不仅要从选项中析同辨异，而且要能看出题目之间的互相关联性和互相启发性。相关联的命题方向，可以强化整本书阅读教学的"整本"方向，真正能"整合全书、关联思考、深度探究"。

如 2014 年福建高考题：

9. 阅读下面的《论语》和《孟子》选段，完成后面的题目。(6分)
①富与贵，是人之所欲也；不以其道得之，不处①也。(《论语·里仁》)
②非其义也，非其道也，一介②不以与人，一介不以取诸人。(《孟子·万章上》)

[注] ①不处：不享有。②一介：一点点小东西。

(1) 请概括上面两个选段主张的共同之处。(2分)

(2) 上面两个选段主张的不同之处是什么？请简要分析。(4分)

这是一道"联"考《论语》《孟子》相关联文本的好题，考查学生析同辨异的概括分析能力。

又如 2019 年北京春季会考题：

11. 下列对选文中黛玉四次流泪原因的分析，最恰当的一项是（   ）。（4 分）（略）

12. 选文三中，临终前的黛玉满腹心事，但没有说完"宝玉，宝玉，你好……"这句话就去世了，请结合选文或原著中的相关内容分析黛玉说这话时的心理。(7 分)

13. 下面是三位学者对黛玉爱情悲剧的评论。刘大杰认为悲剧缘于黛玉对封建文化的反抗，刘敬圻认为原因是黛玉对封建道德的恪守，而王昆仑认为原因在于黛玉敏感多疑的个性。这些观点角度不同，各有道理。你最认可哪个观点？请结合选文或原著中的具体内容谈谈你对该观点的理解。(7 分)

其中 11 题的四个选项分别来自选文一和选文二。11、12 和 13 题都是围绕宝黛爱情悲剧主题来设置题目。题目之间相互关联，形成一个题目的系统。

再如 2018 年北京高考题：

从《红楼梦》《呐喊》《平凡的世界》中选择一个既可悲又可叹的人物，简述这个人物形象。要求：符合原著故事情节。150—200 字。

把三部整本书"联"起来的角度，就是"既可悲又可叹"的人物形象的同类项联想和述评。同类项联想、归类式分析表达，是北京高考整本书阅读命题经常使用的命题思路。这样的命题思路，可以起到以一项命题带出多部整本书考查的"以一带多"的检测效果。这样的命题思路，其实也是命题人针对北京高考以微写作形式考查整本书阅读水平的似乎约定俗成的命题形式，采取的机智变通方法。但是这样的变通，却使命题"整"有余"本"不足，即专题整合考查有余，而具体文本细读考查不足。这样的命题思路，也可正面提示我们，日常的整本书阅读教学，应该是关注从主旨内容或艺术形式角度提炼归类后的专题教学。

用

所谓"用"，主要指所选的阅读材料通常是三则之间，要么其中两则材料描写的人事，被用作另一则理论性材料阐释理论的论据；要么对所选的通常是两三则的阅读材料理解分析后获得的相关结论，被"用"为下面有关写作活动的构思依据；要么所选的通常是两三则的阅读材料，被"用"为题干语文活动式命题的情境。阅读材料被用为"理论的论据、构思的依据和命题的情境"，显示了语文学科命题的实践性、综合性和情境性特征。下面举例阐释：

2018 年夏季北京会考题：

> 13. 链接材料写了"鲁镇的女人们"。有人认为"女人们"是看客；有人则认为"女人们"同情祥林嫂，不算典型看客。对此，你有何看法？请以选文一或选文二相关内容为依据，简要说明。(7 分)

此处由对选文一或二理解、分析获得的相关结论，被"用"作分析链接材料的理论，选文一或二也被"用"为解答与链接材料相关题目的情境。

2017 年春季北京会考题：

> 12. 选段三中宝钗说到"昨儿那些笑话儿虽然可笑，回想是没味的"。下面的内容生动细致地描写了"昨儿"诸多人物的笑，却没有写宝钗的反应。此时宝钗会有怎样的表现呢？请根据你对以上三段选文或其他章节的理解，发挥想象，写一段文字，描写此时宝钗的行为和心理。要求：符合人物的性格特点，不少于 120 字。(8 分)

此处三段选文或其他相关章节，被"用"为下面有关想象类微写作的情境。由对这三段选文或其他相关章节理解、分析获得的相关结论，也自然被"用"为下面有关宝钗性格和行为的想象类微写作构思的依据。

2017 年夏季北京会考题：

> 12. 在"相关资料"中，雨果提出了"美丑对照原则"理论。请你结合

"选文一"或这部小说的其他内容，谈谈对这一理论的理解。（8分）

此处"选文一"或这部小说的其他内容，被用作阐释"相关资料"提出的"美丑对照原则"理论的论据。

2016年夏季北京会考题：

15. 阅读下面材料，按要求作文。小说《阿Q正传》中，阿Q后来因"恋爱问题"被赵秀才打出门外。为讨生计，被迫进城入伙偷盗。辛亥革命波及未庄时，他从县城返回，虽一向反对"造反"，但见百里闻名的举人老爷对此惊恐万状，于是也不免对革命"神往"起来，正当声称"造反"，并沉浸于幻想之中时，摇身一变为"革命党"的假洋鬼子扬起"哭丧棒"，不许他革命。赵家遭抢后，无辜的阿Q又突然被"革命党"抓进县大牢……

鲁迅为阿Q设计的结局是被处决。请你发挥联想和想象，以《假如阿Q走出大牢》为题，续写后面发生的故事。要求：联想与想象要符合原著社会环境及人物的基本特点。

此处，通过整本书阅读获得的对"原著社会环境及人物的基本特点"的认知，被用作相关想象作文的想象构思的依据。

2016年夏季北京会考题：

11. 积累与整合是语文学习很重要的方法，在积累的过程中要注重梳理，把阅读与以往的学习经验联系起来。有人认为，许多人身上都或多或少具有阿Q的特点，我们初中学过的孔乙己这个人物也是如此。请你结合《阿Q正传》（节选），分析下面文字中孔乙己身上体现了阿Q怎样的特点。（5分）

此处，阅读《阿Q正传》获得的有关阿Q性格的认知，被"用"来解读有相似处的孔乙己形象。

2017年北京高考微写作题：

①《根河之恋》里，鄂温克人从原有的生活方式走向了新生活，《平凡的世界》里也有类似的故事。请你从中选取一个例子，叙述情节，并作简要

点评。要求：符合原著内容，条理清楚。

此处，试卷中大现代文《根河之恋》蕴含的"从原有的生活方式走向了新生活"的主旨，被"用"来联想叙述和简要点评整本书《平凡的世界》中的相类似的人事。

2017年北京高考微写作题：

③如果请你从《边城》里的翠翠、《红岩》里的江姐、《一件小事》里的人力车夫、《老人与海》里的桑提亚哥之中，选择一个人物，依据某个特定情境，为他（她）设计一尊雕像，你将怎样设计呢？要求：描述雕像的体态、外貌、神情等特征，并依据原著说明设计的意图。

此处，"依据原著"阅读获得的人物形象认知，被"用"来作为设计雕像这个语文活动的情境和依据。

目前，"跨、联、用"所选命题材料，绝大部分是一种纯文本组合的非连续性文本；偶尔也有图文组合的非连续性材料，如上述2016年北京夏季会考题。不论是纯文本组合还是图文组合，都体现出以考查整本书阅读能力为出发点，整合各种不同材料内容的特点。这样一种整合，也体现出考查的专题性、研究性特点。

下面的命题，就呈现出强烈的专题性、研究性特点：

2018年石景山期末卷：

②俗话说"红花还需绿叶扶"，在文学经典中，次要人物也往往呈现出别样的色彩，令人难忘。请从船总顺顺、王满银、假洋鬼子、尤三姐和薛蟠几个人物中选择一位，描绘最能突出其特点的一个场景。要求：有细节，有描写。（这是"次要人物"专题阅读。）

2019年房山区一模：

（1）文学作品中的人物也有自己的朋友圈。请从《红楼梦》《平凡的世界》《呐喊》中选择一个人物，指出他的朋友圈的一个重要朋友，并说说这个朋友对他的影响。要求：符合原著故事情节。

此题蕴含的专题性、研究性和趣味性的命题智慧，不由令人击节叹赏。

总体而言，目前北京市整本书阅读命题，首先体现了下面两个特别的取向：一是非连续性命题材料的组合或题干话题，呈现出专题阅读特质；二是以阅读能力考查为选料出发点，整合各种跨媒介的不同阅读材料。可以预见，在当下跨媒介和非连续阅读越来越日常化的背景下，上述两个取向会成为未来考试评价变革的必然趋势。

其次，目前北京市整本书阅读命题，还体现了语文命题应有的一般特点，即综合性、实践性和情境性的特点。综合性主要体现在整本书阅读和写作的结合；整本书阅读和另一整本书阅读的结合；整本书阅读与影视图画作品等的跨媒介结合；整本书阅读与试卷中大现代文等其他命题的结合。实践性主要体现在整本书阅读获得的人生教益，成了"丰富自己的精神世界，逐步形成正确的世界观、人生观和价值观"的精神营养，成了判别取舍像"理想女生"这样的当今文化现象的依据。整本书阅读，也成了设计各类语文实践性活动的依据，这一点北京高考的整本书阅读命题尤为突出。情境性主要体现在所选的来自整本书的或长或短的非连续性文本，成了链接材料或题干呈现的理论或观点的原著文本情境；主要体现在整本书相关文本，成了有关整本书微写作中语文活动，如为人物设计雕像等活动的情境。而准确把握原著这个情境性文字的内涵，体现的也是整本书的阅读能力。

最后，我们应该持续努力的是，整本书阅读命题的改进和由命题引发的日常教学的改进。

第一是整本书阅读命题的改进。整本书阅读命题，北京居于全国前列，命题质量北京会考超过高考。北京高考整本书阅读考查，因为受微写作的命题形式限制，没能充分发挥整本书阅读检测应有的正确引导整本书阅读的作用。今后的整本书阅读高考命题，可以参考北京会考的命题思路。材料选择上，或者选取千字文"本"，或者选取非连续性的几个有联系的文段；命题方向上，体现专题性、综合性、实践性和情境性的特点，从而真正检测出整本书阅读的"整本"阅读水平。在整本书阅读命题中，提升语文命题的专题性、综合性、实践性和情境性的水平。

第二是命题引发的日常教学的改进。按照教学设计的逆向设计原理，我们也可根据包括整本书阅读命题在内的考试评价变革的必然趋势，适时调整我们日常的整本书阅读指导教学策略，突出整本书阅读教学设计的专题性、综合性、实践性和情境性。

切近"改革方案"而非趋步考试说明的北京卷

——2014年北京高考语文命题述评

尽管此前已有考试说明和多次趋步考试说明的模考,2014年北京高考语文卷还是新得让人觉得"触目",对于习惯于由考试说明、各种模考衍生出一套答题模式的师生而言,更有一份"惊心"。因为,这是一份切近"改革方案"而非趋步考试说明的语文卷。

一、文本选择和考点设置与优秀传统文化的"切近"

《2014—2016年北京高考高招改革框架方案(征求意见稿)》(以下简称"方案")强调:"在了解世界多元文明的基础上","加强对中华民族优秀传统文化的考查"。这样的强调,在试卷选料中得到了切近的体现。

文言文选料,超越既往清官志士传等选料的思维定向,选择的是堪称《岳阳楼记》姊妹篇的《偃虹堤记》,更加突出传统文化中忧国忧民、致力民生的政治情怀,呈现传统政治文化的正能量。语文基础题,以富于民族传统的有关春节的文本为命题选料,以有关中国古诗词中常见的"月"意象的读解为命题选料。俗语、对联等传统文化内容,也如《考试说明》之约,设置为考查点。文学常识考查,只考了一个点——《红楼梦》中"冷月葬花魂"一句的作者,似乎有点偏,却隐含了对细读中国文学的巅峰之作的提醒。为体现弘扬优秀传统文化的命题思路,作文命题选料是通过思考生活体现的,这与阅读选料通过文本来体现,形成"阅读和生活"的响应互补。北京"老规矩"这个作文命题,引导学生叙写思考地域的也是民族的传统和文化。

二、考查点与生活应用性联系的"切近"

"方案"强调命题要"注重考查内容与社会生活实践的联系","形成现实生

344

活与优秀传统文化的互动"。语基题选料和考点，有生活中的春联，有生活中表达的得体。小阅读选料与"光伏发电"有关，这是当下引发中美贸易战的热点话题。大作文题，使人想起当下热点话题"家风和家训"。微写作，有关语文学习经验的介绍，有关家长送考的感悟，有关青春的感悟抒情，都贴近考生的学习和家庭生活。文言文选料，使人想起当今政府的民生关怀和群众路线。这样的选料，启示语文读写要接地气，能应用。

三、语境中整合考查语文基本能力的"切近"

"方案"强调命题"要采用学生熟悉的背景材料和语言"。在一个共同的背景性语境材料中，整合考查基本能力点，突出体现在语基题和文言文阅读的考查上。也如《考试说明》之约，三个分别有关春联、月意象和表达得体的共同背景材料，分别设置了4个、3个和2个能力点的语基题。文言文阅读，把常常单独再选料的句读题、默写题与实词、句意和文意题整合到一起考查，各题相通，整体呼应，避免了以往命题零碎孤立的缺点。

四、考题开放性设置中突出个性思考表达的"切近"

"方案"强调命题"要注重考查语文的应用能力、审美能力和探究能力"，"发挥语文学习促进学生逻辑思维能力发展的重要作用，鼓励学生独立思考和个性发展"。这一点，除了一如既往地用北京命题特有的阅读延伸题体现外，还突出地体现在微写作和大现代文阅读上。微写作，设置了三道选做题，体现了对考生个性特长的充分关怀。大现代文选料和设题，遵循"在了解世界多元文明的基础上，感悟中华文明魅力"的"方案"精神。20题要求概括文章三个节点中人们对"废墟"不同的审美感悟，在"三个节点"的梳理分析能力考查的基础上，对"审美感悟"的概括既考查了学生的概括能力，又考查了学生的审美能力。21题"你是否同意这种意见，说明你的理由"，在对考生探究能力的考查中充分关顾了考生独立的个性化思考。

五、分值题型大调整中的"非趋步"

这一点，我认为是此次北京语文命题应该大书特书的地方。选择题由以往的15分上升到22分，默写题由往年的8分下降为3分，古诗文分值超50分创新高，这些都不同于历次高考和模考。而从题型角度看，大量增加选择题，没有任何模考预兆。这一点，命题者可能是出于对北京题须动笔表述的文字量太大的考量。其实，一度受诟病的语文选择题，只要使用得当，未尝不是一种好的命题形式，关键是选择题命题的智性含量。我们要从台湾"国文"考试中有大量选择题的命题中吸取命题智慧。台湾"国文"试题，寓传统文化于日常生活的选择题题干表述，呈现出不由人不欣赏玩味的智性。在文言文本阅读中，随语境生成默写题，就使既往孤立死板的默写题，因为与阅读的贯通而活化了。其实对默写题的评价，不在于 8 分（有的省 10 分）与 3 分的分值考量，而在于是否能检测考生的语文"应用能力"。孤立地背诵得再多再熟，如不能应用，最多也只是两脚书橱。小现代文全是选择题，也没有像考试说明中的样题一样，通过设置互文阅读材料命制简答题。文言文命题中，虚词题、省略补充题都轮空，没出题。这些都表明此次命题拒绝对"考试说明"和多次模考的亦步亦趋。

六、有关今后教学和命题方向的思考

我们命题的指南，应该是课程标准；就北京现阶段而言，还应该有《2014—2016 年北京高考高招改革框架方案（征求意见稿）》。课程标准是我们教学的指南，也应该是我们考试命题的指南。只有教学方和命题方同时以此为指南，才能保证教什么考什么；而不是相反，考什么教什么。我们的想法，遵循课标而去除考试说明尤其是题型说明，才是引导教学和命题双方真正从应试的泥淖中摆脱出来的不二法门。在遵循课程标准的基础上，每年命制一些非考试说明中固定题型的题目，也有利于一线师生摆脱机械刻板应试的痛苦。教学方遵循课标，从提升学生的基本能力和素养出发，开展教学。命题方遵循课标，从提升学生的基本能力和素养出发，琢磨命题。教学方和命题方通过对课标的研究落实，实现良性互动。这才是语文教学和考试真正的春天。那种对着题型反复操练的应试式语文教学和复习，应该到了终结的时候了！

总之，今年的北京高考语文命题，为北京高考改革开了一个好头！我们对北京高考改革充满期待和信心！

恰切把握作文命题抓热点、重思辨之度

——2019 年高考作文命题分类解析与改进建议

　　纵观 2019 年 8 套高考作文题，比较历年作文命题，思考即将开始的新高考，琢磨相应的日常作文教学，我把今年的命题分为三大类，这三大类命题有着各自需要进一步改进之处。第一类包含全国三套卷，基本是内容主旨角度的宏大命题，写作形式的实用命题。需要改进的是宏大命题时要关注日常性取材；实用文写作要日常化，要关注学生将来真实的日常写作，命题材料叙述要周密。第二类包含江浙沪津卷，基本是采用形象化、事物类材料"比兴"设置出思辨性命题。需要着重改进的是今后命题时要尽量以现实生活事件作为命题素材，从而取代那种"比兴"式的形象化、事物类命题素材，进而体现思辨的真实性。第三类是北京卷，连续多年在记叙和议论体之间二选一的命题，贴近新时代，弘扬主旋律，成了近年来北京题的标配。需要改进的是改变记叙或议论二选一的刻板命题思路，改变题目引导语过度贴近新时代的命题套路。上述三类命题中的第一、第三类命题，抓热点的特点较为显著；第二类命题，重思辨的特点较为显著，这也是近年来各地命题的主要特色。只是，抓热点、重思辨时，常常失度。或者像上述第一类命题那样，出现核心概念阐释不全面的失度；或者像第三类命题，题干引导语过度往正面立意方向引导；或者像第二类命题，弯弯绕绕地用形象化情境"比兴"式思辨，而不敢直接以现实生活的热点时事思辨，造成了形象思辨有余、真实思辨不足的遗憾。

一、宏大实用命题

（一）全国卷命题评述

1. 是对新课标任务群学习的提前介入，为明年体现新课标的新高考作文命题做铺垫。新课标学习任务群 7 是"实用性阅读与交流"，其中就有"社会交往类的""新闻传媒类的"等阅读与交流任务。全国卷 I 的演讲稿，全国卷 II 的慰问信、书信、观后感等都在这个任务群范围内。如此大规模、集束性地考查实用类写作，在高考命题历史上还是首次。新课标学习任务群 6 是"思辨性阅读与表达"。全国卷 I，题干设置的有关劳动的三种主要的偏颇观点，需要考生以演讲稿的形式，"理性、有条理地表达自己的观点，平等商讨，有针对性、有风度、有礼貌地进行辩驳"，是在具体情景中考查学生的认知和思辨能力。

2. 是强化写作读者意识的体现。全国卷 I "要求面向本校同学写一篇演讲稿"，全国卷 II 分别要求写信给家人、同学，给某位"百年中国功勋人物"写国庆节慰问信，并有"切合身份，贴合背景"的提示语，这都是强化实用文写作的读者意识的体现。

3. 是强化核心素养培养在高考中的体现。全国卷 I 对有关劳动观点的辨析，强化了劳动教育理念；全国卷 II 由重大纪念日感悟生发的各类应用写作，引导学生树立把个人命运与国家命运融通的家国情怀。这些命题，是核心素养中的"社会参与、责任担当"的体现。

4. 是体现命题材料多样性的漫画（图画）作文命题的延续。在读图时代的今天，漫画（图画）的阅读和相应的写作，也可说是一种日常的实用性阅读和写作。全国卷继 2016 年有关家庭教育主题的漫画作文命题后，2019 年再次出现漫画作文命题，体现了命题材料选择的多样性。并且，今年全国卷 III 漫画（图画）作文的主题，与以往漫画作文命题偏重讽刺批评的主题不一样，而是走了一条喻美好情感于生活化画面的路径。漫画配以毕业前最后一节课老师的叮嘱文字，表达了老师对即将离开自己、走向人生新的征途的学生的恋恋不舍和守护职业职责的情怀。配文旁可以看见的，是学生聆听老师叮嘱的情状。此时，学生的内心应该唤起的感恩和奋发之情，是考生应有的合理想象和补充。

（二）命题和教学建议

1. 作文命题，要推敲概念的内涵和外延，要利用概念的一些限制技术，以确保命题的周密性。此处的有关"劳动"的描述，偏向的是体力劳动；学生如果写成智力劳动按说也可以。其实，此处需要命题人利用概念的限制技术，确保准确体现自己的命题意图。作文命题不仅要推敲概念，而且要思考推敲判断的事理逻辑自洽性。不能出现此前一道高考作文命题把人生统一规定为"凤头、猪肚和豹尾"三阶段的缺失事理逻辑自洽性的谬误。

其实，中国学生核心素养有关"劳动意识"的阐释是："尊重劳动，具有积极的劳动态度和良好的劳动习惯；具有动手操作能力，掌握一定的劳动技能；在主动参加的家务劳动、生产劳动、公益活动和社会实践中，具有改进和创新劳动方式、提高劳动效率的意识；具有通过诚实合法劳动创造成功生活的意识和行动等。"这里的有关劳动的表述，很显然已经超越单一的"体力劳动"了，当然也包括智力劳动。

命题需要做出判断时，有无图尔敏论证模型等角度的"限定"和"例外"的考量？即如此处，是否可以考虑下述的"例外"？比如有无为了更重要的智力劳动而不能兼顾体力劳动的，科学家为了紧急的科研工作一度不能兼顾体力劳动。再比如，社会分工越来越精细化的今天，体力劳动和脑力劳动分别由不同人分工负担的情况。再比如，人工智能的出现，也有减省人的体力劳动的功用。不管这种减省是为了单纯追求舒适还是为了腾出精力从事更重要的工作。

2. 宏大命题时要关注日常性取材。日常性取材，因为贴近老百姓的日常生活，更显出真实性，2017年的高考作文题就是这样的好题。从一带一路、大熊猫、广场舞、中华美食、长城、共享单车、京剧、空气污染、美丽乡村、食品安全、高铁、移动支付等"中国关键词"中，选择两三个关键词来呈现你所认识的中国，写一篇文章帮助外国青年读懂中国。这样的宏大命题，因为有了日常的生活化取材，更能激发考生的写作热情，也更容易使考生上手。

3. 除了扎实做好实用文写作的日常化教学，日常作文教学的命题素材可否多样化？可以引导学生赏析包括漫画、图画在内的，可视甚至可听，静态甚至动态（韩寒参加的新概念作文大赛的题目，是老师现场把一个揉起的纸团扔进水杯，以此动作作为作文命题；这有点类似野外实地的阅读和作文教学活动）的多种生活的和艺术的形式，并以此作为作文素材。这样的命题素材既多样化，也符合语文是一门实践性、综合性的课程的定位。新课标有"在跨文化、跨媒介的语文实践中,开阔视野,在更广阔的选择空间发展各自的语文特长和个性"的论述。

2005年福建高考作文命题提供了两幅图,分别是"规则图形"与"不规则图形",据此立意行文。中国文学历来就有"诗书画"一体的传统,王维的"诗中有画,画中有诗"即为典型。我曾以诗画一体的材料作为学生日常写作的素材,诸如丰子恺的漫画配文,陈四益的文配丁聪的画,老树画画,小林漫画,等等。

今年集束性的实用文写作形式的考查,体现了实用写作的日常性要求和趋势。除此以外,在读图时代的今天,上述的以图画(漫画)作为写作素材的写作教学取向,也反映了现时代社会日常的读写现状。

4."日常"实用写作教学,要适当关注锻炼论说能力的写作教学。这样的写作实践培养出的能力,才是学生将来进入高校可能经常需要运用的"日常"能力。2018年,全国中小学生第十五届创新作文大赛高中组题目为:罗威纳有三只不同大小且没有刻度的水杯,容量分别是3升、5升和8升。最大的那个杯子是满的。他如何使用这三个杯子将8升水平均分为4升?阅读上述材料,你将如何解答这个难题?请将你的思考过程以及产生的一切想法写下来,自拟题目,完成一篇不少于900字的作文。此题写下"思考过程"的要求,可以考查简要说明的写作能力;写下"产生的一切想法"的要求,又可考查由事及理的论证阐释能力。这样的命题,提醒我们老师在平时的作文教学中,要切实关注学生将来写作的真实日常需要。

二、形象思辨命题

(一)苏浙沪津命题评述

1. 由物及人的隐性思辨

今年的上海题保持了上海特有的一以贯之的思辨性命题特质,思辨遵循着概念的由小到大、由抽象到具象再回归抽象的逻辑顺序,体现了由物及人的隐性思辨。由"不同国家的音乐""不同风格的异域音调"与"音乐的中国味""中国味"的对立统一关系，从而体悟就音乐或其他事物而言，越是民族的才越是世界的。进而由对音乐的认识上升到"认识事物"的高度和广度。对自我越是有深刻的体悟才越能保持自身的特质，这是"指向外在世界的认知"。而 2018 年的命题是"指向内在世界的认知"，是对"需要的心态"和"被需要的心态"的认知。梳理 2009 年以来的上海高考题，除了思辨的方向内外结合，思辨的取材也丰富多彩，或是不同的内外认知，或是对立的名言警句，或是迥异的世相民情，等等。

与上海卷相似，江苏浙江卷呈现的对立统一也是隐性的。江苏卷的五味共存，彼此交融，蕴含对立统一的过程。浙江卷表面谈的是创作，一种是"多倾听读者的呼声"，一种是"不为读者所左右"，呈现的也是隐性的交融外物与保持个性的对立。最后由对立走向统一，还需要调和"倾听读者的呼声"和"不为读者所左右"两种对立的观点。

2. 隐性的价值观指向和时事呼应

江浙沪三地的作文命题，主题方向其实都是如何思辨交融外物与保持个性的关系。都用类比联想思维隐性表达价值观。江苏题由日常生活生发题意，浙江上海题由文化生活生发题意。三地都遵循由物事及人群的类比联想思维，三地试题都有由下位概念到上位概念，由特殊到一般的思维。上海题是由"音乐的中国味"到"认识事物"，浙江题是由"写作"到"创造生活"，江苏题是由"水和盐"到"五味百味"到"事物人情"。

以上海题为例，上海题也体现了立德树人和社会主义核心价值观的命题思想，但上海题总能巧妙无痕地体现这样的命题思想，而不是直接"说出"。更有意识地去寻找"中国味"，表明的是由"音乐的中国味"，纵深推进到"如何去认识事物"。这其中的"认识事物"可以包含由音乐推而广之的当下热点"文化自信"，也可以由"文化自信"推广到更加广阔的领域。就音乐的中国味而言，命题的引导语也是一种中性表达，只是"更深刻的感受""更有意识地去寻找"。既然是中性的表达，这种感受和寻找，就可同时包含正向的和负向的。这样，又把思辨性不着痕迹地渗透进来了。

在中美贸易摩擦这个体现世界多极化与单边化斗争的时事背景下，江浙沪的作文命题都可以看作对当下热点时事的隐性呼应。上海题由音乐的中外比较生发出如何寻找自身特长的一般道理。江苏卷由生活中的各样不同味道的"调和"，揭示一种"共存相生"的道理。这种道理由物及事及人。水是水盐是盐互不往来，不可能生出调和的五味。物如此，事犹是，人亦然。考生运用当下生活联想法，也自然可以得出，人与人之间，国与国之间也需要这样的调和，才能"共存相生，百味纷呈"，才能"美美与共"。浙江卷由"创造作品"类比联想到"创造生活"。或"多倾听读者的呼声"，或"不为读者所左右"，或调和两种创作方式，创作的岂止是自己的作品，还可能是自己的乃至相关人的生活，是一个群体乃至一个国家的生活。

（二）命题和教学建议

1. 事物类思辨素材能否向事件类思辨素材过渡

事物类思辨素材有时带有形象性，但这种形象性易于诱导出凌空虚蹈的思辨。上海、浙江和江苏分别以音乐、写作和味道这些带有形象化的事物类思辨材料，不约而同地"比兴"引发出当下十分流行的如何对待"彼此交融"与"坚持自我"的关系的问题。以这样的形象化事物类思辨材料引发思辨，好处是回避时事，避免押题和敏感性。但也自觉不自觉地引导学生远离生活、无视时事，长此以往，可能真就养成学生"两耳不闻窗外事，一心只写空洞文"的习惯。

我认为，思辨类的作文命题取材还应更加具体生活化乃至生活事件化，犹如全国题的小陈举报老陈高速驾驶时打手机的命题一样。甚至，思辨类的作文命题取材也可以社会热点化。当然，取材社会热点之余，还能否通过科学智慧的命题表述，引导考生保持应有的公民说理的思辨性、客观性，对于命题人和考生都是一个挑战。

一以贯之保持思辨性命题的上海题，其实与西方国家经常出现的纯粹思辨性命题不一样，常常能有一点远离生活中心、社会热点的，带有一点人间烟火气的作文命题取材。比较 2014 年同样话题的上海高考作文题和法国高考作文题，我们就可以真切地感受到上海题这种远离生活中心、社会热点的思辨性。2014 年上海题：你可以选择穿越沙漠的道路和方式，所以你是自由的；你必须穿越这片沙漠，所以你又是不自由的。2014 年法国高中会考作文社会经济科考生试题：拥有选择权是否就意味着自由？上海这样的远离生活中心、社会热点的思辨性作文命题取材，常常不能触及关乎民生的社会生活包括重大时政的热点。这是为了回避热点甚或敏感点的考量，从而避免猜题押题抑或其他？

2. 日常教学还应扎实补学一点概念等逻辑知识，训练基本的思维方法

概念的上位和下位，思维的类比和联想，在日常教学中是需要实实在在训练的。"音乐的中国味"（"不同国家的音乐""不同风格的异域音调"）、"中国味""事物"，作家、人们，水盐、五味、人事，概念逐渐向上位过渡位移。立意行文指向的应该是"启发人们如何去认识事物"。阅卷发现不少学生只是就音乐写音乐，就写作谈写作，就味道写味道，这其实反映的是日常训练中基本思维方法教学的薄弱。

命题材料之间，命题材料与现实之间关联的思维方式的训练，要反复强化。其中，显性和隐形的关联，近义和反义的关联，古今和中外的关联，这些关联的基本思维方式，尤其要反复训练。即如 2019 年的天津题，显性的近义的关联，是三则材料都指向"爱国""献身人类"的先进价值观。第一则材料对比阐释中国过去"国弊民穷"，未来一定有"光明前途"，辩论双方隐含文后。第二则材料在"个人"与"国家"的包含从属关系下，隐含了每个个体要爱国的因果判断。第一、二则材料从"为什么"的角度生发。第三则材料从"怎么样"的角度，用"浪花"与"洪流"继续类比生发，这已经从前两则材料的"爱国"升华到"推动人类历史向前发展"的高度。三则材料按照时间先后顺序，都取自现当代中华民族的优秀人物的言语，以优秀人物言行中的家国和世界情怀激发考生联想生发。三则材料，相近联想，可以联想到诸多有着家国和世界情怀的古今中外优秀人物，可以联想到当今能够看清世界融合大势，把家国情怀和世界情怀高度交融在一起的优秀人物。相反联想，也可联想到只顾个人利益的"精致的利己主义者"，可以联想到逆世界融合大势，阻碍"人类历史向前发展"的单边主义者。

扎实训练概念等逻辑知识和基本的思维方法，也需要命题材料更加具体真实。命题材料真实到具体事件了，逻辑知识和思维方法，就有用武的实地了。

三、记叙议论两选命题

（一）北京命题评述

1. 议论文命题"文明的韧性"评述

在内外显隐的多重矛盾追问中，引导对历史和现实的思辨；彰显立德树人的价值导向，引导对中华传统文化和当下现实的关注思考，是北京高考作文的命题方向。在这命题方向指引下的题干引导语，往往不仅有明显的对思考方向和领域的提示，而且隐含内外的和显隐的多重矛盾，以此激发学生的深度思考。

命题引导语首先解说"韧性"是指物体柔软坚实、不易折断的性质。这样的解说其实隐含了中华文明内敛而坚强的特质：柔软而不锋芒毕露，柔软但又坚实不易折断。

"文明的韧性"与"文明历经风雨"构成矛盾冲突，矛盾冲突的转化结果是"绵延至今"，以上是引发考生思考的点。"漫长的中国历史，每逢关键时刻"，引导考生从历史的维度，思考中华文明历经的"风雨"。面对这风雨，文明又是如何表现出抵挡风雨的韧性的？这样一种思路引导，其实吻合了对不同积累以及不同思考水准的考生的考查要求，有利于高校选拔人才。

思想文化角度，中华文明为世界贡献了诸多卓越的思想财富，使得人们能够正确处理"人与自然、自身和社会"的关系。民胞物与，天人合一；自强不息，厚德载物；"弘毅"担当，勇于献身，诸如此类不一而足的优秀文明成分，使得"中华文明历经风雨，绵延至今"，表现出强大的韧性。如今遍布全球的孔子学院，也间接证明了具有强大韧性的中华文明对世界的影响力。马克思主义在中国的实践，由来已久，虽有艰难曲折，但始终表现出适应中国国情的韧性。语言文字角度，中华母语经过了拼音化、白话文的论争改造，仍然保持和优化了汉语言文字的文明魅力。历史变迁角度，历经国破家亡、异族入侵，五千年中华文明绵延始终，生生不息，表现出足够强大的韧性。

而"每逢关键时刻""中华民族的伟大复兴，更需要激发出这种文明的韧性"等提示语，也使考生自然联想当下正经历伟大复兴的中华民族承受的"风雨"，从台海南海风云到中美贸易战风雨，都是考生对当下现实应该有的关注思考。这样的风雨背景下，当然首先需要唤醒中华文明抗击风雨的韧性。尤其是在新华社刚刚批驳过的贸易战中的悲观论乃至投降论甚嚣尘上的背景下，更需要唤醒中华文明抗击风雨的韧性。历史有惊人的重复，矛盾有当下的激烈；外有贸易摩擦的狂涛，内有悲观自大的恶浪。如何抗击当下贸易战的外来风雨，使人自然想起了《论持久战》的经典论断。

但是文明的韧性要素，仅仅是抗击外侮和抵挡外来风雨吗？当然不是。

首先，文明的韧性的构成要素，有无自身的优化和改进的成分？一个包含反思、忧患品质的文明，才更有抵御风雨的韧性。当下，成为人们共识的"做好自己的事情""核心技术不能依靠他人"，也是"自强不息、厚德载物"的中华文明的韧性的应有之义。联系当下现实，优化和改进文明的韧性从而增强文明的力量，我们还有很多空间。比如增强包括文化自信在内的四个自信；比如面对外来风雨，战略上增强定力，"他强任他强，明月照大江"，战术上精准发力，勇迎风雨。其次，文明的韧性里，既要有"自主创新"，"做好自己的事情"的努力，又要有"心有多大，舞台就有多大"的接受外来文明的心胸。任正非反对"限制苹果"的理性，否定"买华为就是爱国"的理性，正是他接受外来文明的心胸的体现。可以说，接受并吸纳外来文明的心胸，是增强自身文明韧性的必要因素。

2. 记叙文命题"2019 的色彩"评述

要求写一篇记叙文，命题的题目却带有显著的文学色彩。文学写作，也是高考说明的要求之一。《2019 年北京高考考试说明》就有"能写不少于 700 字的论述类、实用类的文章，也可以写文学类作品"的表述。新课标学习任务群 5 就是"文学阅读与写作"。

"2019 的色彩"，作为一个文学色彩浓烈的词语，其构思行文的"关键能力"，是考生文学写作中的"虚虚实实"的转换能力，是在这虚实转换中的"认识"的深度。

除了"色彩"这个命题词语带有文学色彩外，2019 年作为刚刚过半的年份，本身也有当下和未来交融的色彩，有当下现实和未来想象交融的色彩。

考生如果想象着写未来的 2019 年色彩，当然也是符合题意的。

2019 年"特殊年份"的定位语，隐含的审题要求，或者是对 2019 年重大事件的感受和思考，或者是对以 2019 年重大事件为背景的个性化色彩的感受和思考。如果考生能以后一种感受和思考构思行文，其实更能体现文学表达能力。

（二）命题和教学建议

1. 二选一的命题思路能否廓开一些

2015 年开始的北京大作文命题，始终遵循二选一的命题思路，第一道议论文，第二道记叙文。这样的二选一的命题思路，确实吻合了发挥、考查考生特长的北京中高考命题改革的思路。但这几年的选项，从没有包含实用文的写作。近年的北京和全国的高考说明，却都是明确要求能够写作论述类、实用类文章和文学类作品。今后的二选一，可以考虑让实用类写作登场。

今年全国卷的实用性写作的集束性命题，提醒我们的日常作文教学，应把演讲稿、慰问信、观后感、书信和辩论这类实用性的书面和口语表达训练，真正地落实到位。

2. 题干的引导语能否减少一些方向性的引导文字

不管是出于主题方向正确的引导目的，还是为了降低立意行文的难度，题干的引导语都不宜太多太具体，否则就是明显地限制甚至扼杀考生的创新性、真实性的构思行文。今年北京题的题干引导，从"中国的历史变迁、思想文化、语言文字、文学艺术、社会生活及中国人的品格等角度"，谈谈思考。这样的引导语，应该说廓开了正向证明的思路，但似乎又限制甚至有意无意地阻遏了考生辩证反思的思路。面对正面色彩浓烈的话题，我们的命题能否也设置一些矛盾冲突点？这其实并不违背弘扬主旋律的命题思想。

3. 记叙文命题能否更唤起个性化、陌生化的体验

也许受宏大主题命题的限制，今年的北京记叙文命题的引导语，没能突出来自现实生活的个性化、文学化感受。"色彩"的命题，也极易使用平时的陈文套作，淹没个性化、文学化体验。与之形成对照的，2007 年北京作文命题，就极具个性化、文学化特质：

> "细雨湿衣看不见，闲花落地听无声"是唐诗中的名句。有人说，这是歌咏春天的美好品格；有人说，这是暗指一种恬淡的做人境界；有人说，这是叹息"细雨""闲花"不为人知的寂寞处境；有人说，"看不见""听无

声"并不等于无所作为；还有人说，这里的情趣已不适合当今的世界……请你根据自己读这两句诗的体会，展开联想，写一篇文章。

除了现实的感受，文学写作中的想象也应得到重视。"2019年的色彩"的命题，未能周密考虑2019年有些可能未能到来的也许更加亮丽的色彩。这一点上，从命题的周密和巧妙而言，全国卷Ⅱ给未来的对象写作实用文的命题，就更显出命题的机智和自然。

4. 应该继续尝试以读写结合的思路来命制大作文题

北京题从试卷的阅读材料中引出大作文命制的思路，是对读写结合的语文学习之道的践行，也是语文学科综合性的体现。

2016年：

《白鹿原上奏响一支老腔》记述老腔的演出每每"撼人胸腑"，令人有一种"酣畅淋漓"的感觉。某种意义上，可以说"老腔"已超越其艺术形式本身，成了一种象征。请以"'老腔'何以令人震撼"为题，写一篇议论文。

2015年：

《说起梅花》表达了作者对梅花"深入灵魂的热爱"。在你的生活中，哪一种物使你产生了"深入灵魂的热爱"，这样的热爱为什么能深入你的灵魂？请以"深入灵魂的热爱"为题作文。要求：自选一物（植物、动物或器物，梅花除外），可议论，可叙述，可抒情，文体不限。

这两年都是从大阅读中生发大作文的命题。北京近年来的历次高三模考，读写结合的大作文命题思路更为开阔，有从文言阅读中生发的，有从古诗词阅读中生发的，呈现出了丰富多彩的读写结合的大作文命题思路。

这样的命题思路，也提醒我们日常教学要真正地践行读写结合的这个语文学习的正道。多年的高三复习阶段，我都坚持把古诗文和现代文阅读材料做一些作文化处理，或者引导学生学其构思，或者仿写精彩句段，或者选作作文素材。这样读写结合、一举两得的高三语文学习，才是有趣而高效的。

常"启"难"示"的启示

——构思 2003 年高考作文所感

对今年高考作文构思，我们获得的启示是作文教学乃至语文教学的一些常"启"（常呼常喊）而难"示"（落实很难）。

启示一：要引导与课本进行有深度的对话

课本蕴藏着丰富的语文资源。但是，现实的教与学情况是对这些资源的开发缺乏应有的重视。为应付高考，另有一套地位远远高于课本的复习教材。为开展研究性学习，不少教师和学生都喜欢搞一些大学里面才见的课题。我们没有耐心注重从课本的学习中提高语文能力，我们也没有细心把对课本的学习作为引发研究性学习井喷的井眼开发。

学习了周瘦鹃《杜鹃枝上杜鹃啼》以后，文中透出的"偏情""理性"引起了同学们的热烈关注，课后同学们自觉地形成了"偏情""理性"孰是孰非的思考讨论。我顺势诱发，鼓励、促成他们把自己的想法简短地写下来，作为"课前3 分钟说话"稿，并说，这也是一种研究性学习。同学们调整情感距离后，写下研究性作文《读狼》，一反对狼的固有认知——凶残，给人耳目一新的感觉。这次作文在省市级报刊发表的就有 7 篇。今天看来，这次讨论还切合了今年的高考作文命题。作者年轻时对杜鹃的感情是"亲""近"的，是亲密无间的，以至于连名字都取为"瘦鹃"，所以，此时对杜鹃的认识是一种文学层面的认识；年长时，人生智慧的积淀又使作者对杜鹃的感情有了一段"暮年回首"的距离和淡远，此时，对杜鹃是亲密有间的，此时，作者对杜鹃的认识已上升到一种人生哲学的层面了。

其实，课本中切合今年高考作文命题的材料还有不少，现略举一二：1.《拿来主义》中"孱头""混蛋""废物"对文化遗产的情感分别是"怕""怒""羡慕"，相应的对文化遗产的认知和处理也分别是"不敢"接近，"烧光"，"大吸剩下的鸦片"。2.《内蒙访古》中提及的人们的偏见和狭隘的民族情感，影响了人们对秦始皇、对昭君出塞、对赵武灵王学胡的评价，使人们用有悖于历史唯物主义的方式看待人和事。3.《邹忌讽齐王纳谏》中妻、妾、客对邹忌的情感亲疏远近的不同使他们对邹忌之美的认识也各有不同。4.《触龙说赵太后》中赵太后对儿子的情感有一个由"近"爱到"远"爱的发展过程，对儿子作人质这件事的认知也有一个由短浅的妇人之见到"深远"的政治家之见的发展过程。5.《〈呐喊〉自序》中提及的鲁迅先生对中医药的认识、评价受他对中医情感的影响。6.《屈原列传》中楚怀王对屈原的"认知""处理"受他对屈原情感的"亲疏远近"影响，而这种情感的"亲疏远近"又取决于怀王是否内感于郑袖等人。7.《世间最美的坟墓》中茨威格由对托尔斯泰的敬爱生发出托尔斯泰墓"世间最美"的深刻认知。8.舒婷在《祖国啊，我亲爱的祖国》中由对祖国赤子一样的"亲""近"之情生发出贫穷的祖国母亲如"正在喷薄"的"绯红的黎明"的认知。9.正因为鲁迅对刘和珍等烈士深刻的爱，才有鲁迅先生对烈士牺牲深刻的"认知"。10.也正因为汪曾祺对北京胡同的"亲""近"之情，才有他对北京胡同文化层面的"认知"。

启示二：要引导发掘课外语文资源，使与课本的对话有广度

就以今年高考作文题为例，学生可联想课外熟悉的名言警句、俗语故事等来拓宽自己的思路。略加列举如下：

1.成语"爱屋及乌"。2.俗语"情人眼里出西施"。3.俗语"外来的和尚好念经"（常常是"远"的、"外来的"反而使"施主"有一份神秘的看好、认同心理）。4.俗语"墙内开花墙外香"（我们有些"园丁"就是看轻墙内的、"近"在眼前的花，这些园丁患有"情感近距冷淡症"）。5.警句"自古圣贤皆寂寞"。6.名人名言"我的作品是写给三百年以后的人看的"（《红与黑》作者司汤达）。7.文化传统"为亲者讳"。8.名人故事"齐桓公任用管仲"（齐桓公没有因怨恨管仲对他箭射而否认埋没管仲的政治才干）。9.名人故事刘邦赦免季布。10.名人故事"举贤不避亲，举贤不避仇"。对课本的深度阅读是为了开掘

出课本这个资源井喷的井眼，由课本语文向课外语文联想拓展，使课本的中心油井聚合诸多课外语文之油井，以形成语文学习蕴藏丰富的油田。

启示三：要引导关注"生活语文"，使语文学习的对话有活性

不点燃课文这个现成的油井，一味地以大语文的名义四处点燃课外语文之火，只能点燃瞬间火红甚至零散之火。由于仓促而未寻及支持燃烧的油井，所以这火只能是瞬间的、零散的，也因此，要深入学习课本。只燃烧课文这个现成的油井，也只能看到单调、单薄的火柱，而终有油尽冒烟的光景，这样的语文学习形不成火之燎原的盛景，也因此，要开发课外语文。另一方面，语文学习在追求深度、广度之外，还要追求语文学习的活性，只有有活性的语文，才更能激发学生的学习兴趣，也才更有生命力。教学中，引导学生关注"生活语文"，引导他们用"生活语文"解读"课本语文"，以"课本语文"体悟"生活语文"，是我们一以贯之的追求。"生活语文"是"课外语文"中最具活性成分的语文，这活性成分可激活语文学习者自我产油的功能。还以这次高考作文为例，像俗语"情人眼里出西施""外来的和尚好念经""墙内开花墙外香"等，正是活性语文的典型。非常巧合的是，我于高考前一两天看的中央电视台一个访谈节目非常切合今年的高考作文命题。主持人与一个家族制企业主的对话内容是：家族制企业的管理理念（"认知"）、管理方式（"处理"）与企业主对家族员工、非家族员工的情感亲疏远近的关系是什么？企业主是如何处理这关系的？那企业主有一个有别于一般"认知"家庭制企业管理的上中下策："下策"为任人唯亲，"中策"为任人唯贤，"上策"为任人唯贤加任人唯亲。形成这三策的情感定势是："亲近"家族员工，认为他们忠诚，不放心家族员工，认为他们少才；"疏远"非家族员工，认为他们少忠，放心非家族员工，认为他们有才。

不管平时考试多忙，我们都应注意引导学生主动吸收这样的课外语文的活性成分。

启示四：要引导多角度思考和表达，使语文学习的对话多维度

思维和表达的多维度培养最终可以促进学生阅读和作文能力的提高，更能激活学生创新品质的生成能力，还能使他们养成立体看世界的意识和能力。

如此次高考作文，一般学生接触文题的"套板反应"是否定的思维模式，如反映现实中的任人唯亲现象等。如果注意到试题中引导多维思考的提示"但是，也常见到许多不同的甚至相反的情况"，就应注意从反面、侧面立意了。

回到课本，比如：1.《触龙说赵太后》中触龙改变太后对他劝说用意的认知，进而改变太后对"长安君作人质"的认知的方式，值得咀嚼，这种方式就是打情感"亲近"牌、"情感共鸣"牌。2.《烛之武退秦师》中烛之武劝说成功的原因也是用设身处地的语言首先缩短乃至消除与对方的情感距离。3.晋武帝对旧臣李密有一份天生的疏远之情，在《陈情表》之前，对李密最主要的认知是怀疑其有二心。李密《陈情表》的成功之处就在于使晋武帝在情感上对他亲近了，认同了，当然也就能渐渐改变晋武帝对他这个旧臣的固有"认知"。4.注目课外，比如对周作人等作家的评价问题，此前，我们就一度存在偏颇，这偏颇就是由于对其人情感上的"疏远"而影响对其文的评价。5.受毛泽东影响，郭沫若的《李白与杜甫》一书就是"情感亲疏决定对诗人评价"的典型案例。6.我们可以想象拓写陈皇后是如何用千金之值的"相如赋"重新唤回汉武帝对自己的"亲近"、爱恋之情，汉武帝又是如何重新打量、"认知"这久别的"金屋之娇"的。"金屋藏娇"的故事，作为"处理"的具象化，也可以演绎一段浪漫和温馨。7.卓文君重新唤醒司马相如爱心的故事亦如上述故事一样，也是利用对情感距离的机智调控演绎一段有关爱情、婚姻的美丽故事。当然，这两则材料的立意不能仅仅定位于美丽传说的层面，还应该融入作者对婚姻爱情问题的思考，这思考对现代人也应有所启迪。8.关注现实，现实生活中我们常说"动之以情，晓之以理"，其实是首先"动之以情"，取得情感的"亲近"，然后才能"晓之以理"，改变对方的理性"认知"。9."亲其师，爱其道"，所以为人师者首先要使学生在情感上"亲近"你，认同你，只有这样，学生才能对你的教学有更积极的认同。10.看过一篇关于推销员的动人故事：推销员连续两次上门向一位总经理推销产品，遭遇的都是总经理拒人于千里之外的冷漠和"疏远"，总经理的"疏远"背后有个先成的"认知"：推销员总是缺乏真诚的，推销员简直是这个虚假的广告时代的化身。推销员第三次上门了，总经理轻蔑地把推销广告全部撒向窗外。那一刻，推销员怔住了，忍住泪水，她从高楼上一步步走到楼下，一张张捡回被抛撒得满地都是的广告，正当她欲愤怒离开时，她蓦然想起了什么似的，又一步步登上高楼，敲响了总经理的门，不失礼貌和气度地打招呼道："总经理先生，如果我的啰唆妨碍了您的工作，还请您原谅，我不是有意的。"说完，深深一鞠躬后才离开。那一刻，总经理怔住了，反应过来的总经理快步下楼，喊住了正欲离开的推销员，真诚地签下了订购合同。是推销员的真诚和气度把总经理对她的态度由"疏远"改成了"亲近"，总经理对她广告的"认知"也由轻蔑转为接纳。

人文开放，模糊提示

——2003年高考作文命题述评

一、人文开放的切实迈步

1. 以往的命题，或失之于假选择。2001年有考生敢选择抛弃"诚信"吗？2002年有考生敢选择不救人吗？或失之于假"丰富"。2000年作文已明确了主题，必须写"答案是丰富多彩的"，答案在特定时空里的唯一性、真理性当然就不能写了。或失之于假道德。一切美德脱离了合适的时空、合适的情境，就是假道德，乃至不道德。2001年、2002年设置的道德情境、时空就全部合适吗？或失之于不明确。话题作文的材料本来只是话题的引子，这材料可用于作文，也可不用于作文，这一点应是常识，但以往的命题，这一点略而不提，命题者把自己的常识当成了考生的常识，或认为此是"心照"所以"不宣"。或失之于限制性不够。这也是以往考试中频繁出现套作、仿作的原因之一。

今年的作文在人文性、开放性的真正实施上有以下进步：（1）回避了无选择。今年的作文，可以写现实生活中相类似的故事，也可以写正好相反的情况。"感情上的亲疏远近与对事物认知的深浅正误，对事物的处理有没有关系呢？"你可以写绝对有影响；也可以写有一点影响但非主要影响；也可以写由开始有绝对影响发展为影响小了弱了，或者反过来写。（2）抛弃了道德审判。今年考生的选择真正是"心灵的选择"，不会担心遭到"不诚信""贪生怕死"的道德审判。（3）对原材料的处理更明确了。今年特地加了一句："试题引用的寓言材料，考生在文章中可用也可不用。"这样的补充，使话题作文的材料只是作为话题引子的作用更明确了。（4）增强了限制性。今年的作文有一定的审题难度，命题者似乎以此来防范以往频繁出现的套作、仿作。

2. 审题上的合理强化。话题作文只是降低了审题难度，并不是不要审题。本则材料有两个审题要领：（1）对事物感情上的亲疏远近可以绝对影响对事物认知的正误深浅、对事物的处理。强调的是"感情亲疏与对事物认知"的关系，不能偏为"感情与理智"的关系，或者"感情与判断"的关系等。（2）如写有影响，导致自己对事物认知的正误深浅、对事物处理方式的不同的原因是自己对事物感情上的亲疏、远近。这原因不能偏为成见（传统观点）、权见（权威观点）、他见（道听途说）、己见（自己的一时观察）等等。即以《石钟山记》为例说明，如举苏轼听信李渤、寺僧之见而得出石钟山命名原因的认识为例，是偏为他见、成见；如举苏轼听信郦道元之说而得出石钟山命名原因的认识，是偏为权见；如举苏轼根据自己的实地考察而得出石钟山命名原因的认识，是偏为己见，这是最易偏题的一种。这些都与感情上的亲疏、远近无关或者仅仅擦边。

二、模糊不清的话题提示

主要缺点是提示语和话题不完全吻合而造成话题内容不易理解。1. "感情上的亲疏远近和对事物认知的正误深浅有没有关系呢？"这样的提示语是一个紧缩的选择问句，考生可以选择有关系（这似乎是命题者的本义），也可以选择没有关系（现实中确有人对事物认知的正误深浅不受感情的亲疏远近的因素影响），但接下来的提示："是什么关系呢？"又表明命题者选择了"有关系"，要考生写"有关系"。下面的话题提示"请就感情亲疏和对事物的认知"这个话题写一篇文章，再次强调了考生必须写"有关系"。这是本次命题审题限制的不周密处。可在"是什么样的关系呢？"句前加一句明确性的提示语"如果有关系"。2. 话题是一个关系型短语。既然是关系型，就不可能只有单一、单向的关系。"感情亲疏和对事物的认知"这个短语所包含的关系可以是"感情亲疏""对事物认知"有绝对影响，可以是有轻微的影响，可以是"对事物的认知"又反过来影响对事物的"感情亲疏"，等等。3. 提示语中提及的"远近"怎么落实？今天的少儿一代已很难理解"上山下乡""文革""牛棚"了，这是由于那年代对他们而言"远"了，这客观的"远"又导致主观的"疏"。考生写这些，算审题有问题吗？问题反倒是材料和命题者的本意暗示表明命题指向是单一的。

审视自我中的辩证思维　地域背景中的人文素养

——2004 年 15 种高考作文题综评

2004 年，应该是中国高考发展史上不得不让人特别关注的一年，这一年有十五种高考试题。而语文学科，尤其会引发关注，因为这一年有十五种不同的高考作文题。以往，一年一两种高考作文题就总是引发阵阵不息的品评，更何况今年有十五种作文题呢。2001 年，诚信的高考作文题几乎自然而然地引发了全国性的诚信运动，2001 年也几乎就是诚信年。当年，南京一考生以《赤兔之死》轰动全国，后来一家电动车生产厂家以"赤兔"注册商标，不知是否与那一年的诚信话题，那一篇《赤兔之死》有关。不管承认与否，高考作文试题在考查学生的思维能力、表达能力的同时，还对当下的世道人心有着不经意的影响，对社会的情趣质量有着不经意的检测。

综观十五种高考作文试题，我们可以看到它们整体上呈现出这样一种特征，也就是：审视自我中的辩证思维，地域背景中的人文素养。在继承去年侧重辩证思维考查的同时，对审视自我的主题，给予了特别关注，这一点以全国、湖北、重庆、辽宁题为代表。在侧重考查学生人文素养的同时，又有着或显或隐的地域特色。

一、全国（四种）、鄂、渝、辽：辩证的内审视

今年的全国卷开始由以往的关怀外物转向关怀自身，由外审视转向内审视。"假如记忆可以移植"审视的是科技和伦理；"答案是丰富多彩的"审视的是世界的多极性，认知的多元性；"诚信"和"心灵的选择"都是面对外在世界，面对道德世界的选择；"感情亲疏和对事物的认知"关注的仍是"我"对外在世界

的情感及相应的认知。只有今年，才把关注的目光真正投向"我"自身，这是首要的人文关怀，不关怀自身，何以关怀世界。这是由以往的宏大叙事转向世俗陈述，由道德律令转向温情关怀。某网站的聊天室的背景设置更使这种陈述弥漫世俗化的温情。

四种命题侧重审视的都是我们的内在世界。

"遭遇挫折和放大痛苦"侧重审视的是我们遭遇挫折后放大痛苦的内心感受；"相信自己与善于听取别人意见"侧重审视的是我们"坚于信己与善于信他"的心理品质；"快乐幸福与我们的思维方式"侧重审视的是决定我们是否幸福快乐的内在的思维方式。

"看到自己和看到别人"侧重的是既然看到别人不满意自己，就更应审视自己的缺失了。

今年仍是关系题，仍需要考生的辩证分析能力，就思维方式而言又是对去年试题的稳步继承。

对全国题形成不自觉呼应的是湖北、重庆、辽宁题。这三道题也都把关注的目光投向了自我，形成了中心树帜，三方摇旗的话题声势。

湖北题是对自我的负向审视，是缘事悟理，由 10 人买镜 9 人买昏镜的生活的实事揭示普遍的事实：人们大都不愿看到自己的缺点。这是对人性弱点的审视。考生可以联想到的，带寓言色彩的，有猪八戒砸镜子；反映社会现实的，有风潮迭起的名人护短等等，当然，联系自身进行自我解剖也是一格。此种话题，议论、叙事甚至说明都自如。

重庆、辽宁题是对自我的正向审视。重庆题亦是缘事悟理，以登山的生活俗事引出一份人生的道理，如何处理"自己的认识和别人的期待"。这是一个很耐咀嚼的话题。这个话题，是通过一对关系型概念表达的。考生可以顺着材料提示构思，亦可逆着材料提示构思。

顺着材料构思，人生攀登、人生追求的根据应是自己对自己的认识，这种认识可以是对自己的能力大小的认识，也可以是对自己的需求层次（马斯洛需求层次理论将人的需求分为五层）的认识；这种根据不应是别人的期待。因为你才是你自己，你为自己而活；别人不是你自己，你不是为别人而活。

逆着材料提示构思，人生攀登、人生追求的根据既应是自己对自己的认识，更应是别人的期待。因为自己有时反而看不清自己能力的大小，真正的需求；而别人，旁观者反而是清醒的，旁观者的期待此时就可能是对自己攀登的激励。另一方面，人又不是全为自己而活，满足他人的期待常常就是我们自己人生攀登的目标、责任。

辽宁题的"平凡与自豪"，从内容上说，是对平凡自我的积极审视。从思维考查的角度说，既考查了辩证思维，又考查了逆向思维，因为通常的组合是"伟大与自豪""平凡与自卑"，而此处逆向为"平凡与自豪"。

二、天津：辩证地内审外观

天津试题的材料，注意阅读的考生应该是熟悉的，朱光潜《我们对一棵古松的三种态度》一文有相关的表达。由此材料引出的却是带有辩证内涵的话题，它实是要求考生对"材与非材"的价值取向作辩证地审视。同一个事物，从甲角度看是"非材"，从乙角度看却是"材"。这个事物，可以是外在的人、物，也可以是自我；这个角度可以是材料中实用的、美学的角度，也可以是材料以外的其他角度。

但不管是外观照还是内审视，不管是甲角度还是乙角度，都要围绕"材与非材"作文。应该说，这个话题的空间较上述的内审视的话题更开放了，对思维深度的考查也有很强的区分度。

三、湖南：又起教育话题

湖南的话题是有关教育的，要求以"家庭教育"为话题作文。这样的教育话题使人不由想起前两年由湖南而起一度引发全国反响的"大钱美女"的教育话题，那是有关读书目的、人生观的教育话题，那个制造"读书为挣大钱，娶美女"的湖南株洲二中的尹建庭老师一度还为此付出停课的代价。有关教育的话题，湖南的考生能讨论好吗？应该能！当年就"大钱美女"论，湖南的学子已漂亮地参与了《中国青年报》的圆桌论辩。其实，家庭教育的话题，较之理想教育、人生观教育，学生们更有实实在在的感受，也更能真真切切地表达，当然，能否方方面面地思考就存在高下之分了。

四、苏浙：人文之地文的高蹈

江苏自古就是人文荟萃之地，首次命题就体现了它特有的文采风流。"沉稳"与"灵动"本就有点中国古典诗词诗品用语的味道，而引述出"沉稳""灵动"的也是仁者所乐之山与智者所乐之水的风景描述用语。文气充盈的江苏考生们能轻松地由景语而理语，由文学而生活地转换思考吗？"人文素养的提高与发展"放在浙江这个人文气息一度兴盛而今经济又领先全国的地区来考，还真有它的地域特色。这里古有流觞曲水的会稽风流，今有独领风骚的温州模式。这样的背景，这样的话题，能否激发起浙江的学子乃至富起来的浙江人重温那曾属于他们的风流儒雅的人文情怀呢？"人文素养的提高与发展"这种作文话题又使我们联想起西方国家如法国的高考作文题。2002 年，法国高考的文科作文题有：A."我是谁？"这个问题能否以一个确切的答案来回答？B. 能否说"所有的权力都伴随以暴力？"C. 试分析休谟论"结伴欲望和孤独"一文的哲学价值。"结伴是人类最强烈的愿望，而孤独可能是使人痛苦的惩罚。"经济科作文题有："给予的目的在于获得"，这是否是一切交流的原则？理科作文题有：能否将自由视为一种拒绝的权力？比较浙江省和法国高考作文题，我们发现它们都是偏向于宏大叙事的重大命题。联读苏浙两省的命题，我们发现它们都体现出一种人文之地的"文"的高蹈倾向。

五、福建：学院派之一帜独树

福建的命题是以文学作品或社会公众人物为话题对象，列举的人物有科学公众人物霍金，文学作品人物桑提亚哥，历史人物曾国藩，文学人物鲁迅，等等。这种命题真正是在考查学生的课外阅读的素养，思索窗外的心智。只是，这是一种学院派的命题思路，举起的是理想的素质教育之旗。在应试教育的时代，在ABCD 仍统天下的当下，这一帜实在有点"独树"的落寞。于大部分考生言，有点勉为其难了，于命题者言，有点理想主义了。不错，作为话题的人物大都是教育部规定的中学生阅读基本篇目中的人物，公众人物也是一个有点素质的中学生应该了解的人物，但是，就全国的中学生而言，又有多少中学生课外认真阅读过此类基本篇目呢？就全国的中学而言，又有多少中学自觉认真地开设了这些篇目的选修课、研究性学习课、活动课呢？尽管如此，我们还是禁不住为这种切实体现素质教育，迅速呼应新课标的命题拍手叫好！只是，在用这种限制性不够的题目检测考生阅读素质的同时，也给考生套作甚至抄袭提供了方便。

六、上海、北京：海派之开放恢宏，京派之正统博大

人们总喜欢把北京和上海并列着说，所谓京派、海派，事实上，上海和北京在诸多方面总能既体现它们各自的地域特点，又形成一个互补的格局。

即以近几年的作文命题而言，京派之正统博大，海派之开放恢宏就形成了一个不自觉地呼应。

"杂"是上海2003年高考作文题，"杂"中的五彩缤纷，五花八门，五光十色，五味俱全，良莠不齐，鱼目混珠，鱼龙混杂，杂七杂八，百感交集，悲欣交集，喜怒哀乐，杂花生树，群莺乱飞，正是当下改革开放的国情特点，而作为中国改革开放窗口的上海更应感受到"杂"，更应辨析好"杂"。

"杂"是改革开放的滋味，"忙"是改革开放的脚步。

忙得不可开交，忙得一塌糊涂，忙得来不及擦汗，忙得一步并两步，忙得屁颠屁颠的，是忙的人。车水马龙，水泄不通，比肩接踵，马不停蹄，接二连三，是忙的世界。穷忙，忙得不亦乐乎，是忙的感受。忙里偷闲，忙而不乱，是忙的情趣、品位。

再往前溯，2002年，上海题是"面对大海"。

当海派发出面向大海，百感交集，面向大海，何去何从的追问时，十分有趣的是京派作出了无意却对应的呼应，京派给出了何去何从状态下建立"规则"意识的答案。改革开放中更需要的是市场规则，西风东渐中更需要的是风向标。

当海派面对大海，在海风的吹拂中更加感受到这世界东西南北风，杂乱吹心中，从而给出世界之"杂"的描述时，京派又在无意识中给出了一个正统的呼应，这世界的"杂"正孕育着这世界的"转折"。这孕育着"转折"的杂的时代，同样需要兼容并包的气度、胸襟，京派今年又以"包容"无意识地呼应了海派的"杂"。

京派、海派这种似乎带有地域特点的独词式命题已延续了好几年，这种延续甚至使人觉得有一种草蛇灰线式的连续；另一方面，不加任何限制的独词式命题也给套作、仿作提供了方便。所以，有老师呼吁北京的命题"规则"该"转折

转折"了，可是，今年的"包容"还是一如既往暗合了以前的命题规则。上海也是如此，命题的思路不能真正做到"杂"中的应有之意：变化多端。

七、广东：开放之地的呼声

作为我国近代史上最早的改革开放门户之一的广东，它的命题也体现了它的地域文化特征。事实上，濒临港澳，作为南中国门户的广东地区会更加热切地呼唤与世界的沟通，而语言则是与世界沟通的最基本媒介，话题材料中的不沟通是方言的不衔接导致的。其实，沟通中的语言又何限于这单纯意义上的口语交流呢？

附：十五种高考作文题

北京市高考作文题
包容。800 字左右，除诗歌外文体不限。

全国卷高考作文题（1）
某网站"4220 聊天室"有这样一段谈话：

A：我给大家讲个故事。一个老太太有两个女儿，大女儿嫁给洗染店老板，小女儿嫁给雨伞店老板。老太太天天为女儿忧虑：雨天，担心洗染店的衣服晾不干；晴天，生怕雨伞店的雨伞卖不出。后来，有一个聪明人开导她："老太太好福气啊，雨天，小女儿生意兴隆；晴天，大女儿顾客盈门。您哪一天不快活啊！"

B：妙极了！改变思维的角度和方式，我们就会有新的感受和发现。

C：快乐幸福是这样得来的么？

D：阿 Q！

请以"快乐幸福与我们的思维方式"为话题，自定立意，自选文体，自拟标题，写一篇不少于 800 字的文章。所写内容必须在话题范围之内。

全国卷高考作文题（2）
某网站"4220 聊天室"有这样一段谈话：

A：快乐的人生，也会有痛苦。有的人能直面挫折，化解痛苦；有的人却常常夸大挫折，放大痛苦。

B：是呀，有的人能把不小心打破一个鸡蛋，放大成失去一个养鸡场的痛苦。

C：考试失手，竞争失利，恋爱失败，亲友失和，面子失落，哪怕是其中的一点点，都是无法排解的痛苦啊！

请以"遭遇挫折和放大痛苦"为话题，自定立意，自选文体，自拟标题，写一篇不少于800字的文章。所写内容必须在话题范围之内。

全国卷高考作文题（3）

阅读下面四句话：

走自己的路，让别人说去吧！（但丁）

常问路的人不会迷失方向。（谚语）

要仔细听取别人提出的缺点，不要随便指责向你提出意见的人。（达·芬奇）

相信任何人与不相信任何人，一样是错误的。

四句各有各的说法，有人说，还是相信自己吧。请你以"相信自己与善于听取别人意见"为话题写一篇作文。题目自拟，体裁、文意自定。不少于800字。

全国卷高考作文题（4）

一个富人去请教一位哲学家，为什么自己有钱以后很多人不喜欢他了。哲学家将他带到窗前，说："向外看，你看到了什么？"富人说："我看到外面有很多人。"哲学家又将他带到镜子前，问："现在你又看到了什么？"富人回答："我自己。"哲学家一笑，说："窗和镜子都是玻璃做的，区别只在于镜子多了一层薄薄的银。但就是因为这一点银子，便叫你只看到自己而看不到别人了。"

请以"看到自己与看到别人"为话题，自定立意，自选文体，自拟标题，写一篇不少于800字的文章。所写内容必须在话题范围之内。

上海卷高考作文题（70分）

以"忙"为题写一篇文章。要求：题目自拟，1000字左右，不要写成诗歌。

广东省高考作文题

材料作文，材料为改编自寓言《郁离子·冯父》的一篇100多字的短文，要求写一篇以"语言与沟通"为主题的作文。

材料内容（大意）：古代时，东瓯（指南部沿海一带）经常发生火灾。当地人为此很烦恼，却没有办法。一位商人到了晋国，听说当地有一位叫冯父的人，善于搏虎，非常出名。由于东瓯的方言与晋国不同，当地"虎"与"火"读音一样，商人以为冯父善于对付火灾，报告国王，将其请到东瓯。冯父到东瓯后，又发生了火灾，东瓯人将冯父往火里推，结果冯父被烧死。

由于到异地后语言不通，沟通产生误解，导致一人葬身火海，体现了语言对人们沟通带来的巨大影响。

要求：文体不限，诗歌除外，不少于800字。学生可引用寓言作材料，也可不引用。

浙江省高考作文题

中国人的人文素养和科学素养比较低，要发展物质文明，同时也要发展精神文明（一份调查表，略）。请根据以上调查材料，以人文素养的提高与发展为话题，写一篇话题作文，不少于800字，文体不限。

天津市高考作文题

阅读下面的文字，根据要求作文。

选材的木匠来到山里，当他看到一堆奇形怪状的树根时，认为是无用之材，摇摇头就走了；不久，一位根雕艺术家也来到这里，看到树根，喜出望外，就把它们拾回家，加以雕琢，树根变成了精美的根雕艺术品。

这则材料会使人产生许多联想，请你结合生活实际，以"材与非材"为话题，写一篇文章。

【注意】①所写内容必须在这个话题范围之内。试题引用的材料，考生在文章中可用也可不用。②立意自定。③文体自选。④题目自拟。⑤不少于800字。⑥不得抄袭。

辽宁省高考作文题

《平凡与自豪》，文体不限。

福建省高考作文题

以下面人物和文学形象写一篇作文，不少于800字。孔子、苏轼、曾国藩、鲁迅、霍金、曹操、宋江、薛宝钗、冬妮娅、桑提亚哥。

湖北省高考作文题

古人有面好镜，人的雀斑都照得出，另有大量昏镜，照人模糊得多，但买此镜的人很多。

请以"买镜"为话题写篇作文。

重庆省高考作文题

有一个人攀登一座山峰，爬了 8000 多米就返回了，有人说，你仍可以往上爬，甚至可以到顶峰。但此人说："我感觉到自己只能爬到这儿了。"请你以"自己的认识与别人的期待"为话题，写一篇作文。

湖南省高考作文题

现在在中国，家长和孩子的地位是平等的，但是，中国现代的家庭教育还存在不少问题。请以家庭教育为话题，从各个角度进行论述。写一篇自命题作文，体裁不限（1000 字左右）。

江苏省高考作文题

水有水的灵动，山有山的沉稳。水的灵动能显其智慧，山的沉稳能显其敦厚。然而海水的灵动却不改始终如一的一色蔚蓝，山虽然是沉稳的却有它的敦厚。请以"水的灵动，山的沉稳"为话题，写一篇作文。要求：（1）话题包含两个方面，可以就一个方面写作，也可以兼写两个方面。（2）字数 800 字左右。

2005 年高考作文命题预测及备考建议

2005 年高考作文命题这篇大文章怎么做？各家当然要在纵向借鉴近五六年命题和横向借鉴今年 15 种命题的基础上，亮出自己命题的大手笔的。我们的作文复习也应"与时俱进"，才能写就 2005 年高考作文之华章。

一、内容上

窗外事，自身情，新课标。

前 5 年的命题有观照外在世界的倾向，"假如记忆可以移植"是对科技和伦理的审视；"答案是丰富多彩的"，是对世界多极性、认知多元性的审视；"诚信"和"心灵的选择"都是面对外在世界、面对道德世界的选择；"感情亲疏和对事物的认知"关注的仍是"我"对外在世界的情感和相应的认知。"规则""转折""杂""面向大海"着重对外在世界状态的描述、认知。"面向新世纪"（2004 京皖春季高考）又是对未来的外在世界的认知。

今年 15 种命题一综合，就冲淡了这种倾向。因为 15 种命题既有对外在世界的观照，又有对内心世界的审视。

偏重于对外在世界的观照和态度的有北京题、上海题、广东题、湖南题、浙江题。偏重于对内在世界的审视的有全国四套题、湖北题、重庆题和辽宁题。而江苏、天津题从内容上说，则又是内审自身与外观世界的交融。"水的灵动，山的沉稳"既可以从自然、社会、文艺等领域印证，又可以印诸人生品格、人之性情。天津题的"材与非材"是既可以对外在人物，也可以对内在自我价值评判的辩证审视。

从内容上看，福建、江苏题尤其值得关注，这两省的命题都显出了一种一般中的特殊，通类中的另类品质。福建题是一种读写结合的思路，既考查学生的表达尤其是鉴赏品评能力，又考查学生的阅读尤其是课外阅读素养。江苏题是用对世界的一种文学的、美学的描述，引导学生文学地、美学地认知内外世界。这种命题思路是阅读鉴赏和表达交流相融合的思路，是一种体现新课标的思路。

【建议】

从内容上看，2005 年的复习就只好做到一个"全"字，只有"全"才能在作文考场上"无敌"。窗外事，自身情，新课标的命题内容都应准备。尤其要关注体现新课标的命题内容，因为这样的命题，对于平时不注意这方面训练的考生而言，是有难度的。福建的作文成绩不清楚，江苏的作文总体得分就逊于前几年，即以作为四星级高中的曾获得全省高中生作文大赛一等奖三连冠的我校而言，感到今年作文难以下笔，不好写的考生，据我们统计，就占一个不小的比例。这又使我们想起了 1996 年的全国作文题——"两幅漫画你更喜欢哪一幅"，这是一种带有文艺鉴赏成分的命题，那一年的作文考场就成了好多考生的伤心地。

此外，漫画内容的作文，文学鉴赏的作文（1999 年保送生作文试题就是一篇文学鉴赏作文），我们都要准备。

二、思维上

2003 年的作文命题，在思维品质的考查方面是对前几年命题的一次质的超越。它真正实现了对辩证思维、发散思维的考查。2004 年对这一优点稳步继承并有所发展。2004 年除了突出对辩证思维的考查，还涉及了对求异思维的考查。

【建议】

一方面我们要给学生一点哲学思维尤其是辩证思维能力的训练。这一点训练，这一点思维品质的培养往往能使我们的作文获得"深刻"的发展等级分。诸如"现象和本质""原因和结果""结论和事实""个别与一般""偶然和必然""整体和局部""现在和过去""已知和未知"这些概念之间的联系，我们要通过针对性的片段写作多加训练。

特别提醒的是 2005 年作文复习要注意对求异思维的训练，合理、新颖的求异思维是学生创新思维的重要表现，是获得"深刻"的发展等级分的重要因素。今年的全国卷Ⅱ就以含义相左的名人名言对举的方式引出作文话题。求异思维通常表现为反向思维，求异思维亦可表现为另向思维，如第三届江苏省高中生作文大赛预赛题有："木直中绳，𫐓以为轮，其曲中规，虽又槁暴，不复挺者，𫐓使之然也。"是说对待树木不能粗暴，如果用这样的方式对待人，又将如何呢？以此材料写一篇作文。这就是一种典型的另向思维，要求考生能从"树人"这个另外的方向上批判性地解读表达。

三、题型上

其实命题作文、材料作文、话题作文各有自己的优缺点。材料作文虽有限制过死的毛病，但它往往能避免宿构、套作；话题作文虽有廓开思维，最大限度地激活学生思维的优势，但亦常常导致限制不够情况下套作、宿构的大量出现。命制话题作文以来，几乎每年都有套作、宿构却获取高分的作文被披露出来。

【建议】

我们设想，能否命制一种综合材料作文和话题作文各自长处的作文，提供一段材料，不明确具体的话题，让考生自己从材料中析取话题？例如，我们可以这样命题：

阅读下面的材料，按要求作文。

美国作家索尔·贝娄的《一件小事的震动》讲述了这样一个故事：年幼时，有一次"我"捉来一只小画眉放到笼子里。第二天我发现有只成年的画眉喂小画眉吃了很多类似梅子的东西，"令我大惊失色的是"，小画眉竟死掉了。后来有位鸟类学家向我解释道，当美洲画眉发现她的孩子被关入笼子后，一定要喂给小画眉足以致死的毒梅，她似乎坚信，孩子死了总比活着做囚徒好些。

作品结尾写道："这话犹如雷鸣似的给我巨大的震动，我好像一下子长大了。原来这小小的生物对自由的理解竟是这么的深刻。从此，我再也不把任何活物关进笼子里，一直到现在，我的孩子也是这样。"

上面的故事给你以怎样的启示，引发你想到些什么呢？请根据这篇作品的内涵，引出一个话题并写篇文章。立意自定，文体自选，题目自拟，不少于800字。

上述材料从老画眉的角度可以析取出"追求自由"的话题；从"我"的角度可以析取出"完善人格"的话题。文章结尾叙写"我"对自己的心灵展开了审视和矫正，并把这种崇尚自由的道德观念付诸实践，传给下一代。

四、训练上

2005 年的作文备考训练，要注意以下几个结合：

（一）思想生活与作文技巧的结合

思想生活的准备是为了避免我们作文中的消极化、片面化、庸俗化、低能化的倾向。思想包括辩证唯物主义和历史唯物主义的思想，包括我们对社会生活的正确认知。生活包括当代社会的热点、焦点问题。

作文技巧主要包括发展等级中"深刻、丰富、有文采、有创新"等要素，我们可以分解训练这些要素。

没有思想生活作铺垫的作文技巧常是花架子，没有作文技巧提炼的思想生活易成散架子。

（二）基础等级和发展等级的结合

基础等级训练包括扎实的基本文体的过关训练，包括良好的作文习惯的培养。连这些都未过关的学生不要凭空地追求发展等级，事实上，基础等级不过关的学生也很难跨越到发展等级中来。基础等级要"抓"，要重视；发展等级要"练"，要强化。

在发展等级的突破中，我们还不能放松对良好的作文习惯这些基础等级的强调。

当然，在狠抓基础等级的同时，我们也不妨渗透发展等级的内容。

（三）主要文体和另类文体的结合

主要文体指记叙文和议论文，这两种文体要有扎扎实实的系统训练。现在有一种不好的作文思想，认为只要在文体上玩一点花样就可以在作文考试中领先了。于是，不论什么话题，总要往诊断书、演讲稿、访谈录、会议纪要、启事、简章、书信、总结、通知、申请这些另类文体上靠。其实优秀的另类作文必是形式和内容完美结合的，仅仅依靠另类的形式而没有相应的超群的内容，有时反而会弄巧成拙。

另一方面，在扎扎实实训练基础文体的同时，也不妨让学生熟悉这些另类文体，让力所能及的考生尝试这些文体。

（四）整篇作文与片段作文的结合

紧张的高三复习阶段后期，我们不可能大量地写作整篇作文，但是，作文训练的弦我们一天也不能松。有一种方式可以弥补整篇作文训练不够的缺憾，这就是片段作文训练。片段作文的形式可以按作文的等级要素，以写语段的形式训练；可以选命制得比较好的仿句、扩句题练习。在这里，我们特别推荐仿句、扩句的语言训练形式。仿句扩句的语言训练可以一举三得，一得在训练语言表达的考点，一得在训练作文的思维，一得在训练作文的语言。在高三复习的后期，这种仿句、扩句的训练尤其必要。

后话题时代的三合一题型

——以江苏 2006 高考作文题为例兼及其他

一、三而合一题型

今年的江苏作文题在题型设置上，呈现出一种把材料作文、话题作文、命题作文糅合在一起的努力。"有人说，地上本无路，走的人多了，便有了路；有人说，地上本有路，走的人多了，便没了路；还有人说……"这是材料作文的陈述。请以"人和路"为题写一篇作文，这又是命题作文的格局；而这样的命题却没有预设主题，"人和路"到底是怎样一种关系？在"还有人说……"的省略中便有了无限的包孕性、可能性，这又是话题作文的气象。材料是能够引发考生智性思考的材料，而对"人和路"复杂关系的提纯立意、切入表达是能够检测出考生水平高下的。

人有各种各样的人，取其主要品性，有进取的，亦有怠惰的；有创新的，亦有守旧的；有辩证的，亦有机械的；有正直的，亦有邪恶的；有勇敢的，亦有怯懦的，如此等等，不一而足。更何况，人性复杂，同样一人，会表现出截然相反的品性。路呢，亦有各种各样的路，就性质分，有正邪之分，有正误之分；就类别言，有科研之路，有文学之路，有革命之路，有政治之路，有经营之路，有改革之路；有三毛式的爱情之路，亦有普通人的婚姻之路；有阮籍痛哭的"穷途"，亦有王勃悲叹的"失路"；有孙悟空的筋斗云路，亦有杨利伟的巡天之路；有立交桥路，亦有海底隧道。人和路的关系呢，人可作用于路，路亦可反作用于人。考生能否从如此纷纭复杂的组合中提纯出自己的立意思考，呈现出自己的独特表达，当然是有高下之分的。

而今年命题作文的形式又使得这种立意思考、独特表达不能从题目的拟制中看出端倪，而只能从行文中看出谋篇，难度隐于题后而现于文中。

糅合材料作文、命题作文、话题作文为一体的高考作文题型应该说是一种高考作文命题的新方向。2005 年重庆题的"自嘲"和天津题的"留给明天"就是这样一种三合一式的命题。

二、提升思考层次

当然，看高考作文命题质量有无提升，主要不是看形式上有无出新，而要看能否进入"第二阶段，从在感性平面上滑行，到诱导学生深入情感和智性层次，在三度空间上进行主体建构，并对自身的思绪进行自觉的驾驭"①。这既是高校入学考试的功能要求，也是高中语文新课标的应有之意。新课标表明高中阶段的学习"应在继续提高学生观察、感受、分析、判断能力的同时，重点关注学生思考问题的深度和广度"，"增强思维的严密性、深刻性和批判性"，"学习从习以为常的事实和过程中发现问题，培养探究意识和发现问题的敏感性。"江苏三年的自主命题都表现出了在这个方面稳步前进的努力。尽管前两年的感性引导材料和理性论点之间存在牵强附会的毛病，但它毕竟对考生有情感和理性层面的深度和广度的诱导。尤其是今年的命题，不但避免了感性材料和理性论题的脱节，而且保持了对理性思考的深层次诱导。考生从前两句充满辩证意味的提示中可以分别轻易读出人走路的进取心、创新心。而从"还有人说……"的省略号能否再读出更深层次的含义就显示出心智高下之分了。地上本有路，他一条不走，昂首曰不走老路开新路，这是不懂站在前人肩上"望尽天涯路"的固执和不辩证。都说路路顺不利于人成长，你为什么就不能想出也有"路路顺利于人成功"呢？都说是"失败是成功之母"，"成功是失败之母"，为什么就不能是"失败是失败之母"，"成功是成功之母"呢？你甚至还能读出"斜路是高尚者的通行道"，"正道是卑鄙者的通行道"的社会不正常现象，这些都需要新课标所要求的"思考问题的深度和广度"。而 2006 年的安徽的独词题"读"，四川的独词题"问"，广东的"雕刻心中的天使"在"思考深度和广度"的引导上或失之阙如，或失之肤浅。

---

① 孙绍振. 命题高考作文日薄西山——2005 高考作文题综述 [N]. 中华读书报，2005-7-20.

我倾向于命制一种综合材料作文和话题作文各自长处的作文。提供一段材料，不明确具体的话题，让考生自己从材料中析取话题。考生从材料中析取话题，提炼主题的过程正是思维的敏锐性、深刻性的展示过程，而这应是对高中生作文能力的必然要求。

2005 年的上海高考作文题就首先需要考生从各不相干、复合无序的感性材料中梳理提炼出自己独到的话题和主题。应该说，2005 年的上海作文题是一道质量上乘、导向新课标的作文题。

可喜的是 2006 年的高考作文命题有多家命题又呼应了这种"让考生自己从材料中析取话题"，提炼主题的命题方式。它们有全国卷Ⅰ、Ⅱ、Ⅲ、山东卷，江西卷。全国卷Ⅱ的作文要求更明晰地表明了这种命题立场："请你根据材料选择一个侧面和一个角度，自己确定题目和问题"，写一篇作文。

这种命题方式除了能检测考生从材料中析取话题时思维的敏锐性和深刻性之外，还给考生提供了较之单纯的话题作文更加广阔的思考、表达空间。更主要的是，它可以发挥材料作文的长处，避免猜题押宝，套作宿构。2005 年的福建试题甚至以图形作为材料，让考生从图形中析取话题，提炼主题。这种命题方式也使得被有些老师批评的"作文命题等于不命题"[①] 的现象得到改变，使话题材料真正有效用，不至于成为摆设。

请看现今的有些作文试题，那些命题者从材料中硬要提取出的话题有多少是熟题、陈题甚至是考生做过不止一次的题目。如"出人意料和情理之中"，如"双赢的智慧"，如"位置和价值"。尤其是 2006 年的安徽题的"读"，四川题的"问"，更是考生耳熟能详的陈题。

我们不要再提不为难考生，不设置审题障碍的借口了，不要再以这种借口放逐对考生思维能力的考查了。对高中生而言，作文能力是一种思维能力和语言能力的综合能力，甚至首先是一种思维能力。又有人说，对思维能力的考查留给现代文阅读吧，作文还是着重对表达的考查吧，他这里的表达，主要或者就是指语言表达。其实现代文思维能力的考查主要着重读懂的层次，而只有作文才能考查出语言表达中体现的思维的深广度，思维深广度中的语言表达。

我参阅高考作文多次，看惯、看腻了那种富丽语言下隐藏平面思维甚至混乱思维的文章，实在有一种金玉其外、败絮其中的感觉。而这样的作文又何尝不是

---

① 王大绩. 命题作文的实质 [J]. 中国考试，2005（09）下：21—23.

另一种意义上的假大空之作呢？我们有些人却欣赏这样的富丽之作，如此单取语言的作文评价导向又会引导出一个什么样的文风呢？

我们常常感叹法国等国作文题的情感理性含量，是法国等国学生思维水平的情感理性含量天生优越吗？非也！是他们高考作文的导向使然，是他们平时母语教学的导向使然。

三、淡化拟题能力

2006年江苏语文高考一结束，就听有些考生和老师在议论，今年的作文题适宜写议论文。为什么有这种先入为主的感觉？我想，从作文题本身的命制来看，还是有一些原因可寻的。前面的引导材料是两句富含辩证性的哲理句；更主要的，作文题命题是一个关系型概念命题，这种关系型题也许更易触发考生的议论性抒情性的思辨吧。

本来有一个漂亮的提升情感理性层次的导语，也明明自然得出一个话题，偏偏又改换为命题。出发点是什么？也许是追求一个命题作文、材料作文、话题作文三合一的新的作文命制形式，这一点倒是创新。也许又是为了降低审题难度，如果出发点如此，改"话题"之"话"为"命"题之"命"，就实在是点金成铁的败笔了。

话题作文实施以来，自拟的标题常是话题作文百花园中一朵朵争奇斗艳的奇葩。出现了多少新人眼目，令人击节的好题目啊！其实，一个精彩标题的拟制过程本身就是情感理性深化的过程；相反，拙劣的甚至就以话题作为标题的作文也常是平庸之作。人们不也常说，"题好文一半"吗？那种上衣下裳摇曳多姿，一个个鲜活的俊男靓女却要戴上统一的帽子，该是多么大煞风景的事啊。

取消拟题也会诱导学生惰性的形成，使他们不愿从纷繁复杂的引导材料、联想素材中去粗取精、去伪存真地提炼出情感之珠、理性之玉。而拟题的要求，却能逼着考生一开始就进入一个深化提纯情感理性的文思状态。

直接命题的作文以议论文体为好，如2006年的湖南题的"谈意气"，天津题的"愿景"，2005年北京题的"说'安'"都是直接要求写议论文。

象征隐喻性的题目可以以命题作文的外形表达话题作文的内容，如2006年的广东题"雕刻心中的天使"，上海题"我想握住你的手"，北京题"北京的符号"，包括江苏题"人与路"，都带有象征隐喻的性质。但即使如此，仍可把命题权交给学生。江苏带有议论指向的关系型题更要把命题权交还给学生，否则将会自觉不自觉地引导出铺天盖地的议论文。

三合一的形制固然是作文命题的创新，但作文考查的根本点还在思维和语言，我们要调动一切可能的命题因素，让考生充分展示他们的情感理性层次和语言表达水平，这当中就包括作文题目的自我拟定。

将隐喻诗意进行到底

——2007 年江苏高考作文命题述评及 2008 年展望

高考作文命题已进入后话题时期，命题作文（如 2007 年上海题），三合一式作文（如 2007 年江苏题），材料式话题作文（如 2006 年全国 I 卷），都是这一时期的作文命题形式。这一时期的作文命题在继承话题作文优点的同时，正积极探索着符合新课标，体现新教材，展示新高考的新的作文命题形式。后话题时期，高考作文命题和教学的方向何在？我以对江苏 2007 高考作文题的反思为例，探讨新高考、新教材背景下的高考作文命题的科学形式，探讨高考作文有效教学的路径，以就教于方家。

一、题意读解

"怀想天空"是一道富于隐喻性、诗意性的作文题。

这里的"天空"可以指我们生活的天空——生活的环境，这是人生活的外宇宙，是现实天空，现实空间；也可以指我们心中的天空——仰望天空所展示的精神追求，这是人生活的内宇宙，是虚拟天空，虚拟空间，内心空间。"天空"两字从空间上引人思索。这里的"怀想"可以从往昔出发，联想到现实或未来，但"怀想"与"想象""畅想"是有区别的。"怀想"强调即使是写"现实"或"未来"也必由对往昔之回想引发，不能无依托地一味想象。"怀想"两字又从时间上引人思索。整个题目侧重牵引考生思索的是人类过去、现在、未来的内外宇宙，现实生活，精神追求。

二、命题评价

(一) 继承性

1. 题型上的继承性

江苏高考遵循着不断改革，小步迈进的原则，2007 年命题形式仍继承着去年的三合一题型——把话题作文、材料作文、命题作文糅合起来的一种题型。提供一则引发思考、引发话题的材料，这是材料作文的格局；而以"怀想天空"为题而非自拟标题，又是命题作文的形式；"立意自定，文体自选"又是话题作文的实质。江苏 2006 年、2007 年连续两年使用三合一命题形式体现了后话题时代江苏高考作文命题的变革追求。这种追求是对一统天下、深入人心、根深蒂固的话题作文小心翼翼地反拨，体现了江苏语文命题不断变革，小步前进的特点。由于是小心翼翼，小步前进，所以，江苏的高考作文命题，就难免留下如何永康教授所说的"进化未彻底的小小尾巴"。一个文化大省、考试大省的命题变革哪怕只是一点点，它所引发的震动都是巨大的。小步前进或许是担心震动过大？或许是体谅考生客观的学情？因为这是一个考什么教什么的时代，一度从小学五、六年级就已开始了话题作文的强度训练。在客观学情、社会注视和各种新课程理念交杂的矛盾冲突之中，江苏命题似乎在寻找着各方面都能接受的相对合理的不断进化的命题方式。客观地说，这种进化得带有小小尾巴的命题形式有点"四不像"——既非命题作文、材料作文、话题作文中任一种，也非成熟的三合一式。

命题的材料仍是引发思考的话题作文式的材料，而固定题目这种千人一题的形式又使话题作文时代自我命题所呈现的百花争艳、万题争新的美不复呈现，考生通过自行命题所展示的才情高下不能被检测。要知道，"题好文一半"，拟题见水平。

作文能力最核心的要素是思维和语言。我倾向于命制一种综合材料作文和话题作文的作文考题，提供一则材料，不提供话题、标题，而让考生在整体阅读材料的基础上，析出一种角度、一个话题，然后自行拟题。这既可以在阅读材料、析取话题、自行立意、自拟标题中侧重检测出考生的思维水平，又可以在行文中侧重检测出考生的语言素养，更重要的是它可以避免话题作文时代经常困扰命题者的宿构、套作乃至抄袭现象的发生。2006 年全国 I 卷的作文题就是这种作文命题形式的典范之作。

也许有人又要以"这会增加审题难度"的老调指责这种糅合材料作文和话题作文的新的命题形式。但是我要说这种老调可以休矣。正是在话题作文时代，原本命意很好的话题作文的思维的开放性被不恰当地夸大，从而导致了考生思维的粗糙化。只要与话题沾点边就行，所谓"话题作文是个筐，什么都可往里装"。思维的开放性掩盖了思维的粗糙化。缺的是思维的智性含量，多的是华而不实的语言。我多次参加评阅高考作文，实在看厌了这种浮华背后是贫瘠、声势背后是空洞的行文。

2. 隐喻色彩的继承性

2004 年"山的沉稳，水的灵动"，2005 年"凤头，猪肚，豹尾"都有明显的隐喻色彩，而 2006 年"人与路"中的"路"也是既具象又抽象，既有形又无形的概念。2007 年的"天空"也既可指生活的外宇宙，外部的天空，外部的环境，也可指生活的内宇宙，精神的天空，内心的环境。

3. 内容上对人生审美思辨式观照的继承性

2004 年、2007 年两年的命题有极强的艺术性、审美性，2005 年的命题有极强的思辨性，从这个角度来说，江苏的作文命题又是一种美丽的命题，智慧的命题。

（二）新课程理念的体现

培养学生健康、高尚的审美情趣，培养学生积极向上的情感态度和价值观是新课程的重要理念，江苏的作文命题在检测学生基本的表达能力的同时，始终把新课程这一重要理念的巧妙融入作为命题的自觉追求。

2004 年用山水引导一种沉稳、灵动的处世立身的人生智慧、审美艺术的人生态度。2005 年用"凤头，猪肚，豹尾"喻说人生，引发一种积极向上的人生态度。2006 年更直接以"人和路"为题引导学生对人生的情感、态度和价值观进行积极的思考和表达。和 2004 年一样，2007 年的江苏作文题引发考生对人生情感、态度和价值观思考表达的方式更具有审美性、艺术味，显出一种大雅的命题趣味，这一点有别于 2005 年的大俗化和 2006 年的日常教学化。

（三）苏教版高中语文教材人文性的端倪初露

2007 年的江苏高考命题具有特殊性，因为紧接着的 2008 年将迎来江苏实施新课程改革以来参加首届新高考的 2008 届考生，2007 年的命题就义不容辞、理所当然地要肩负起 2008 年新高考命题探路者的角色，就必定要对新课程理念、江苏新教材的特色有所体现。就今年的作文命题而言，确实体现了苏教版高中语文新教材人文性组题为主的特色。苏教版必修教材包含五个模块，每个模块包含四个专题，每个专题整体上都是以人文主题组题，组成包括两三个板块的专题。这种以人文性为主的特色，我们通过它的专题名称也可看出端倪，如模块一的"向青春举杯""获得教养的途径""月是故乡明""像山那样思考"；模块二的"珍爱生命""和平的祈祷""历史的回声""慢慢走，欣赏啊"等等。这些专题名透着一种诗意的表达美。同样，"怀想天空"的标题也充溢着一种表达的诗意美，诱导人对生活天空和精神天空做出一种诗意的遐想。不管有意无意，江苏 2007 年高考作文题使我们不由自主地想起了苏教版高中语文必修模块五中的专题"我们头上的灿烂星空"。

（四）充满诗意的引导材料和缺失严谨的给定题目之间的矛盾

"明净的天空，辽阔的天空，深邃的天空，引人遐思，令人神往。"这充满诗意的话题材料，的确可以激发人向远处想，向深处想，向历史想，向未来想。而题目中的"怀想"，《现代汉语词典》解为"怀念"，又偏重于"对过去人和事的怀想"（《扬子晚报》2007-6-9）。材料与题目之间有失和谐统一。题目改成"有关天空的遐想"，材料与文题意思统一了，但是又似乎没有"怀想天空"来得紧凑凝练，催人去想，且"怀想"较之"遐想"又更有陌生化的意味。拟个标题既如此之难，又为何不把拟题权还给学生呢？

（五）拟题"避复"意识薄弱，可能导致抄袭、宿构

1992 年上海高考作文题是"遥望星空"，江苏南通地区二模卷中的作文题是"我飞翔的天空"，这两个题目中的优秀作文，都有可能被考生稍做嫁接地移植到今年的试卷中，这种宿构抄袭之作的出现直接破坏了高考竞争的公平性，命题者还是要强化避复意识的。

三、教学建议

对于 2008 年江苏新高考的作文复习备考，我们有如下建议：

（一）要扎实地进行苏教版高中语文实验课本的教学

长期以来，语文课本在日常教学中处于一种被放逐的地位，究其原因，教与学双方都心知肚明，一者是因为从考的角度说，高考语文不直接考书。因此，教学中对文本阅读的教学就只是浮光掠影，浅尝辄止，甚至粗浅无比地只提炼一下字词，因为这些字词对高考语文试题中字音、字形、词语题有用。连环的结果是对文本后有助于提高学生语文素养的探究题视若无睹，更不必说在文本阅读教学中设计有价值的探究性问题了。人们是宁可多做一份试卷，也不愿多研读一篇课文。一者是因为从教材的选材角度说，老教材中的文本一度与高考卷中的文本相差太大，造成教考脱节的矛盾。

苏教版高中语文教材的文本选择就注意了对以上矛盾的化解，如曾作为高考试题材料的柯灵的《乡土情结》就入选进了苏教版高中语文必修模块一中。2007年江苏高考作文命题又有意无意地契合了苏教版高中语文必修模块五中"我们头上的灿烂星空"的专题阅读。其实，其他省市的作文命题亦有对课本内容的自觉呼应，如浙江 2005 年、2006 年的作文题取材分别来自人教版课文林庚的《说木叶》和赵鑫珊的《人是什么》。

语文能力尤其是作文能力不可能仅靠做试题就可以提高，它必须建立在平时对教材文本扎扎实实地阅读教学的基础上。

（二）要用思考后的表达落实课外的广泛阅读，落实对生活的敏锐关注

从"山的沉稳，水的灵动"到"怀想天空"，面对江苏连续四年的高考作文命题尤其是 2004 年和 2007 年的命题，学生若没有由自然而社会而人生而文学而哲学地逐层思考的能力，怎么能有出彩的表达呢？这样的能力养成必须要以平时广泛的阅读和对阅读内容的思考表达为基础，必须要以平时对生活的敏锐关注和对这种关注的思考表达为基础。如果考生对相关文学评论本就有阅读基础上的思考表达，对"沉稳""灵动"的诗品用语，考生就不至于望而茫然；如果考生常有"怀想天空"类的文学性的阅读思考表达，对"怀想天空"的命题，考生也

就不至于脑中一片空白。

我们的学生平时有阅读，但是不够广泛，局限于《读者》体，局限于"小文人语篇"（王荣生语）式的优秀作文，局限于语文，局限于自己的阅读偏好。没有对语文以外的历史、哲学等的广泛阅读。我们的学生平时有阅读，但是不深入，往往处于"读了读了，一读就了"的状况，少有甚至没有对阅读内容的深入思考和哪怕一两句点评的表达。

我们的学生也有对生活的关注，但往往处于一种追奇猎趣的层面，少有对生活思考表达式的深度关注。"怀想天空"的题目如果从写实的角度联想生活，我们能够联想到的生活内容就太多太多了，像用以对照和平鸽飞翔的天空的巴格达被炮火映红的天空，像"你不知道西藏的天有多蓝"等等。我平时规定学生每周以"每周评论""校园聚焦"等为栏目，至少上交一篇文章，就是引导学生深度关注生活，思考表达式地关注生活。

（三）扎实训练虚实相生的思考表达方式

江苏连续四年的高考作文命题都在启示我们要在平时的教学中训练学生由虚而实、由实而虚的思考方式和表达方式。不能由实而虚，我们就很难由实在的天空联想到"个人曾经生活的天空""人类精神智慧的天空"等虚拟的天空；不能由虚而实，我们又很难把"个人曾经生活的天空""人类精神智慧的天空"等虚拟的天空转化为具体的记叙、形象的描述、真挚的抒情等实在的表述。

四、2008 年趋势

江苏四年的命题有它清晰的思路：立意的人文性，内容的思辨性，题目的隐喻性，材料的文学味，改革的小步化。前四点是江苏作文命题对新课标、新教材的积极响应，体现了命题理念的先进性；后一点体现了命题方式的稳健性。

前四点的变数不会太大；关于后一点即命题方式，江苏 2008 年很可能会沿用类似 2006 年全国 I 卷的形式，即把材料作文和话题作文糅合起来的一种形式。因为两年的实践证明，这是一种既能扬话题作文之长又能避话题作文之短的命题方式，是后话题时代最合理的命题方式。而善于借鉴、小步跟进又是江苏命题改革的特点，据此，我们也可推断 2008 年江苏高考作文命题很有可能会借鉴这种命题方式。

浪漫精确综合的语文教学之路

（代后记）

这一段三十年的语文教学之路，还是值得回望和思考的。即便作为一个从教经历复杂、积累大量不同案例的普通语文老师，他也有诸多值得向语文同仁言说的经验和教训。

从乡镇高中到县城，到地级市，到北京；从县名师到地区教学能手、学科带头人，到中学语文特级教师；所教生源文化基础悬殊，年岁从 70 后到 00 后都有。三十年，也恰好可以分成三个十年：乡镇高中十年，县城和地级市十年，北京十年。借用怀特海《教育的目的》中的学习三阶段划分理论，我把这三个十年的语文教学之路，概括成"浪漫精确综合的语文教学之路"。

浪漫阶段的前十年

这一阶段，我主要说说自己的专业阅读写作，说说我的教考、教学、教育和教研的"四教"。这一阶段主要以"浪漫"为主题词提炼，主要还是就我自己的专业阅读写作而言。

一个语文老师，能够始终坚守自己的学科本体阅读，直至终老，我觉得是一生的职业幸福，是一个语文人近水楼台的浪漫生活。语文人天生与阅读近水楼台，因为近旁而熟视无睹，或者旁顾而无心登台，实在是一种终身枯寂与痛苦的生活。没有阅读陪伴而成的诗和远方的人生，本就不幸；没有阅读陪伴而成的诗和远方的语文人生，尤为不幸。就此而言，我还是有一点从业以来的小确幸的，因为我始终守护着语文人的文学和人文阅读的初心。首先还得感谢有意无意助力我守护这一份初心的人事和环境。大学期间，我就迷恋文学评论的读写，很是崇拜 20 世纪 80 年代就活跃在文学评论界的乡贤王干和费振中。那时间大量阅读摘录的先是《文学评论》《文艺理论与研究》《文学自由谈》等，然后才是顺着评论，按图索骥地阅读《钟山》《收获》《当代》《十月》《诗刊》《散文》这些作品选期刊。为了文学评论的阅读，记得当时还专门反复翻阅复旦朱立元教授的《当代西方文艺理论》。这一种学科本体的阅读坚持和揣摩内化，哪怕得其什一，对于一个语文人都是有根底价值的。

第一篇试着写作的文学评论《陷入与突出——陈洁〈随风飘去〉解读》，经过林道立教授的亲自点拨和辅导，发表在《扬州教育学院学报》1990 年第 2 期上。学术论文的发表，激发了一个准语文老师专业阅读的兴趣，并坚持把这种兴趣转化成专业读写的初心。从教以后，我一直坚持当代文学作品和评论类期刊的阅读，并坚持做阅读卡片有年。为了弥补古代文学阅读的薄弱，工作之初，我还硬着坚持读完上海古籍版的唐诗宋词元曲等鉴赏辞典。虽然事后有浮光掠影、内化不足之感，但毕竟也体现了一份工作之初弥足珍贵的专业阅读初心，是对一个语文老师十分重要的包含作品和鉴赏评论的学科本体阅读。

工作前十年对学科本体阅读的坚守，还得益于我的同事庞余亮先生。那还是一个崇尚文学的年代，那时的庞余亮已经是一个频频发表诗作的青年诗人。因为他，一个乡镇中学竟然掀起了读诗赏诗写诗的热潮。《诗刊》《星星诗刊》《诗歌月报》《绿风》等一度成为师生的案头书、"随身看"。诗歌是语言的皇冠，汉语诗歌阅读可以养护一个人雅正而灵动的汉语言语感。我以为一个语文人，自始至终能够与诗歌相伴，哪怕仅仅限于阅读鉴赏，都能获得学科本体阅读的收益。感谢一所乡镇中学曾经的诗歌环境，给予我学科本体阅读持续的热情，使我不至于在从业之初就陷入纯应试教学的泥淖。

可以说，那时段我能持续保有课内文本和课外阅读的鉴赏文章的写作热情，正是因为上述人事和环境熏陶而致的学科本体的读写初心。陆陆续续地，几乎为高中语文课本所有文学类篇目，都写了鉴赏文章；课外阅读方面，记得写有如诗人姚振涵《独语》等系列诗歌的鉴赏文章，并敝帚自珍地装订成册。其中有一些公开发表在语文期刊，如课内文本比较鉴赏的《一种禀性，三副嘴脸》发表在《学语文》1998 年第 4 期，如获得江苏省师陶杯论文奖的《也谈古诗词中的"东南西北"》《让古代诗歌教学平视学生》，等等。这样的文本解读习惯，从此成为一个自始至终的职业习惯和爱好。后期的刊于《中学语文》《阅读与鉴赏》的系列文本解读和推介文章，就是这种爱好的延续。

一个中学语文老师需要始终坚持学科本体阅读以及写作一些鉴赏文章。至于书目，我认为阅读各类作品和鉴赏文章的选集是恰当的。个别优秀同仁甚至能够集中阅读某一个作家作品全集并形成专题研究，如果能够做到当然很好。但对于我们大多数语文人而言，我认为不太现实也没有太大的必要。我遗憾的是专业阅读之初，只是偏向文学类阅读，缺失应有的大人文阅读。语文教师不一定要做到阅读的深度和专门化，像少数杰出的中学语文人如程翔、陈军和李震甚至有专门的学科研究方向那样。绝大多数语文教师可能更需要做到阅读的广度和学科化，把阅读所得进行语文教学的转化。

　　下面说说从业之初我的教学，主要是读写教学。起初，我的阅读教学，还是认认真真把我的所有阅读心得和盘托出给学生，并常常自豪于自己独特的阅读鉴赏视角。反复观摩师傅同样课程内容的教学后，才开始琢磨如何把自己的读写心得传递给学生，这才是真正的教学。工作五年后，我才知道有意识地阅读像《语文教学通讯》《语文学习》等语文教学专业期刊，那里有体现什么是真正教学的名家课堂案例，有机智的教学设计智慧。从经验教训的角度回望从教之初，如果那时就把学科本体阅读与语文教学专业期刊阅读有机交融，专业成长上肯定会少走若干弯路。

　　有一段时间，我受钱梦龙老师"模仿——创造"作文教学思想的启发，倾力于读写结合的教学，每每引导学生进行课文的仿写、改写、续写，并以阅读号班刊《文心》及时刻写、油印和下发优秀作品。李乐薇《我的空中楼阁》的读写结合作品，就以《一场有益身心的语文对话课》为题发表在四川的《中学生读写》1998年第8期。以上还算是从业最初十年的浪漫的教学生活。

　　那时的教学生活，算是一种精确吗？如果是，这样的精确现在看来，还是缺失学科设计的精确，是一种凭借一己的阅读能力的精细展示。

　　那时的作文教学，也只是不辞辛苦地精批细改，当时专门定期油印下发的是作文号班刊《舒啸》，每期精批细改优秀作文的点评文字，常常超过原文的文字量。也先后推介大量学生作品刊发在《语文报》《语文周报》《作文评点报》《创新作文》等。这算是一种精确吧，却是缺失作文教学设计的精确。那时最典型的精确，应该是"教考"了，一大题文言文阅读，我的文本解读、阅读解题技巧，竟然洋洋洒洒数千言。发表在1999年第5期《读写月报》上的《文言文阅读解题策略例析》就是一个典型。我那时真是以"教研"的精气神去备课"教考"的。

整体来说，前十年以浪漫为主的学科本体阅读，虽然失之褊狭，但坚守专业阅读尤其是文学阅读的初心仍是值得肯定的。专业阅读薄弱的部分是，中国古代文学研读，大人文研读，语文教学期刊研读。

精确阶段的中十年

中间十年以追求精确为主，这个精确不同于前十年的以精批细改、自我鉴赏为主的精确，是一种追求教学设计即"怎么教"的精确，也是一种追求"教什么"的精确。

这十年，语文教学理论蓬勃发展，填补我国语文课程论空白的王荣生的《语文科课程论基础》，促使我认真反思"语文教什么"的根本问题，促使我反思究竟应该如何定位一篇篇课文的问题。而在此之前，确实经常只教学自己最有阅读心得和感悟之处。王尚文的《语感论》，李海林的《言语教学论》和潘新和的《语言与存在》，关于语文教学根本上应该教"语用"的理论，最对我的思考和实践的路子。其实，那时以苏教版高中语文教材为代表的语文教学，更流行的是语文的人文性教学。

先是思考和实践一篇篇课文如何进行教学定位的问题。反复研究课程目标、模块目标和单元目标后，才去确立这篇课文的定位，究竟是"定篇、例文、样本和用件"中的哪一类，然后才去研读文本、设计教学。刊于《语文教学通讯》A刊2012年的《云霓》教学设计，就是按照"样本"进行教学设计的。《云霓》确定的教学目标就有：

掌握散文读法，"样本"化处理文本，以"炼字"等赏析法，引导赏析和体味作者过滤选择的独特的实写的人事景物句段；引导筛选和体味能体现作者极具个人色彩虚写的情感思想的文段。

课后的研究性读写，仍然围绕把握"极具个人特性"的人、事、景、物的散文阅读的方法：

下列三首唐诗《云》（唐·来鹄）、《农家望晴》（唐·雍裕之）、《独坐敬亭山》（唐·李白），一首歌词《2002年的第一场雪》（刀郎），分别"过滤"出了哪些"极具个人特性"的人、事、景、物，表达了怎样的极具个人色彩的感触、思量？四选一，进行散文化改写或写一个300字左右的赏析片段。

如何使本单元散文虚实相生艺术特性的学习，不停留在套解陈述式共性知识的层面，引领学生穿越陈述式共性知识的屏障，进而真正掌握"鉴赏散文的基本方法"，是我本文"样本"化教学的着力点。

这个十年，主要的语文教改探索，是尝试从自己的角度出发解决语文教学两个所谓的老大难问题，一是文言文教学，一是作文教学。这两个语文教学老大难问题的探讨，因为有了下列相关课题研究的支撑，呈现出设题科学、方向明确的精确性。这样一种精确，是对前十年精批细改、精讲精练之精确的超越。

借助于全国中语会十一五规划课题"以现代言语实践激活文言教学"的研究的推进，我开展了文言文教学的改革尝试，教改旨在打破现代汉语与古代汉语的隔膜，发掘古汉语蕴含在现代汉语语用中的鲜活成分，营造文言文学习有趣而非干枯的学习情境。激活文言教学的现代言语实践，一指蕴含了文言词汇、活用等特质的现代汉语语言交流，二指现代语言交流中还频频出现的浅易文言写作。《以现代言语实践激活文言教学之理性思考篇》《以现代言语实践激活文言教学之过程方法篇》《以现代言语实践激活文言教学之课例篇——我教〈阿房宫赋〉》，分别发表于《中学语文》2008年第3期、《语文教学与研究》2009年第9期和《语文教学通讯》A刊2010年第12期；发表于2007年第11期《中学语文：教学大参考》上的《激活文言文课堂教学方法浅谈》，包括后期继续跟进思考的，如2019年12月在《中小学教师培训》发表的长文《唤醒文言学习情境，巧设文言语用活动》以及其他有关古诗文教学的教研文章，形成了关于这一课题研究的系列思考和实践。课题实施前后的文言学习的社会情境，也印证了这个教改探索的适切性。早先的，有堪为那时代文化盛事的，于2007年开始发表于《光明日报》的"百城赋"。有2008年北京大学自主招生考试，用文言写一段话的命题。有南京考生一篇《赤兔之死》开浅易文言写作高考作文风气之先的风雅事。最近的，有频频出现的"新史记"网络写作活动。我都适时推介选印给学生阅读欣赏。

也因为这样的对浅易文言读写活动有利的社会学习情境，课题研究前后，我引导学生进行的浅易趣味文言微型写作活动，就成了顺其自然的语文活动。举凡姓名释解、自取字号、校园景点、世相人情，都是写作的题材。中学文言基本的词汇句式，在这样的趣味文言写作活动中得以趣味高效地掌握。课题研究前后，我选印了文字量逾20万字的历届同学的较为成熟的浅易文言作品。

借助于对我主持的江苏省十一五教育科学规划课题"有效中学作文教学研究"的探讨，我和来自三所示范高中的课题组同仁，主要从"过程"和"互动"

的视角，尝试建立高中有效、高效的作文教学序列。我们关注的是作前、作时、作后的作文全程，而"互动"是我们确保作文过程充实、有效的教与学的方式。

"作前互动"，一是"习作者苦恼自诉"，二是"指导者望闻问切"，此层互动既强调对作文训练点共性层面的释疑，更努力关注对作文训练点个性层面的解惑。

作时互动包含七个环节。一是"典型病段诊断"，二是"典型病文诊疗"，这两个环节通过"你来诊断""我来诊断"的环节，让学生明了就某一个作文能力点而言，什么样的作文是不好的，为什么要这样改。三是"典型方法例释"，这是作文教学中的策略性知识，着力于让学生在语段阅读中与典型语段中的策略性知识互动。四是"典型微格训练"，微格训练把典型的策略性知识隐含在语段训练中，着力于让学生在小练笔中与典型语段中的策略性知识互动。五是"典型作家作品互动赏析"，精选作家作品中典型体现该板块训练点的千字文，使学生以赏析的方式与作品互动，此环节重在以阅读的经典和典范性实现读写互动。六是"典范学生作文互动品评"，精选同龄人作品中典型体现该板块训练点的千字文，使学生以点评的方式与作文互动，此环节重在以阅读的适切、亲近性实现读写互动。七是"作文训练"，这个环节，对传统作文教学方式最大的变革是命题方式的变革，在开阔的命题方式、多元的命题思路中，体现出了学生与相关作文能力点的四层互动，四层互动实际上是以四种命题方式体现的。第一种命题方式体现了学生与本板块作文训练点的互动，只规定能力要求不固定题目而让学生自拟标题，更能调动学生作文的积极性。第二种命题方式体现了学生作文与做人的互动。第三种命题方式体现了学生与社会热点的互动。第四种命题方式体现了学生与经典阅读的互动。

"作后互动"主要有五个互动环节。一是"自评自改"，"写作即是修改"，此环节是习作者与自己作文的互动，强调自主探究。二、三分别是"同学评价你的习作并提出修改建议"，"你评价同学的习作并提出修改建议"，此环节是习作者与同学的互动，强调合作探究。四是"你对老师评语的意见"，此环节是师生互动。五是"向本次班级优秀习作编委会自荐（或荐他）优秀习作"，此环节突显习作者与读者互动、与编者互动，强调了习作者写作的读者意识。

按照这样的编写理念，我们编写了由江苏教育出版社出版的《高中过程互动式作文教程》上下册。本教程实际的使用效果，也证明了我们围绕"过程活动"，探讨科学化、精确化作文教学的价值。

除了在这两项课题实验和单篇文本"定篇、例文、样本和用件"四类型确定中追求精确外，这个十年还尝试开展了一系列专题性的群文阅读。这个群文阅读，主要也是受苏教版高中语文教材人文性单元组合的编辑思路影响。有不同作家同一题材同一语体的，"六国论"专题，编排了三苏和清人李桢的四篇文章，都属于文言阅读。有不同作家同一题材不同语体的，由韩愈《师说》引出一系列文言文和现代文中有关"师说"的文章，柳宗元《答韦中立论师道书》，黄宗羲《续师说》《广师说》；四代"谢本师"相关文章，章太炎"谢本师"，俞曲园、周作人"谢本师"，章太炎、沈启无"谢本师"，周作人；亚里士多德"吾爱吾师，吾尤爱真理"的故事。后十年再做这个"师说"专题时，又加上了2015 年有关人大教授因为学生轻侮师辈，而断绝师生关系的时评《导师可以一怒断绝师生关系吗?》。

以精确为主要特征的中十年，得益于王荣生教授第一本真正意义上的现代《语文科课程论基础》；得益于在纷繁复杂的语文理论中，我认同并努力践行的王尚文、李海林、曹明海和潘新和等"言语教学"的语文观。一个语文老师，始终对当时的前沿学科理论，加以关注思考、辨别选择和吸纳化用，应该是一种基本的职业素养。这一阶段，遗憾的是对教学案例的精确研读不够，尤其像于漪、钱梦龙、余映潮、黄厚江、曹勇军等老师的教学案例，其实很值得研读。研读教学案例，并以自己的专业阅读和实践加以精确地鉴赏批评和吸纳化用，也应该是一个语文老师最重要的学科本体阅读。

综合阶段的后十年

这十年是各种语文教学流派登台争艳的十年，这些流派给人以不同视角的理论和案例的启发。对于我自己而言，则是一个综合阶段的十年。以自己前二十年的专业阅读和实践为基础，以浪漫和精确交融的自觉的专业发展为基础，努力对自己教考、教学、教育和教研的"四教"进行综合。从学科视角也从教育的视角，反思提升教学，使自己的"教考"即教学成效能够符合教育规律地呈现。这也是自己追求的良性教研生态。

我主要说说我这十年的三个探索：语用教学的坚守、整本书阅读的探讨和教育经典的阅读。

先是语用教学的思考和实践。语用化语文教学，是主要以写作和口语表达的语文活动，来落实、强化听说读写能力的语文教学。如此表达，不是弱化"听说读写"中的"读"的能力，也并非罔顾"读"的独立的、特殊的能力要求；而是强调要主要通过书面"写"的活动或口头"说"的活动，呈现、落实和强化"读"的获得。当然，也包括主要通过或书面"写"的活动或口头"说"的活动，呈现、落实和强化"听"的获得。

"根据美国的一项元分析实验研究，围绕文本的言说不仅能促进阅读理解，而且能促进有关文章内容方面的学习，甚至创造学术成果。"①

对于语用性语文中的"活动"，我这样分别阐说"活"和"动"。"活"的功夫，主要展示的是教师设置体现语文性的语用情境的功夫。"动"的能力，主要展示的是学生的语文性语用学习能力。活动，活动，有了教师的"活"才能有学生的"动"。有了教师语文性的语用情境设置，才能保证学生的"动"是语用的动；而不是其他学科的动。教师的语用情境设置如果不活，也激发不了学生的动，激发不了学生的语用。"动"的方向就是"思维、审美和文化"。

体现语用化语文教学整体思考的，最近的，有刊于 2020 年第 1 期《教学与管理》上的《指向核心素养培育的语用性语文》，有 2019 年 9 月 4 日《中国教育报》刊发的"名师反思录"栏目约稿文章《行走在语用性语文教学的正道上》。此前的，偏重于语用化语文教学阅读方向思考和实践的，有《中学语文教学参考》2011 年第 11 期的《深入文本的言语实践是语文性的保证——我教〈前方〉》，《语文教学通讯：高中（A）》2014 年第 1 期的《语文能力培养的核心是言语能力培养》，《语文知识》2015 年第 4 期的《语文教学的根本内容是言语形式——以〈我与地坛〉教学为例》，等等。而与上面的阅读教学能够呼应的前期作文教学，也有一系列体现语用教学理念的案例，如 2004 年第 10 期《新作文：中学教学版》的《思考地读才能创新地写——有关原创和仿写关系处理的个案分析》，2004 年第 11 期《新作文：中学教学版》的《以格言扩句，练微型作文》，2010 年第 11 期《语文学习》的《心引 心容 心通——爱摇滚的女孩杨希》，2011 年第 3 期《语文学习》的《一位以读写学生活的女孩》，2014 年第 5 期《中学语文教学》的《"微写作"教学导向价值及备考撮要》，等等。

借助于我主持的北京市十二五教育科学规划课题"基于学校文化的校本阅读

---

① 贡如云，李如密. 美国阅读教学模式的结构及启示［J］. 高中语文教与学，2016（02）.

课程开发研究"的开展，我们课题组2012年正式开启了"整本书阅读教学"的探讨。

首先是反思梳理此前的整本书阅读现状，主要是2011年9期《文学教育》的《名著阅读：夭殇与新生》。在此基础上，围绕"人与自然、自我、他人"的思路选择书目。人与他人的书目，偏重传统文化中的"四书"和王水照、朱刚《苏轼诗词文选评》等选读，贯穿高中三个年级。高一偏重"人与自然"的主题阅读，书目分别是苇岸（《大地上的事情》《最后的浪漫主义者》）、刘亮程（《一个人的村庄》）、梭罗（《瓦尔登湖》)和史怀泽（《敬畏生命》）序列阅读。苇岸是融入大地山河、关怀庄稼鸟兽的自然之子，刘亮程是感悟乡村物事、融入生存思考的乡村哲人，梭罗是走进自然湖山、背离工业文明的湖山隐者，史怀泽是提出自然伦理、批判人类中心的伦理学者。从苇岸、刘亮程、梭罗的叙述描写到史怀泽的沉思批判是一个阅读的螺旋上升。高一主要安排叙述类整本书阅读，也对应于高一国家课程设置上，作文教学偏重叙述类作文教学的特点。高二偏重"人与自我"的主题阅读，主要是"史铁生系列"和"周国平系列"。高二主要安排思辨类整本书阅读，也对应于高二国家课程设置上，作文教学偏重议论类作文教学的特点。通过研究，基本形成不同体式整本书的阅读方法，初步建立不同体式整本书的课堂教学模式，积累了大量案例。2017年第12期《语文建设》的《寻找整本书阅读指导的着力点》，2020年《中学语文教学参考》上旬刊第1期第2期连载的《整本书阅读如何科学考查》等文章，也是对课题研究的一个阶段总结。

与整本书阅读呼应的，还有日常教学中一直坚持的由来已久的专题教学。或者着重课内整合的专题，如《语文教学研究》2014年第2期的《真语文需要真知识——以人教版必修五第一单元小说教学为例》。或者着重课内外整合的专题，如2017年第4期《语文教学通讯》A版的《着眼模块目标、甄选互文材料的群文阅读》。或者着重课外整合的，如2017年第10期《中学语文（中旬)》的《范雨素事件，价值观的喧哗与骚动》。

最后说说后十年的专业阅读。说到专业阅读，我非常感谢我曾工作过的江苏省锡山高中唐江澎校长和北京丰台二中王志江校长。这两位校长在各自学校，都把教师的专业阅读真正作为了教师专业发展的常规动作而不是即兴之作，作为常年动作而不是一时之作。并且身体力行，率先垂范。锡山高中任教期间，崔允漷教授经常到校指导；自觉阅读揣摩他的校本课程建设系列，也成了那时专业阅读的常规动作。雅思贝尔斯《什么是教育》、苏霍姆林斯基《给教师的建议》等教育经典，那时有专门的读后研讨和读书征文。

与锡山高中自由浪漫式的阅读不同，北京丰台二中的教育经典阅读，常常是利用课余时间，不同趣味小组的老师集中在一起精确共读，轮流领读，疑义相析。选择的书目，有学科本体的，如杨伯峻、钱穆、李泽厚和李零的《论语》对读。有侧重教育的中西人文经典共读，怀特海《教育的目的》、维果斯基《思维与语言》、荣格《人格的发展》，甚至包括海德格尔《存在与时间》等泛人文经典。我们都利用日常课余时间和寒暑假，通过具有朱永新"新教育"特质的小组共读的方式完成了"啃读"。这一段同道共读的美好时光，也使我的专业阅读，由浪漫精确的纯粹专业方向，过渡到综合的泛人文经典方向。经过一段时间，我们的经典共读，竟然在业界产生反响。直至 2017 年，《中国教育报》还约请我写了一篇有关专业阅读的文章《2017，继续美好的"啃读"》，发在 1 月 9 日"读书"栏上。后来，我的连续 5 篇有关怀特海《教育的目的》的阅读对话文章，还相继在《师道》《新课程研究》等刊发。

三十年，一个普通语文老师的成长历程。收获与教训并存，幸福与辛苦同在。盘点静思，如实叙写，既是对自己一份负责任的回望，也是提供一份可供解析的专业成长案例。